SUSANNE OSWALD
LANDKARTEN DER PSYCHE – DIE HAND ALS WEG ZUM SELBST

Susanne Oswald

Landkarten der Psyche

Die Hand als Weg zum Selbst

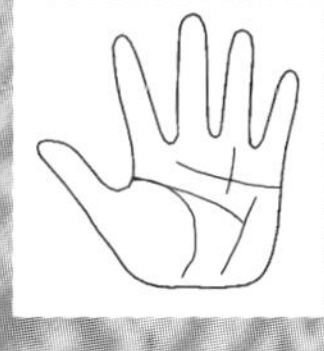

Ein Grundkurs der Chirologie in 12 Schritten

Petersen · Hamburg

1. Auflage Oktober 1997

Veröffentlicht bei Johann Christian Petersen, Hamburg

Gedruckt auf chlorfreiem Papier
Druck und Bindung Clausen & Bosse, Leck
Printed in Germany

ISBN 3-931040-03-8

DANK

Für meinen lieben Mann, Jakob Heinrich Oswald, der mich nie daran gehindert hat, zu werden, wer ich bin. Und für die vielen, die mir ihre Hände und ihre Seele geöffnet haben.

In diesem Buch stecken über zwanzig Jahre Erfahrung mit der Chirologie und über drei Jahre harte Arbeit am Computer. Aus praktischen Gründen habe ich nämlich auch die Buchgestaltung und die Bildbearbeitung übernommen. Dies wäre mir nicht möglich gewesen, wenn mich nicht viele Personen schutzengelgleich unterstützt hätten: Walter Wechsler, Gilbert Oberson und André Eschler berieten mich in Sachen EDV und halfen mir, die schlimmsten Fehler zu vermeiden. Silvia Oberson entwickelte ein Layout, dem ich mich als Laie gewachsen fühlte. Sie unterstützte mich auch sonst mit Rat und Tat. Harry Burst fotografierte für *Schritt 1*, während ich die Bilder auf den Seiten 10 und 12 Jean Robert verdanke. Urs Lüthi hat mir erlaubt, auf Seite 54 zwei seiner Selbstbildnisse zu verwenden. Madeleine Hasler, meine Schwester Katrin Reinhardt, Maria-Sybil Appenzeller, Marie-Claire Burst und Laurent Burst korrigierten aufopferungsvoll und nimmermüde, wobei letzterer sich als Weltmeister im Fehlerfinden erwies. Er kontrollierte auch die Grafik und zeichnete Vignetten für das Kapitel *Koordinaten*. Manuela Heise nahm sich meiner Helvetismen an und Brigitte Neumann gab mir den professionellen Rückhalt und betreute mich und das Buch durch alle Schwierigkeiten und Ängste hindurch. Besonderen Dank aber gebührt meinen lieben Freunden Henriette und Johann Christian Petersen. Von Anfang an zu wissen, daß sie das Buch herausbringen wollen, hat mir Schwingen verliehen und die Arbeit und Mühe zum Vergnügen gemacht.

BEGRIFFE

Damit wir uns recht verstehen

Damit klar ist, wovon wir sprechen, hier ein Überblick über Begriffe und Bezeichnungen. Daß Sie Daumen, Zeigefinger, Mittelfinger, Ringfinger und Kleinfinger kennen, setze ich voraus. Weitere Begriffe finden Sie im Anhang ab Seite 372 erläutert: Im Glossar sind sie genauer umschrieben, während im Index aufgelistet ist, wo sie im Buch vorkommen.

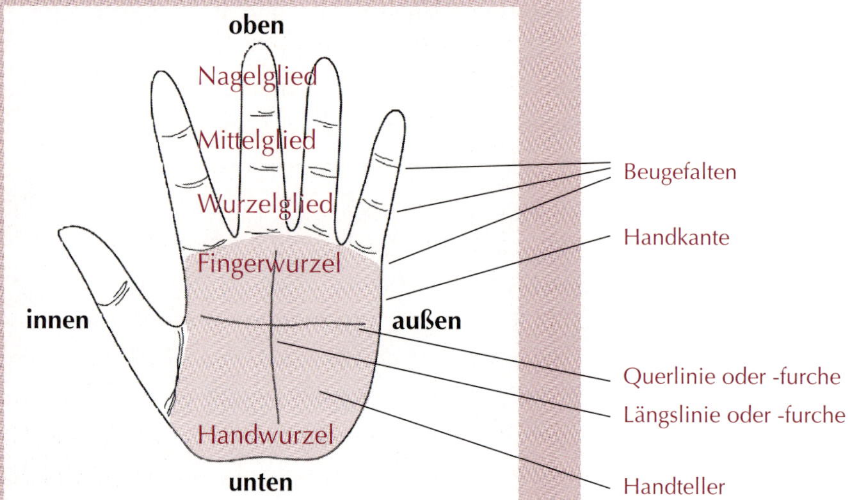

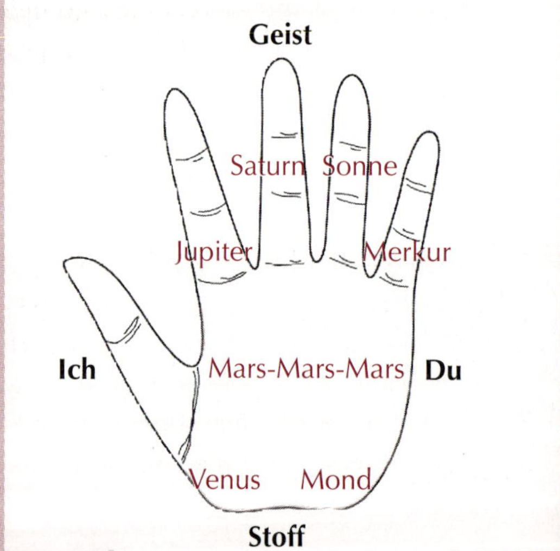

Zuordnungen und astrologische Namen

INHALT

VORWORT

Von der Kunst des Handlesens habe ich nichts gekannt – ausgenommen die vernichtenden Vorurteile. Als harmlos galt noch die Zigeunerin vom Jahrmarkt – aber dann folgten auch schon Verurteilungen, die die Chirologie in die Nähe des Aberglaubens und die Mächte des Dämonischen rückten.

Als aufgeklärter Mensch der Moderne vertraute ich zunächst der rational geleiteten Wissenschaft. Ich erfuhr, daß altüberliefertes Erfahrungswissen entwertet, lächerlich gemacht und schlimmstenfalls mit bösen Mächten assoziiert wurde, vor dem man sich – zumal mit christlichen Hintergrund – zu hüten hatte.

Und dann nahm ich staunend in der herzlichen Freundschaft zu Susanne Oswald eine ganz neue Welt wahr, in der sich Zugang zu uns selbst finden läßt. Durch Susanne Oswalds tiefes Wissen um ganzheitliche Zusammenhänge, ihre Natürlichkeit, Einfühlung und ihren Realitätssinn nahm ich die Hand und ihre Zeichen in gänzlich neuem Lichte wahr. Was ich durch meinen Beruf als Psychotherapeutin schon lange wußte – nämlich daß sich Wesenszüge, Haltungen und jedwedes menschliche Erleben auch in und mit unserem Körper ausdrücken und ihn zeichnen – fand sich in der Hand als Mikrokosmos wieder. Für mich war dies eine ergreifende Entdeckung!

Und nun legt Susanne Oswald dieses Buch vor, in dem sie ihr reiches Wissen um die Handlinien als Ausdruck der Seele gesammelt hat. In wunderbar klarer und eindeutiger Weise wird uns gezeigt, wie wir uns selber besser begreifen, tiefer akzeptieren und die Chancen unserer Entwicklung wahrnehmen können. Es liegt tatsächlich in unserer Hand! Und wir werden ermutigt: Nicht nur das ängstliche Vergleichen, welche Handlinien wohl vielversprechender sind, sondern das wertschätzende Nebeneinander-Bestehen aller Unterschiedlichkeiten und damit die Demut vor der Einzigartigkeit jeden menschlichen Wesens ist das Leitmotiv dieses hilfreichen Buches.

Susanne Oswald führt uns gründlich, außerordentlich verständlich und leicht lesbar in die Kunst des Handlesens ein. Ihr umfassendes chirologisches Wissen vereint sich in bereichernder Weise mit profunden Kenntnissen in Psychologie, Astrologie, Anthroposophie, fernöstlichen Philosophien und esoterischem Erfahrungswissen. All dies ist lehrbuchmäßig, didaktisch vorbildlich aufbereitet, durch reiches Bildmaterial, Checklisten und Reflexionen sehr einleuchtend und erfrischend unorthodox dargestellt und mit einem unnachahmlichen Glitzern von liebevollem Humor durchwoben.

Mit Vorurteilen und Legenden über das Handlesen wird souverän aufgeräumt und allen Fragen zur Zukunftsdeutung und Intuition, zu Aberglauben und Schicksal eine weise Antwort erteilt. Jedem Handzeichen wird Raum gegeben, gründlichste Erklärungen helfen zu verstehen – aber nie wird der Zusammenklang aller Linien, aller Wahrnehmungen aus dem Auge verloren. Und während die hinreißende Fülle der Deutungsmöglichkeiten beschrieben wird, erfolgen immer wieder auch Hinweise auf die Grenzen, die heilsame Vorsicht und einfühlsame Zurückhaltung – ja, die Bescheidenheit, die der Handlesende als Grundhaltung erwerben soll.

Dieses Buch ist wissend geschrieben und so liebevoll gestaltet, daß sie es mit Wonne und Gewinn lesen und freundlichst ermutigt werden, das neue Wissen zur Hand zu nehmen, um auf eine aufregende, spannende und beglückende Entdeckungsreise zu gehen – zu sich selbst.

Hamburg, im Sommer 1997 Henriette Petersen

Wind und Wasser
formen den Sand

Geist und Seele
prägen die Hand

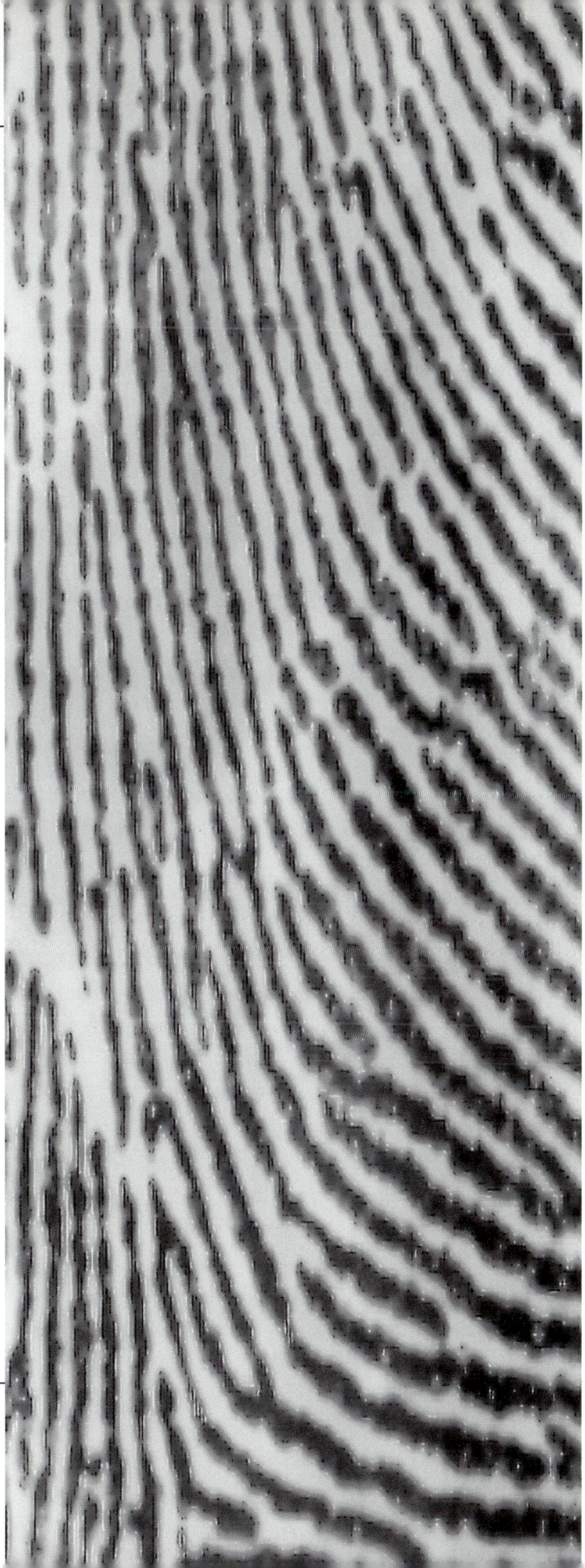

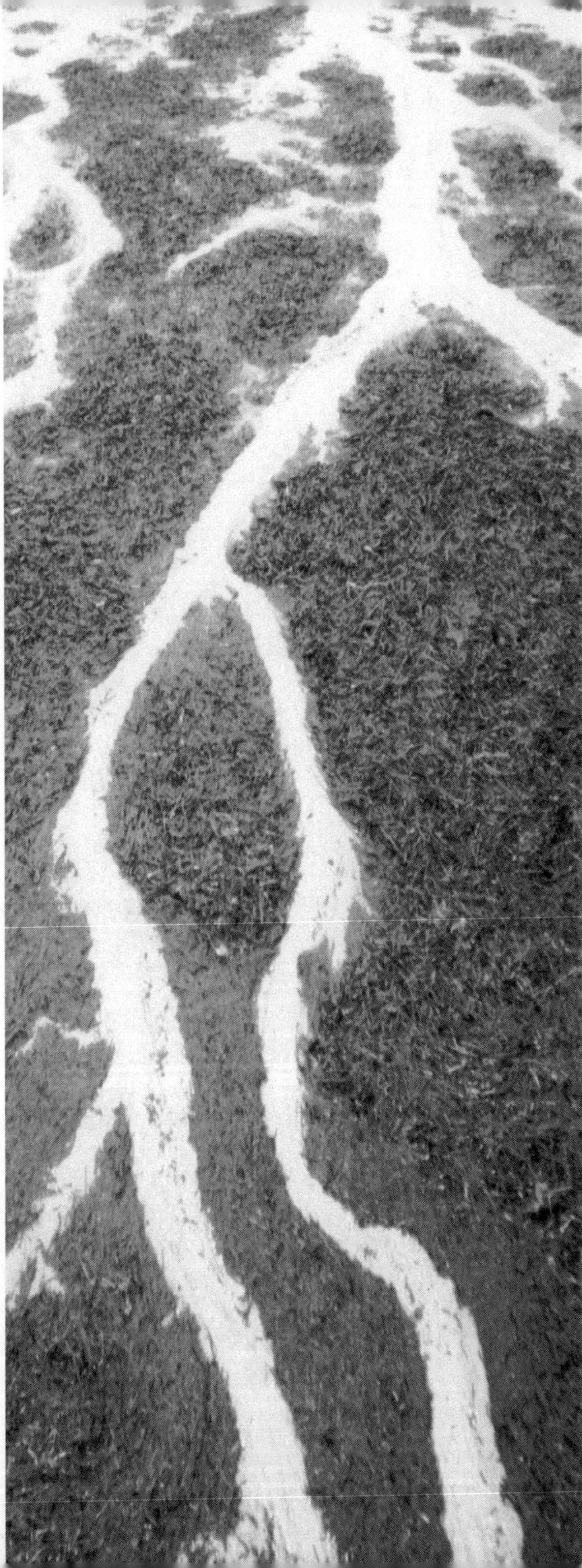

Wasser
will fliessen

Psychische Energie
will sich ausdrücken

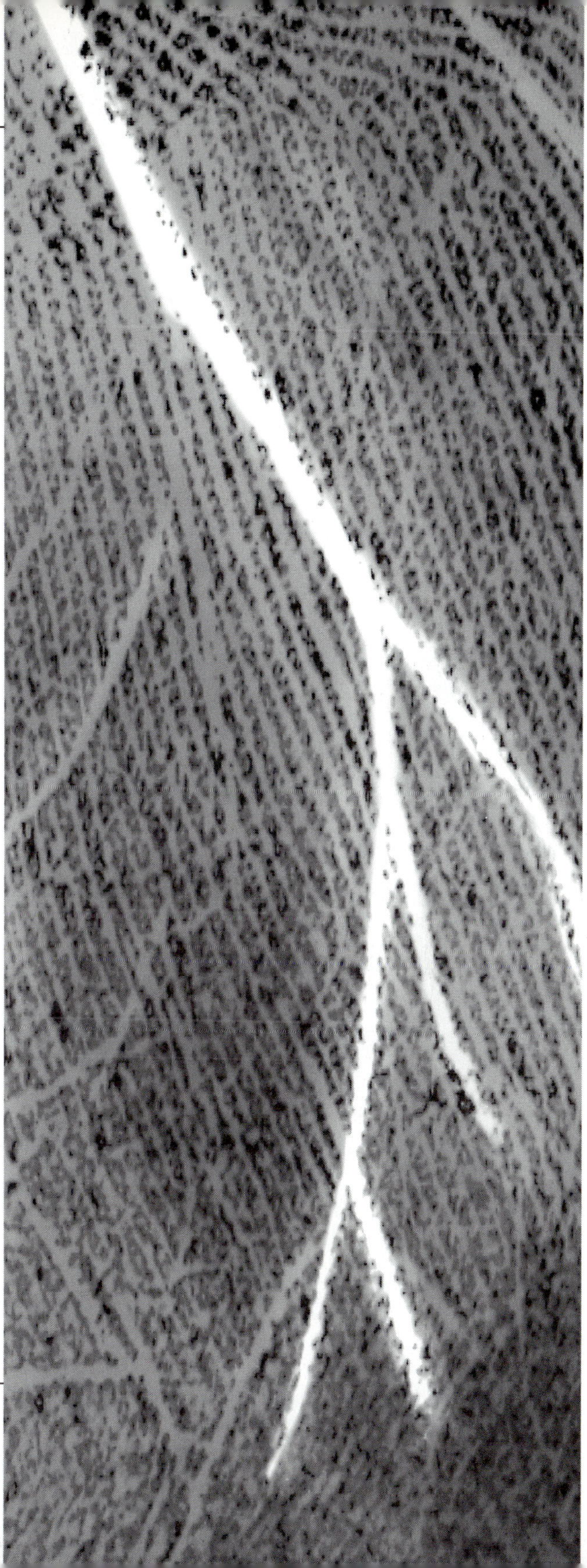

Die Zeit zeichnet
den Stein

Das Erleben
furcht die Hand

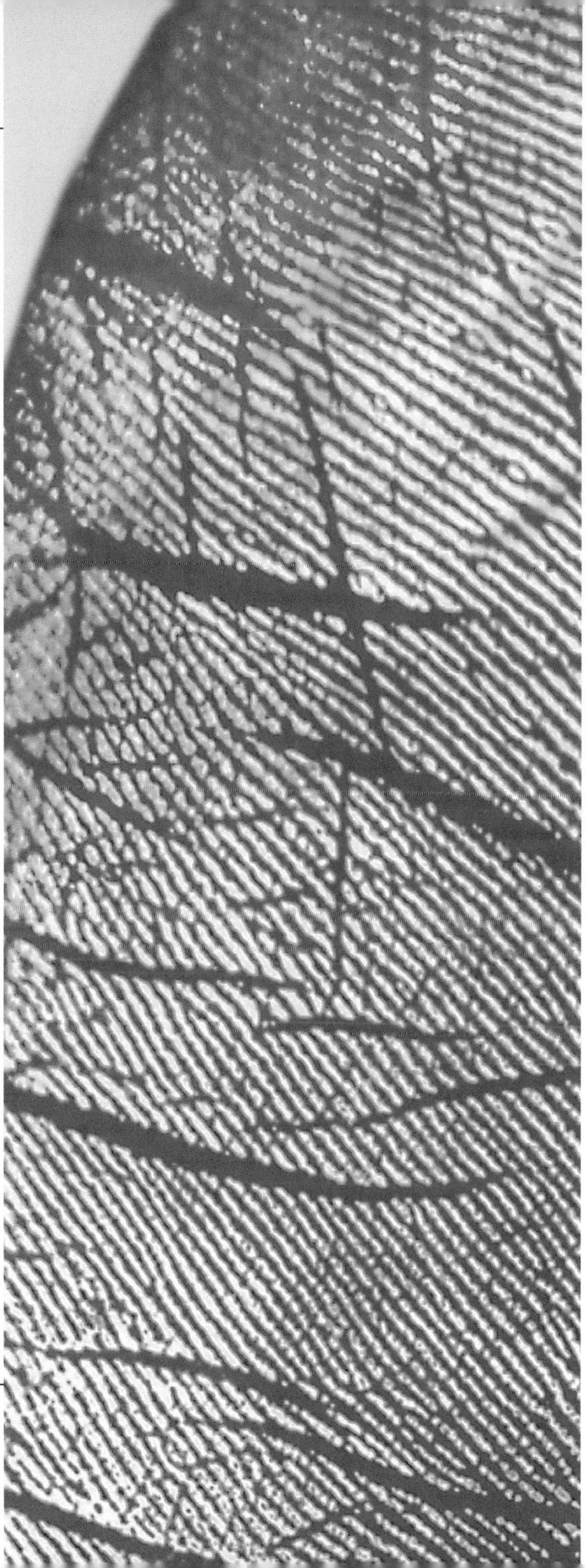

Überall auf der Welt werden Hände gelesen. Aber das Augenmerk richtet sich, bedingt durch das persönliche Interesse oder das kulturelle Umfeld, nicht überall auf das Gleiche. In dieser Einleitung lege ich Ihnen darum meine Position und Interessenlage dar.

ANMERKUNGEN ZUM ANFANG

Warum noch ein weiteres Chirologie-Buch?

Weil ich Ihnen ein Instrument in die Hand geben möchte, mit dem Sie selbst ohne großen Aufwand überprüfen können, ob etwas »dran« ist, an der seltsamen Kunst des Handlesens. Lassen Sie sich nicht von mir beeinflussen, bleiben Sie kritisch, glauben Sie niemandem und nichts, sondern kontrollieren Sie selbst! Probieren Sie die Chirologie einfach aus. Und ich garantiere Ihnen, daß Sie sich auf alle Fälle freuen werden über die vielen neuen Einsichten und Erkenntnisse, die Sie gewinnen.

Ein Beispiel aus meiner Praxis

Vor Jahren einmal wollte ich herausfinden, welche Bewandtnis es mit der Kunst des Handlesens hat. »Warum wird ein Mensch zum Künstler?« fragte ich mich. »Welche Zeichen hat ein Künstler in der Hand?«

Ich analysierte die Hände von 20 namhaften Malern und Bildhauern. Sie waren mir durch eine Edition des Künstlers Robert Filiou zugänglich. Selbstverständlich fand ich in den verschiedenen Händen die unterschiedlichsten Temperamente und Charakterzüge, bei vielen auch enorme Talente und ein starkes Bedürfnis nach Austausch und Selbstausdruck. Was aber keinem der erfolgreichen Künstler fehlte, war eine außerordentlich kräftige und lange Kopflinie – ein Hinweis auf ein geradezu elefantenstarkes Durchsetzungsvermögen. Sturheit als gemeinsamer Nenner der Kunst? Diese Einsicht war im ersten Moment gewiß ernüchternd, aber unglaubwürdig war sie nicht. Inzwischen weiß ich, daß auch sehr unscheinbare Menschen großartige Talente haben können, daß sie aber niemals den Mut aufbringen, ihr Können in die Galerien und in die Welt hinaus zu tragen.

Ich will es Ihnen leicht machen

Ich selbst habe Handlesen zuerst einmal im stillen Kämmerlein aus Büchern gelernt und dabei erfahren, daß die Handleseliteratur ziemlich verwirrend sein kann. Darum war es mein Ehrgeiz, als ich vor über zehn Jahren Kurse anzubieten begann, die Chirologie in eine gut verständliche und leicht erlernbare Form zu bringen. Sie erhalten also von mir nicht einfach nur das übliche Rezept- und Anleitungsbuch zum Handlesen, sondern eine Art Baukasten. Sie werden Schritt für Schritt, Ebene um Ebene, in das chirologische Bedeutungs-System eingeführt und erfahren dabei stets die Hintergründe, auf denen es beruht. So sind Sie jederzeit in der Lage, rational und logisch nachzuvollziehen, wie eine Aussage zustande kommt. Und das bedeutet, daß Sie später auch selbst Bedeutungen ableiten können, wenn Ihnen eine Hand besondere Rätsel stellt.

Aber Achtung:

Richtig Handlesen lernt man nicht, indem man darüber liest, sondern indem man es praktiziert. Wie bei Violine oder Piano heißt es: üben, üben, üben. Übung macht den Meister.

Natürlich können Sie einfach nur schnuppern und hier ein wenig über Chirologie lernen und da die Handleserei ein wenig ausprobieren. Amüsant ist das alleweil. Doch wenn Sie sich das Analysieren von Händen wirklich aneignen wollen, dann müssen Sie möglichst schnell in die Praxis einsteigen. Sammeln Sie Abdrücke von Freunden und Bekannten (wie man das macht, erfahren Sie in *Schritt 1, Wir nehmen einen Handabdruck*) und üben Sie daran jeden Schritt vom Neu-Gelernten. Ich verspreche Ihnen, daß es mehr Spaß macht als Tonleitern üben!

Wie ich zur Chirologie kam

Gerne würde ich auf eine mediale Großmutter mit Kräuterwissen und einer Krähe auf der Schulter hinweisen, aber das wäre gelogen. Bei uns zu Hause ging es sehr normal und nüchtern zu. Und so mußte ich fast dreißig werden, bis mir der Zufall »zu-fiel« und ich bei einem Handlese-Buch stecken blieb. Es war »Handanalyse« von Myrah Lawrance. Ich machte mir Notizen und fing auf eine geradezu kindliche Art an, Handabdrücke von Freunden und Bekannten zu analysieren. Und oh Wunder – es funktionierte! Und selbstverständlich funktionierte es im Laufe der Jahre immer besser.

Myrah Lawrance: Berühmte amerikanische Chirologin, die mit ihrem Mann, Walker T. Lawrance, über 200 000 Hände analysiert hat.

Damit bin ich der wandelnde Beweis dafür, daß Handlesen eine Fähigkeit ist, die sich erwerben läßt. Jedenfalls in der Art, wie ich es betreibe. Dabei werden Handlinien und Handformen als eine Art Schrift betrachtet, die definierbare Bedeutungen überträgt und lesbar wird, wenn man das entsprechende Vokabular beherrscht. Und daß man sich dieses Vokabular aneignen kann, beweisen die vielen Kursteilnehmer, die in den letzten Jahren bei mir Handlesen gelernt haben. Meistens sind sie zwar am Ende eines Kurses noch nicht in der Lage, so viel aus einer Hand herauszulesen, wie ich es nach meiner nun über zwanzigjährigen Praxis schaffe, aber sie können doch kontrollieren und verstehen, auf Grund welcher Zeichen meine Aussagen zustande kommen. Damit ist bewiesen, daß die Chirologie auf einer rationalen Grundlage beruht.

Hellsehen versus »rationale« Chirologie

Wer hat nicht schon von Zigeunerinnen gehört, die einer Frau den zukünftigen Ehemann beschreiben und vier Töchter voraussagen – und damit recht behalten! Mir sind viele solche, zum Teil unheimliche, Geschichten zugetragen worden, und ich sehe keinen Grund, an ihnen zu zweifeln. »Es gibt mehr Ding' im Himmel und auf Erden, als eure Schulweisheit sich träumt...«, das glaube ich nicht nur, sondern das weiß ich inzwischen. Psi-Kräfte existieren und funktionieren. Darum wundert es mich nicht, daß es Menschen gibt, die aus Handlinien die Farbe eines Autos und das Einkommen des Ehemannes lesen können. Dies sind Hellseher/-innen. Sie benützen die Hand wie eine Kristallkugel – als Auslöser für ihre Visionen. Aber: Nur wenige Menschen haben diese Fähigkeiten genügend stark entwickelt, um zuverlässig in ihren Aussagen zu sein. (Das hat damit zu tun, daß Psi-Kräfte vor allem in Personen wirksam werden, die psychisch und emotional unter Druck stehen und die sich an einem bestimmten Geschehen aus persönlichen Gründen mitbeteiligt fühlen.)

Psi-Kräfte: Energien, die außersinnliche Wahrnehmung und unmöglich erscheinende physikalische und psychische Erscheinungen auslösen.

Ich glaube, daß jeder Handleser seine Intuition zu Hilfe nimmt. Überhaupt bin ich davon überzeugt, daß wir im Alltags- und Geschäftsleben viel mehr mit Intuition arbeiten, als uns bewußt ist. Je stärker sich aber meine Intuition entwickelt hat, desto wichtiger wurde für mich, daß mit der Chirologie ein Mittel zur Verfügung steht, das mir erlaubt, intuitive Eingebungen objektiv zu überprüfen. Die Zeichen in der Hand sind da, was immer mein Gefühl dazu sagen mag. Und sie sprechen eine deutliche Sprache.

Intuition: Direkte, unmittelbare Erkenntnis, die ohne logische Ableitung zustande kommt.

Was leistet die Chirologie?

Lassen Sie mich dazu die große Ursula von Mangoldt zitieren. Sie sagt von der Chirologie:

»...sie bezieht sich auf den Menschen, auf seine Anlagen und Fähigkeiten, auf die Erkenntnis der ihm zur Verfügung

Ursula von Mangoldt: Theologin, Autorin und Verlegerin. Die wohl wichtigste Chirologin im deutschen Sprachraum.

stehenden Möglichkeiten und auf die Gestaltung seines Lebens- und Schicksalsweges. Handdeuten gehört somit in den Bereich der Anthropologie, der Lehre vom Menschen.«

Chirologie als Problemlöser?

»Die Welt ist so entsetzlich aggressiv, ich will nicht auch noch aggressiv sein.« Der junge Mann, nennen wir ihn Claude, sah mich mit Samtaugen an. Ich hatte ihm eben erklärt, daß in seiner Hand gestaute Wut zu sehen sei, und daß er wohl lernen müsse, seiner Aggression auf irgend eine unschädliche Weise Ausdruck zu verleihen. Kurz zuvor hatten wir über seine emotionale Verwirrung gesprochen, die sich auf seiner Herzlinie abzeichnete, und er hatte mir gestanden, daß er in letzter Zeit öfter an Selbstmord gedacht hatte. Darum konterte ich: »Ist Selbstmord etwa nicht aggressiv?«

Ich sagte ihm weiter, daß mir seine Saturnlinie zeige, daß ihn ein Familienmuster an seiner freien Entfaltung hindere. Und als ich nachfragte, wie in seiner Herkunftsfamilie mit Konflikten und Aggressionen umgegangen wurde, kamen wir auf den Punkt: Seine lieben und idealistischen Eltern wünschten sich eine bessere Welt. Sie kamen aus einem nicht unbedingt sanften Milieu und wollten darum wenigstens in ihrer eigenen Familie Frieden und Harmonie durchsetzen: Niemals gab es Konflikte, heftige Worte waren verpönt, Streitfragen wurden nicht diskutiert, sondern unter den Teppich gekehrt.

Claude hatte eine junge, temperamentvolle Ehefrau, die gereizt auf seine Sanftmut reagierte. Sie hörte nicht auf, ihn zu provozieren. (Eigentlich half sie ihm damit, denn sie stach direkt in seine Wunde und zwang ihn dadurch, sein Problem zur Kenntnis zu nehmen. Damit schuf sie die notwendige Voraussetzung für eine Veränderung.) Claude jedoch fühlte sich überfordert. Er wußte sich nicht zu wehren und wollte es auch nicht lernen. Und so stauten sich

Wut und Zorn auf immer unerträglichere Weise in seinem Innern. Ich versuchte ihm schonend beizubringen, daß es viel weniger schädlich sei, gelegentlich mit der Faust fest auf den Tisch zu hauen, statt mit dem Messer auf sich oder sonst jemanden loszugehen. Claude wirkte verunsichert durch meine Worte. Doch als ich ihm Vorschläge machte, wie er seine Wut kennenlernen und ausleben könnte, strahlte er. Es waren alles Aktivitäten, die ihn in letzter Zeit angezogen und gedanklich beschäftigt hatten. Als er wegging, schien er ziemlich erleichtert zu sein.

Nicht daß Sie jetzt denken, Handlesen löse irgend ein Problem: Claude wird sich entscheiden müssen, ob er seine Schwierigkeiten überhaupt angehen will. Er wird hart arbeiten müssen, um mit seinem versteckten Zorn in Kontakt zu kommen und zu wagen, diesen in gesunden Portionen auszuleben. Wie jeder Mensch muß er sich selbst helfen und seine Probleme selber lösen. Die Handanalyse kann aber zeigen, wo Unbewältigtes und Hinderliches liegt. Und sie kann Mut machen, Knoten aufzulösen und Blockaden abzubauen. Sie zeigt dem Menschen, der feststeckt, daß es stets noch Wege zur Befreiung gibt. Und insofern kann sie ganz hilfreich sein.

Verurteilt durch die Hand?

Nein und dreifach Nein. Unsere Hände machen uns nicht zu Sklaven unseres Schicksals. Sie ändern sich nämlich! Linien wachsen, verästeln sich und verschwinden. Und selbst die Proportionen der Hand können durch einen veränderten Muskeltonus andere Formen annehmen und damit anderes aussagen.

Meistens sind die Veränderungen recht subtil. Doch schon kleine Abweichungen vom früheren Linienbild können die Aussagen maßgeblich beeinflussen. Sicherlich haben wir keine grenzenlose Freiheit, uns zu entwickeln: Aus einem Boxer wird wohl niemals eine Ballerina und aus einer Ballerina kein Boxer. Der Mensch ist in seinem Typus gefangen. Doch innerhalb unseres Typus haben wir praktisch beliebige Entwicklungsmöglichkeiten. Und es ist eine der Freuden des Handlesens, den Menschen nach ein paar Jahren mit ihren Handlinien nachweisen zu können, daß sie neue und wichtige Schritte auf ihr eigentliches Selbst zu gemacht haben.

Das müssen Sie gesehen haben, um es zu glauben

In dieser Hand verschwand eine dicke Linie innerhalb von sieben Wochen:

Die markierte Linie in Bild 1 ist eine außergewöhnliche Nebenlinie. Sie fällt aus dem Ego-Bereich wie ein Fallbeil in den Körper-Bereich. (Sobald Sie Kapitel *Koordinaten, Ebene 2: Sternspuren* gelesen haben, können Sie diese Feststellungen nachvollziehen.) Kombiniert ergibt sich: »Man setzt sich etwas in den Kopf« plus »Verletzungsgefahr«. Diesen Zusammenhang deutete ich als Selbstmord-Tendenz.

Die Person, der diese Hand gehört, wurde auf dieses Thema hin angesprochen. Es stellte sich heraus, daß sie den sechsten Sinn hatte und Geister sah. Sie befürchtete, den Verstand zu verlieren, und hatte tatsächlich mit dem Gedanken an Selbstmord gespielt. Es gelang im Gespräch, die Ängste dieser Person zu zerstreuen und einen positiven Standpunkt zu finden. So wurde ihr empfohlen zu prüfen, ob sie nicht vielleicht über Heilkräfte verfüge. Und tatsächlich: Als sie einem Schmerzpatienten die Hände auflegte, verschwanden die Schmerzen. Und sieben Wochen danach war auch die Linie verschwunden. Bild 2.

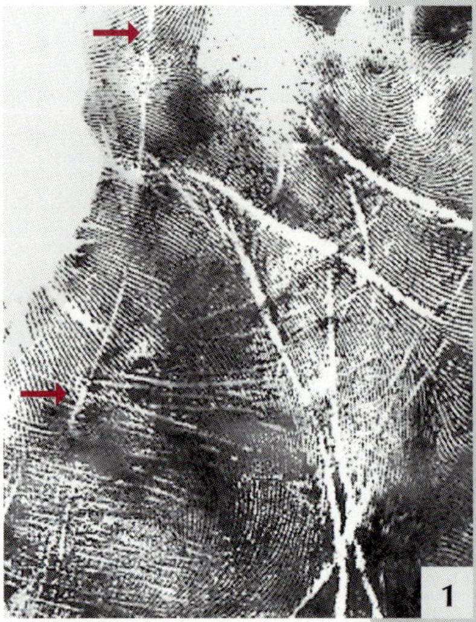
1

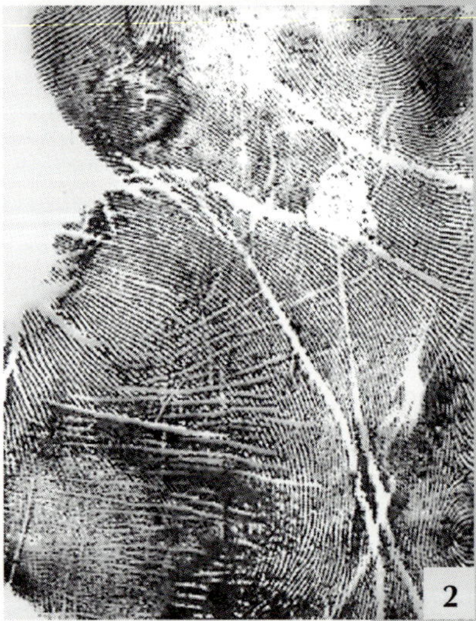
2

Und noch zwei weitere interessante Beispiele

Diese Abdrücke sind in ziemlich großen, zeitlichen Abständen entstanden. Wir wissen darum nicht, wie schnell und dramatisch die Veränderung jeweils war. Interessant ist, daß sich in der einen Hand eine Verbesserung, in der andern eine Verschlechterung der Anlagen zeigt.

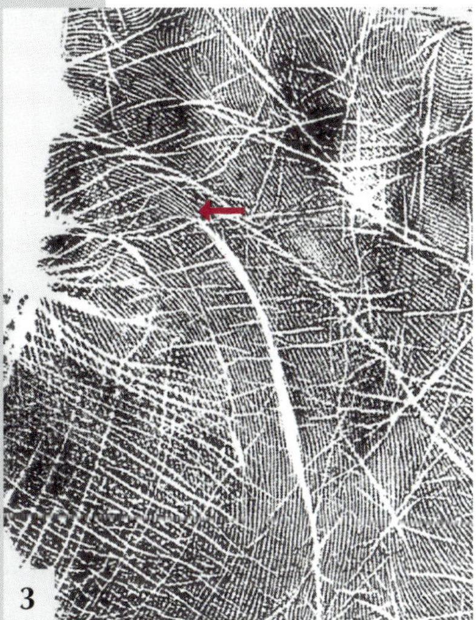
3

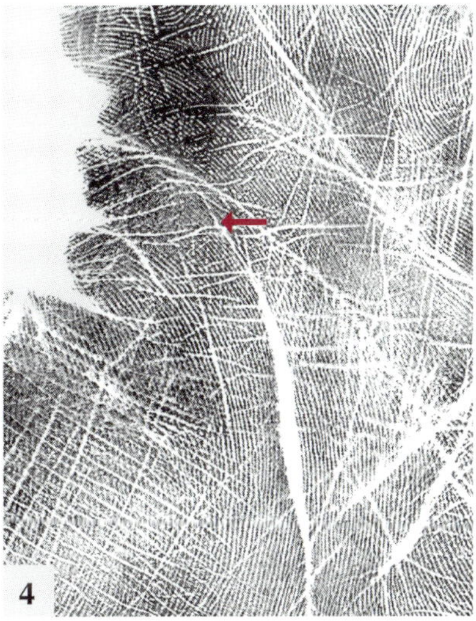
4

Bild 3: Eine einst perfekt mit der Kopflinie beginnende Lebenslinie hat sich verkürzt. Ein bedeutender Verlust an Vitalität muß befürchtet werden.

Bild 4: Ein Jahr später hat sich die Lebenslinie erholt und ist erneut mit der Kopflinie verbunden.

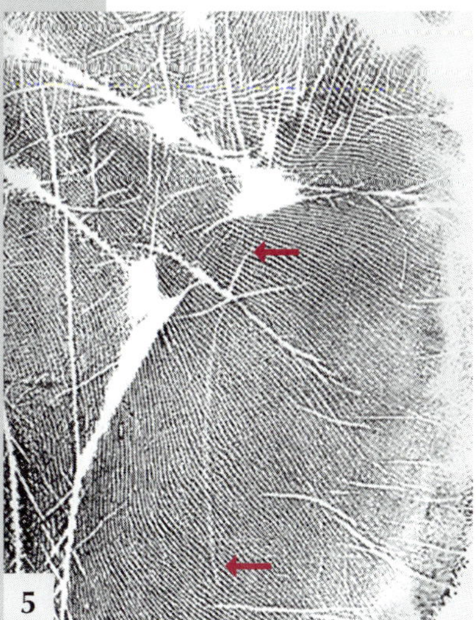
5

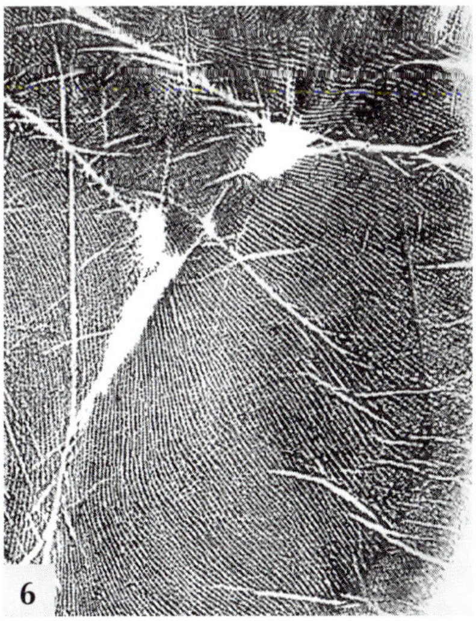
6

Bild 5: Eine Uranuslinie, die für hellseherische Talente steht, ist deutlich sichtbar.

Bild 6: Vier Jahre später ist die Linie verschwunden.

Der Mann, ursprünglich spontan intuitiv, hat sich auf Techniken wie Pendel und Tarot verlegt. Offensichtlich zum Schaden seiner spontanen Begabung.

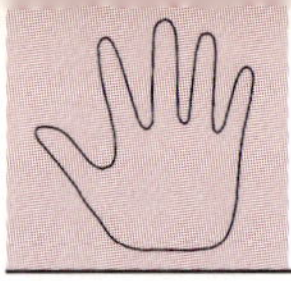

Wie ist das alles überhaupt möglich?

Selbstverständlich weiß das niemand so richtig. Aber es gibt doch einige interessante Hinweise auf den Zusammenhang zwischen Hirn und Hand: Die Hauptlinien entwickeln sich beim Fötus praktisch parallel zu den Händen. Von Früh- und Fehlgeburten weiß man, daß bei Mißbildungen des Gehirns die Handlinien verkümmert oder auffällig gebildet sind. Mongoloide Neugeborene erkennt man an einer quer durch die Hand verlaufenden Furche und an einem verkürzten kleinen Finger. Bestimmte Abweichungen im Muster der Papillaren (→ *Schritt 9, Die Papillarmuster*) werden zur Diagnose von Krankheiten benützt. Bei Verletzungen von bestimmten Nervenbahnen ist beobachtet worden, daß Handlinien verschwinden können. Ob dies auch im Tode geschieht, ist umstritten. Man hat mir darüber Widersprüchliches berichtet.

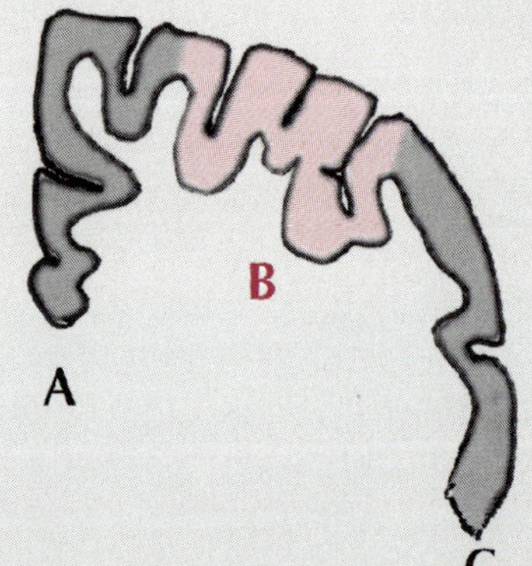

7

Bild 7 zeigt einen Schnitt durch die motorische Hirnrinde, die oberhalb des Ohres gelegen ist. A zeigt den Bezirk, der von den Zehen über Beine, Rumpf, Schultern und Arme, eingeschlossen die inneren Organe, für sämtliche Bewegungen zuständig ist. B ist der Bereich der Hand. C umfasst Hals, Auge und Gesicht, wobei der grösste Teil dieser Region für unseren Sprechapparat reserviert ist. Das Bild macht deutlich, daß für die Bewegungsfähigkeit der Hand erstaunlich viel, nämlich fast ein Viertel der Hirnrinde, zur Verfügung steht. (Nur gerade unser Stimmapparat ist ähnlich komplex angelegt.) Diese enorme Zahl an Nervenverbindungen läßt aber auch eine überdurchschnittlich dichte Vernetzung mit andern Hirnbereichen vermuten. Vielleicht ist das der Grund, daß sich in der Hand psychische Strukturen so deutlich spiegeln.

Im übrigen bestätigen andere Hinweise die Interdependenz zwischen Hirn und Hand. Moshé Feldenkrais hat eine Methode entwickelt, mit der sich durch Körperbewegung die Wahrnehmungsfähigkeit und damit auch die

Moshé Feldenkrais: »Der aufrechte Gang«

Gesundheit verbessern lassen. Selbst Hirngeschädigte haben von seiner Methode profitiert. Und Paul Feyerabend schreibt im Zusammenhang mit dem Australopithecus, einem unserer prähistorischen Vorgänger, der noch ein Affengehirn hatte, aber bereits eine aufrechte Haltung einnahm und über ein menschenähnliches Gebiß verfügte:

Paul Feyerabend: »Wider den Methodenzwang«

»Im Gegensatz dazu...«, nämlich der Annahme, daß das Gehirn Eigenschaften und Verhaltensweisen hervorbringt, »...müssen wir nun zugeben, daß eine neue Haltung, die neue Aufgaben mit sich bringt, das dafür nötige Gehirn ‹schaffen› kann.«

Die deutsche Sprache spricht vom »Be-greifen«. Vielleicht ist es tatsächlich so, daß nur das, was wir mit der Hand erfassen, seinen Niederschlag im Denken findet? Jedenfalls scheint die Hand ein wichtiger Schlüssel zur Öffnung unserer geistigen Fähigkeiten zu sein. Diese Idee vertritt auch die vedische Tradition. Sie geht davon aus, daß Mudras bestimmte Bewußtseinszustände auslösen können.

Veden: Die älteste indische Literatur, heilige Schriften der Hindu-Religion. Mudra: Geste oder Handstellung mit symbolischem Gehalt.

Zukunftsvoraussagen

Es kommt gelegentlich vor, daß sich in der Hand zukünftige Ereignisse abzeichnen und sich die gemachten Angaben in der Folge tatsächlich auch bewahrheiten. Aus der Tatsache, daß sich Handlinien verändern, ergibt sich aber ganz klar die Einsicht, daß jede Art von Voraussage relativ sein muß: Prophezeiungen treffen nur dann ein, wenn sich an der Einstellung der untersuchten Person nichts ändert. Dies entspricht jedoch weder der biologischen noch der psychologischen Erwartung.

Der Dramatiker Friedrich Dürrenmatt sagte einmal: »Man kann die Bahn eines Meteors genau berechnen. Aber nicht die Bahn eines Menschen.« Das ist nicht nur schön gesagt, sondern wahr und es verhilft uns Chirologen immer wieder zur notwendigen Bescheidenheit bei unseren Feststellungen und Voraussagen.

Trotzdem: Es bleiben die Fälle, wo selbst unwahrscheinliche Voraussagen sich unter merkwürdigen Umständen bewahrheiten. Wie das möglich ist, muß sich jeder selbst zu erklären versuchen. Natürlich kann man pessimistisch sein und zutreffende Voraussagen mit der Trägheit der Menschen erklären. Vielleicht ist es aber auch ganz gut, es halt ertragen zu lernen, daß auf dieser Welt vieles unerklärlich ist und bleibt.

Blick in die Vergangenheit

Die Faszination für die Hand existiert wahrscheinlich seit es uns Menschen gibt. Schon auf den prähistorischen Gemälden in den Höhlen des Mittelmeerraums brachten die Künstler ihre Handabdrücke, fast wie Signaturen, neben den wunderbar bewegten Tierbildern an. Die Herkunft der Chirologie als Deutungslehre liegt aber im Dunkeln, wahrscheinlich stammt sie aus den gleichen Wurzeln wie die Astrologie. Wir siedeln diese Wissenschaft traditionellerweise am östlichen Mittelmeer, im ägyptisch-babylonisch-chaldäischen Raum an, und damit in Kulturen, die zwei bis drei Jahrtausende vor Christus blühten. Es tauchte aber schon sehr früh auch weiter östlich, in Indien und China, chirologisches Wissen auf. Die Veden lehrten die Handlesekunst. Und die Chinesen wußten um die Unverwechselbarkeit von Fingerabdrücken und benutzten solche bereits vor Jahrtausenden, um Verträge zu signieren.
Zur Zeit der griechischen Hochkultur war die Chirologie ein angesehenes Lehrfach, mit dem sich viele berühmte Gelehrte, auch Aristoteles, befaßten. Und so ist es nicht erstaunlich, daß auch die mittelalterlichen Universitäten Chirologie als Lehrfach pflegten. Um so mehr, als es auch in der Bibel (im Buch Hiob und in den Sprüchen) entsprechende Anspielungen auf das Handlesen gibt.
Mit der Aufklärung wurde das Handlesen an den Rand gedrängt und geriet als Wissenschaft schließlich in Verges-

senheit. Zigeuner und Fahrende hielten allerdings die chirologische Tradition weiter hoch. Bis dann im 19. Jahrhundert eine Renaissance einsetzte, ausgelöst durch d'Arpentigny und Desbarolles.

D'Arpentigny versuchte als erster eine wissenschaftliche Begründung des Handlesens in »La Chirognomie. La Science de la Main ou l'Art de reconnaître les tendances de l'intelligence d'après les formes de la main« (Paris 1856).

Adolphe Desbarolles (1804 – 1866) verfasste »Les Mystères de la Main. Révélés et expliqués. Art de connaître la Vie, le Caractère, les Aptitudes et la Destinée de Chacun d'après la seule inspection des Mains. Revue, corrigée et augmentée d'explications physiologiques.« Er griff dafür auf Mystik, Gnosis und Zigeunerwissen zurück.

Die moderne Chirologie verdankt ihr Entstehen unter anderem Autoren wie Henri Mangin, Cheiro und Ursula von Mangoldt (→ *Literaturhinweise im Anhang*). Neu an dieser Art des Handlesens ist, daß sie sich mehr für psychische Konstellationen als für äußere Erscheinungen und Ereignisse interessiert. Erkenntnisse aus der Tiefenpsychologie und das daraus entstandene, neue Menschenbild werden berücksichtigt und von einer ungewohnten Seite her beleuchtet.

Handlesen: Eine wunderbare Sache, die sich mißbrauchen läßt

Jede Methode steht und fällt mit dem Menschen, der sie anwendet und darum ist die Chirologie auch nicht vor Mißbrauch gefeit. Sie verleiht Macht über Menschen und kann diese in Angst und Schrecken versetzen. Und leider gibt es immer wieder Leute, die das ausnützen. Lassen sie mich ein paar harmlosere und schlimmere Beispiele, die öfter zu beobachten sind, aufzählen:

Der Partylöwe verschafft sich durch die Chirologie uneingeschränkte Aufmerksamkeit. Die Augen der schönsten Frauen werden sich fasziniert auf ihn richten, wenn er klug über ihre Handlinien doziert.

Der Machtmensch, männlichen oder weiblichen Geschlechts, kann seine sadistischen Instinkte ausleben, indem er einer unbescholtenen Person in die Hände guckt und sie mit kommendem Unglück und drohenden Schicksalsschlägen erschreckt. (Ich hoffe, der Himmel wird ihn dafür in der Hölle schmoren lassen!)

Wie herrlich bunt wirkt die graue Maus, wenn sie sich handlesend über die gewöhnlichen Menschen beugt und

wenigstens für einen Augenblick ihr ereignis- und farbloses Leben vergessen kann.
Wie hilfreich und edel gibt sich der Helfer, der sich aufdrängt, und sich mit Handanalysen eine Existenzberechtigung zu verschaffen meint.
Wie raffiniert und überlegen fühlt sich der Zyniker, der ein tatsächlich gut funktionierendes Mittel gefunden hat, um die Geldbeutel seiner Kunden zu plündern.

Die Chirologie kann eine Waffe sein, durchaus auch eine gefährliche. Sie kann sich gegen andere richten, aber auch gegen einen selbst, wenn man sie nämlich als Ausflucht benutzt und sich um die Probleme der andern, statt um die eigenen kümmert. Chirologie kann aber auch ein großartiges, ja wunderbares Mittel sein, um zu lernen, was leben und was Menschsein heißt.
Mich begeistert zum Beispiel immer wieder, mit welcher Kreativität Menschen Überlebensstrategien entwickeln, die es ihnen ermöglichen, mit widrigsten Lebensumständen fertig zu werden. Ich freue mich über die unglaublichen und seltenen Talente, die in manchen Menschen schlummern, die äußerlich durch nichts auffallen. Und ich bin gerührt darüber, wie einige, ohne sich zu schonen, die Entwicklung ihrer Persönlichkeit vorantreiben. Diese Begegnungen mit Menschen, die mir rückhaltlos ihre Seelen zeigen, erfüllen mich mit großer Dankbarkeit. In deren Stärken und Schwächen begegne ich immer wieder auch mir selbst, was mir erlaubt, zu lernen und mich so anzunehmen, wie ich bin.

Wenn Sie Hände lesen:

- ◆ Untersuchen Sie Ihre Motivation. Warum haben Sie das Bedürfnis, andern in die Hände zu schauen?
- ◆ Tun Sie es in einer genügend freundlichen Haltung?

Wenn Sie sich Ihre Hände lesen lassen:

- ◆ Machen Sie es zum Jux oder sind Sie bereit, es ernst zu nehmen?
- ◆ Wenn Sie es ernst nehmen wollen: Verdient der Chirologe oder die Chirologin Ihr Vertrauen? Denken Sie daran, Sie sind dafür verantwortlich, von wem Sie sich etwas sagen lassen.

Seien Sie kritisch und vor allem dann mißtrauisch, wenn man Ihnen ungefragt in die Hände guckt und Sie mit Auskünften bedient, um die Sie nicht gebeten haben. So etwas tut kein Profi!

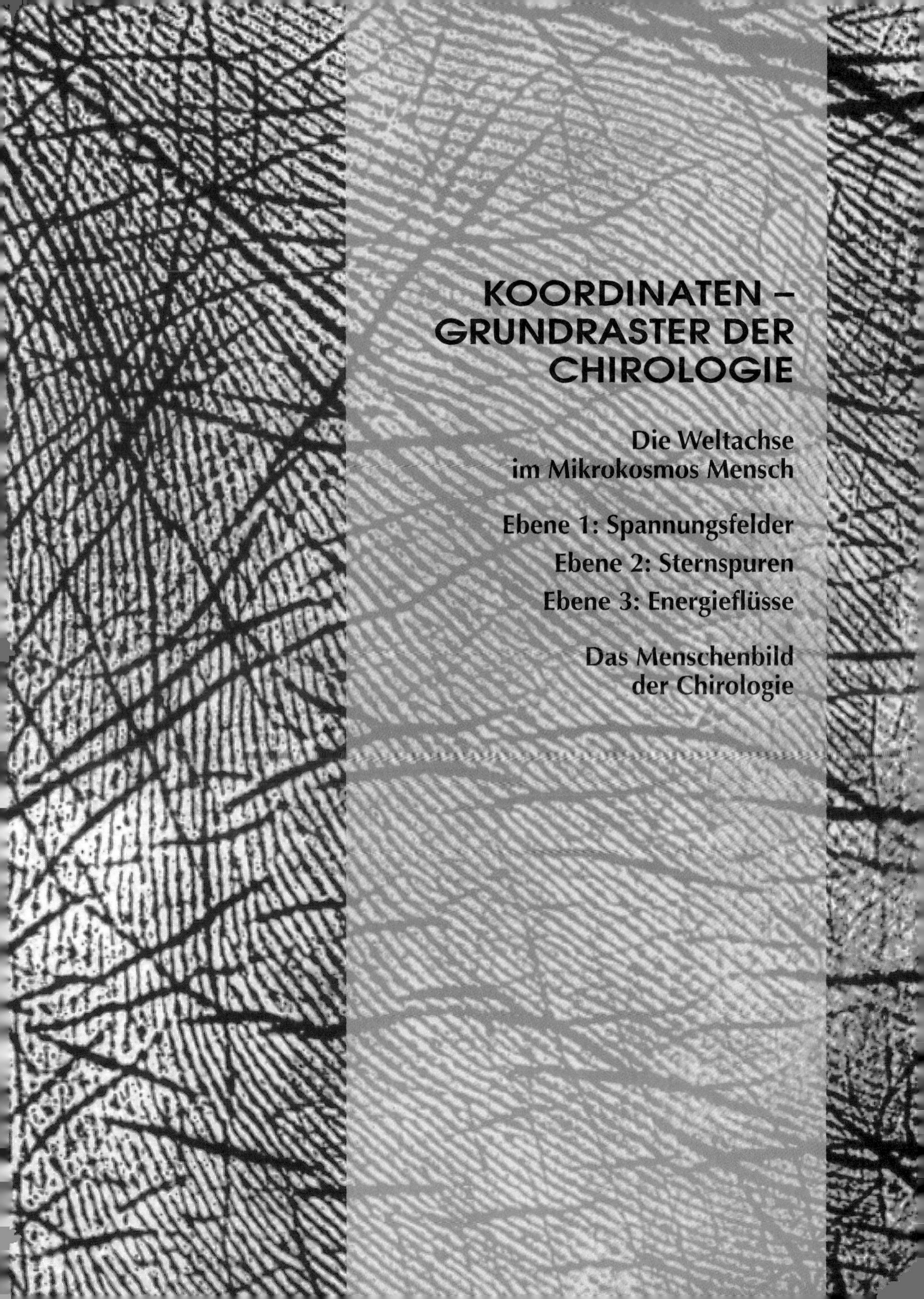

KOORDINATEN – GRUNDRASTER DER CHIROLOGIE

Die Weltachse im Mikrokosmos Mensch

Ebene 1: Spannungsfelder

Ebene 2: Sternspuren

Ebene 3: Energieflüsse

Das Menschenbild der Chirologie

Der Mensch als Einheit besteht aus zwei Hälften. Rechte Hand und linke Hand zeigen, daß er einem polaren Prinzip unterworfen ist.

DIE WELTACHSE IM MIKROKOSMOS MENSCH

Was ist der Mensch, was ist Chirologie? Die Frage nach dem Urgrund des Menschen und der Erscheinungen läßt Thesen, aber keine definitiven Antworten zu. Wie viele andere Disziplinen geht die Chirologie davon aus, daß die gleichen Gesetze, die im Makrokosmos gültig sind, auch für den Menschen und seine Hände gelten. »Wie oben, so unten«, zitierte Paracelsus die smaragdene Tafel und sah den Mikrokosmos Mensch als Spiegel des Universums. Und tatsächlich bietet die Chirologie ein Erklärungsmodell des Menschen, das in seinen Grundzügen mit den Mythen von verschiedenen Kulturen und den Theorien vieler philosophischer Schulen übereinstimmt.

Der Kreis ist in vielen Kulturen Symbol für den Kosmos. Er steht für die Zahl 1 und damit für die Einheit, für das Ganze, für alles und das All. In der Mathematik steht er für die Null, für nichts. Das ist ein Widerspruch, den die Mystiker zu allen Zeiten und in allen Kulturen immer wieder als archetypisches Paradox erlebt und beschrieben haben: Sie behaupten, daß alles gleichzeitig alles und nichts ist. Das Symbol für dieses Paradox ist der Kreis. Oder die Schlange, die sich in den Schwanz beißt. Oder der Steinkreis, der in der diesseitigen Welt liegt, aber über diese hinausweist.

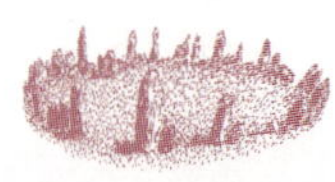

Wenn in die Mitte des Kreises ein Punkt gesetzt wird, entsteht das astrologische Sonnensymbol. Dieser Punkt stellt den Nabel der Welt dar, aber auch den göttlichen Kern, das Bewußtsein und die schöpferische Kraft, die aus dem All-Eins oder Nichts die Welt entstehen lassen. Die durch

das Bewußtsein von innen heraus geschaffene Welt teilt sich nun in die zwölf Segmente des Tierkreises auf, der den Astrologen ihr Bedeutungsnetz liefert.

Vom Satelliten aus betrachtet zeigt sich unsere Welt als blauweiße Kugel, auf der Kontinente wie Inseln schwimmen. Noch mehr aber ist zu sehen: Auf der Erde herrscht gleichzeitig Tag und Nacht, Sommer und Winter.

Jedes Kind weiß: Die Erde hat einen Nord- und einen Südpol. Pole bezeichnen die zwei gegensätzlichen Enden einer einzigen Sache. Auf dem Planeten Erde sind es die zwei Endpunkte der Drehachse, die ihrerseits durch den Erdmagnetismus festgelegt ist. In diesen Polen verschmilzt das Netz der Längen- und Breitengrade in einem einzigen Kreuzungspunkt. Dort, wo die Längengrade am weitesten voneinander entfernt sind, liegt der Äquator, der die Erde in eine Nord- und Südhalbkugel teilt. Die ursprüngliche Einheit, der Planet, zerfällt also durch das Ziehen eines einzigen Striches in zwei Hälften: Eine Dualität oder Polarität ist entstanden.

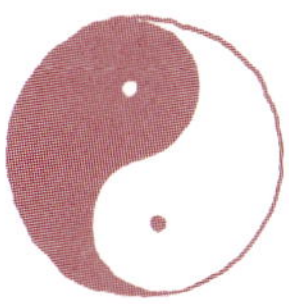

Aber auch durch die Sonnenbestrahlung entsteht eine Zweiteilung: eine Tages- und eine Nachtseite. Die gleiche Welt erscheint einmal hell und einmal dunkel. Für diesen, von der Zeit gesteuerten Tatbestand haben die Chinesen, bzw. die Taoisten, das Taiji-Zeichen erfunden, das die Einheit im Wandel und den Wandel in der Einheit symbolisiert. Es steht für das Eine, das in zwei Hälften zerfällt. Oder für das Ganze, das zwei Gesichter zeigt, ein belichtetes und ein schattiges: Yang und Yin. Die Weisheit dieser Symbolik wird dadurch verstärkt, daß nicht eine starre Achse, sondern eine wellenförmige Linie die beiden Seiten trennt. Das polare System erhält dadurch eine fließende Unregelmäßigkeit, die natürlichen und lebendigen Vorgängen entspricht. Außerdem zeigt sich im breitesten Teil des dunklen Yin ein weißer Punkt: Der Same des Hellen ist bereits am Wachsen, während im Innersten des hellen Yang eben-

falls das Dunkle am Werden ist. Wo eine Beschaffenheit ihren Höhepunkt erreicht, keimt auch schon ihr Gegensatz. Das ist das Gesetz der Wandlung.
Der Mensch ist, wie der Planet, eine Ganzheit. Und auch durch ihn geht eine Achse, die ihn in eine linke und in eine rechte Hälfte teilt. So spiegelt sowohl die linke als auch die rechte Hand den ganzen Menschen, aber in einem jeweils unterschiedlichen Licht.

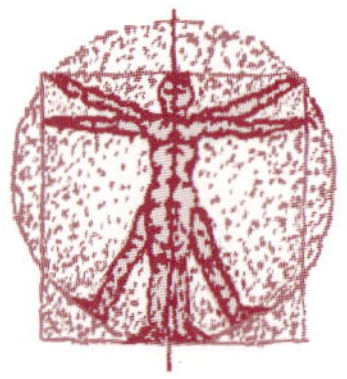

◆ Die rechte Hand des Rechtshänders entspricht dem Yang, das heißt dem Bewußten, Hellen, Analytischen. Dem Tag, dem Aktiven, Väterlichen, Männlichen. Sie steht für das, was ein Mensch bewußt anstrebt und mit seinem Willen erreicht.

◆ Die linke Hand des Rechtshänders entspricht dem Yin, das heißt dem Unbewußten, Dunklen, Intuitiven. Der Nacht und dem Passiven, Mütterlichen, Weiblichen. Sie zeigt, was im Menschen angelegt ist, was ihn unterschwellig beschäftigt.

◆ Beim Linkshänder ist die linke Hand Yang, aktiv, bewußt, und die rechte Hand Yin, passiv, intuitiv.

◆ Grundsätzlich werden immer beide Hände gelesen. Der Mensch lebt ja auch seine bewußten und weniger bewußten Seiten gleichzeitig. (Unbewußte Eigenschaften können zum Beispiel bei starker Müdigkeit plötzlich zur Geltung kommen.) Hingegen berücksichtigen die meisten Zigeunertraditionen ausschließlich die linke Hand. (Sie sagen, es sei die Hand, die vom Herzen kommt.) Das macht, historisch gesehen, durchaus Sinn: Ein Dorfbewohner im 18. Jahrhundert hatte wohl in der Regel keine andere Wahl, als seine passive Seite auszuleben, während wir heute in den modernen, westlichen Gesellschaften die Möglichkeit haben, durch Aktivität und durch Willensanstrengung den sozial gesetzten Rahmen zu überspringen. Wir haben die Möglichkeit, unseres Glückes Schmied zu sein.

◆ Die linke Hand (beim Rechtshänder) gilt als die Seite der Mutter, des Wunsches, der Herkunft, der Veranlagung, des Vorher.

◆ Die rechte Hand (beim Rechtshänder) gilt als die Seite des Vaters, der Realisierung, des Jetzt, des Erreichten, des Nachher.

◆ Jeder Mensch lebt passive und aktive Phasen: In der Jugend, bei Schwächung, z.B. durch große Müdigkeit oder Krankheit, und im hohen Alter werden hauptsächlich die Eigenschaften der linken Hand gelebt; vom zwanzigsten Lebensjahr an, im Beruf und im gesellschaftlichen Umgang werden hauptsächlich die Eigenschaften der rechten Hand gelebt.

◆ Ähnliche Handformen und Zeichen rechts und links lassen innere Harmonie erwarten, die sich daraus ergibt, daß ein Individuum sein Leben gemäß seiner Veranlagung lebt. Starke Unterschiede in den beiden Händen deuten hingegen auf innere Spannungen und Konflikte.

Rechts und links: Was für die rechte Hand des Rechtshänders gilt, stimmt für die linke Hand des Linkshänders.

◆ Linke Hand harmonischer gezeichnet als rechte: Die Person hat Fähigkeiten, die sie nicht auslebt und benützt.

◆ Rechte Hand schöner gezeichnet als linke: Trotz einer schwierigen Veranlagung macht die Person etwas aus ihrem Leben.

Fassen wir zusammen:

Der Mensch als Einheit, als Mikrokosmos, besteht aus zwei Hälften: Yin links und Yang rechts. Bei diesen zwei Teilen handelt es sich aber nicht um eine Dualität, ein Zerfallen in zwei gegensätzliche, sich feindlich gesinnte Prinzipien, sondern um eine Polarität, um zwei sich ergänzende Teile eines einzigen Prinzips. Darum sind die Kategorien von gut und schlecht in diesem Zusammenhang ohne Bedeutung: Sowohl Yin wie Yang, sowohl rechts wie links, bringen Gutes und weniger Gutes. Wie im Taiji-Symbol der Taoisten angedeutet, lebt jener Mensch am besten, der seine inneren Gegensätze in ein Gleichgewicht bringt, und der keine seiner Eigenschaften auf Kosten einer andern unterdrückt und abwehrt, aber auch keine auf Kosten der anderen übermäßig entwickelt. Nur so kann er das zur Geltung bringen, was er ist: Ein aus Widersprüchen und inneren Konflikten zusammengesetztes Wesen, das aus seinen inneren Spannungen Energie und Kreativität schöpft.

Wir verlassen nun die Links-Rechts-Polarität und begeben uns auf die Ebene der einzelnen Hand. Alles, was im folgenden gesagt wird, gilt sowohl für die linke als auch für die rechte Hand.

EBENE 1: SPANNUNGSFELDER

Eine Querachse teilt die Handfläche in einen oberen und einen unteren Bereich. Mit ihrer Hilfe stellen wir die Orientierung eines Menschen fest: Zielt er auf Abstraktes oder Konkretes? Diese Interessenslage wirkt sich oft auf die Berufswahl aus.

Die horizontale Achse

OBEN
HIMMEL
YANG

↔

UNTEN
ERDE
YIN

Sie wird der unteren Querfurche (der Kopflinie) entlanggezogen. Sie teilt die Handfläche in oben und unten, in Himmel und Erde, in abstrakt und konkret, in geistig und stofflich, in bewußt und unbewußt. Im oberen Bereich liegt das, was die Person glaubt, weiß, spürt und erahnt. Im unteren Bereich liegt das, was sie berührt, sieht und hört.
In den oberen Bereich gehören: Intellekt, Abstraktionsfähigkeit, Philosophie, Wertsetzung, Religion. Entsprechende Berufe könnten beispielsweise sein: Buchhändler, Pfarrer, Politiker, EDV-Spezialist, Systemveränderer, Philosoph, Redner.
In den unteren Bereich gehören: Bodenständigkeit, praktische Fähigkeiten, Intuition, Körperlichkeit. Und die entsprechenden Berufe: Bauer, Maurer, Steinhauer, Bäcker, Gärtner.
(Oft wählen Menschen umständehalber einen Beruf, der nicht ihrer Handform entspricht. Aber trotzdem finden die entsprechenden Anlagen ihren Ausdruck im Leben: Sei es

in der Freizeit und oder durch eine Spezialisierung in der angezeigten Richtung.)

◆ Ideal ist eine gut ausbalancierte Hand, in der die beiden Bereiche etwa gleich stark angelegt sind. Das heißt, daß sich der Mensch sowohl im Geistigen orientieren als auch im Praktischen gut zurechtfinden kann. Diese Konstellation verspricht die besten Erfolgsaussichten im Leben. Bild 8.

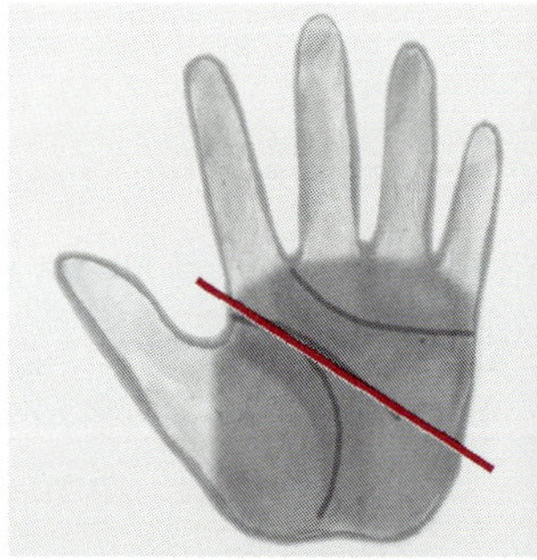
8

◆ Ein starker, oberer Teil deutet auf eine Person mit geistigen Interessen, die auch das Konkrete, das sie unternimmt, nachdenklich verfolgt. Sie ist nicht glücklich ohne Bücher und Philosophien. Wertmaßstäbe und Sinn sind ihr wichtig. Sie liebt kulturelle Veranstaltungen und heiße Diskussionen und eignet sich für Schreibtischarbeit und Auseinandersetzungen mit Neuem. Wenn der obere Teil sehr stark betont ist, besteht die Gefahr, daß sich dieser Mensch in fixe Ideen versteigt und sich zu wenig an der Wirklichkeit orientiert. Bild 9.

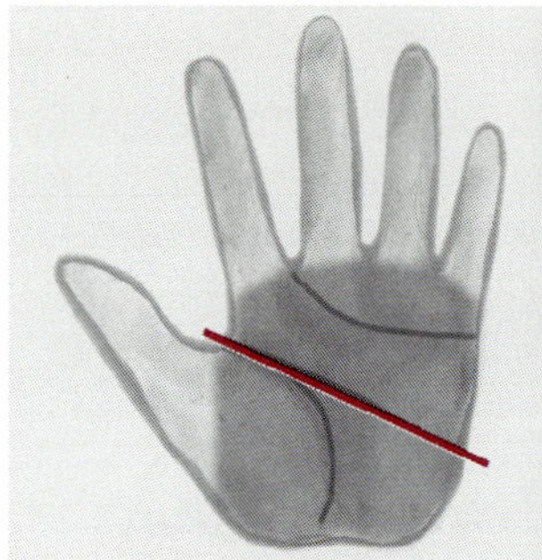
9

◆ Ein entsprechend verkleinertes, unteres Feld macht unpraktisch. Die alltäglichen Gegebenheiten werden zu wenig berücksichtigt. Das führt zu Abgehobensein und zu Problemen. Auch die Standfestigkeit ist schwach, die Person wird dadurch Opfer von Umständen und anderen Menschen. Bild 9.

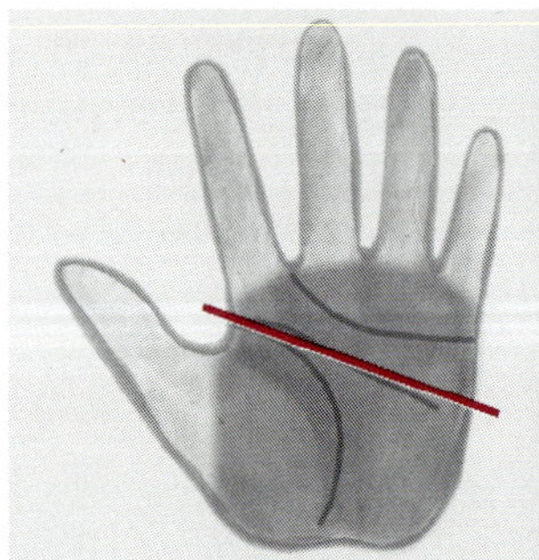
10

◆ Ein starker unterer Teil zeigt eine Person, die gerne mit faßbaren Dingen umgeht. Sie arbeitet wahrscheinlich in einem handwerklichen Beruf und oft auch gerne im Freien. Selbst wenn sie einen intellektuellen, abstrakten Beruf ergreift, wird sie sich dort um Zählbares, Wägbares, Meßbares kümmern und konkrete Ergebnisse erzielen wollen. Ein sehr großes unteres Feld macht langsam, konservativ und unbeweglich. Solche Menschen sind Traditionalisten. Sie ziehen Beschaulichkeit wilder Aktivität vor. Bild 10.

◆ Ein verkleinertes oberes Feld gehört einem Menschen, der wenig hinterfragt und die Dinge nimmt, wie sie kommen. Er wird wahrscheinlich lieber einen handwerklichen Beruf als ein Hochschulstudium ergreifen. Bild 10.

Das »Oben-Unten/Geist-Stoff«-Prinzip gilt sinngemäß auch für die Teilung der Hand zwischen der Handfläche und den Fingern.
→ *Schritt10, Die Finger.*

Fassen wir zusammen:
Die horizontale Achse teilt die Hand, wie der Äquator die Erde, in einen Nord- und Südteil. Der obere Pol steht für »Geist«, der unter Pol für »Stoff«. Daraus entsteht ein Spannungsfeld, das Aussagen zuläßt über die Interessen eines Menschen. Aber auch in diesem Zusammenhang geht es nicht um »gut« und »böse«. »Geist« und »Stoff« sind vielmehr zwei gegensätzliche Prinzipien, die sich ergänzen und im Idealfall ausbalancieren. Wir leben zwar in einer »white collar«-Kultur, die den Kopfarbeiter höher einschätzt und bezahlt als den Handwerker. Aber wir erleben auch, zu welchen Problemen diese Haltung führt, die zu wenig Rücksicht auf das Stoffliche, auf die Natur, nimmt.

Die vertikale Achse

Sie wird von der Mitte des Mittelfingers senkrecht nach unten gezogen und teilt die Hand in eine Innen- und in eine Außenseite. Sie erlaubt Aussagen über die Ich-Stärke und die Abhängigkeit vom Du.

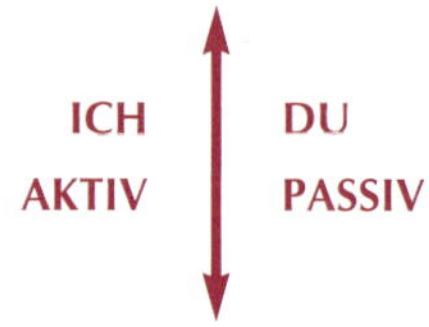

Der Ausgangspunkt der vertikalen Achse liegt in der Mitte der Mittelfinger-Wurzel. Von dort wird, wie mit einem Lot oder Senkblei, eine Senkrechte nach unten gezogen. Auf der Seite des Daumens liegt die Ich- oder Innen-Seite. Sie zeigt, wie stark meine persönliche Kraft und mein Ego sind und wie stark ich als Person auf die Welt einwirken kann. Sie gibt Auskunft über Selbstbewußtsein oder Egozentrik. Menschen mit starker Ich-Seite sind beispielsweise Lehrer, Polizisten, Politiker, Generäle, Show-Talente.
Der Bereich bis zur Handkante ist die Du- oder Außenseite. Sie zeigt, wie stark andere Personen, aber auch Ereignisse und Objekte auf mich einwirken, also das, was die Welt mit mir macht. Je stärker diese Seite entwickelt ist, desto mehr neigen wir dazu, uns anzupassen und Kompromisse zu schließen. Zugehörige Berufe sind alle, die sich in den Dienst des andern, des Dus, stellen: Erzieher, Krankenpfleger, aber auch die sich aufopfernde Hausfrau. Oft zeigt sich hier auch Sammelleidenschaft, nämlich die Freude an Objekten.

◆ Idealerweise sind Innen- und Außenbereich im Gleichgewicht und etwa gleich groß. In der Praxis zeigt sich aber, daß fast alle Menschen eine leicht überentwickelte Du-Seite haben. Dies macht Sinn, ist der Mensch doch ein soziales Wesen und abhängig davon, daß er in Beziehungen und Gruppen leben kann. Diese Abhängigkeit allerdings verlangt Kompromisse und geht auf Kosten einer absoluten Ich-Entfaltung. Bild 11.

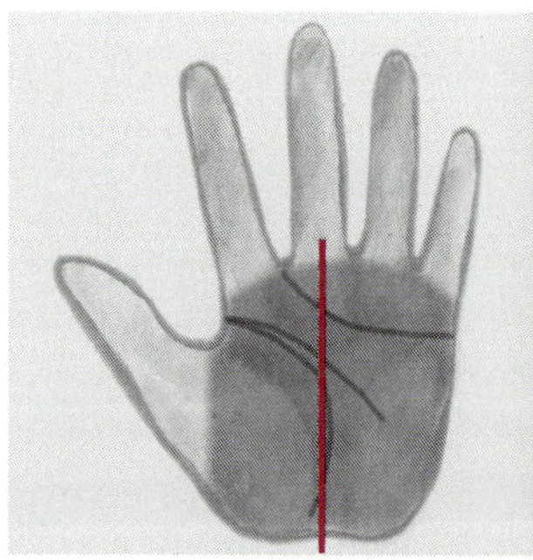
11

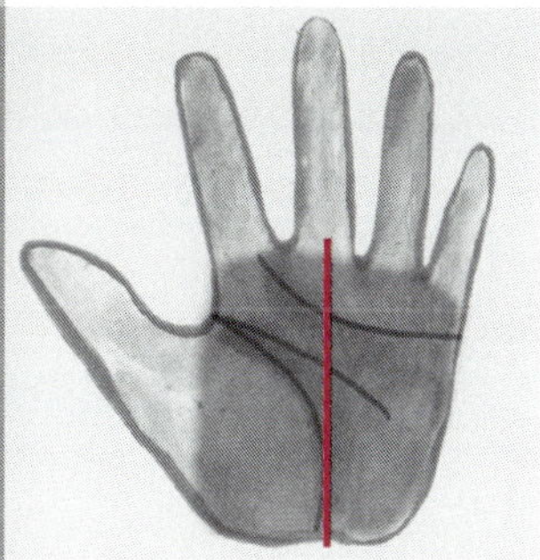

12

◆ Ein Mensch mit einer gut entwickelten Ich-Seite ist selbstsicher, stark und wenig beeindruckbar. Er hat Kraft und weiß sie einzusetzen.Bild 12. Ein Mensch mit einem sehr stark ausgeprägten Ich-Bereich wird aber leicht egozentrisch und neigt zu Herrschsucht. Manchmal geht er als »einsamer Wolf« durchs Leben.

◆ Die entsprechend verkleinerte Du-Seite deutet auf wenig Einfühlung in andere. Da dies aber nicht nur andere Personen, sondern die Außenwelt überhaupt betrifft, muß ein solcher Mensch mit Schwierigkeiten rechnen: Im Umgang mit der Welt gelten nämlich bestimmte Gesetze, die man nicht dauernd ungestraft übertreten kann. Bild 12.

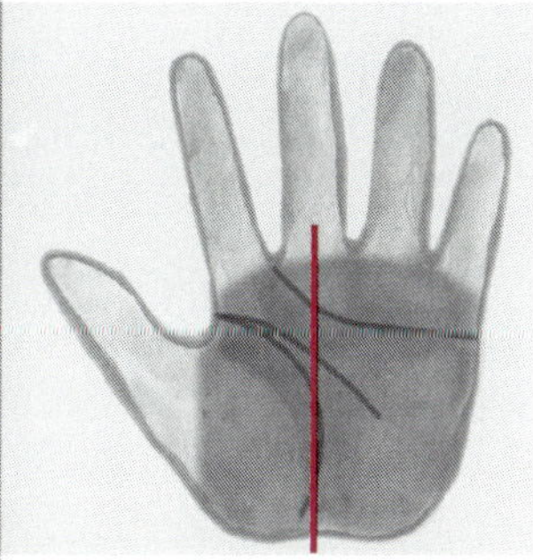

13

◆ Die stark vergrößerte Du-Seite gehört einer Person mit großer Anpassungsbereitschaft. Konflikte sind ihr zutiefst zuwider, weil sie den oder die anderen braucht. Wenn sie allein lebt, dann hat sie sich doch eine harmonische Umwelt, »ein Nest«, gebaut. Sie braucht einfach etwas außerhalb ihrer selbst, um sich als Ganzheit zu fühlen. Sie weiß nur, daß sie existiert, wenn sie sich in der Welt oder im Du spiegeln kann. Bild 13.

◆ Die dazugehörige, verkleinerte Ich-Seite gehört einem Menschen, der sich den ihm gebührenden Platz in der Welt nicht zu nehmen vermag. (Die weitere Handanalyse muß zeigen, warum dies so ist.) Oft leiden solche Personen unter Minderwertigkeitsgefühlen. In extremen Fällen bieten sie sich als Opfer an. Bild 13.

Aber: Das Leben geht seltsame Wege, Schwächen verwandeln sich manchmal in Stärken: Die vergrößerte Du-Seite habe ich überdurchschnittlich oft in den Händen sehr erfolgreicher Manager angetroffen. Vielleicht gilt, was böse Zungen behaupten, nämlich, daß große Karrieren entstehen, wenn Kinder ihren Vätern oder Müttern gefallen möchten.

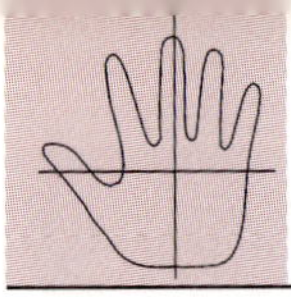

Fassen wir zusammen:
Die Polarität, die die vertikale Achse schafft, besteht aus dem »Ich« im Gegensatz zur »Welt«, wobei vor allem der Mitmensch, das »Du«, diese Welt repräsentiert. Sie erlaubt Aussagen über die Durchsetzungsfähigkeit und Weltgewandtheit eines Menschen. In der Terminologie von C.G. Jung ist das die Achse, die von der Introversion, der von innen und vom Selbst bestimmten Wertsetzung, zur Extraversion, der Wertsetzung durch das Außen, die Gesellschaft, geht. Wiederum lassen sich die zwei Pole mit Yin und Yang gleichsetzen: Die Innen- oder Ich-Seite entspricht dem aktiven Yang, die Du- oder Außenseite, dem passiven Yin.

Ebene 1
Sie legt als Koordinaten-System ein Achsenkreuz in die Handfläche, das die »Himmelsrichtungen« der Hand festlegt. Bild 14. Zwischen »Ich« und »Du« und zwischen Stoff und Geist dehnt sich das Spannungsfeld, in dem sich der Mensch bewegt und sein Leben gestalten muß. Die Ausformung dieses Feldes gibt uns bereits wichtige Hinweise, auf welche Weise er dabei vorgehen wird, wo seine Stärken und Schwächen liegen.

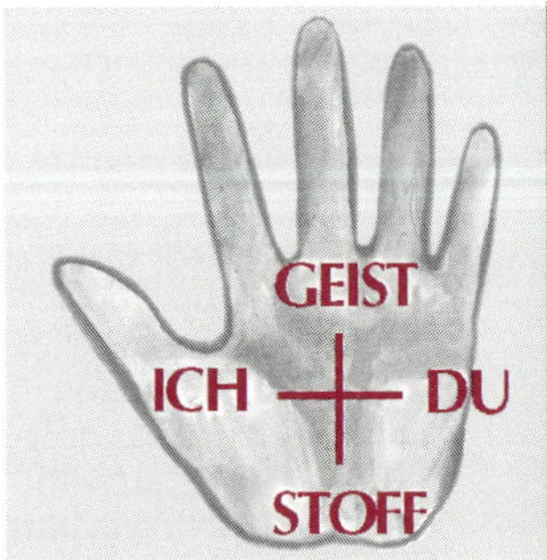

14

Die europäische mittelalterliche Welt beschrieb alles Wahrnehmbare mit Hilfe der Sterne. Menschen, Pflanzen, Tiere und Steine trugen nach jenem Weltbild die Signatur der Planeten. Und so standen auch Charaktereigenschaften, Krankheiten, Ereignisse und medizinische Wirkungen unter dem Einfluß der Sternstellungen.

EBENE 2: STERNSPUREN

Es ist müßig, darüber zu streiten, ob die astrologische Art der Weltbeschreibung heute noch zeitgemäß ist, weil es einfach keine andere, allgemein verbindliche, gibt, die sich für die Zwecke der Chirologie eignen würde. Astrologie und Chirologie sind verwandte Gebiete, die sich gegenseitig ergänzen und erweitern.

Planetenkräfte in der Hand

Beachten Sie: Wenn wir hier von Planetenkräften sprechen, dann ist damit nicht gemeint, daß Feuerkugeln oder Stein- und Eisbrocken, die am Himmel kreisen, direkt auf unsere, sich auf der Erde bewegenden, Körper einwirken. Das alte Weltbild ahnte, daß Erde, Sonne und Planeten harmonisch aufeinander bezogene Grundprinzipien sind, deren Energien synchron zusammenwirken. Sie bilden ein System im Gleichklang, dessen Schwingungen Welten entstehen läßt und dessen Harmonie den Kosmos erhält. (Diese Vorstellung ist durch unser modernes, naturwissenschaftliches Weltbild übrigens nicht überholt, sondern einfach vergröbert worden. Die moderne Physik erklärt nämlich das Funktionieren der materiellen Welt, sowohl der makrokosmischen des Alls, als auch der mikrokosmischen im Atom, anstatt mit sieben Planetenkräften mit vier Wechselwirkungen, von denen sie aber kaum mehr weiß,

Die gleiche Idee verkörpert der vedische Gott Shiva-Nataraja, der im Flammenkreis zum Rhythmus seiner Trommel tanzt und damit die sichtbare Welt hervorbringt. Als Herr der Zeit ist er aber auch der Zerstörer der Welt, dann, wenn er seinen Tanz abbricht.

als daß sie auf unerklärliche Weise wirken und die Welt zusammenhalten.)

Nach dem Prinzip »wie oben, so unten« wurde seinerzeit angenommen, daß der Mensch, genauso wie Kosmos und Welt, ein System aus diesen Urkräften darstellt. Es waren sieben Planeten oder Göttergestalten, die für alles Vorhandene standen. In der Reihe der ihnen zugehörigen Wochentage aufgezählt sind es: Mond, Mars, Merkur, Jupiter, Venus, Saturn und Sonne. Inzwischen wissen wir, daß mehr als sieben Planeten am Himmel kreisen. Der erste, transsaturnische Planet Uranus wurde 1781, kurz vor der französischen Revolution, entdeckt. 1846 folgte Neptun, 1929 Pluto. Astrologisch gesehen gelten die »neuen« Planeten als Oktaven der altbekannten und stehen nach breiter Auffassung im Zusammenhang mit globalen, gesellschaftlichen Ereignissen. Das macht durchaus Sinn, bei einer Entwicklung, in der die Welt immer mehr zum Dorf wird, in dem jeder alles weiß, wo aber die Errungenschaften der französischen Revolution, die Menschenrechte, noch immer nur mangelhaft durchgesetzt sind! Für die Chirologie sind 200 Jahre eine knappe Zeit, um zuverlässige Erkenntnisse zu sammeln, darum ist über die Bedeutung der transsaturnischen Kräfte in der Hand wenig bekannt. Wir beschränken uns darum hier auf die sieben traditionellen Planeten, die zur Beschreibung eines Individuums durchaus ausreichen.

Wie die Planeten am Himmel ein einheitliches, fest zusammenhängendes System bilden, so sind in der Hand die Planetenkräfte in einer schicksalhaften Einheit verbunden. Keine der Kräfte kommt je allein und isoliert vor. Zusammen bilden sie im Idealfall eine Harmonie, in der sämtliche Energien vertreten sind und mit ihren Eigenschaften ausgewogen zum Zug kommen. Nur wenn eine der Kräfte über- oder untervertreten ist, wird sie auffallend und bestimmend. Aus der Abweichung vom Gleichgewicht las-

Dieser Abschnitt ist fakultativ. Er richtet sich an Leser, die sich für astrologisches Hintergrundwissen interessieren.

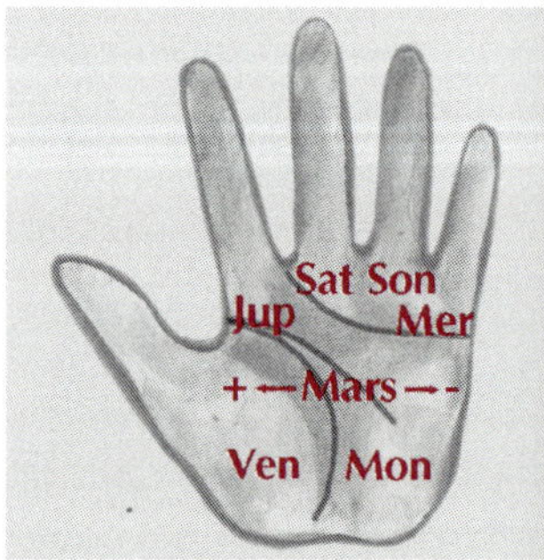

15

sen sich dann die entsprechenden Schlüsse ziehen und Bedeutungen ablesen. Bild 15.

In der Hand wird traditionellerweise von Bergen gesprochen, denen die Planeten zugeordnet sind. Dabei handelt es sich aber nur in gewissen Fällen tatsächlich um Erhebungen in der Hand, also um hervorstehende Muskeln. Mit Bergen sind vielmehr Räume gemeint: Der Bereich, den sich die jeweilige Planetenkraft in der Hand nimmt. So sind auch die Finger diesen Räumen zugeordnet.

Auf der Ich-Seite liegen Jupiter, Mars und Venus

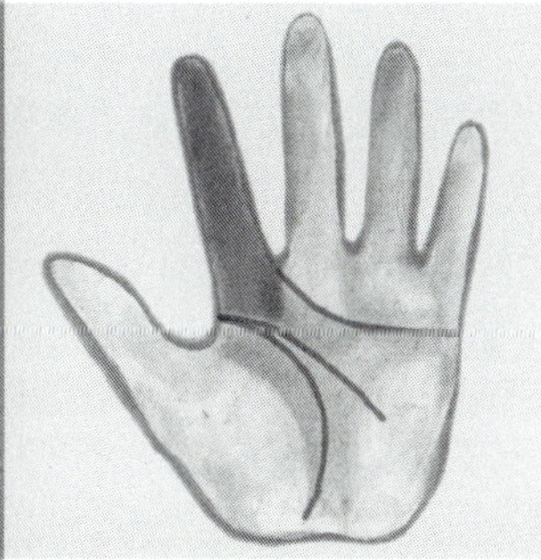
16

Jupiter: Ego und bewußte Wertsetzung

Bild 16. Zeus (griechisch) oder Jupiter (römisch) war der Göttervater des Himmels und der Erde. Er herrschte über Götter und Menschen, nachdem er seinen Vater Saturn entmachtet hatte. In der Hand steht er für das, was wir bewußt wollen, die Ziele, die wir uns setzen, um uns in der Welt durchzusetzen. Er verleiht aber auch väterliche Güte, Gerechtigkeit und Fülle.

Menschen mit Jupiter-Betonung sind zum Beispiel Lehrer, Manager, Staatsführer oder Heimleiter.

◆ Ein gut entwickelter Jupiter steht für natürliche Autorität, Ehrgeiz, väterliche Fürsorge und Unterstützung, Gerechtigkeitssinn und Großzügigkeit.

◆ Zu viel Jupiter bedeutet übermäßigen Ehrgeiz und Stolz, Egomanie, Machtgier, Fanatismus.

◆ Zu wenig Jupiter weist auf mangelndes Selbstwertgefühl. Die Folge sind Minderwertigkeitskomplexe.

Mars (auf der Ich-Seite): Bewegung und Aktion

Bild 17. Mars (griechisch Ares) ist einer von den vielen Söhnen Jupiters und ein Freund der Venus. (Zusammen bilden sie das Kräftepaar, das sexuelle Energie auslöst.) Mars steht für Aktivität, Durchsetzungswille, Aufbruch, Auseinandersetzung, Krieg. Er ist das Prinzip, das alles in Bewegung setzt, die reine Energie. Er läßt im Frühling die Knospen springen, er gibt die Kraft, zu gebären und geboren zu werden, aber er ist auch im Spiel, wenn sich Menschen gegenseitig umbringen.

Menschen mit Mars-Betonung arbeiten vielleicht beim Militär, sind eifrige Sportler, Sprengmeister, Waffenhändler – in schlimmeren Fällen gewalttätige Kriminelle.

◆ Ein harmonischer Mars macht aktiv. Er gibt Mut, Durchhaltevermögen, Kraft und Bewegungsdrang.

◆ Ein zu starker Mars macht aggressiv, streitlustig, jähzornig, brutal.

◆ Ein zu schwacher Mars führt zu Wehrlosigkeit und in eine Opferhaltung.

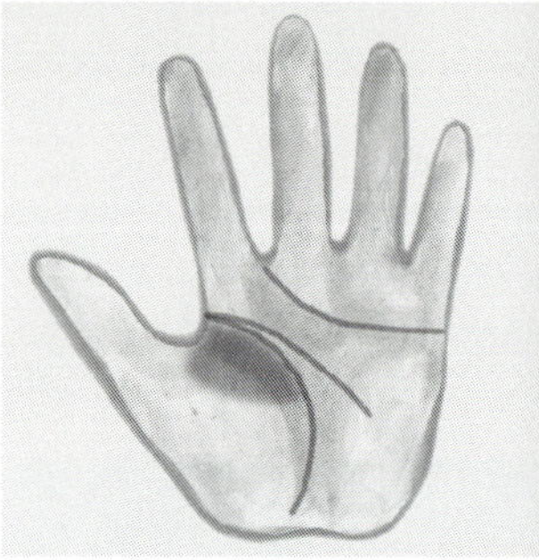

17

Venus: Wärme, Form und Liebe

Bild 18. Die schöne Tochter des Zeus: Aphrodite-Venus, die Göttin der Liebe und Schönheit, die Herrscherin über Kultur und Frucht. Ohne sie entstehen keine Körper, denn sie gibt ihnen Form, aber auch Wärme, Ausstrahlung und Lebendigkeit. Sie steht für Genuß, Farbe und Schönheit, aber auch für die körperliche Liebe. Menschen mit Venus-Betonung sind sinnlich und lustvoll. Künstler brauchen Venuskraft, aber auch Handwerker, Gärtner und Mütter.

◆ Die harmonische Venus strahlt Freundlichkeit, Liebe und Wärme aus. Sie verleiht Vitalität und Schönheitssinn. Sie macht sinnlich, genußfähig und begabt für Kultur, Form und Kunst.

◆ Menschen mit zu viel Venus drohen in oberflächlichem Genießen zu versinken. Es mangelt ihnen an Strenge und

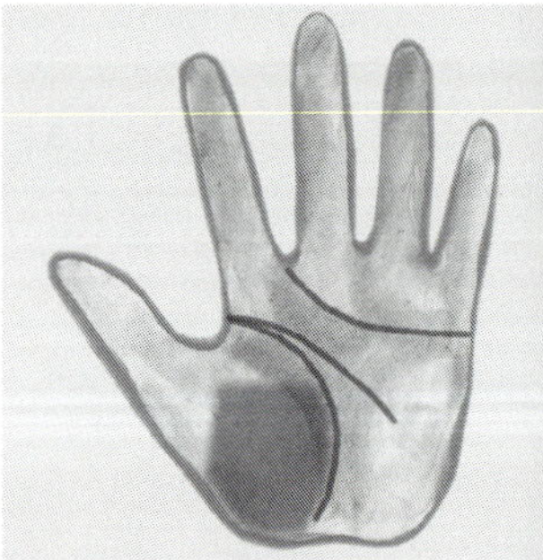

18

Die sinnliche Venus ist auch zuständig für die Sexualität. Ein mächtiger Daumenballen deutet auf beträchtlichen, sexuellen Appetit.

Ernst. Sie können übermäßige, sexuelle Bedürfnisse entwickeln, unter Umständen auch Perversionen.

◆ Mangelnde Venus-Eigenschaften machen kalt, schlaff, verschlafen, desinteressiert, unlustig. Oft sind es Menschen, die keinen Weg finden, sich auszudrücken und ihre Sexualität zu leben und zu genießen.

Auf der Du-Seite liegen Merkur, Mars und Mond

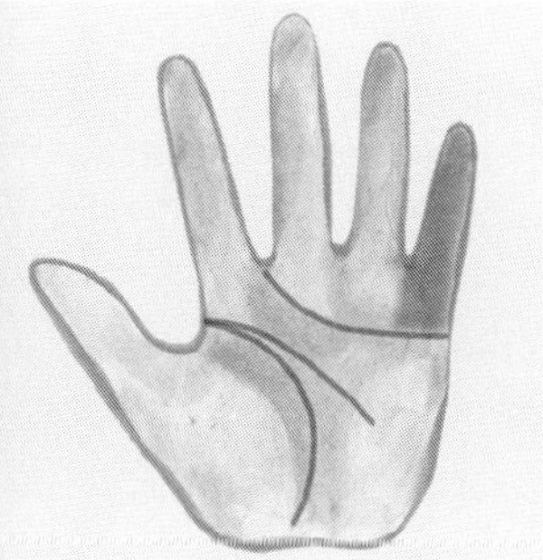

19

Merkur: Austausch und Kommunikation

Bild 19. Merkur oder Hermes ist ein vielseitiger und schillernder Gott. Als Götterbote hatte er Zugang zu höchsten Geheimnissen und wurde darum Schutzpatron der Heiler, aber auch der Hermetik, der nach ihm genannten, geheimen Wissenschaft. Als Schirmherr des Handels und des Austausches unterstanden ihm auch die Gauner und Diebe. Heute wäre er wohl auch der Herrscher über Medien, Computer und Satellitenfernsehen, denn zerebrale Tätigkeit und Kommunikation fallen in seinen Bereich.

Menschen mit Merkur-Betonung sind zum Beispiel Übersetzer, Journalist, Werbetexter. Oder Arzt, Händler, Bankier, Taschendieb.

◆ Ein harmonischer Merkur macht beweglich, geistig interessiert, lebhaft, klug, offen und kommunikativ. Die Person kann vernünftig mit Geld umgehen.

◆ Ein zu starker Merkur bringt Schwätzer und Schaumschläger hervor: Sie sind nicht in der Realität verankert und produzieren leere Worte ohne Gehalt. Aber auch Geld und Materie sind ihnen wichtig. Unter Umständen besorgen sie sich Güter auf betrügerische Art und Weise.

◆ Ein zu schwacher Merkur macht stumpf. Die Auffassungsgabe ist getrübt, was oft durch Instinkte wettgemacht wird. Die entsprechende Person hat wahrscheinlich einen irrationalen Umgang mit Geldern und Gütern.

Mars (am Handrand): Widerstandskraft

Bild 20. Mars hat als einziger Planet in der Hand nicht nur seinen »Berg«, sondern geht quer durch die ganze Hand. Auf der Daumenseite wird der Mars positiv genannt, die aufbrechende Kraft, die nach außen vorstößt. Am Handrand ist er der negative Mars, der sich panzert, hart macht und Widerstand leistet, wenn Druck von außen kommt. Menschen mit Betonung des negativen Mars sind vielleicht Wächter, Bodyguard, Verteidiger, manchmal Menschen, die sich nur sicher fühlen, wenn sie sich hinter dicken Zäunen verstecken können.

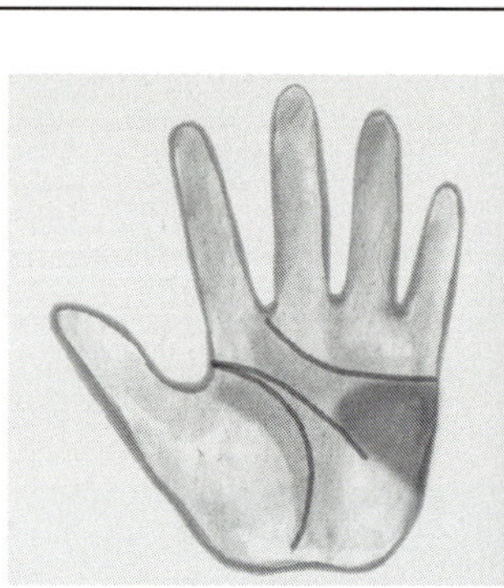

20

◆ Ein gut ausgebildeter negativer Mars bildet einen abgerundeten Handrand. Er zeigt, daß Kraft und Vitalität (mit schöner Venus) vorhanden sind. Der Mensch hat Aussichten, sein Leben aktiv gestalten zu können.

◆ Ein sehr starker negativer Mars kann hart und unbeweglich, bzw. störrisch machen.

◆ Zu wenig vom negativen Mars führt zu einem eingefallenen Handrand. Die Person hat wenig Energie und wohl kaum die Fähigkeit, die Geschehnisse ihres Lebens zu lenken. Sie fühlt sich ausgeliefert und befindet sich ständig in der Defensive.

Mond: Gefühl und innere Bilder

Bild 21. Luna, die Mondgöttin, ist viel besungen worden. Sie steht für das Ursprüngliche, Naturgemäße, ist aber in allen Kulturen auch immer wieder Mutter der Götter, »prima materia« oder die Grund-Matrize, die Form und Gestaltung erst möglich macht. In der Hand steht der Mond für Gefühl, die Einfühlung in den anderen. Dazu kommen Phantasie und Einbildung (= Ein-Bildung, die Bilder, die sich im Inneren formen und sowohl hellsichtig prophetisch als auch unsinnig sein können). Mehr als bei anderen Planetenkräften stört Disharmonie beim Mond, weil er die Energie von der Realität abzieht und bis hin zu Passivität, De-

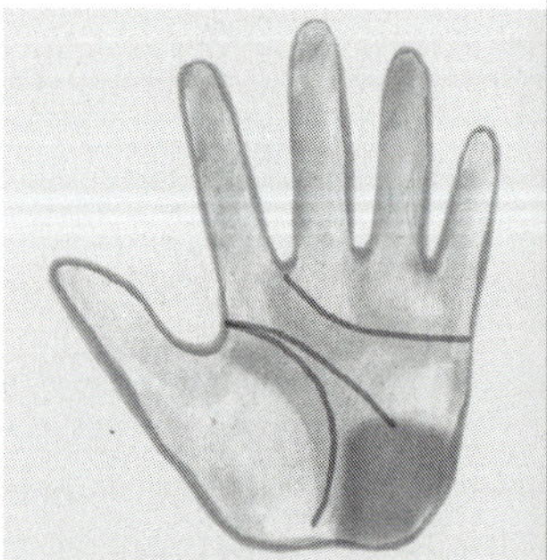

21

Künstler benötigen Mondkraft. Aus den Tiefen der dunklen Seelenseite steigen Bilder auf,die mit Hilfe der Venus und der geistigen Kräfte in Formen umgesetzt werden.

pression und Wahn führen kann. Nicht grundlos nennen die Franzosen Verrückte »des lunatiques«.

Mondbetonte Menschen sind passiv, mehr ihrem Innenleben als der Außenwelt verpflichtet. Sie lieben es, zu träumen, sich in andere Personen und an andere Orte zu versetzen. Es gibt unter ihnen Träumer, Hellseher, Naturheiler, Weltreisende, Nörgler, Spinner.

◆ Ein harmonischer Mond macht sanft, gefühlvoll, freundlich (mütterlich). Er gibt kreative Impulse und intuitives Wissen: Der sogenannte »grüne Daumen« liegt im Mond-Bereich.

◆ Zu viel Mond macht überschwenglich, launisch, eher passiv. Wahrscheinlich orientiert sich die Person mehr an ihren Vorstellungen als an der Realität.

◆ Zu wenig Mond führt zu quälender Unzufriedenheit, innerer Unruhe, Launenhaftigkeit.

Im Zentrum des geistigen Bereichs liegen Sonne und Saturn

Sonne: Das strahlende Zentrum

Bild 22. Was wäre unsere Welt ohne die Energie der Sonne? Sie ist das Zentralgestirn unseres Systems, um sie kreisen Erde und andere Planeten, und ihr Licht läßt unsere Ernten reifen und schenkt uns goldenen Glanz. In der Hand steht sie für unser innerstes Sein, für unser Ideal, die unbewußte Wertsetzung. Während Jupiter das Ego ist, das wir nach außen in die Welt projizieren, ist die Sonne unser innerstes Selbst, die Seele, das Gewissen. Sie entscheidet, ob wir uns selbst verwirklichen können, sie schenkt uns Talente, um uns auszudrücken.

Sonnenbetonte Menschen sind oft Prominente, um die die Welt kreist. Sie glänzen wie Gold und sind manchmal Goldschmiede oder Diamantenhändler. Als Künstler oder

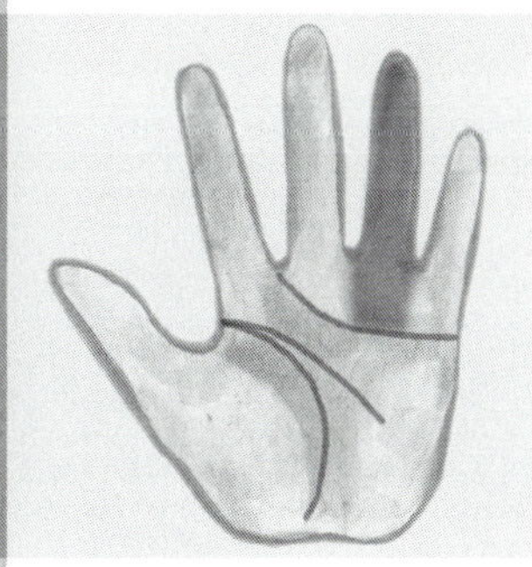

22

Lebenskünstler drücken sie ihr inneres Ideal und ihre Liebe zur Schönheit aus.

◆ Eine gut ausgebildete Sonne verheißt Glück und Erfolg in jeder Beziehung. Der Mensch ist im Einklang mit sich selbst, er verwirklicht sein inneres Streben, sein Ideal. Die Sonne leuchtet durch ihn. Vielleicht ist er erleuchtet. Er ist freundlich, fröhlich und ausgeglichen. Er hat einen ausgeprägten Schönheitssinn.

◆ Zu viel Sonne bringt Spieler und Blender hervor. Statt Selbstverwirklichung betreiben sie Aufblähung ihrer Person. Sie müssen immer im Mittelpunkt stehen, nichts ist ihnen zuviel, um aufzufallen.

◆ Zu wenig Sonne haben Menschen, die sich selbst im Licht stehen. Immer finden sie einen Grund, um unglücklich zu sein. Auch wenn äußerlich alles gut läuft, fehlt ihnen doch etwas. Sie haben keinen Zugang zu ihrem inneren Selbst. Entsprechend haben sie Mühe, sich selber zu verwirklichen. Frustration ist die Folge.

Saturn: Das, was ist

Bild 24. Saturn hat zu Unrecht einen schlechten Ruf. Er gilt als der Herrscher von Schicksal und Gesetz. Er ist das zusammenziehende, dunkle Prinzip im Gegensatz zum ausstrahlenden, hellen der Sonne. Diese beiden Prinzipien sind polare Energien, zwischen denen sich wie Kraftfelder Universen entfalten, aus deren Wechselwirkung Welten wachsen. Bild 23. Darum sind Saturn und Sonne die Herrscher der Welt, des Tierkreises und der Hand. Dort hat Saturn als Mittelfinger sogar eine Sonderstellung.

Durch Saturn kristallisiert sich, was die andern Planetenkräfte ausgelöst haben. Er ist also nicht der Gott, der selber Schicksal schafft, sondern der aufzeigt, wie sich unser Tun oder Nicht-Tun mit den Gesetzen der Wirklichkeit verträgt. Sein griechischer Name ist Kronos, der Gott der Zeit. Tatsächlich wird unter ihm sichtbar, was sich im Ablauf ei-

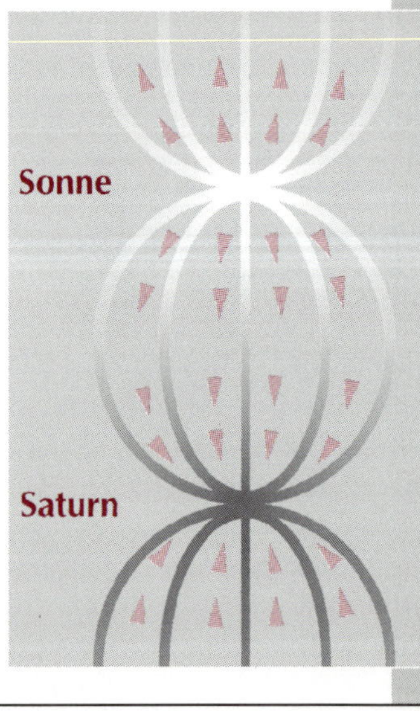

23

nes Lebens an Ereignissen manifestiert. Daß es oft nicht das ist, was wir uns gewünscht haben, ist aber nicht die Schuld Saturns.

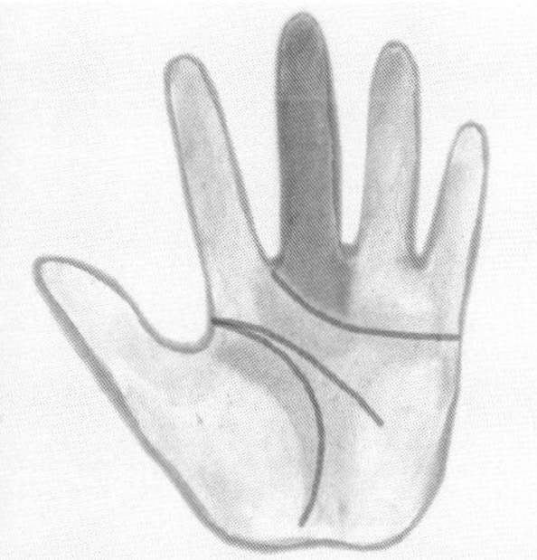

24

Saturnische Eigenschaften sind Ernst, Verantwortungsgefühl und Verständnis für Technik. Menschen mit Saturn-Betonung sind Ingenieure, Philosophen, Verwalter, Buchhalter, Archivare. Bild 24.

◆ Ein gut entwickelter Saturn macht verantwortungsbewußt und gewissenhaft. Er gehört einem zuverlässigen Arbeiter, der mit Know-how vorgeht und nichts dem Zufall überläßt. Sein Fleiß wird Früchte tragen!

◆ Zu viel Saturn macht melancholisch. Die Schwermut dieser Leute läßt sie das Schlimmste befürchten. Oft reagieren sie mit Haß und Verachtung auf Menschen, die das Leben leichter nehmen als sie. Saturnische Menschen leben oft asketisch, sei es aus Neigung oder aus Geiz. Lebenslust ist ihnen suspekt. Sie mögen sich selbst nichts gönnen – und oft auch anderen nicht.

◆ Zu wenig Saturn macht frivol. Wie Schmetterlinge schaukeln solche Menschen durch das Leben, ohne Ziel und ohne Leistungswillen. Meistens bezahlen sie diese Haltlosigkeit mit Mißerfolgen und sozialer Ausgrenzung.

Fassen wir zusammen:
Im Oben/Unten- und Innen/Außen-Schema der Handfläche liegen Bedeutungsfelder, die nach alter Tradition die Namen von Planeten tragen. Diese sieben Berge oder Bereiche sind von den Eigenschaften geprägt, welche die Astrologie den Planeten zuschreibt.

Ebene 2

Die Planetenkräfte der Ebene 2 sind Verfeinerungen der Aussagen, die sich bereits aus dem Achsenkreuz der Ebene 1 logisch ergeben. So charakterisieren Venus, Mond und Mars die stoffliche Seite des Menschen, während Jupiter, Saturn, Sonne und Merkur seine geistigen Fähigkeiten darstellen. Die sieben Planeten sind nichts anderes als sieben Arten des Ich- oder Selbstausdrucks einer Person. Oder sieben Möglichkeiten, in der Welt zu sein und mit ihr umzugehen. Jede Person lebt alle sieben Eigenschaften, bringt aber vielleicht eine oder zwei davon besonders deutlich zum Ausdruck und vernachlässigt zeitweise eine andere. Je stärker dies geschieht, desto ungünstiger ist die Wirkung. Erstrebenswert ist und bleibt Ausgeglichenheit!

Die in den »Bergen« gespeicherte Energie muß verflüssigt werden. Handlinien sind Flüsse, die Energien bewegen und steuern.

EBENE 3: ENERGIEFLÜSSE

In den Bergen oder Planetenräumen bauen sich die Energien auf, die der Mensch zum Leben braucht. Gestaute Energie ist aber nutzlos und kann sogar schädlich sein. Energie muß fließen können. Darum hat der Mensch Linien in der Hand.

Alexander Lowen in »Depression«:

»Impulse üben einen Druck nach außen aus und führen normalerweise zu irgend einer Form des Ausdrucks. Ausdruck bedeutet buchstäblich Druck nach außen. Hinter jedem Verlangen, Gefühl oder Gedanken steht ein Impuls, den man als eine Energiebewegung von innerhalb des Organismus in Richtung auf die Außenwelt definieren kann.«

Bioenergetik: Auf Wilhelm Reich zurückgehende Psychotherapie, die davon ausgeht, daß sich Charakter durch den mehr oder weniger freien Energiefluß im Körper bildet und die entsprechend körperorientiert vorgeht.

Alexander Lowen ist ein Vertreter der Bioenergetik. Sein Satz bezieht sich auf allgemeine Zustände im Körper, erklärt aber auch sehr genau das, was in der Hand vor sich geht. Wenn Impulse und Energien nicht fließen können, entstehen Stauungen und Verdrängungen, die sich physisch wie psychisch ungünstig auswirken. Im Extremfall können Stauungen sogar zu gefährlichem, explosivem Verhalten führen.

Eine ähnliche Problematik liegt vor, wenn Linien nicht sauber und klar gezeichnet sind. Wie bei einem Wasserlauf, der Umwege machen muß oder versickert, geht im zerbrochenen Linienverlauf die Energie verloren und fehlt dem Menschen für ein befriedigendes Leben. Auch Krankheiten können durch Energiemangel entstehen oder jedenfalls verstärkt werden.

Linienqualität und Zeichnung

Auch das Auge eines Laien unterscheidet ohne Problem zwischen verschiedenen Strichführungen und legt Bedeutungen in sie. Sie sehen hier zwei Zeichnungen von Urs Lüthi, der sich vor Jahren in verschiedenen Stilen selbst dargestellt hat. (Er spielt mit seiner Identität, indem er sich als Zeichner seiner selbst in den Charakter anderer Künstler versetzt.) Jeder Betrachter wird den Strich im Stile Giacomettis als nervöser, zarter, tastender und selbstunsicherer empfinden als den kräftigen Strich im Stil Picassos. Im Giacometti-Stil nähert sich der Zeichner der Form vorsichtig in mehreren Anläufen an und löst diese dadurch gleichsam auf. Durch Selbstzweifel und Nachdenklichkeit scheint der dargestellte Stoff seine Festigkeit zu verlieren. Die Gestalt bleibt diffus und unbestimmt. Die Zeichnung im Stil Picassos hingegen ist klar, bestimmt und direkt. Das Gesicht ist in fast unverschämter Selbstsicherheit auf das Papier geworfen und läßt keinen Zweifel am stofflichen Vorhandensein der Person. Dieser Mensch ist präsent. Fast sicher entstand die zweite Zeichnung in höherem Tempo und mit mehr Schwung als die erste.

So wie bei der Bildbetrachtung Gefühl und Logik ganz selbstverständlich zu urteilen wagen, so soll es auch in Bezug auf Handlinien gehandhabt werden: Anschauung, Gefühl und Logik können das Wichtigste über die Bedeutung der verschiedenen Linienformen vermitteln. Wie wir urteilen wollen, ist allerdings Geschmackssache: Ziehen wir Selbstzweifel der Selbstsicherheit vor? Oder gefallen uns Tempo und Unverfrorenheit besser als Nachdenklichkeit? Sobald wir urteilen, bringen wir unser Wertesystem mit ins Spiel. Es wäre also gut, wenn wir dieses vorher hinterfragen würden.

Urs Lüthi: Selbstbildnis im Stil von Giacometti

Urs Lüthi: Selbstbildnis im Stil von Picasso

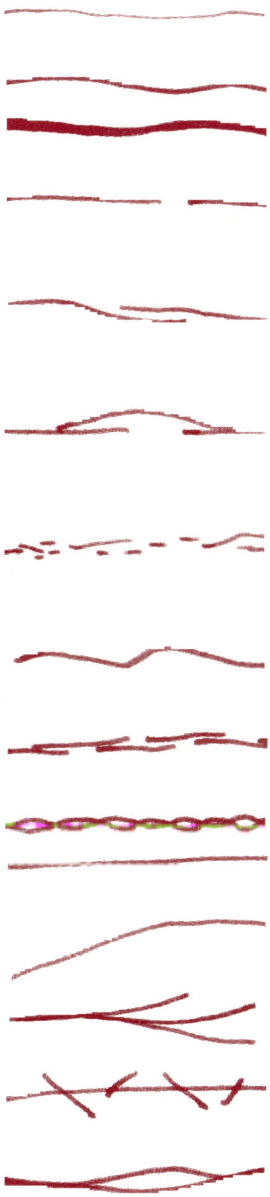

A Sauber, dünn: Zähe Energie, wenig Körperkraft, aber viel Widerstandsgeist.

B Sauber, mittel: Energie und Durchhaltekraft.

C Sauber, dick: Viel Energie, die aber stoßartig ausfließt. Wenig Durchhaltevermögen.

D Gebrochen: Der Energiefluß wird unterbrochen. Dies ist ein ungünstiges Zeichen – eine Schwierigkeit, die einen Neuanfang verlangt.

E Gebrochen, überlappt: Der Energiefluß wird nur geringfügig gestört. Eine Schwierigkeit, die überwunden werden kann.

F Gebrochen, doch geflickt: Die Überbrückung verhindert den Energieverlust. Man kommt trotz Schwierigkeit gut über die Runden.

G Unklar, verschwommen: Die Energie findet keinen klaren Weg und droht zu versickern. Kraftlosigkeit, Orientierungslosigkeit.

H Geschlängelt: Richtungsänderungen. Mangelnde Geradlinigkeit, Unzuverlässigkeit.

I Zerstückelt: Energieverlust durch Nervosität und innere Zerrissenheit.

K Gekettet: Stockende Energie durch Emotionalität.

L Gerade: Direkter, nüchterner, manchmal aggressiver Ausdruck.

M Gebogen: Verbindlicher, diplomatischer, verschnörkelter Ausdruck.

N Verästelt: Die Energie breitet sich aus. Günstig, wenn dadurch der Linienfluß nicht an Kraft verliert.

O Durchschnitten: Der Energiefluß wird immer wieder behindert. Schwierigkeiten.

P Insel: Die Linie trennt sich und vereinigt sich wieder: Die Energie stockt. Blockierung, schwierige Zeit.

Die Bedeutung der Linien

Regel: Die Aussage einer Linie ergibt sich aus dem Ort, an dem sie anfängt, und aus dem Ort, zu dem sie führt. Dabei gelten die Bedeutungen, die durch Ebene 1 und 2 festgelegt wurden.
Als Beispiel seien hier die drei Hauptlinien erwähnt, die in keiner Hand fehlen sollten:

Die Kopflinie
Sie entspringt am Ich-Punkt und nimmt die Kraft von Jupiter und Mars auf. In einer zügigen Geraden oder in einem anmutigen Bogen schwingt sie sich auf die Du-Seite. Sie zeigt, wie der Mensch durchs Leben geht, wie er startet, vorwärtskommt und aufgehalten wird. Die wichtigsten Stationen im Leben eines Menschen sind hier ablesbar. Die Kontrolle, die ein Mensch gegenüber seinen Lebensumständen hat, wird sichtbar. Die Kopflinie steht auch für den physischen Kopf, Schädel- und Augenverletzungen etc. Bild 25.

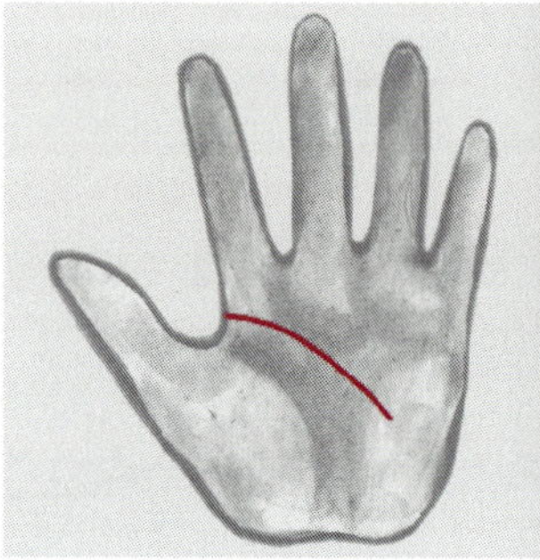

25

Die Herzlinie
Sie entspringt am Handrand, wird entsprechend durch die Außenwelt beeinflußt und führt durch den ganzen, geistigen Bereich. Sie nimmt so die Qualitäten von Merkur, Sonne, Saturn und Jupiter in sich auf. Sie steht für die Mentalität eines Menschen, seine Emotionalität, seinen Idealismus. Hier zeigen sich auch zwischenmenschliche Bindungen und Beziehungen und die damit verbundenen Schwierigkeiten. Die Herzlinie steht auch für das physische Herz. Bild 26.

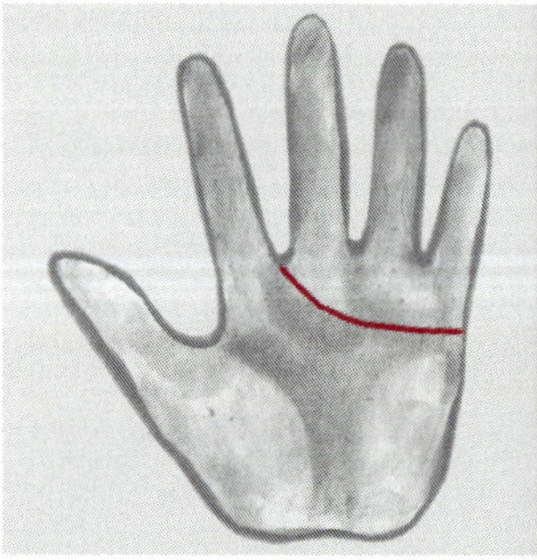

26

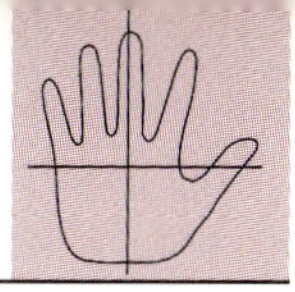

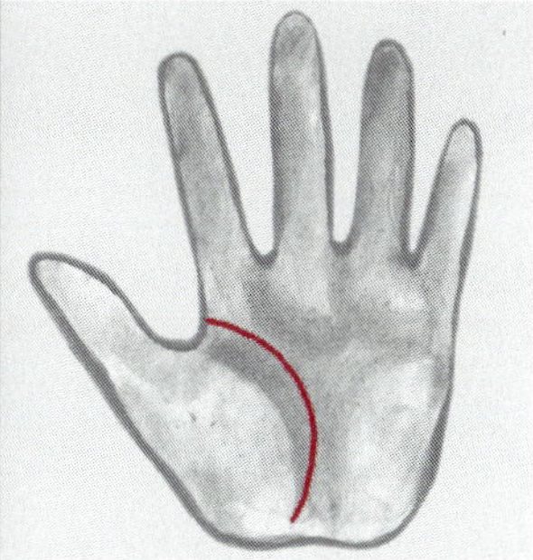

27

Die Lebenslinie

Sie nimmt die Kraft von Mars und Venus in sich auf und verläuft in einem schön geschwungenen Bogen durch die untere, stoffbezogene Hälfte der Handfläche. Sie zeigt Vitalität, Regenerationskraft und Veränderungen, die den Körper betreffen. Bild 27.

Fassen wir zusammen:
In den Bergen oder Planetenbereichen der Hand sammeln sich Eigenschaften und Kräfte. In den Linien der Hand erweist sich, ob diese Energien nutzvoll und ökonomisch genutzt werden können. Drei Linien genügen, um den Fluß des Lebens in Gang zu halten: Kopf-, Herz- und Lebenslinie. Sie sollten in keiner Hand fehlen.

Ebene 3
Linien sind Energieflüsse, die die Eigenschaften ihres Entstehungsortes transportieren. Der Ort, zu dem sie hinfließen, bestimmt, über welchen Bereich Aussagen gemacht werden können. Dabei gelten die Bedeutungen von Ebene 1 und 2.

In der Art, wie die Chirologie Bedeutungen zuordnet, verbirgt sich ein umfassendes Menschenbild.

DAS MENSCHENBILD DER CHIROLOGIE

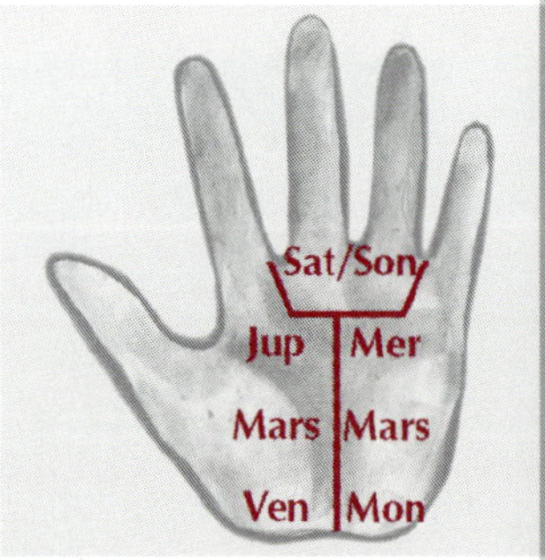

28

Bild 28. Was ist der Mensch? Dies ist eine der grundlegenden Fragen der Philosophie. Die Chirologie gibt uns eine Antwort auf diese Frage. Die Hand sagt aus, was wir sind, nämlich eine Mischung aus Körper, Trieb und bewußtem Wollen. Dies entspricht der Ich-Seite, mit den Planeten Venus, Mars und Jupiter.

Die Hand zeigt uns aber auch, daß wir mehrere Möglichkeiten haben, mit der Welt umzugehen. Wir können mit ihr verschmelzen, wir können sie bekämpfen oder wir können versuchen, mit ihr ins Gespräch zu kommen. Dies entspricht der Du-Seite, mit den Planeten Mond, Mars und Merkur.

In zentraler Stellung, unter Mittel- und Ringfinger, stehen, im geistigen Bereich, die zwei transzendentalen Planeten Saturn und Sonne, die von außerhalb unserer Persona unser Geschick lenken; die Sonne, indem sie unser höheres Selbst spiegelt, der Saturn, indem er die Gesetze der Realität durchsetzt. Diese zwei Zentralgestirne haben in der Hand nur wenig Raum zur Verfügung: Unser Bezug zum Transzendentalen ist nicht sehr weit entwickelt.

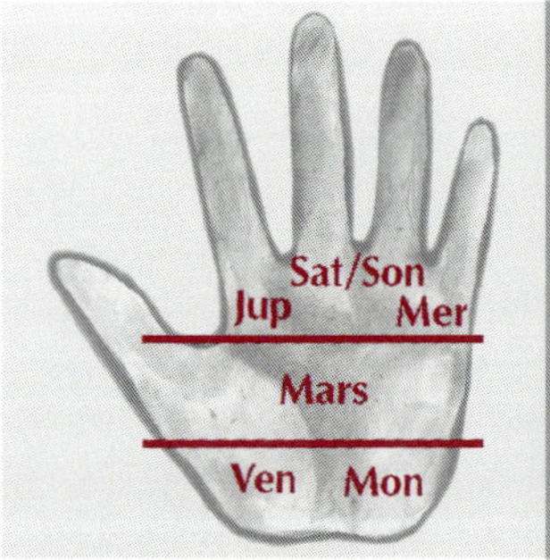

29

Bild 29. Beachten Sie auch die Sonderstellung von Mars: Das Marsfeld geht quer durch die ganze Handfläche. Dies zeigt, wieviel Kraft wir zur Verfügung haben und aufbringen müssen, um in die Welt zu kommen und in ihr zu bestehen. In diesem Marsfeld treffen Innen und Außen aufeinander (unter dem Mittelfinger, das heißt, unter dem saturnischen Gesetz). Hier vermischen sich aber auch Stoff und Geist und bilden die Weltebene, auf der wir als Personen agieren müssen, gestützt von der Erde, aufgehängt

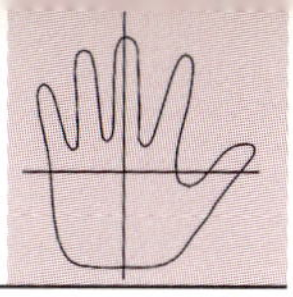

unter dem Himmel. Wenn wir dieses große Marsfeld mit Venus und Mond verbinden, ergibt sich eine Aussage über das, was die Chirologie mit dem unteren, dem stofflichen Teil der Hand meint: Die Kombination von Körper (Venus), Trieb (Mars) und Instinkt (Mond). Das ist die animalische Seite des Menschen, der Mensch als Säugetier. Das geistige Feld, das weitgehend über der Herzlinie zurückgedrängt liegt und nur die Fingerwurzeln umfaßt, scheint im Vergleich dazu nicht sehr gewichtig. Unser animalischer Anteil überwiegt. Das ist ein Grund, sich wieder einmal in Erinnerung zu rufen, daß auch wir Menschen, »die Krone der Schöpfung«, in erster Linie Teil dieser Schöpfung sind, Naturwesen, die ihre biologische Seite nicht unterschätzen sollten.

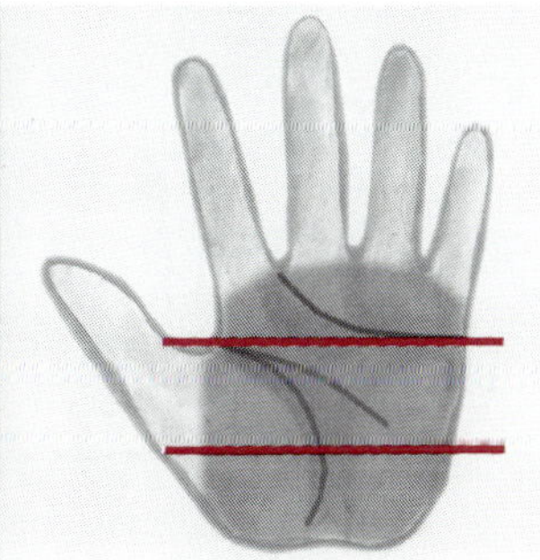

30

Die dreistufige Handeinteilung

Sie erlaubt Aussagen über unseren Umgang mit unseren Energien. Bild 30.

Zuerst die praktische Seite: Sie finden die obere Achse, indem Sie den Anfang der Kopflinie mit dem Anfang der Herzlinie verbinden. (Wenn Kopf- und Lebenslinie weit voneinander getrennt sind, wählen Sie die Mitte zwischen den zwei Linien als Ausgangspunkt.)

Die untere Achse geht vom Knochen des unteren Daumengelenks aus und führt horizontal, wie mit einer Wasserwaage gemessen, zum Handrand. Genaueres zu dieser dreifachen Handflächen-Teilung erfahren Sie in *Schritt 2, Proportionen der Hand.*

Die Veden unterscheiden drei Sphären: Himmel, Erde und Hölle. Und auch der Schamanismus, der rund um die Welt von Naturvölkern praktiziert wird, teilt die Welt in drei Ebenen: Tiefenwelt, Mittelwelt (reale Welt) und Himmel.

Die Dreierteilung der Hand entspricht der Aufteilung der Welt in drei Sphären. Anstatt von Himmel, Erde und Unterwelt sprechen wir in der Hand jedoch von Körper, Seele und Geist oder, dem tibetischen Buddhismus folgend, von Körper, Energie und Geist. Alle drei Bereiche sind gleichwertige und ebenbürtige Bestandteile des Ganzen. Wir wollen das etwas konkreter betrachten und verwenden dazu das Bild eines Hauses:

Das untere Drittel oder die Handwurzel

Das untere Drittel ist das Fundament des Lebensgebäudes oder sein Keller. Hier zeigt sich, wie fest der Mensch im Leben steht und wieviel Reserven er hat.

◆ Eine vergrößerte Handwurzel gibt Festigkeit. Sie macht etwas unbeweglich und konservativ, aber andererseits bärenstark. Bild 31.

◆ Eine verkleinerte Handwurzel zeigt, daß der Mensch auf tönernen Füßen steht, keine gute Verbindung zu seinem Körper hat. Hier zeigen sich aber nicht Krankheiten, sondern einfach generell Körper- und Widerstandskraft. Empfehlung bei kleinem Feld: Den Körper ernster nehmen, Sport treiben, Massage, Yoga, etc. Bild 32.

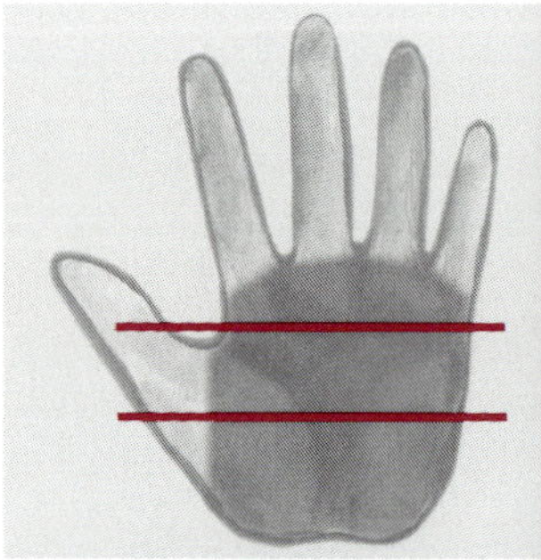

31

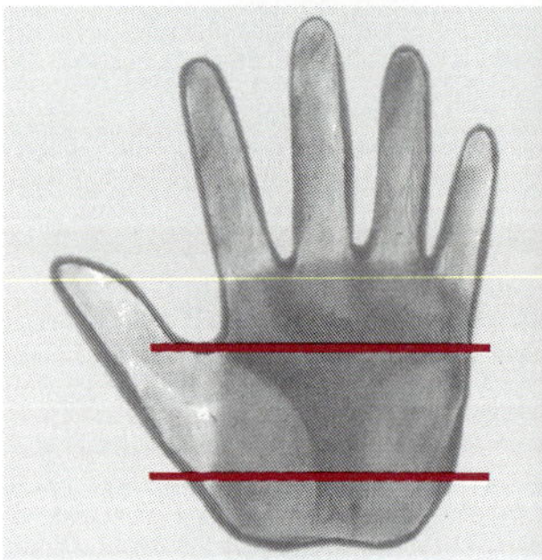

32

Das obere Drittel oder das geistige Feld

Das obere Drittel ist die Steuer- und Schaltzentrale, untergebracht in der oberen Etage. Von hier aus handelt der Mensch, wenn er als bewußtes Wesen und nicht rein instinktmäßig entscheidet.

◆ Ein großes, oberes Drittel macht gescheit und bedeutet, daß spirituelle Interessen vorhanden sind. Theologiestudenten haben sehr große obere Drittel. Bild 33.

◆ Ein verkleinertes, oberes Drittel bedeutet, daß die Person nicht sehr bewußt lebt, sondern instinktiv aus dem »Bauch« heraus handelt. Bild 34.

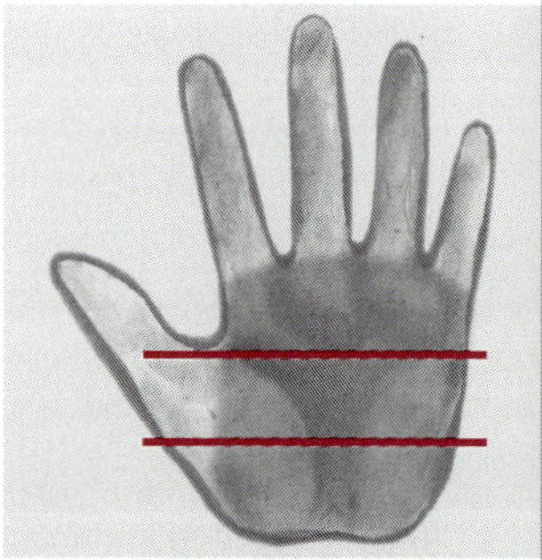

33

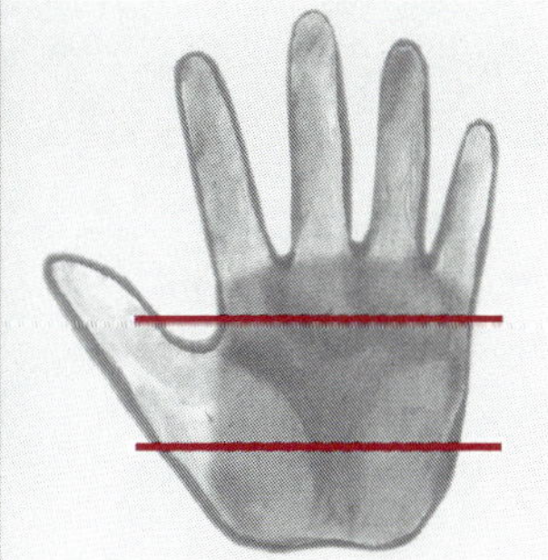

34

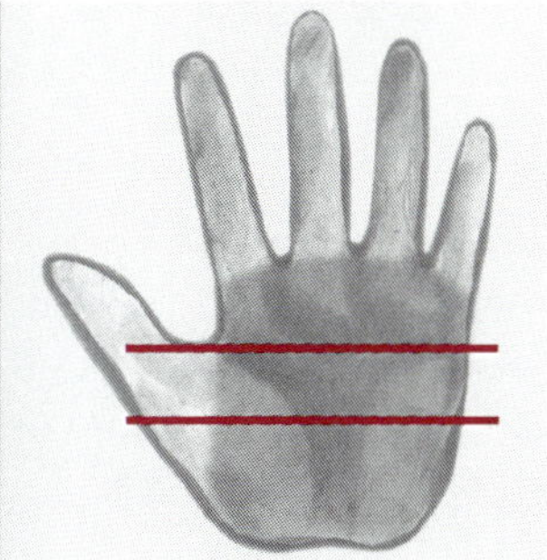

35

Das mittlere Drittel oder das Marsfeld

Dieses entspricht dem Eingangsgeschoß: Es ist der Ort der Begegnung. Durch die Haustür treten unsere Mitmenschen ein und fordern unsere Aktionen und Reaktionen heraus. Es kommt darauf an, unseren Geist und unseren Körper optimal einzusetzen.

◆ Ein vergrößertes Mittelfeld gehört überempfindlichen Menschen, die sich von den Ereignissen leicht überfordert fühlen und oft mit versteckter oder präventiver Aggression darauf reagieren. Bild 34.

◆ Ein verkleinertes Mittelfeld weist darauf hin, daß eine Person nicht realisiert, was eigentlich los ist, sei es, daß sie zu bequem dazu ist (vergrößertes Wurzelfeld), oder aber, daß sie zu selbstsicher ist und alles zu wissen meint (vergrößertes oberes Drittel). Die Realität wird sich jedoch unweigerlich melden und bemerkbar machen: Plötzlich steht man vor unerwarteten Schwierigkeiten. Und wenn der Mensch auch jetzt noch nicht richtig hinschauen mag, meldet sich sein Körper mit psychosomatischen Symptomen (Allergie, Magenbeschwerden, etc.). Bild 35.

Dies ist eine der wichtigsten Regeln der Chirologie!

Fassen wir zusammen:

Wenn die drei Abschnitte ungefähr gleichgewichtig wirken, können wir die Prognose stellen, daß eine Person ihre Energien optimal einsetzt und darum mit den Anforderungen ihres Lebens, wie schwierig diese auch immer sein mögen, gut zurecht kommt. Eine harmonische Dreierteilung relativiert ungünstige, auf Schwierigkeiten deutende Zeichen in der Hand. Selbst bei schweren Schicksalsschlägen wird ein solcher Mensch nicht zerbrechen, sondern das Geschehen als Herausforderung für seine Entwicklung verstehen und entsprechend annehmen können.

Schritt 1

Wir nehmen einen Handabdruck

Nie vergessen: Weil sich Hände verändern, sind Handabdrücke Momentaufnahmen. Auch wenn sie zuverlässig einen aktuellen Zustand anzeigen, so sind sie doch nie ein gültiges Urteil für alle Zeiten. Mit anderen Worten: Wir sind frei, anders zu werden.

WIR NEHMEN EINEN HANDABDRUCK

Es geht ganz einfach, und Sie werden die entsprechende Technik bald beherrschen. Alles, was Sie brauchen, haben Sie entweder bereits zu Hause oder Sie erhalten es für wenig Geld in Läden für Künstler-, Mal- und Zeichenbedarf:

- ◆ Wasserlösliche Farbe für Linolschnitte. Am besten ist schwarz. Kaufen Sie eine kleine Tube von der besten Qualität. Sie werden sehr lange damit arbeiten können, so daß der Preis keine Rolle spielt. (Billige Farben sind oft körnig oder mehlig und ergeben keine guten Resultate.)
- ◆ Eine Rolle für Linolschnitt und zwar eine von mindestens 10 cm Breite. 12 cm wären noch besser. Der Durchmesser der Rolle ist unwichtig, die billigeren, dünneren erfüllen ihren Zweck perfekt. Bild 33.
- ◆ Eine nicht-saugende Fläche, zum Beispiel ein Stück Glas oder Plexiglas oder ein Zwiebelbrett aus Kunststoff, mindestens 20 x 20 cm.
- ◆ Eine federnde Unterlage, zum Beispiel ein Frottiertuch, das Sie drei bis vier Mal zusammenfalten.
- ◆ Und schließlich weißes, glattes Schreibpapier irgendwelcher Art.

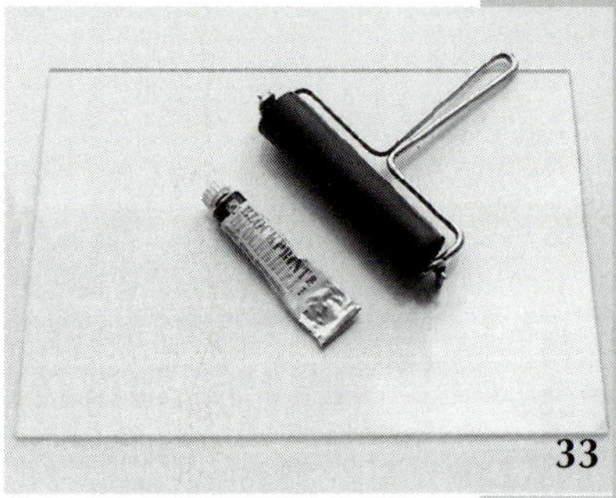

33

Und nun kann es losgehen.

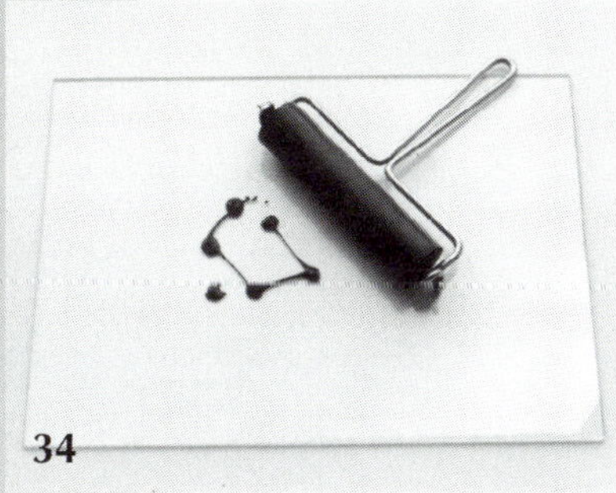

34

◆ Suchen Sie eine geduldige Versuchsperson und lassen sie diese an einem Tisch Platz nehmen. (Ärmel zurückkrempeln und Fingerringe abnehmen.) Legen Sie das in drei bis vier Lagen zusammengefaltete Frottiertuch vor sie hin. Dann kommt auf das Frottiertuch ein Blatt Papier.

◆ Jetzt nehmen Sie das Glas oder Plexiglas und geben drei bis vier kleine Tupfer Farbe darauf. Achtung: Drücken Sie nur leicht auf die Tube, sonst fließt zuviel Farbe heraus. Es ist ein typischer Anfängerfehler, zu viel Farbe zu nehmen! Bild 34.

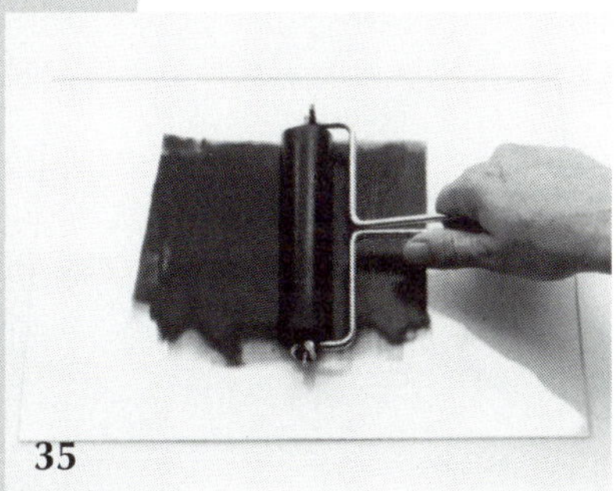

35

◆ Rollen Sie nun die Farbe aus: Fahren Sie mit der Rolle so lange hin und her und kreuz und quer bis die Farbe eine gleichmäßige Schicht bildet. Diese Farbschicht sollte dünn, aber dennoch gut feucht sein. Falls sie bereits trocknet, nehmen Sie einfach noch etwas mehr Farbe. Bild 35.

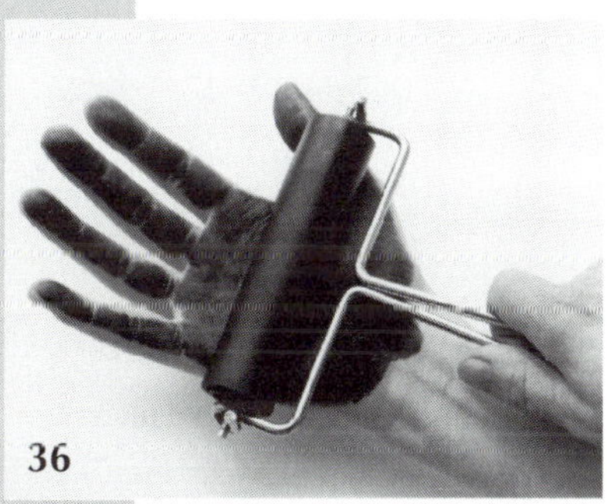

36

◆ Färben Sie nun die Hand der Versuchsperson ein, indem Sie mit der Rolle darüber fahren. Achten Sie darauf, daß die Hand weich und entspannt in der Ihren liegt, dann geht es leichter. Vermeiden Sie es, die Hand mit den Rändern der Rolle zu berühren, dort klebt nämlich meistens etwas mehr Farbe, die dann als schwarzer Strich im Abdruck erscheint. Färben Sie die Hand sorgfältig ein, auch an den Rändern und Fingerspitzen. Bild 36.

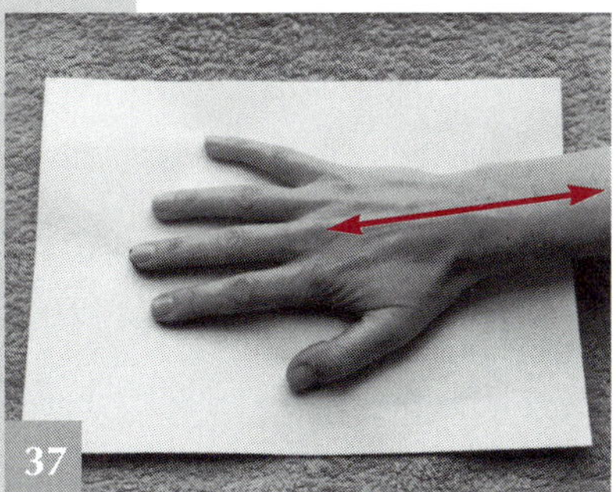

37

◆ Nun bitten Sie die Versuchsperson, die Hand auf das Papier zu legen, so wie es ihr bequem ist. Wichtig: Der Mittelfinger soll in einer verlängerten Geraden zum Unterarm zu liegen kommen. (Das heißt: Die Hand darf im Verhältnis zum Arm nicht abgewinkelt werden, weder auf der Daumen-, noch auf der Kleinfinger-Seite.) Vielleicht geht es leichter, wenn Sie das Papier schräg vor die Versuchsperson hinlegen. Bild 37.

◆ Pressen Sie jetzt die Hand kurz und mit festem Druck auf das Papier, aber ohne heftige Bewegung, weil sich sonst die Hand verschiebt und der Abdruck unscharf wird. Drücken Sie auch, aber bitte etwas sanfter, auf die Finger. Bild 38.

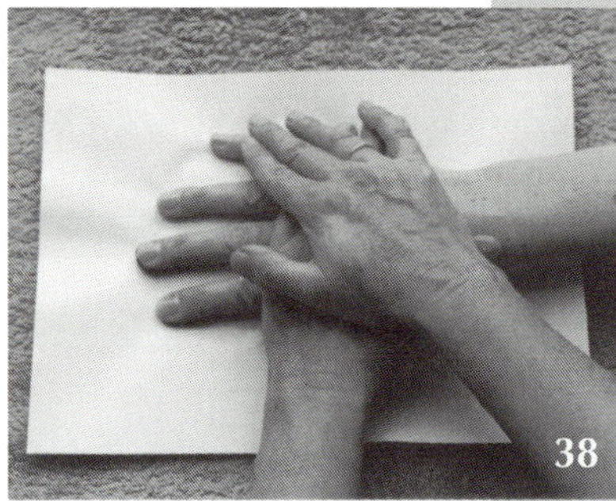

38

◆ Heben Sie die Hand der Versuchsperson in die Luft, drehen Sie diese um und ziehen Sie das Papier sorgfältig ab. Bild 39.

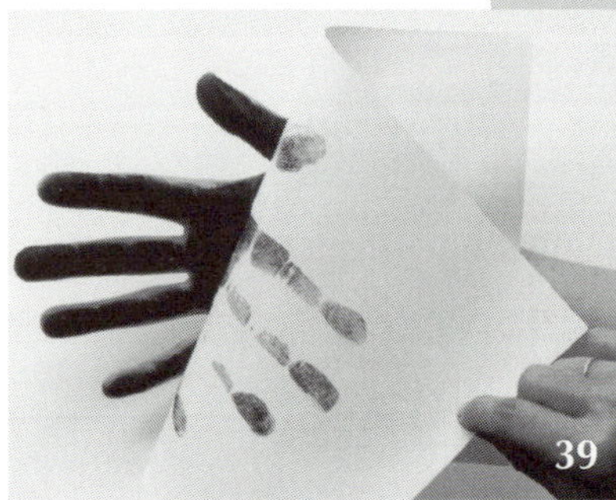

39

◆ Färben Sie nun separat auch noch den Daumen ein und nehmen Sie einen Abdruck des Nagelgliedes des Daumens. Bild 40.

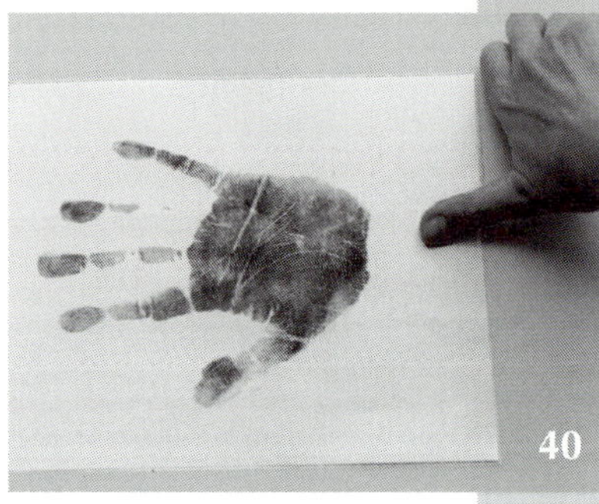

40

Und dann das gleiche nochmals von vorne mit der zweiten Hand. Und nicht vergessen: Sämtliche Abdrücke mit Namen der Versuchsperson und mit Datum versehen, damit Sie später noch wissen, von wem die Hände stammen. Ich lege die Abdrücke stets in Klarsichtmappen in einem Ringbuch ab. So finde ich die jeweiligen Hände leicht wieder und habe einen geordneten Zugang zu meiner Sammlung.
Übrigens: Ich nehme von jeder Hand immer mindestens zwei Abdrücke. So kann ich vergleichen und zwischen besseren und weniger guten Bildern wählen. Auch kann ich auf diese Weise kontrollieren, ob die Handstellung in

allen Fällen übereinstimmt. Denn die Handstellung sagt ebenfalls etwas über den Charakter der Versuchsperson aus. Am Anfang werden Sie sowieso jede Hand mehrmals abdrucken müssen, bis Sie mit dem Resultat zufrieden sind. Es braucht eben schon etwas Übung, wie fast alles im Leben.

Hier noch ein paar Tricks, wenn Sie in Schwierigkeiten geraten

Manche Hände lassen sich nur schwer aufs Papier bringen, weil sie sehr fleischige Ränder oder tief eingefallene Handflächen haben. Manchmal sind auch die Sehnen, durch das Alter bedingt, bereits verhartet und ziehen den Handteller zusammen. Versuchen Sie, ob Sie einen besseren Abdruck erzielen, wenn Sie die Frottierunterlage zusätzlich falten und dadurch dicker und weicher machen. Falls auch das nicht hilft:

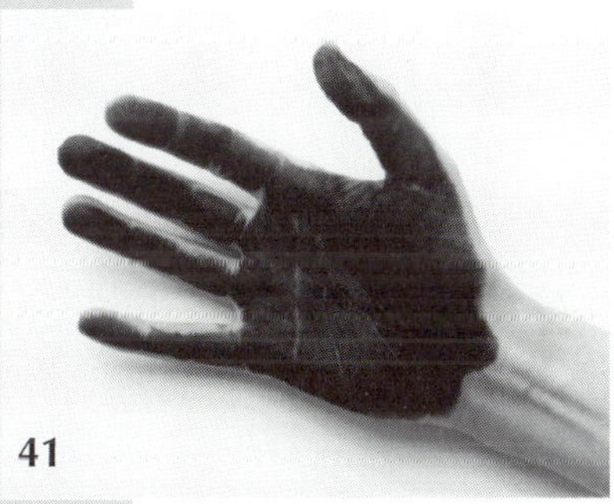
41

◆ Färben Sie die Hand ein und lassen Sie sie mit dem Handrücken auf der Unterlage ruhen, so daß sie sich bei Berührung nicht bewegt. Bild 41.

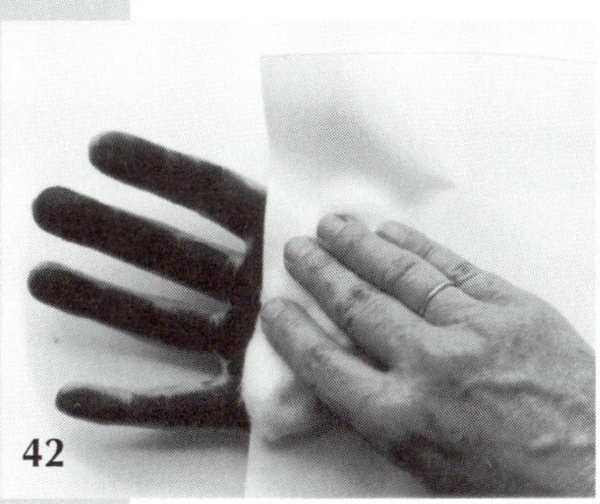
42

◆ Legen Sie ein Papier auf die Handfläche und fahren Sie mit einem großen Wattebausch in einem einzigen Zug über die Stelle, die im vorherigen Abdruck weiß oder unscharf geblieben ist. Nun haben Sie die Hand wenigstens stückweise deutlich auf dem Papier. Natürlich hat dies den Nachteil, daß Sie die einzelnen Teile später im Kopf zusammensetzen müssen. Bild 42.

Realität und Abbild

Zeigen Handabdrücke die Realität? Sind sie »wahr«? Nein und ja. Wenn man die Handflächen mit den Abdrücken vergleicht, scheint manchmal das Abbild von der Hand abzuweichen. Es kommt oft vor, daß Linien in der Hand wichtig scheinen, die man im Abdruck kaum sieht. Das hat seine Bedeutung: Es handelt sich dabei um Linien, die so wenig tief eingekerbt sind, daß sie von der dünnen Farbschicht, die wir aufgetragen haben, bereits aufgefüllt werden. Es ist sicher berechtigt, so oberflächliche Linien bei der Deutung zu vernachlässigen. Umgekehrt kann es auch vorkommen, daß in einem Handabdruck Linien sichtbar sind, die man in der Hand kaum findet. Es sind dann besonders schmale, aber tiefe Linien, die wir bei der Analyse mitberücksichtigen. Mit anderen Worten: Wir verlassen uns auf den Handabdruck als Referenz und kümmern uns nicht um die lebendige Hand. Wir leisten unsere chirologische Arbeit an den Abdrücken und nicht an Händen. Das ist auch darum patent, weil Sie so alle Ruhe und Zeit haben, um die verschiedenen Zeichen und Merkmale zu studieren. Das dauert nämlich sehr schnell einmal eine Stunde und mehr. Stundenlang Händchen halten mag ja schön sein, aber man will dabei ja nicht unbedingt arbeiten!

Abweichungen zwischen Abdruck und Hand ergeben sich übrigens auch bei der Handform. Hände, die massiv und fleischig aussehen, können zarte, hochelegante Abdrücke hinterlassen, bei denen sich die Fingerwurzeln verjüngen oder sogar überhaupt nicht aufs Papier kommen. Und auch das hat seine Bedeutung: Solche Hände haben einen etwas angespannten Muskeltonus. Dies ist ein Zeichen für Menschen, die eine bewußte innere Haltung haben, die sie etwas vorsichtig und zurückhaltend macht. Kleinkinder, wenn sie sich überhaupt Handabdrücke nehmen lassen, platschen ihre Hände – klatsch – breit und unbedacht aufs Papier. Die Abdrücke wirken entsprechend massiv und fleischig. Dies ist wohl typisch: Kleinkinder haben noch wenig Bewußtsein, kaum Disziplin und wenig Zurückhaltung. Sie nähern sich den Dingen ohne Vorsicht.

Fassen wir zusammen:
Handabdrücke sind das Arbeitsmaterial der Chirologen. Sammeln Sie darum möglichst viele Handabdrücke von Bekannten und Freunden. Sie werden überrascht und fasziniert sein, wie verschieden Hände aussehen können, auch wenn Sie sonst noch gar nichts darüber wissen und aussagen können. Außerdem haben Sie so Übungsmaterial, an dem Sie im stillen Kämmerlein für sich allein arbeiten und lernen können, ohne schon etwas darüber erzählen zu müssen.

Schritt 2

Proportionen der Hand

Die Proportionen der Hand erlauben uns Aussagen über grundsätzliche Veranlagungen einer Person und ermöglichen uns eine erste Prognose über ihr Vorwärtskommen im Leben. In welche Richtung zielen ihre Interessen? Wie geht sie mit der Umwelt um? Wie stark ist sie in ihr soziales Umfeld eingebettet?

PROPORTIONEN DER HAND

Sie erinnern sich: Im Kapitel Koordinaten haben Sie theoretisch bereits vieles über die verschiedenen Aufteilungen der Handfläche erfahren. Nun gilt es, das Gelernte in die Praxis umzusetzen. Doch zuerst nochmal etwas Theorie:

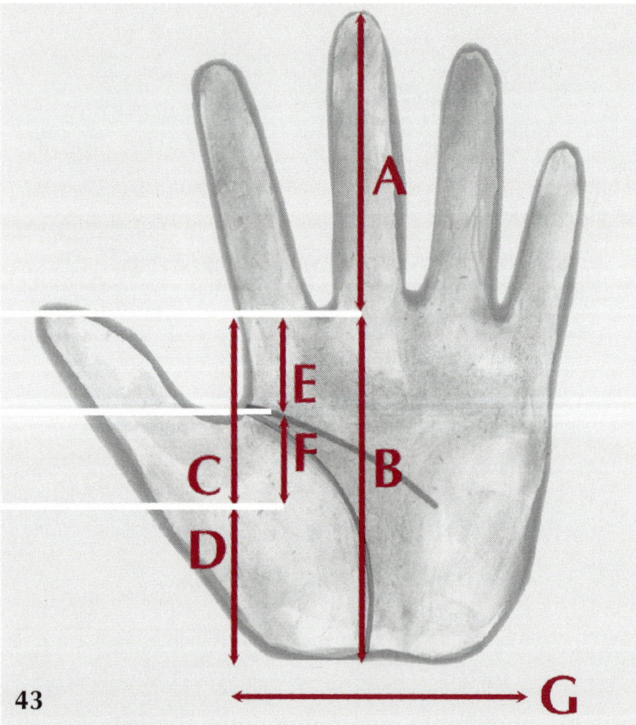

Das sind die Proportionen der idealen Hand.
Man nennt sie ideal, weil es sie in der Wirklichkeit niemals gibt!

Die Idealhand ist das Maß, an dem Sie die Hände Ihrer Versuchspersonen messen. Das ist eine wichtige Aussage. Sie besagt, daß Sie nicht tausend spezielle Konstellationen, wie sie in individuellen Händen vorkommen, auswendig lernen müssen. Sie müssen nur im Kopf behalten, wie eine Hand idealerweise aussehen sollte. Danach lesen und deuten Sie alle Abweichungen, indem Sie feststellen, wovon es in einer Hand zu viel und wovon es zu wenig gibt. Die sogenannte ideale Hand (der chirologische Maßstab) ist ein Abstraktum. Man kann ihre Proportionen nicht in Zentimetern erfassen. Es geht vielmehr darum, ein Auge für Harmonie und Ausgewogenheit zu entwickeln und abschätzen zu lernen, was »viel« und was »wenig« ist. Das hört sich kompliziert an, doch zeigt meine Erfahrung aus vielen Kursen, daß dies eine Fähigkeit ist, die fast jeder und jede erstaunlich schnell erwirbt. Hier ein paar grundsätzliche Anmerkungen:

Das Verhältnis von Fingern und Handfläche A : B

Selbst gut ausgebildete, lange Finger sind immer leicht kürzer als der Handteller. Das Verhältnis entspricht ungefähr 4:5 (Finger:Handfläche), wobei selbstverständlich als längster Finger der Mittelfinger gemessen wird. Die Finger stehen entweder in gleicher Höhe auf dem Handteller oder sind in einem harmonischen Bogen angeordnet, mit leicht heruntergesetztem Zeigefinger und Kleinfinger (→ Bild 273, 274). Während der Handteller für die Verwurzelung im Stofflichen steht, zeigen die Finger die Eigenschaften der geistigen Seite des Menschen, seine zerebralen Fähigkeiten. Sie deuten auf das Abstrakte, während die Handfläche für das Konkrete steht.

◆ Kurze Finger machen intuitiv, man handelt, ohne lange zu überlegen, direkt aus dem Bauch heraus. Wahrscheinlich ist man nicht für Schreibtischarbeit geeignet.

◆ Lange Finger gehören Menschen mit intellektuellen Interessen und Fähigkeiten. Sie finden sich auch im Abstrakten zurecht. Allerdings hat dies nicht unbedingt mit Intelligenz oder Klugheit zu tun, sondern ist eine Frage der Neigung: Beschäftigt man sich lieber mit Ideen oder mit Material?

Der Daumen-Ansatz in der Mitte zwischen C und D

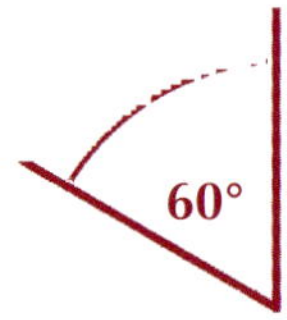

Der Punkt, auf den Sie hier achten müssen, ist die Mitte der Daumenwurzel. Dieser Punkt liegt idealerweise etwa auf mittlerer Höhe der Handfläche. Der Daumen sollte durch einen Winkel von mindestens sechzig Grad von der Handfläche abgespreizt sein.

◆ Ein hoch angesetzter Daumen macht unbeweglich und starr, vor allem, wenn er in einem engen Winkel an die Hand angelegt ist. Letzteres kann auf geistige Enge und auf Geiz und Verschlossenheit hinweisen (→ Bild 51, 54).

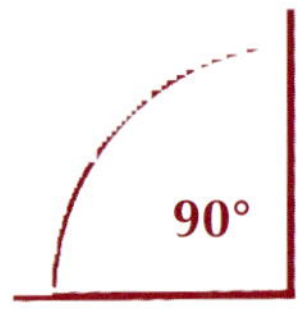

◆ Ein tief angesetzter Daumen gehört einem Menschen, der seine Umgebung intuitiv erfaßt. Sehr oft sind dies Persönlichkeiten, die erfolgreich in der Öffentlichkeit auftreten und genau spüren, was das Publikum wünscht. Dies ist vor allem dann der Fall, wenn der Daumen weit, gegen neunzig Grad, abgespreizt ist (→ Bild 45).

Der Ich-Punkt in der Mitte zwischen E und F

Hier liegt der Beginn von Kopf- und Lebenslinie. Diese entspringen idealerweise in der Mitte zwischen Daumen und Zeigefinger. Beachten Sie: Der Bogen der Lebenslinie muß die Ich-Seite umfassen, d.h. die Linie sollte bis zur Senkrechten unter der Mitte des Mittelfingers reichen. Nur so ist die Gewähr gegeben, daß sich die Persönlichkeit den ihr gebührenden Platz im Leben nehmen kann.

Der Ich-Punkt ist der Start, von dem aus wir unsere Reise in die Welt hinaus in Angriff nehmen. Er ist der Punkt der Geburt von Körper und Persönlichkeit, gleichzeitig der Ort unseres innersten Seins.

◆ Eine tief angesetzte Kopflinie läßt viel Raum für den oberen Teil der Hand. Sie gehört einem Menschen mit geistigen Interessen, der sein Leben und alles, was ihm geschieht, hinterfragt. Auch wenn er einen handwerklichen

Beruf ausübt, denkt er nach und studiert. Oft verfaßt er Notizen und Aufzeichnungen über seine Arbeit oder erfindet neue Techniken. Ein solcher Mensch liebt es zu lesen und informiert zu sein.

◆ Eine hoch angesetzte Kopflinie verschmälert den geistigen Bereich. Sie gehört einer Person, die die Dinge nimmt, wie sie kommen, ohne sich all zu viele Gedanken zu machen. Wahrscheinlich ist sie nicht besonders kultiviert und interessiert.

Breite der Handfläche G : B

Zur Illustration: Ein breiter Schneepflug hinterläßt im Schnee eine breitere Spur als ein schmaler Schneepflug.

In der Breite des Handtellers liegt die Kraft der Realisation. Aber Achtung: Auch eine quadratisch wirkende Handfläche ist immer höher als breit. Ihre ideale Breite entspricht ungefähr 85 bis 90% der Länge.

◆ Eine gut ausgebildete, fast quadratische Handfläche zeigt eine Person, die eine Wirkung auf die Außenwelt auszuüben vermag. Entsprechend kann man davon ausgehen, daß sie ein erfolgreiches Leben führt.

◆ Eine schmale Handfläche gehört einem Menschen, der wenig Durchsetzungskraft hat und seine Umgebung kaum prägen wird.

Fassen wir zusammen:

Ideale Handproportionen sind die Ausnahme, aber trotzdem gilt: Je größer die Annäherung an das Ideal, desto günstiger auch die Prognose. Je harmonischer die einzelnen Teile einer Hand wirken, desto wahrscheinlicher ist es, daß ein Mensch ein glückliches und erfolgreiches Leben führen kann, das ungefähr seinen Wünschen und Vorstellungen entspricht. Dies dürfen wir darum vermuten, weil er seine verschiedenen Eigenschaften in Einklang bringen kann und keine Energieverluste durch Konflikte in Kauf nehmen muß.

HÄNDE UNTER DER LUPE

Dieser Titel ist ernst gemeint: Zum Handlesen gehört tatsächlich eine Lupe, denn nur in der Vergrößerung zeigen sich die Feinheiten einer Hand. Und diese sind es, die zu uns sprechen. Ganz besonders gilt dies, wenn Sie von den Bildern in diesem Buch profitieren wollen. Sie »erleben« diese Hände erst richtig, wenn Sie sie durch eine Lupe betrachten. Wählen Sie eine mit etwa zehn Zentimeter Durchmesser, das ist bequemer und ermüdet die Augen weniger.

Lange Finger

Wie tastende Fühler wirken die grazilen, langen Finger dieser Hand. Sie gehört einem feinnervigen Menschen, dessen Element das Abstrakte ist und der sich entsprechend in den Niederungen der materiellen Welt weder besonders wohl fühlt, noch sich besonders erfolgreich durch diese bewegt. Die starke Betonung des Geistigen, der Welt von Gedanken und Gefühlen, birgt in sich die Gefahr mangelnder Erdung. Die Anforderungen der Realität werden ungenügend zur Kenntnis genommen. Bild 44.

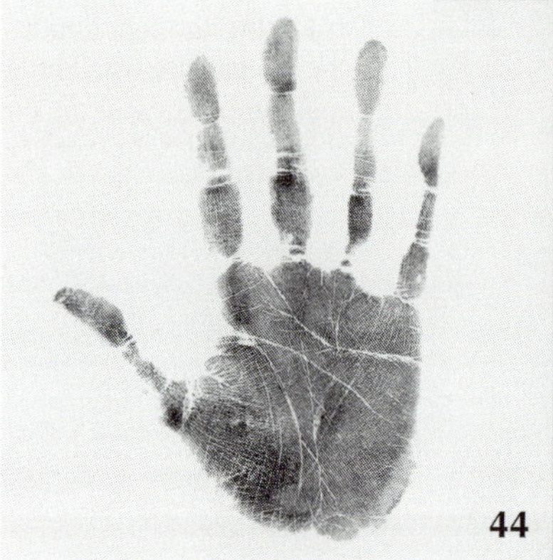

44

Kurze Finger

Dieses Verhältnis von Handteller zu Fingern deutet auf eine intuitive Persönlichkeit, die aus dem Bauch heraus lebt. Sie erspürt die Erfordernisse des Lebens, ohne diese zu analysieren und intellektuell zu durchdringen. Diese Hand gehört einem weltweit erfolgreichen Künstler. Sein Arbeitsprinzip ist das Gefühl und nicht bewußte, rationale Konstruktion. Auf eine gute Verbindung zu Zeitströmung und Publikum weist der sehr tief angesetzte und weit abgespreizte Daumen. Bild 45.

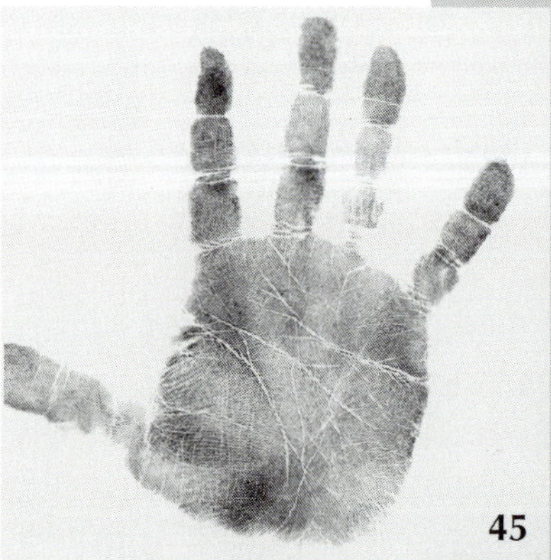

45

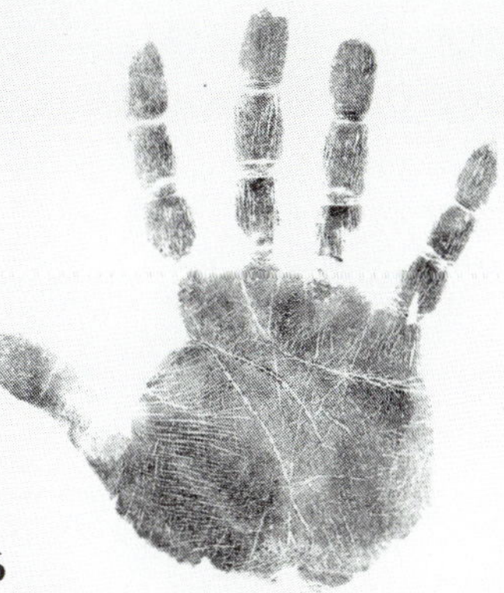

46

Ausgeglichene Proportion

Dies ist eine fast ideal harmonische Hand: Zu einem mächtigen, breiten Handrumpf, der Dynamik und Durchsetzungskraft verspricht, gesellen sich gerade, gut ausgebildete Finger, die auf klares Denken hindeuten. Abstraktes und Konkretes sind in dieser Hand gleichgewichtig vertreten. Der Mensch, dem sie gehört, wird sein Lebensschiff erfolgreich durch die Klippen des Lebens steuern können, denn er ist nicht nur kräftig, sondern auch klug. Bild 46.

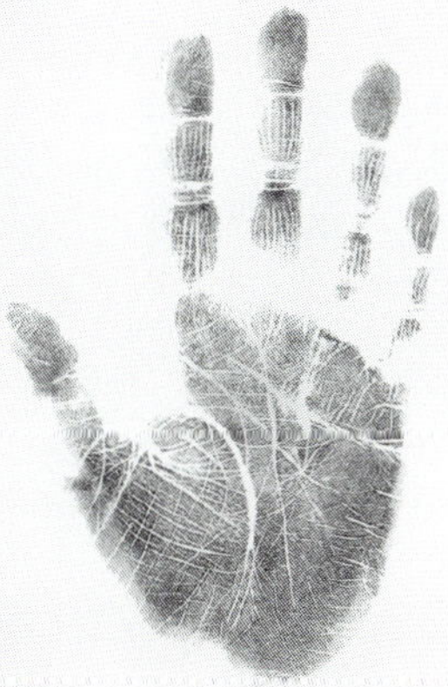

47

Schmale Hand

Eine passive, wenig kräftige Hand, deren Qualität mehr im Denken und Fühlen als in sichtbarer Tätigkeit liegt. Die schmale Handfläche deutet auf einen Charakter, der sich zurückzieht, der sich nach außen eher klein macht. Im Innern aber herrscht lebendige Vorstellungskraft, hier laufen Filme von Abenteuern und Heldentaten. Denn beachten Sie: Die Finger der Ich-Seite, Zeige- und Mittelfinger, sind recht stark. Ichgefühl und Selbstbewußtsein dieser Person sind ungeschmälert. Bild 47.

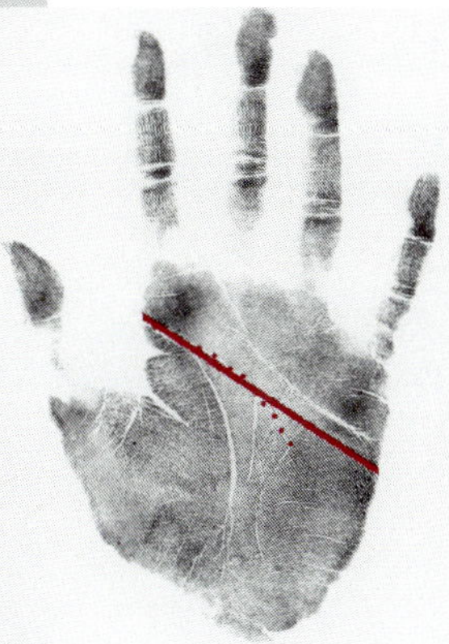

48

Hochangesetzte Kopflinie

Je höher die Kopflinie liegt, desto größer wirkt das stoffbezogene Feld, das für das Materielle steht. Das Interesse dieser Person richtet sich entsprechend auf Konkretes. Sie eignet sich besser für einen handwerklichen Beruf als für einen intellektuellen, allerdings darf dieser auch körperlich nicht zu hohe Anforderungen stellen, denn die zarten Finger und die schmale Handfläche deuten auf wenig Körperkraft. Die geschlossene Fingerstellung zeigt Schutzbedürfnis und Abwehr. Bild 48.

Tiefangesetzte Kopflinie

Das geistige Feld ist relativ groß. Der Mensch mit dieser Hand überlegt, er versucht, gedanklich zu durchdringen, was ihm begegnet. Lesen und sich informieren ist ihm ein Bedürfnis. Er ist an Kultur und Austausch interessiert. Die Länge und Eleganz der Finger entscheidet darüber, ob dies lediglich eine Neigung bleibt oder ob die intellektuellen Fähigkeiten groß genug sind, um daraus ein Leben oder einen Beruf zu machen. Bild 49.

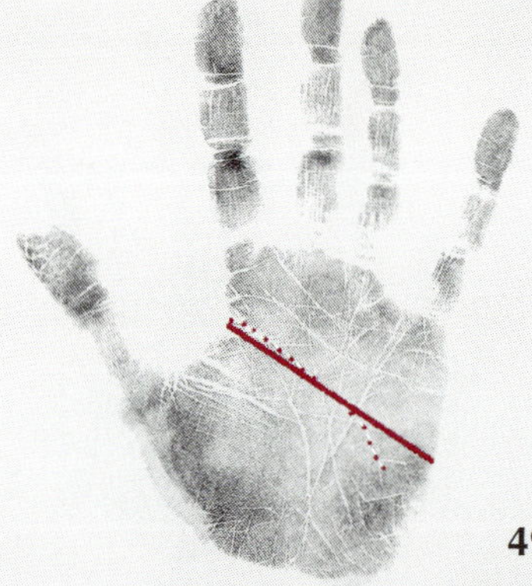

49

Übergroße Du-Seite

Diese Konstellation verlangt von diesem Menschen Anpassung und Kompromißbereitschaft. Die unmittelbare Umgebung, seine Partner, Familienmitglieder und Mitarbeiter sind ihm sehr wichtig. Er wird versuchen, auf jeden Fall in Harmonie mit ihnen zu leben, selbst wenn er seine persönlichen Interessen zurückstellen muß. Dies macht ihn geeignet für soziale Einsätze: Als Pfleger fühlt er sich in Patienten ein, als Erzieher spürt er die Bedürfnisse seiner Zöglinge. Bild 50.

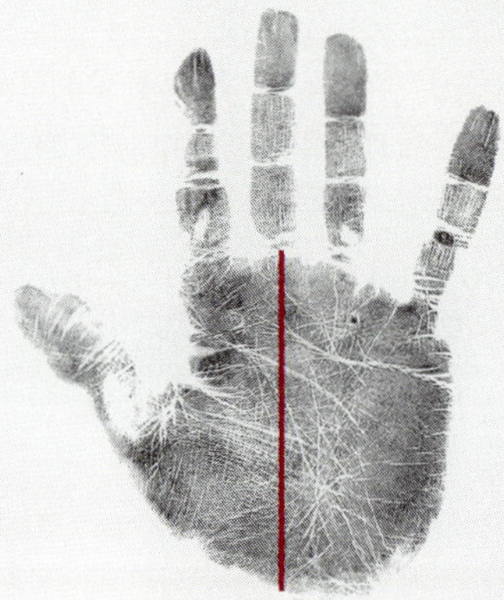

50

Große Ich-Seite

Da wir soziale Wesen sind, die das Du brauchen, ist die Ich-Seite selten gleich groß oder größer als die Du-Seite. Wenn dies der Fall ist, haben wir Menschen vor uns, die sich selber genügen und niemanden brauchen, um sich wohlzufühlen. Sie lassen sich von nichts und niemandem einfangen. In dieser Hand wird das Selbstbewußtsein noch zusätzlich durch einen sehr langen und kräftigen Zeigefinger gestärkt. Bild 51.

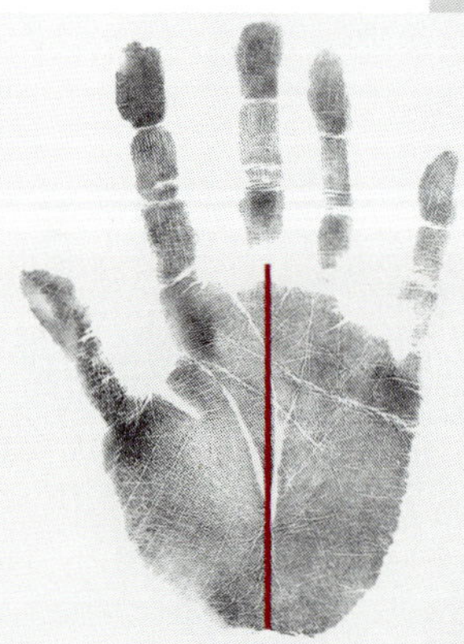

51

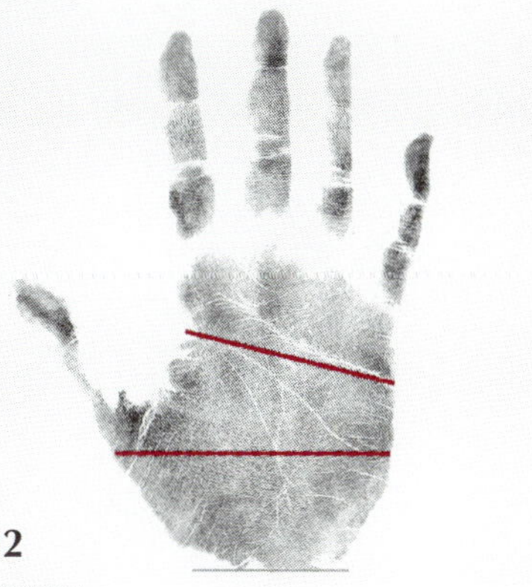

52

Ausgeglichene Dreierteilung Variante A

Wurzel-, Mittel- und geistiges Feld wirken ungefähr gleichgewichtig. Die Energien von Körper, Seele und Geist arbeiten optimal zusammen. Das läßt uns für diese Person das Beste erwarten. Was immer wir an Konflikten und Problemen in dieser Hand finden: Es wird immer durch die günstige Dreierteilung neutralisiert und kann entsprechend ohne größeren Schaden verarbeitet werden. Diese Art der Dreierteilung läßt einen sehr lebenstüchtigen Charakter vermuten. Bild 52.

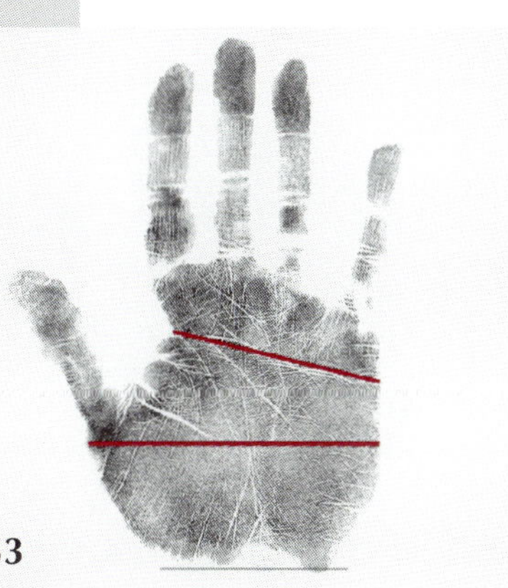

53

Ausgeglichene Dreierteilung Variante B

Hier ist die Dreierteilung ebenfalls harmonisch, aber von anderer Art: Die Wurzel hat am meisten Gewicht, darauf folgt der Mittelteil und mit dem kleinsten Umfang das geistige Feld. Diese Dreierteilung entspricht der Norm und kommt weit häufiger vor als Variante A. Es handelt sich um einen durchschnittlich begabten Charakter. Doch ist auch hier die Prognose ausgesprochen günstig: Der Mensch, dem diese Hand gehört, wird Schwierigkeiten seines Lebens ohne weiteres bewältigen können. Bild 53.

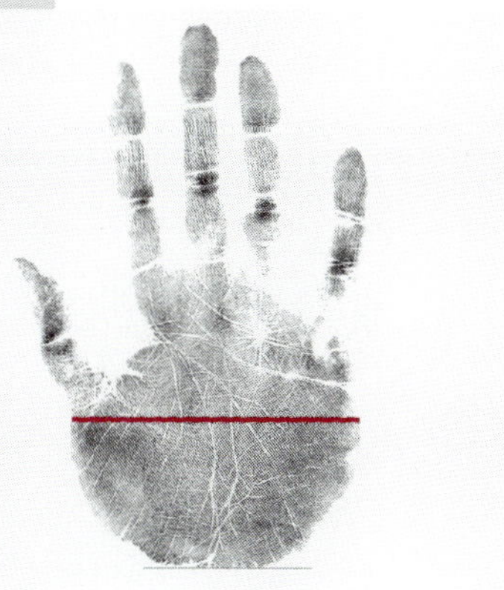

54

Vergrößerte Wurzel

Ein starkes Schwergewicht im unteren Teil der Handfläche verlangsamt die Person, macht sie schwerfällig und in ihren Ansichten konservativ. Oft steckt aber sehr viel Körperkraft in der Hand einer solchen Person. Sie hat Ausdauer und enorme Reserven, aber es braucht viel, um sie auf Touren zu bringen. Bild 54.

Verkleinerte Wurzel

Wie ein Koloß auf tönernen Füßen nicht stabil sein kann, so ist auch ein Mensch mit verkleinertem Wurzelfeld gefährdet. Er hat keinen guten Kontakt zu seinem Körper, vernachlässigt diesen, verachtet ihn vielleicht sogar. Er treibt keinen oder zu viel Sport. So lange seine Vitalität ausreicht, spürt er nichts von diesem Ungleichgewicht, doch wenn Krisen auftreten, wird es notwendig sein, zuerst einmal auf der physischen Ebene für Stärkung und Stütze zu sorgen. Bild 55.

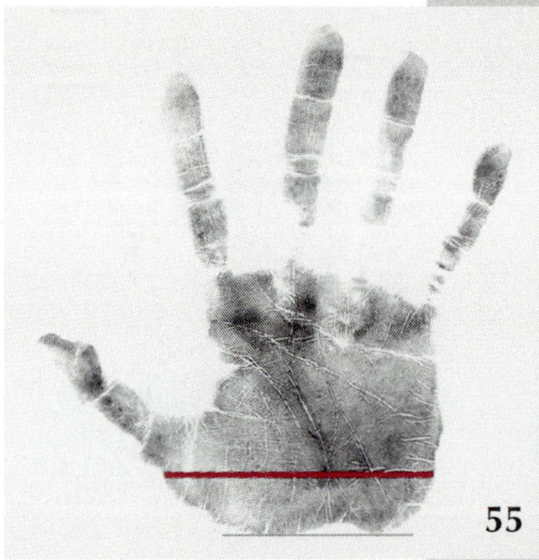

55

Vergrößertes Mittelfeld

Ein Mensch mit diesem Merkmal ist überempfindlich und entsprechend defensiv. Er hat das Gefühl, von den Geschehnissen und anderen Menschen überrollt zu werden, er fühlt sich den Ereignissen schutzlos ausgeliefert. Ein vergrößertes Mittelfeld schwächt die Persönlichkeit. Selbst kleinere und mittlere Krisen und Schwierigkeiten können bedrohlich wirken. Alle ungünstigen Zeichen auf den Linien einer solchen Hand fallen doppelt ins Gewicht. Bild 56.

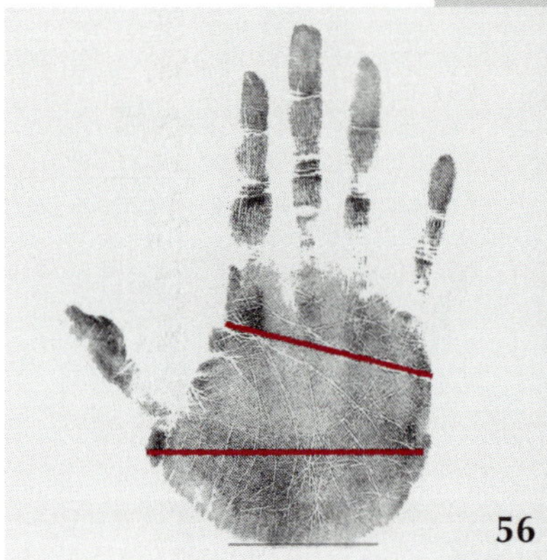

56

Verkleinertes Mittelfeld

Während die Person mit vergrößertem Mittelfeld alles als äußerst schwierig empfindet, blendet das verkleinerte Mittelfeld Empfindungen weitgehend aus. Geschehnisse werden nicht wahrgenommen. In dieser Hand, in der das geistige Feld sehr stark entwickelt ist, kann man davon ausgehen, daß die Person zu wissen meint, was Sache ist und auf Prüfung verzichtet. Die Folge: Überraschungen meist eher unangenehmer Art, plötzliche Schwierigkeiten, sehr oft auch psychosomatische Körperreaktionen. Bild 57.

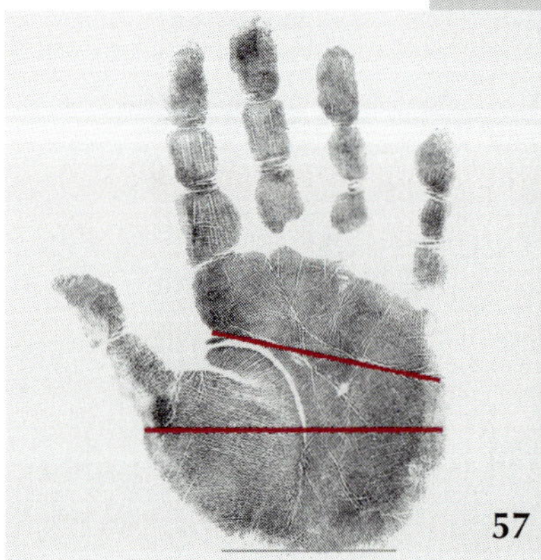

57

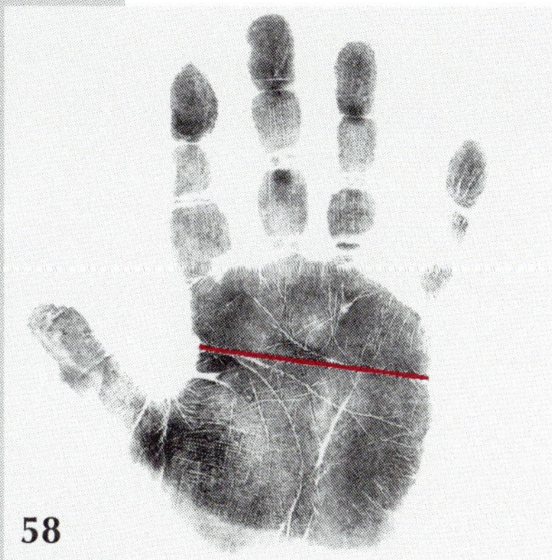

58

Vergrößertes geistiges Feld

Ein Mensch mit einem so stark ausgeprägten oberen Drittel ist ein Mensch auf spiritueller Suche. Manchmal studiert er Theologie. Allerdings besteht die Gefahr, daß er vor lauter Idealismus und Ideologie die Bedürfnisse des Alltags zu wenig im Auge behält und entsprechend ins Strudeln gerät. Bild 58.

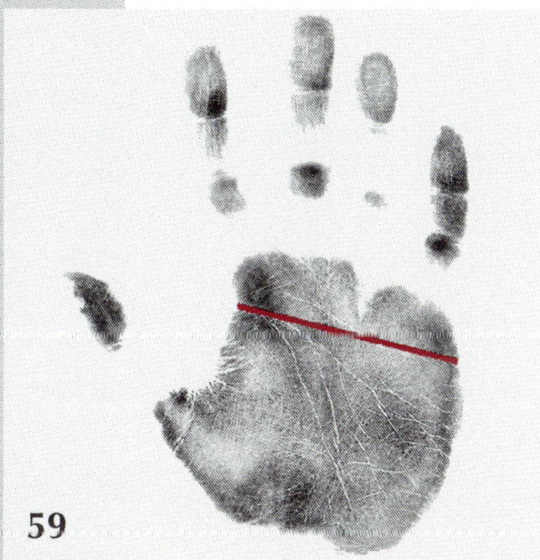

59

Verkleinertes geistiges Feld

Philosophisches Nachdenken ist nicht die Stärke eines Menschen mit kleinem, geistigen Feld. Er lebt im Hier und Jetzt und ist den Äußerlichkeiten des Lebens zugetan. Das bedeutet übrigens nicht, daß er nicht auf instinktive Weise mit jenseitigen Mächten kommuniziert. Aber er hat kein Bedürfnis, dies oder sonst etwas gründlicher zu hinterfragen. Bild 59.

Was haben wir Neues gelernt?

Die Proportionen der Hand zeigen uns den Grundtypus einer Person und die Ebene, auf der sie sich bewegt. Darum beginnt jede seriöse Handanalyse mit der Einteilung der Hand und der Würdigung ihrer Proportionen. Alle Merkmale, die aus Linien und Zeichen sprechen, werden in Beziehung zu den grundlegenden Erkenntnissen gesetzt, die Sie aus den Proportionen der Hand gewonnen haben.

Eine wichtige Regel, die Sie niemals übergehen dürfen: Zuerst die Proportionen betrachten!

Zwischenbemerkung:

Bei der Beurteilung von Händen gehe ich davon aus, daß das Leben im großen Ganzen alle Menschen gleich stark fordert. Selbstverständlich gibt es Ausnahmen: Personen, die sich mit ganz außergewöhnlichen Krisen auseinandersetzen müssen, Schicksale, vor denen wir uns nur verneigen können. Diese Tragödien bilden aber die kleine Ausnahme im Meer des alltäglichen »normalen« Unglücks, mit dem ich als Chirologin im allgemeinen konfrontiert bin. Worin wir Menschen uns allerdings stark unterscheiden, und was sich in unseren Händen deutlich zeigt, sind die Energien, die uns zur Verfügung stehen, Temperament und Neigung, wie wir Energien einsetzen, und die Strategien, die wir zur Bewältigung unserer Krisen anwenden. Darüber geben die Proportionen der Hand bereits deutliche Hinweise.

UND NUN ZU IHREN HÄNDEN:

Legen Sie die Abdrücke Ihrer beiden Hände vor sich hin. Nehmen Sie zwei Stäbchen – zwei ganz normale Bleistifte eignen sich sehr gut – und versorgen Sie sich mit Notizpapier und Schreibzeug. Lassen Sie sich genügend Zeit, betrachten Sie Ihre Handabdrücke sorgfältig und notieren Sie Ihre Beobachtungen.

Bestandsaufnahme

1 ◆ Gleichen sich die beiden Hände oder gibt es bedeutende Unterschiede zwischen links und rechts?

2 ◆ Wirken Ihre Finger im Vergleich zur Handfläche lang, kurz oder erscheint das Verhältnis ideal?

3 ◆ Ist Ihre Handfläche eher quadratisch oder rechteckig, bzw. schmal?

Und nun gehen Sie zu den Teilungen über. Untersuchen Sie das Verhältnis zwischen oberem und unterem Teil. Legen Sie dazu jeweils einen Bleistift auf die Kopflinie.

4 ◆ Was wirkt schwerer, das Wurzelfeld oder das obere, geistige Feld? Oder sind die beiden ausgeglichen?

5 ◆ Stimmt das Bild bei der linken und rechten Hand überein? Wenn nein, notieren Sie die Unterschiede.

Legen Sie den Bleistift auf die Mitte des Mittelfingers (Saturn) und zwar so, daß er eine Senkrechte zur Grundlinie bildet und beurteilen Sie:

6 ◆ Ist die Du-Seite vergrößert? Und wenn ja, stark?

7 ◆ Gilt das für beide Hände? Wenn nein, bitte die Unterschiede notieren.

Jetzt zur Dreierteilung: Legen Sie den ersten Bleistift auf die Anfangspunkte von Herzlinie und Kopflinie. Suchen Sie nun die Beugelinie, das ist die dickste Linie an der Wurzel des Daumens, und plazieren Sie den Bleistift ungefähr einen halben Zentimeter oberhalb des Anfangs dieser Linie (vgl. Sie dazu die Bilder 52 – 57). Achten Sie darauf, daß der Bleistift in einer perfekten Waagerechten zur Grundlinie zu liegen kommt. Und dann beantworten Sie folgende Fragen:

- Sind die drei Teile alle etwa gleich schwer? 8
- Wenn nein, welcher Teil weicht ab und wie? 9
- Sieht die Dreierteilung in beiden Händen gleich aus? 10
Wenn nein, bitte Unterschiede notieren.

Jetzt werden Sie interpretieren, was die einzelnen Punkte, die Ihnen aufgefallen sind, bedeuten. Und das wird wohl nicht gehen, ohne daß Sie auf die praktischen Beispiele auf den vorhergehenden Seiten und die Erläuterungen im Koordinaten-Teil zurückblättern.

Überanstrengen Sie sich nicht! Legen Sie ruhig eine Pause ein, bevor Sie in die nächste Runde einsteigen.

Hier nochmals das Wichtigste in Kürze:

Die aktive Hand (beim Rechtshänder die Rechte, beim Linkshänder die Linke) sagt aus, was ist. Die passive Hand deutet darauf hin, was hätte sein können. Unterschiede zwischen der passiven und der aktiven Hand zeigen also eine Entwicklung auf.
Lange Finger deuten auf Abstraktionsvermögen und intellektuelle Fähigkeiten.
Eine breite Handfläche macht praktisch und durchsetzungsfähig.
Die horizontale Teilung der Handfläche in einen stofflichen Teil (unten) und einen geistigen Teil (oben) sagt aus, auf was sich Ihr Interesse in erster Linie richtet. Es ist zu empfehlen, diese Neigung bei der Berufswahl zu berücksichtigen.
Die vertikale Teilung in Ich-Seite und Du-Seite sagt aus, wie autonom Sie sind, wie harmoniebedürftig und wie kompromißbereit.
Die Dreierteilung zeigt, ob die verschiedenen Arten von

Energien, die animalische, die seelische und die geistige, in Harmonie zusammenwirken. Dies würde Ihnen helfen, gut durchs Leben zu kommen, während das andere wahrscheinlich gewisse Schwierigkeiten mit sich bringt.

Deutung

Wenn Sie nun Punkt für Punkt so gut wie möglich bearbeitet haben, müßte es Ihnen leicht fallen, die folgenden Fragen auf Grund Ihrer Notizen (und nicht nach Ihrem Wissen und Gefühl) zu beantworten:

1 ◆ Sind in meinem Leben größere Entwicklungen zu erwarten oder kann ich auf eine gewisse gemütliche Stetigkeit hoffen? (Unterschied rechts – links.)

2 ◆ Gehöre ich zu den Intellektuellen oder zu den Intuitiven? (Aufteilung oben – unten.)

3 ◆ Bin ich dynamisch und durchsetzungsfähig oder eher langsam und verhalten? (Breite oder schmale Hand.)

4 ◆ War das schon immer so oder hat sich das im Laufe meiner Entwicklung verändert? (Unterschied rechts – links.)

5 ◆ Bin ich ein Mensch der praktischen Tat oder ein Schreibtisch-Arbeiter? Habe ich den richtigen Beruf gewählt? (Verhältnis Handfläche: Finger, Größe des geistigen Feldes.)

6 ◆ Will ich im Leben in erster Linie praktische und sichtbare Ergebnisse oder sind mir geistige Fortschritte genau so wichtig? (Aufteilung oben – unten.)

7 ◆ Kann ich Konflikte gut ertragen oder halte ich sie so schlecht aus, daß ich lieber schnell Kompromisse schließe? (Du-Seite vergrößert.)

8 ◆ Kann ich mich gut in andere einfühlen oder bin ich fest mit meinem Standpunkt identifiziert? (Du-Seite groß?)

9 ◆ War das schon immer so oder hat sich das im Laufe meiner Entwicklung verändert? (Unterschied rechts – links.)

Und nun die nächste Runde:

◆ Kann ich mir eine gute Prognose geben oder muß ich eher mit Schwierigkeiten rechnen? (Harmonische Dreierteilung.) 10

◆ Bin ich gut geerdet, so gut, daß ich schon fast festgefahren bin? Oder müßte ich mehr für meinen Körper sorgen? (Vergrößertes oder verkleinertes Wurzelfeld.) 11

◆ Ergeben sich etwaige Schwierigkeiten aus meiner großen Empfindlichkeit oder weil ich die Realität zu wenig genau im Auge behalte? (Vergrößertes oder verkleinertes Mittelfeld.) 12

◆ Bin ich ein ganz »diesseitiger« Mensch oder sind mir Spiritualität und philosophische Fragen wichtig? (Kleines oder großes geistiges Feld.) 13

◆ War das schon immer so oder hat sich das im Laufe meiner Entwicklung verändert? (Unterschied rechts – links.) 14

So, das war Ihre erste chirologische Arbeit. Vielleicht dünkt Sie das, was Sie über sich herausgefunden haben, wenig spektakulär, weil Sie sich ja sicher einigermaßen kennen. Wenn Sie aber die Handabdrücke einer unbekannten Person auf diese Weise analysieren, werden Sie erstaunt sein, wieviel Sie schon auf Grund der Handproportionen herausfinden können. Vielleicht haben Sie die Möglichkeit, Ihre Ergebnisse mit der analysierten Person zu diskutieren?

Und noch eine Warnung zum Schluß:
Am meisten interessieren einen bestimmt die Hände der Angehörigen und Lieben. Aber – diese sind am schwierigsten zu analysieren. Das kommt daher, daß Sie eine zu genaue Vorstellung von Menschen haben, die Ihnen nahe stehen, und es ist sehr menschlich, an dieser Vorstellung festhalten zu wollen. Meine Empfehlung ist deshalb, als erstes die Hände von Menschen zu untersuchen, an denen Sie kein besonderes Interesse haben. Es fällt Ihnen dann leichter, neutral zu urteilen.

Vielleicht haben Sie festgestellt, daß sich gewisse Merkmale mehrfach zeigen, daß es Wiederholungen in den Aussagen gibt. Das erstaunt nicht, im Gegenteil: Alle wichtigen Charaktereigenschaften eines Menschen zeigen sich immer mehrfach, auf verschiedenen Ebenen und in verschiedenen Details. Dies ist eine Bestätigung für die übrigen getroffenen Feststellungen und verfestigt eine gewisse Tendenz.

Was wissen Sie mehr über sich?

Sie müßten jetzt aus Ihren Händen etwas über Ihre Dynamik und Ihre Interessenslage herausgefunden haben. Sie müßten mit einiger Objektivität abschätzen können, wie Sie intellektuell und energetisch ausgerüstet sind. (Falls Ihre Befunde Ihrem Eigenbild widersprechen, können Sie das vielleicht mit einer nahestehenden und wohlmeinenden Person diskutieren. Dann finden Sie am schnellsten heraus, ob Sie die Handeinteilungen nicht richtig gemacht haben oder ob Sie dazu neigen, die Tatsachen umzudeuten – das soll ja vorkommen.)

Wenn Sie bei sich harmonische Proportionen gefunden haben, dürfen Sie sich freuen, dann sind Sie wahrscheinlich gut fürs Leben ausgerüstet. Wenn Ihr Befund nicht so günstig aussieht, dann trösten Sie sich mit der Tatsache, daß Sie sich in guter Gesellschaft befinden und daß man bekanntlich an seinen Schwierigkeiten wächst!

SCHRITT 3

DIE KOPFLINIE – DER WEG IN DIE WELT

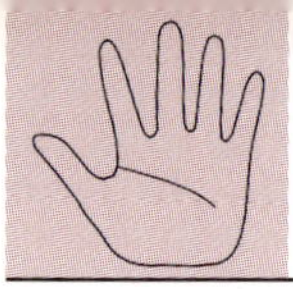

Erinnern wir uns: Die Kopflinie trennt oben von unten und teilt die Hand in ein stoffliches und ein geistiges Feld. Sie berührt an ihrem Anfang Jupiter, Mars und Venus. Sie startet am Ich-Punkt, durchquert das Marsfeld und führt hinaus in die Welt und zum Du.

DIE KOPFLINIE – DER WEG IN DIE WELT

Die Kopflinie, Bild 60, hängt quer wie ein Waagebalken in der Hand: Sie gibt Auskunft über Gleichgewicht und Stabilität, was unseren Umgang mit der Welt und mit anderen Menschen betrifft. Sie ist der Weg, den wir hinaus ins Leben nehmen. In ihr zeigt sich die Kraft, mit der wir diesen Weg beschreiten, unsere Beständigkeit, unsere Durchsetzungskraft und unser Gelingen.

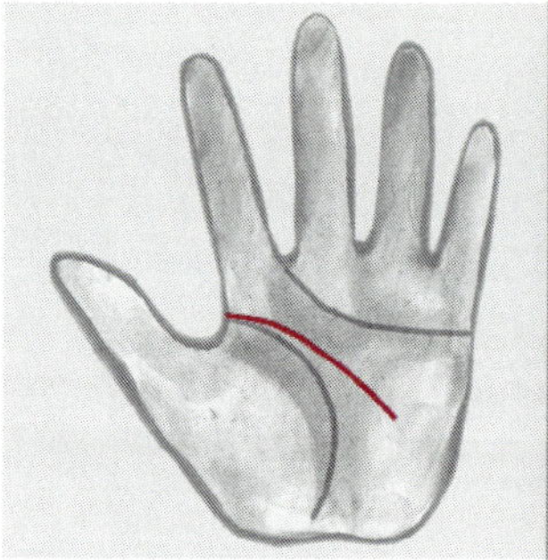

60

Wie setzen wir uns in Bewegung? Forsch oder zögernd? Wie kommen wir voran? Zügig oder mit Unterbrechungen? Schlängeln wir uns durchs Leben? Oder stürzen wir vielleicht sogar ab? Und überhaupt: Wie weit werden wir es bringen? Erreichen wir unser Ziel? Oder gehen wir sogar zu weit? Die Kopflinie beantwortet uns diese Fragen nicht nur für unser ganzes Leben, sondern auch für jede einzelne Aktion, die wir unternehmen.
Die Kopflinie steht gleichzeitig aber auch für den physischen Kopf, für unser Gehirn. Und im übertragenen Sinn für unsere Fähigkeit, uns zu sammeln, zu konzentrieren und zu motivieren. Sie zeigt Verstand, Durchsetzungswillen, innere Klarheit und Stabilität. Weil sie im Mars-Bereich liegt, ist sie die aktivste Linie der Hand, und vielleicht auch die »Bewußteste«: Sie steht für unsere »Persona«, das Gesicht, das wir nach außen der Gesellschaft zeigen, und mit dem wir uns meistens auch mehr oder weniger identifizieren.

Die Kopflinie steht für unsere Macht und unsere Kontrolle über die Realität und über die Dinge, die sich uns in den Weg stellen.

Der Anfang der Kopflinie

Die Kopflinie beginnt idealerweise am gleichen Punkt wie die Lebenslinie, am sogenannten Ich-Punkt. Das ist darum ein idealer Anfang, weil dies die Persönlichkeit mit dem Unten, mit dem Boden verbindet. Ihr Wollen ist nicht losgelöst, sondern nimmt Rücksicht auf die Realität. Selbstverständlich sollte aber diese »Bodenständigkeit« nicht zu weit gehen: Idealerweise sind daher die beiden Linien nur ein paar Millimeter weit miteinander verbunden, höchstens bis zur Mitte des Jupiterfingers. Bild 61.

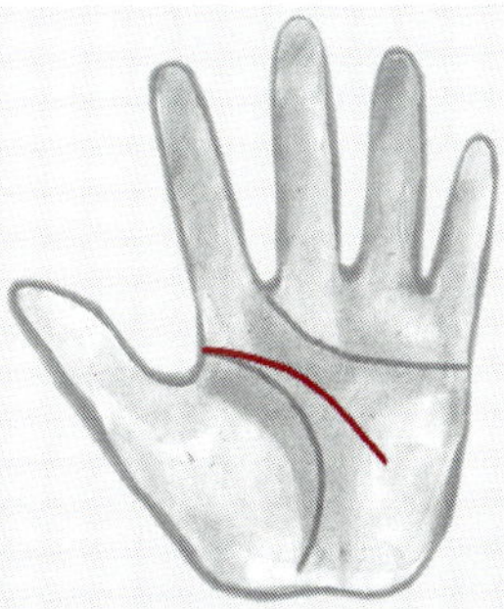

61

Abweichungen

◆ Die Linien sind über die Mitte des Jupiterfingers hinaus miteinander verbunden: Die Person ist zurückhaltend bis scheu, läßt sich nicht leicht aus dem Busch locken, oft gehört sie entwicklungsmäßig eher zu den Spätzündern. Bild 62.

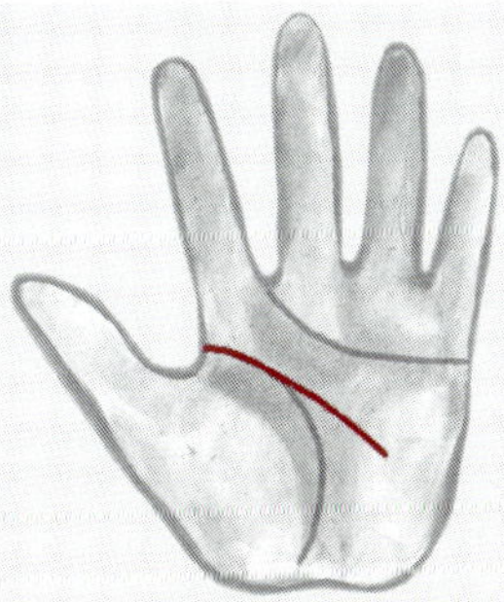

62

◆ Kopf- und Lebenslinie sind nicht miteinander verbunden. Dies ergibt je nach Abstand ein schnelleres bis unbedachtes Temperament.

Ein kleiner Abstand macht schnell und selbstsicher. Das ist durchaus positiv zu werten. Bild 63, A.

Ein großer Abstand macht allzu schnell und allzu selbstsicher. Menschen mit diesem Merkmal stürzen sich in Unternehmungen, ohne genügend nachzudenken und bezahlen öfters teuer dafür. Ihr Enthusiasmus kann allerdings mitreißend und charmant wirken. Es sei denn, daß sie sich in etwas Unangenehmes verbohren, dann sind sie manchmal richtige Nervensägen. Empfehlen Sie Personen mit großem Abstand, jede ihrer Entscheidungen zu überschlafen. Bild 63, B.

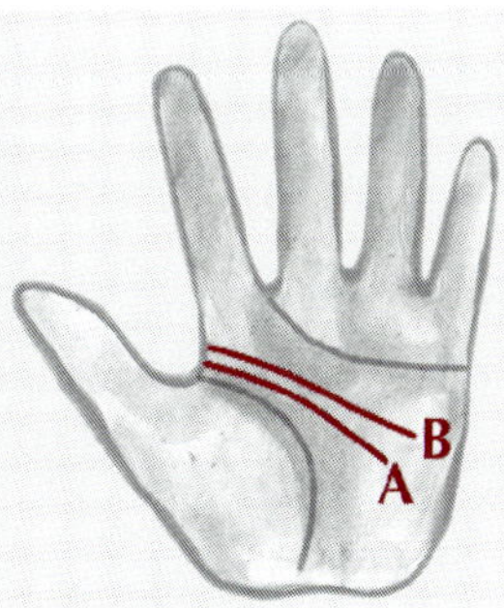

63

◆ Ein verspäteter oder unklarer Anfang der Kopflinie deutet auf eine schwierige und unklare Situation in der Kindheit hin. Das Individuum hatte Mühe, sich und seinen Weg zu finden. Bild 64.

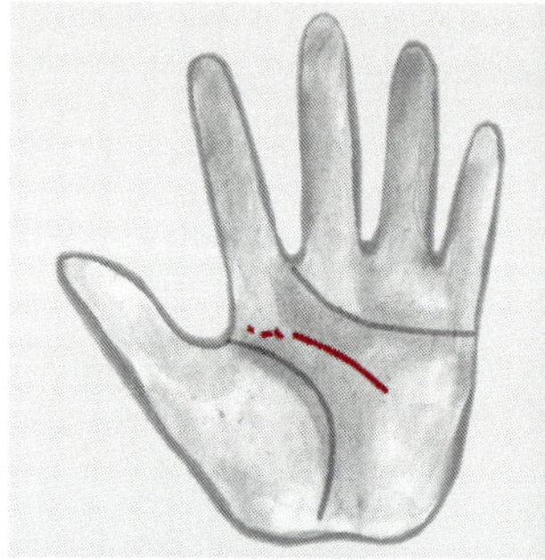

64

Der Verlauf der Kopflinie

◆ Die gerade Kopflinie gehört zu realitätsbezogenen, nüchternen Menschen. Sie sind klar, korrekt und jeder Sentimentalität abhold. Bild 65.

◆ Die gebogene Kopflinie zeigt ein verbindlicheres, umgänglicheres Temperament. Sie neigt sich in Richtung Mond und nimmt damit die Bilder und Phantasien des Mondes in sich auf. Kreativität und künstlerisches Verständnis können vorausgesetzt werden. Bild 66.

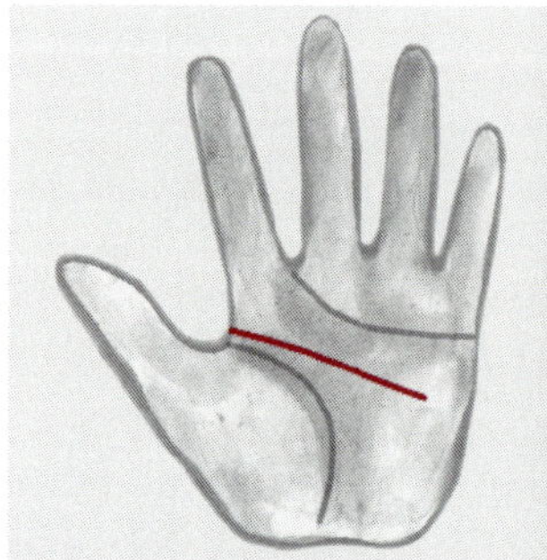

65

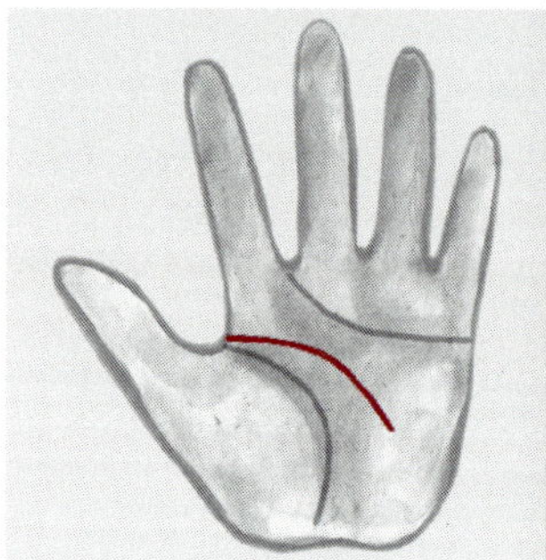

66

Abweichungen

◆ Der Bogen der Kopflinie sinkt weit hinunter bis tief in den Mond und verläßt so die Norm: Die Mondkräfte wirken übermäßig stark, die Person wird launisch, versinkt in die Phantasie, verliert den Bezug zur Realität. Natürlich gewinnt sie so an Kreativität, aber es braucht doch sehr viel Energie, um mit dieser schwierigen Veranlagung fertig zu werden. Bild 67, A.

◆ Die Kopflinie steigt auf in Richtung Merkur und verläßt damit die Norm: Die Person versucht mit allen, auch eher unerfreulichen Mitteln (z.B. Intrige), Kontrolle über die Realität zu gewinnen. Bild 67, B.

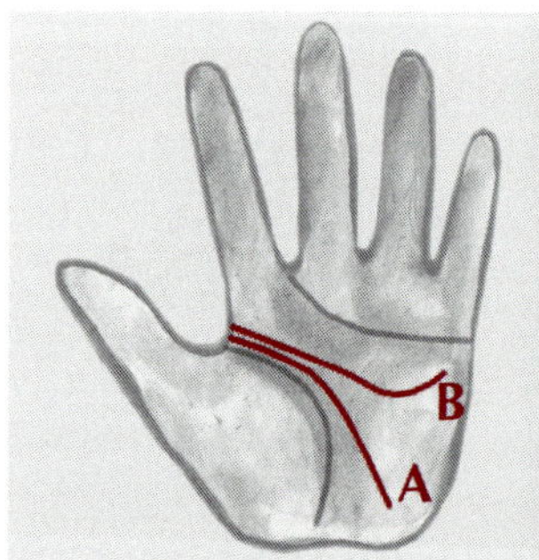

67

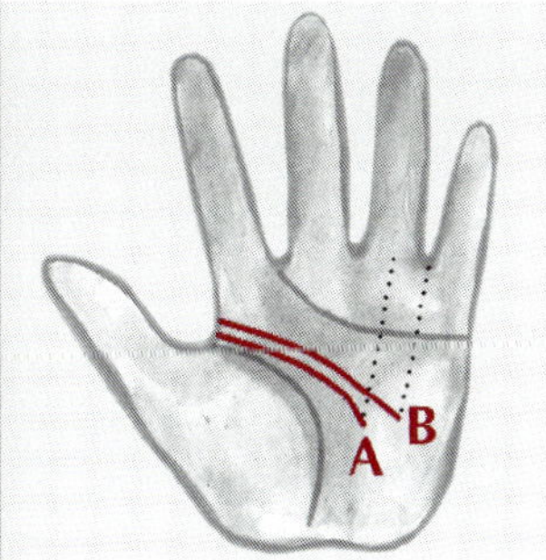

68

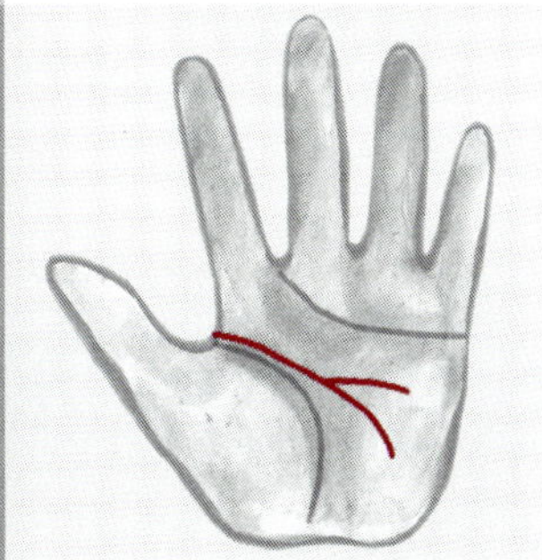

69

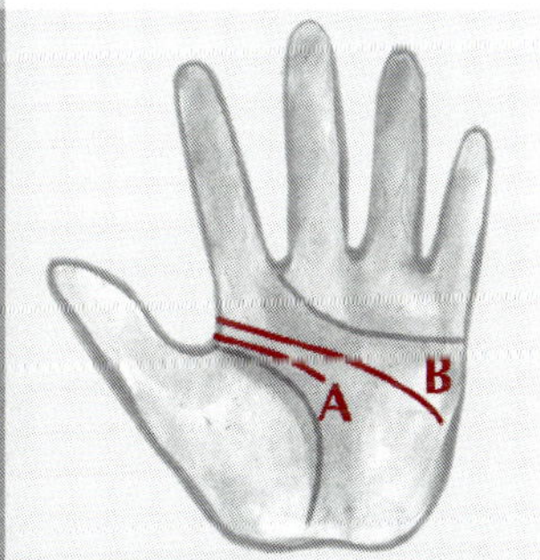

70

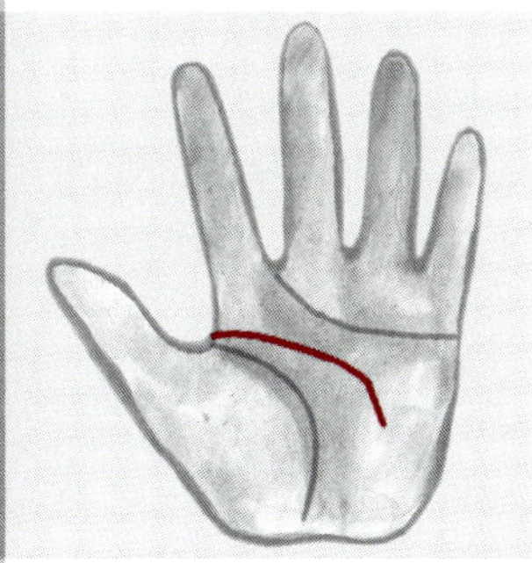

71

Das Ende der Kopflinie

Weil wir Köpfchen brauchen, sollte die Kopflinie bis zur Mitte des Sonnenfingers reichen (A), sie darf aber auch länger sein, bis zum Zwischenraum von Ring- und kleinem Finger (B). Keinesfalls sollte die Linie aber über die Mitte des Merkurfingers hinauslaufen. Dies wäre eindeutig des Guten zu viel! Bild 68.

◆ Eine gegabelte Kopflinie vereint in sich die Eigenschaften der geraden/nüchternen und der gebogenen/kreativen Linie. Dies ist selbstverständlich eine willkommene Erweiterung der Möglichkeiten. (Allerdings bleibt die Gabel mit Merkur-Einschlag leicht verdächtig.) Bild 69.

Achtung: Eine kleine Gabel am Ende der Kopflinie nennt sich »Schriftstellergabel«. Menschen, die sie haben, schreiben gern und gut, manchmal allerdings nur Briefe oder Tagebücher.

Abweichungen

◆ Die Kopflinie ist kurz bis sehr kurz. Die analytischen Fähigkeiten einer solchen Person sind zu wenig ausgeprägt. Sie funktioniert mehr aus dem Bauch heraus als vom Kopf her. (Wenn der Bauch, das heißt, die Intuition, gut funktioniert, kann ein solcher Mensch aber durchaus ein erfolgreiches Leben führen.) Bild 70, A.

◆ Die Kopflinie geht bis zum Handrand: Das Individuum überschreitet seine Grenzen und neigt dazu, den Mitmenschen all zu sehr auf den Pelz zu rücken. Solche Leute können es nicht ausstehen, wenn es nicht nach ihrem Kopf geht – auch wenn sie manchmal ihren Machtanspruch gut kaschieren. Bild 70, B.

◆ Die Linie knickt an ihrem Ende nach unten: Dies deutet auf eine depressive Veranlagung. Unter Depression verstehen wir hier ein Absinken der Energie, die es unmöglich macht, aktiv weiter zu leben wie bisher. Bild 71.

Datieren auf der Kopflinie

Auf allen Hauptlinien lassen sich Ereignisse ablesen und datieren. Dabei möchte ich Sie noch einmal daran erinnern, daß sich Handlinien verändern und daß diese Aussagen darum immer mit Vorsicht zu genießen sind.
Sie erkennen Ereignisse an einem Bruch, einem Buckel oder einem Punkt in der Linie oder an Durchschneidungen und Überkreuzungen der Hauptlinie durch kleine Nebenlinien. Inseln deuten auf längere Perioden von Schwierigkeiten hin. Aber Achtung: Es gibt die großen Kreuzungspunkte, an denen sich die verschiedenen Hauptlinien gezwungenermaßen überschneiden. Diese Kreuzungen gehören zur Grundordnung der Hand und werden bei der Datierung normalerweise nicht berücksichtigt. Ausnahmen sind allerdings Fälle, wo die untersuchte Linie durch die kreuzende Linie gleichsam angegriffen oder sogar zerstört wird. In der Regel datieren wir also nur anhand der vielen kleinen, unabhängigen Linien, die aus dem Nichts kommen und die Hauptlinie durchschneiden.

Dabei gilt für die Kopflinie die folgende Regel:

Am Ich-Punkt ist der Punkt Null, die Geburt. Eine Senkrechte, vom Zeigefinger hinunter auf die Kopflinie gezogen, zeigt das zehnte Lebensjahr an. Zwischen Zeige- und Mittelfinger liegt der Punkt für das zwanzigste Altersjahr. Und so geht es weiter. Eine halbe Fingerbreite steht immer für 10 Jahre. Bild 72.
Ereignisse, die wir auf der Kopflinie datieren können, stehen in Zusammenhang mit Durchsetzung in Beruf und Karriere, mit Erlebnissen, die sich auf jeden Fall in der Außenwelt sichtbar spiegeln.

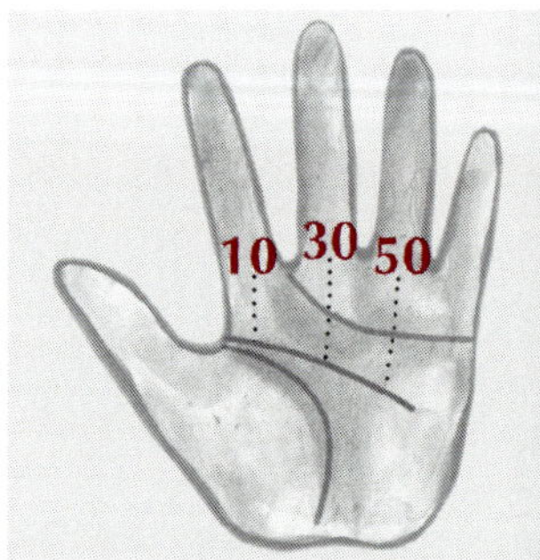

72

Sie werden feststellen, daß sich die Kopflinie bis ungefähr zum siebzigsten Altersjahr untersuchen läßt. Das ist frustrierend für ältere Menschen, die ihre Hände auch gerne analysieren möchten. In Bezug auf Ereignisdatierung müssen wir da allerdings passen. Vielleicht steckt dahinter auch eine höhere Weisheit. Eigentlich müßte man nämlich annehmen, daß sich ein älterer Mensch zur Genüge selber kennt und niemanden mehr braucht, der ihm erklärt, wer er ist.

Ein Party-Tip zum Spielen

Der Anfang der Kopflinie sagt viel über das Temperament einer Persönlichkeit aus. Wie geht sie auf Menschen zu, wie packt sie die Dinge an? Weil dies psychologisch ein eher unverfängliches Feld ist, können Sie damit herumspielen, ohne Schaden anzurichten. (Aber ich bin sicher, wenn Ihre Kopf- und Lebenslinie verschmolzen sind, haben Sie keine Lust dazu.)

Fassen wir zusammen:
Die drei Hauptlinien sind Wege oder Straßen, die durch das Leben führen. Jede zeigt dabei einen bestimmten Aspekt des Lebens. Die Kopflinie ist der Weg, der hinaus in die Welt führt. Auf ihr werden Hindernisse und Widerstände sichtbar, die durch die Auseinandersetzung mit der Welt entstehen. Als Marslinie gibt sie Hinweise auf unsere Energie und ob wir diese ungestört zum Fließen bringen. Eine unklar gezeichnete Kopflinie bedeutet darum immer Schwächung, während Klarheit auf Erfolg und Durchsetzungsfähigkeit deutet.

Nun steigen wir in die Praxis ein. Einmal mehr gilt: Zum Handlesen gehört die Lupe. Nur so sehen Sie die Feinheiten und erleben den Fluß der Linien. Für dieses Buch mußten die Handabdrücke leider aus Platzgründen auf ungefähr die Hälfte verkleinert werden.

HÄNDE UNTER DER LUPE

Noch eine allgemeine Anmerkung zu den Handabdrücken im Buch:
Aus didaktischen Gründen zeige ich sämtliche Hände mit dem Daumen nach links, so als ob es sich durchwegs um Abdrücke von rechten Händen handeln würde. Dies ist eine Fälschung, denn die abgebildeten Abdrücke stammen sowohl von rechten als auch von linken Händen. Da es aber vorläufig nicht um die Analyse von Personen geht, sondern um die Demonstration von chirologischen Zeichen, spielt dieser Austausch keine Rolle. Meistens ist es übrigens so, daß die rechten Hände klarer und sauberer gezeichnet sind als die linken. Viele Störungen, die auf Schwierigkeiten hindeuten, zeigen sich darum fast ausschließlich in linken Händen. Und noch etwas:
Falls Sie sich im folgenden bei gewissen Handabdrücken entsetzen und für die betroffene Person das Schlimmste befürchten, so können Sie sich jeweils damit trösten, daß sich das störende Detail in der passiven linken Hand befindet, und daß vielleicht die Zeichen der rechten Hand die schwierige Situation korrigieren. Tatsächlich ist es ein Anfängerfehler, über »schlecht« gezeichnete Hände zu erschrecken. Die Erfahrung zeigt: Auch mit schlimmen Händen läßt sich trefflich leben. Die Natur ist großzügiger mit Abweichlern als wir Menschen.

Harmonie ist schön und gut, aber sie kann auch ein wenig langweilig sein. Ein bißchen Konflikt belebt und macht das Leben aufregend und bunt. Erschrecken Sie darum nicht über fehlerhafte Linien und Störungen in den Händen. Probleme sind immer auch Werkzeuge, nicht nur Behinderungen.

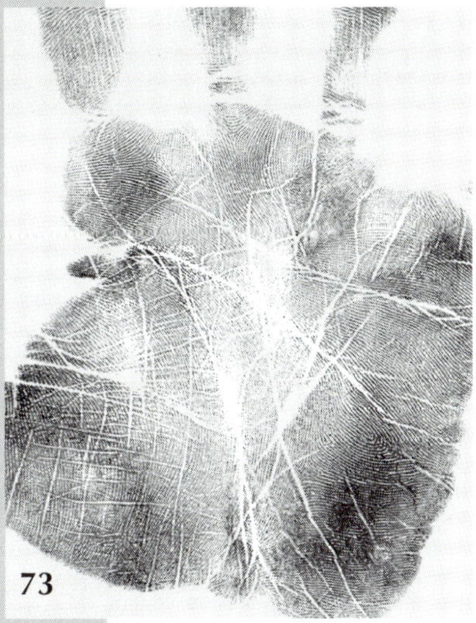

73

Sauber, gebogen

Die starke, deutlich gezeichnete Kopflinie verläuft in leichtem Bogen durch den Mars-Bereich und endet oberhalb des Mondes. Die Person hat klare Ideen, von denen sie sich nicht ablenken läßt. Sie bringt diese aber verbindlich und diplomatisch vor. Diese Linie läßt Erfolg im Leben, aber auch in einzelnen Aktionen vermuten. Allerdings ist ihr Anfang nicht optimal gezeichnet. Dies deutet auf Schwierigkeiten in der Jugend hin, es dürfte es diesem Menschen aber auch erschweren, Arbeiten in Angriff zu nehmen. Erst wenn alles aufs Geleise gesetzt ist, wirkt die Kraft dieser Person. Daß aber in ihrem Leben nicht alles reibungslos verläuft, zeigen die kleinen Störungen (ein winziger Bruch im Alter von ca. 20 Jahren sowie mehrere zarte Überkreuzungen, die vor allem zwischen 40 und 50 für Unruhe sorgen). Am Ende der Linie deutet sich eine kleine Insel an, was auf Frustration am Ende des Lebens hindeutet. Bild 73.

74

Sauber, gerade

Eine Linie, die wie ein Pfeil von der Ich-Seite zur Du Seite schießt: Diese Person fackelt nicht lange, sondern sagt klar und deutlich, was Sache ist. Ihre Energie ist marsisch: heftig, klar und ungebremst. Sie wird ohne Umwege durchziehen, was sie sich vornimmt. Allerdings gibt es auch hier Belastungen in der Kindheit (schwieriger Anfang), doch diese Hand kompensiert diese durch forsches Vorgehen. Beachten Sie die Spitze am Linienende: Die Person sticht gerne ein bißchen zu, zumindest mit Worten. Mit ca. 25 zeigt eine Durchschneidung ein dramatisches Geschehen, kleine Punkte und sonstige Unklarheiten lassen bis weit nach 30 auf innere Unruhe schließen. Dann wird die Linie aber immer klarer und sauberer: Ein erfolgreiches Leben darf vermutet werden. Bild 74.

Langes Zusammengehen mit der Lebenslinie

Die Berührung mit der Lebenslinie erdet die Kopflinie, bindet sie an und deutet auf Vernunft und Bedächtigkeit. Wenn die Linien aber so lange verbunden sind wie in dieser Hand, dann wird die Person zu langsam und zu zögerlich: scheu, zurückgezogen und gehemmt. Solche Personen sind Spätzünder in ihrer Entwicklung, zögern lebenslang auch in Einzelaktionen, wenn es darum geht, etwas anzupacken. Hier allerdings steigt ein Ast weit in den Jupiterberg hinauf: Dieser Mensch ist ehrgeizig, er will aus seiner Zurückhaltung und Hemmung heraus. Dies wird ihm ab Mitte 20 auch gelingen, allerdings nach etlichen Kämpfen und Schwierigkeiten, die sich in leichterer Form bis gegen 40 erstrecken. Auch danach deuten mehrere Überquerungen auf einschneidende Ereignisse. Bild 75.

75

Großer Abstand zur Lebenslinie

Diese Person ist selbstsicher und schnell. Sie springt ohne Zögern in Gefühle und Ereignisse. Leider handelt sie fast immer, bevor sie denkt. Das ist nicht unproblematisch! Genau so schnell wie in Entscheidungen springt sie in Begeisterung oder in Ablehnung. Und immer braucht es seine Zeit, bis sie merkt, daß sie vielleicht zu weit gegangen ist. Der große Abstand macht übermäßig schnell und spontan. Der Rat, Entscheidungen zu überschlafen, ist bei diesen Menschen immer richtig. Die klare Zeichnung der Linie sagt uns aber, daß diese Person trotz ihrer Unbedachtheit gut im Leben zurechtkommen wird. Der schöne und starke Schwung in den Mond-Bereich zeigt Phantasie und Kreativität. Bild 76.

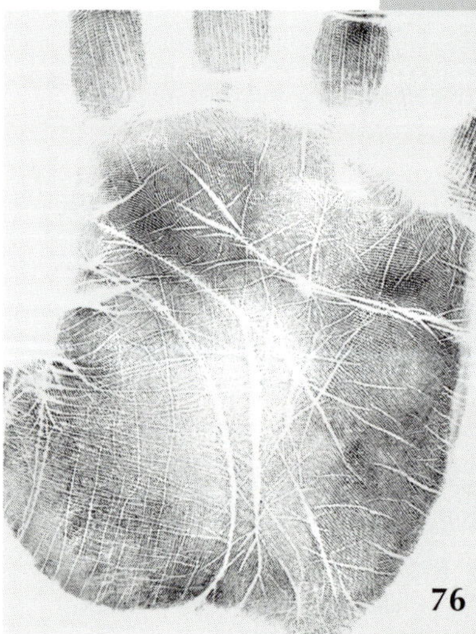
76

Schwieriger Anfang

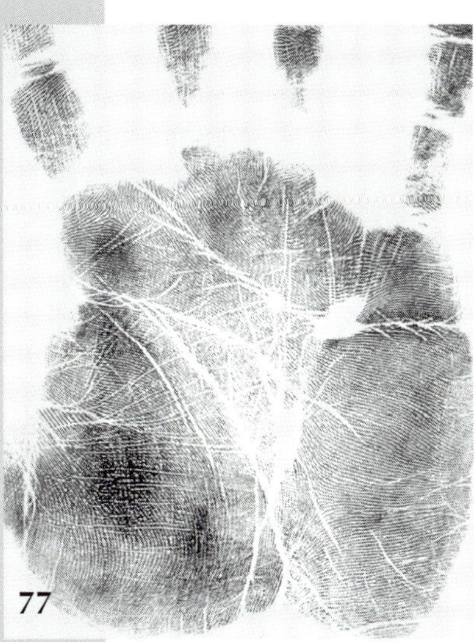
77

Ein Geflecht von Inseln deutet auf eine schwierige Kindheit. Ein junges Wesen sucht nach seiner Form und seinem Platz in der Welt und kann, durch Umstände gehindert, weder das eine noch das andere finden. Es ist verunsichert, versteht nicht, was man von ihm will, weiß nicht, wer es ist. In diesem Fall zeigt sich die Verunsicherung in Form von Frustration. Inseln sind immer der Hinweis auf stockende Energie, feststecken und sich gefangen fühlen. Erst mit ungefähr zwanzig fängt sich diese Person auf, aber die Punkte in der Linie zeigen, daß sie sich auch später noch behindert und eingeschränkt fühlt. Ab ungefähr 40 klärt sich die Linie, aber ein Absacken nach 50 deutet auf einen neuerlichen Energieverlust. Übrigens ist ein Mensch mit schlängelndem Linienverlauf, mit Auf und Ab, weniger zuverlässig und damit weniger erfolgreich als einer mit klar gezeichneter Linie. Bild 77.

Kein Anfang

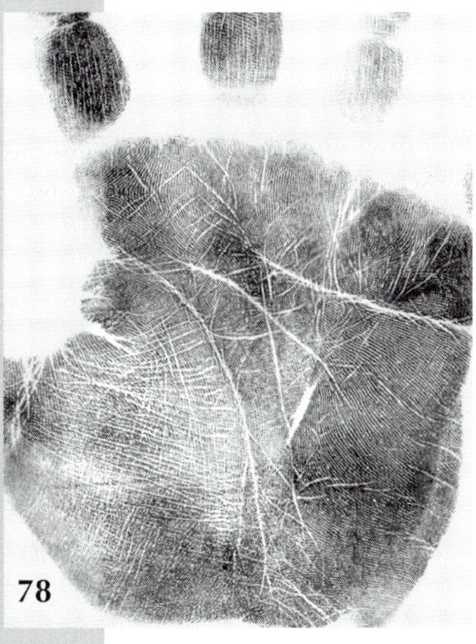
78

Wenn die Kopflinie nicht am Ich-Punkt beginnt, ist die Verunsicherung des Kindes enorm. Es weiß überhaupt nicht, was es soll und was man von ihm erwartet. Diese Linienform zeigt sich in den Händen von mißhandelten Kindern, aber auch in denen von Kindern, die stark verwöhnt worden sind. Es geht ja in dieser Phase darum, sich selber spüren zu lernen, seine Form zu finden. Zu viel Ablenkung vom eigenen Empfinden ist dabei genau so schädlich wie Streß durch Aggression. Daß der Anfang der Kopflinie auch in der Hand des Erwachsenen fehlt, zeigt, daß immer noch eine unterschwellige Verunsicherung in Bezug auf einen selbst herrscht: Wer bin ich? Wer darf ich überhaupt sein? Diese Fragen stellen sich unterschwellig immer wieder. Falls die schwierige Kindheit nämlich verarbeitet und überwunden wäre, würde sich die Linie zum Ich-Punkt hin verlängern und schließen. Bild 78.

Lange Linie

Eine dicke Linie geht quer durch die ganze Hand bis an den Handrand. Dies ist kein Weg in die Welt, sondern eine Autobahn. Die Person rast ohne Rücksicht drauflos. Sie wirkt auf andere erdrückend und repressiv. Daß die Linie am Anfang nicht verbunden ist (Schnelligkeit, Spontaneität), deutet zudem auf Unbedachtheit in der Zielsetzung. Auch die andern Linien sind enorm stark und dick, was Heftigkeit, Vitalität und überschüssige Energie in jeder Beziehung vermuten läßt. Es handelt sich hier um einen eher ungemütlichen Menschen, um so mehr, als auch die Herzlinie heftig und nicht gerade freundlich wirkt. Bild 79.

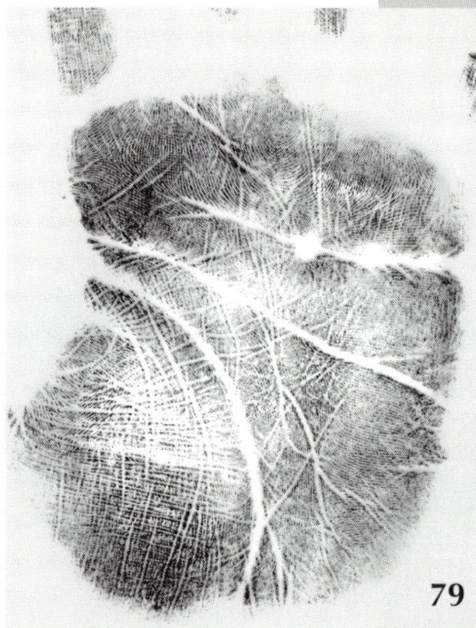

79

Kurze Linie

Eine an sich kräftige Linie, die ganz knapp den Sonnenfinger erreicht, an Kraft verliert und sich mit einem feinen Strich nach oben, gegen Merkur wendet. Man startet mit Kraft und Geschwindigkeit, hält aber nicht sehr lange durch. Dinge werden mit Enthusiasmus in Angriff genommen, doch die Energie sackt in sich zusammen und was dann übrig bleibt, ist der Versuch, im Versteckten mit Manipulation zum Ziel zu kommen (Merkur). Der große Abstand am Beginn bringt Selbstsicherheit und Geschwindigkeit, aber eben auch Unbedachtsamkeit. Eine feine Linie gegen Jupiter deutet auf Ehrgeiz. Durchkreuzende Linien im Alter zwischen 30 und 40 könnten ein Hinweis darauf sein, daß es Ereignisse sind, die einen am Vorwärtskommen durch eigene Kraft hindern. Eine oberhalb liegende Hilfslinie, die nach unten auf die Kopflinie fällt (Pfeil), bildet einen gewissen Ausgleich zur verkürzten Linie. Bild 80.

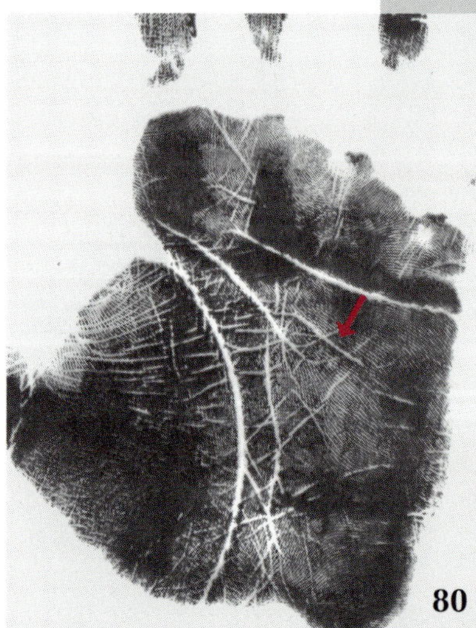

80

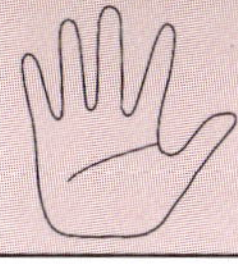

Bruch

Eine kräftige Linie mit großem Abstand weist im Bereich von 30 einen Bruch auf. Der große Abstand der gebrochenen Linie zeigt, daß die Person eine bedeutende Umstellung im Leben hat durchmachen müssen. Daß der erste Teil der Linie in die Herzlinie fließt, zeigt, daß es sich um ein emotional belastendes Ereignis handeln muß. Der Bruch ist aber überlappend: Das Ereignis wird gut überstanden, der zweite Teil der Linie zeigt keinen Kraftverlust. Daß die Linie sehr gerade ist und mit einem großen Abstand von der Lebenslinie startet, könnte vermuten lassen, daß dieser Mensch unter anderem auch an seiner eigenen Unbedachtsamkeit und seiner mangelnden Flexibilität zerbrochen ist. Interessant sind die kleinen Gabeln am Anfang und am Ende der Linie: Am Anfang heißt es, daß die Energie sowohl aus dem Körper als auch aus dem Selbstbewußtsein gewonnen wird, am Ende deutet der Schwung gegen Merkur auf den Versuch, die Dinge unter Kontrolle zu bekommen. Diese kleine Gabel gilt auch als Hinweis auf schriftstellerisches Talent. Bild 81.

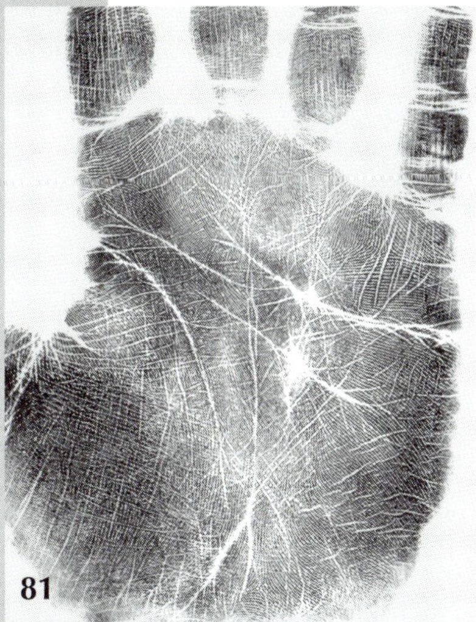

81

Insel

Inseln in der Kopflinie sind schwer zu deuten. Henri Mangin (→ *Literaturhinweise*) sagt, daß solche sowohl auf Genie als auch auf Verrücktheit hindeuten können. Oft steht eine Insel auch in Zusammenhang mit Kopfverletzungen, Ohnmachtszuständen oder Gehörschäden. Im zeitlichen Ablauf des Lebens stehen die Inseln für Zeiten der Frustration, der Hemmung, des Gefühls, gefangen zu sein und nicht vorwärts zu kommen. In dieser Hand könnte man auf drei schwierige Perioden schließen: jeweils ungefähr von 22 – 25, 27 – 32 und 32 – 45. Der Knick nach der dritten Insel zeigt, daß eine depressive Veranlagung vorliegt, was nach all den Frustrationen ja auch nicht verwunderlich ist: Die Energie sackt ab. Bild 82.

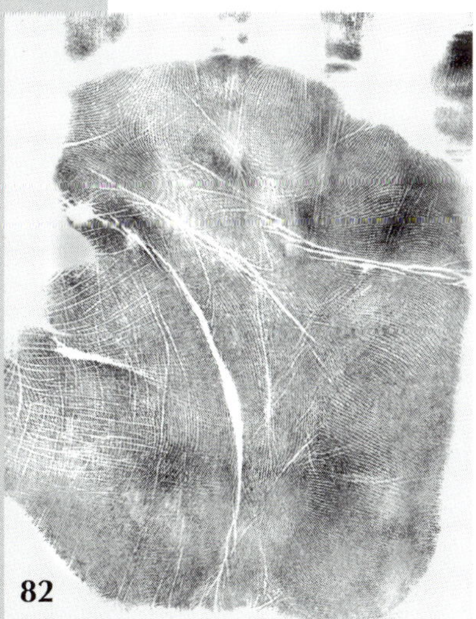

82

In Stücken und geknickt

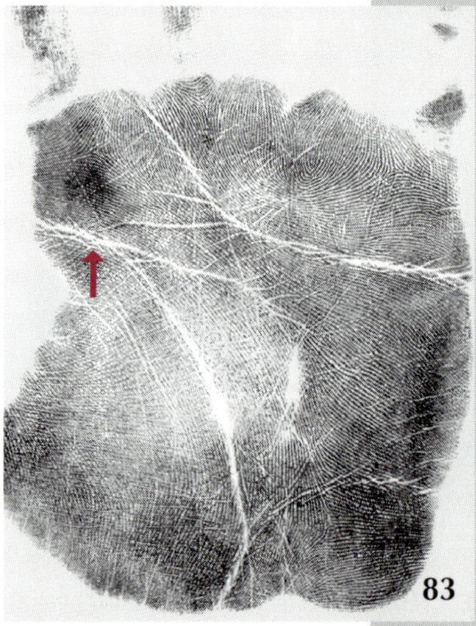

83

Diese Person hat das Glück nicht auf ihrer Seite. Die Linie beginnt stark, bricht aber gleich wieder ab. Das zweite Stück entspringt unterhalb der Lebenslinie. Dies gibt ihr Marskraft und deutet normalerweise auf Jähzorn (Pfeil). Hier allerdings ist dieser nicht besonders zu fürchten, weil er gar nicht stark sein kann. Die Linie bricht ja gleich wieder ab. Aber auch das dritte Stück schickt eine dünne Verbindungslinie in den Mars-Bereich. Immer wieder rappelt sich die Person aus Wut zusammen und unternimmt einen weiteren Versuch voranzukommen. Und immer wieder versanden ihre Energien. Sisyphusarbeit. Leider folgerichtig buckelt die Kopflinie nach oben und knickt nach unten: Starke emotionale Reaktionen und Depression zeigen sich. Sie werden verstärkt durch Durchschneidungen, die wahrscheinlich unerfreuliche Ereignisse andeuten und durch eine Insel am Ende der Linie. Bild 83.

Absturz in Mond

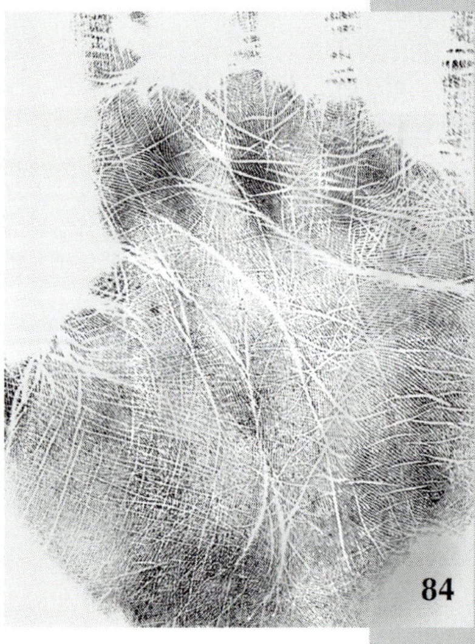

84

Die Linie beginnt entfernt vom Handrand, was auf eine frühe Verunsicherung hindeutet, die allerdings den Ehrgeiz auslöst, sich durchzusetzen (Ast in Jupiter). Der große Abstand zur Lebenslinie deutet gleichzeitig auf Unbedachtsamkeit, die aus übergroßer Spontaneität zustande kommt. Im Saturn-Bereich zieht es dann die Kopflinie tief hinunter in den Mond: Phantasie und Realität vermischen sich. Eine fast gleichzeitig liegende Störung auf der Lebenslinie läßt vermuten, daß sich daraus Schwierigkeiten ergeben, die physische Auswirkungen haben. Ein kleiner Seitenast, der die Linie gegen den Mars-Bereich verlängert, zeigt den tapferen Versuch, sich in der Realität zurechtzufinden. Aber dies dürfte dieser Person nicht leicht fallen. Bild 84.

Was haben wir Neues gelernt?

Die Kopflinie geht durch den ganzen Mars-Bereich und steht für die Auseinandersetzung mit dem Du, das heißt mit Mitmenschen, Berufswelt und der äußeren Realität. Bereits ihr Anfang gibt Auskunft über unsere Dynamik, ob wir leicht oder langsam in neue Unternehmungen starten. Störungen in der Linienzeichnung deuten auf verschiedene Arten von Schwierigkeiten, die unser Leben noch immer prägen. Durch das Datieren können wir feststellen, wann diese Probleme aufgetreten sind, und herausfinden, welche Ereignisse es waren, die sich so störend ausgewirkt hatten. Indem wir die vorliegende Hand mit der Idealhand vergleichen, können wir feststellen, auf welche Weise die Schwierigkeiten angegangen werden könnten, indem zum Beispiel ein Mensch mit gebrochener Linie sich um mehr Klarheit bemüht, ein Mensch mit fallender Linie seine Depression versteht, ein Mensch mit zu langer Linie versteht, warum er immer wieder aneckt.

UND NUN ZU IHREN HÄNDEN

Legen Sie die Abdrücke Ihrer Hände vor sich hin. Nehmen Sie jetzt ein Blatt Papier und schreiben Sie bitte Punkt für Punkt auf, was Sie beobachten und was Ihnen zum Geschehen einfällt.

Bestandsaufnahme

◆ Ist die Kopflinie gerade oder gebogen? 1
◆ Fängt sie klar an? 2
◆ Geht sie mit der Lebenslinie zusammen? Wenn ja, wie 3
weit? Weiter als bis zur Mitte des Zeigefingers?
◆ Wie lang ist die Linie? 4
◆ Ist sie klar? Gestückelt? Dick? Dünn? Unklar? Stark? 5
◆ Gibt es Inseln, Überschneidungen, andere Störungen? 6
Versuchen Sie diese zu datieren.
◆ Endet sie spitz? 7
◆ Endet sie in einer Gabel? 8
◆ Wenn sie eine Straße wäre, wie würden Sie auf ihr ins 9
Leben gehen?

Deutung

Und jetzt nehmen Sie ein zweites Blatt Papier und deuten jeden einzelnen Punkt.

◆ Wenn sie gerade ist, sind Sie ein nüchterner und direk- 1
ter Mensch, wenn sie im Schwung nach unten geht, haben Sie Phantasie und sind diplomatisch.

◆ Falls ja, dann haben Sie Glück gehabt: Sie sind in Ihrer 2
Jugend gestützt worden und verfügen über eine gute Ausgangslage. Falls nein, dann gehören Sie zu den vielen Menschen, die sich zumindest unterschwellig noch immer mit Problemen aus ihrer Kindheit beschäftigen müssen. Jetzt haben Sie die Chance, diese anzugehen.

3 ◆ Wenn Ihre Kopflinie länger als bis zur Mitte des Zeigefingers mit der Lebenslinie verbunden ist, sind Sie wahrscheinlich eher zurückhaltend. Es macht Ihnen Mühe, auf andere zuzugehen. Falls Ihre Linie nicht verbunden ist, sind Sie spontan und – je nach Abstand – unbekümmert. Überschlafen Sie wichtige Entscheidungen!

4 ◆ Wenn Ihre Linie weiter als bis zur Mitte des Ringfingers geht, dürfen Sie sich einer guten Intelligenz rühmen. Wenn sie bis an den Handrand geht, wäre es gut, sich größerer Toleranz und Nachsicht zu befleißigen.

5 ◆ Lassen Sie die Linie auf sich wirken. So wie sie über die Hand geht, so gehen Sie durchs Leben. So stehen Sie aber auch Aktionen und Projekte durch. Vielleicht mit Auf und Ab, vielleicht mit Unterbrechungen, vielleicht mit mehr Emotionalität als Nüchternheit. Trösten Sie sich, perfekte Linien sind selten!

6 ◆ Mit der Datierungsregel können Sie feststellen, welche Ereignisse Ihres Lebens sich in Ihren Händen eingegraben haben. Auch wenn Sie im nachhinein denken, jene Geschichte von anno dazumal sei gar nicht so wichtig gewesen, so sagt Ihre Hand doch, daß etwas daran Sie noch heute auf eine bestimmte Art und Weise beschäftigt.

7 ◆ Mit spitzer Linie, müssen Sie sich nicht wundern, wenn Sie gelegentlich Anstoß erregen. Nicht alle Leute ertragen es, wenn man sie piekst.

8 ◆ Eine Gabel macht Sie vielseitig und mehrfach begabt. Wenn es eine kleine Schriftstellergabel ist, Sie aber sicher sind, daß Sie überhaupt nicht schreiben können: Ist es nicht so, daß Sie es gar nicht probieren, weil Sie es so gerne können möchten? Jetzt sagt Ihnen die Hand, daß es Zeit ist, anzufangen. Schreiben Sie wieder einmal Briefe. Oder eröffnen Sie ein Tagebuch. (Wußten Sie übrigens, daß es sehr spannend ist, sich selber Briefe zu schreiben?)

9 ◆ Ich habe beim Handlesen die Erfahrung gemacht, daß viele Menschen ihre Kraft unterschätzen. Vielleicht ist Ih-

re Linie kräftiger, als Sie sich fühlen. Vielleicht unterschätzen auch Sie sich. Oder aber, es gibt andere Zeichen in Ihrer Hand, die die Kraft der Kopflinie untergraben. Falls Sie eine ungünstig gezeichnete Kopflinie haben, dann wissen Sie sicher auch ohne Chirologie, daß Sie Probleme haben. Aber aus der Hand können Sie auch lernen, wo Sie diese am besten anpacken können. Vielleicht müßten Sie etwas mehr Konsequenz entwickeln. Oder Ihr Handeln etwas mehr auf Ihre Vernunft abstützen. (Ich habe auch die Erfahrung gemacht, daß sich viele Menschen den Luxus leisten, nicht auf die Eingebungen ihres gesunden Menschenverstands zu achten.)

Nun nehmen Sie bitte ein drittes Blatt und versuchen Sie, Ihr bisheriges Wissen zusammenzufassen. Nun haben Sie die Zeichen in Ihrer Hand, um die folgenden Fragen zu beantworten.

- Fühle ich mich stark?
- Kann ich mich durchsetzen?
- Ziehe ich durch, was ich will?
- Bin ich in meiner Kindheit voll gefördert worden?
- Bin ich umgänglich oder eher schroff?
- Lasse ich mich leicht beeindrucken und entmutigen?
- Bin ich eigensinnig und beharrlich bis stur?
- Wie wirke ich auf andere?
- Bin ich verläßlich?
- Wie kam ich bisher durch die Welt?

In *Schritt 2, Proportionen,* haben Sie ja aus der Teilung Ihrer Hände bereits Schlüsse über sich gezogen. So wissen Sie, ob Sie eher introvertiert oder extrovertiert sind und ob Sie mit Ihrer Dynamik eher dem Praktischen oder dem Abstrakten zuneigen (ob Sie sich besser zum Bauern als zum Buchhalter eignen). Anhand der Dreierteilung wissen Sie

Bravo, nun wissen Sie schon eine ganze Menge über sich. Aber gleich wird es noch mehr!

auch einiges über Ihre Empfindlichkeiten oder besonderen Begabungen. Jetzt gilt es, das Erarbeitete von *Schritt 2* mit dem Wissen über Ihre Kopflinie zu kombinieren. Verstärken sich die verschiedenen Eigenschaften gegenseitig? Oder gibt es Diskrepanzen und innere Spannungen? Am wichtigsten sind immer die Eigenschaften in Ihnen, die sich widersprechen. Beispiel: Sie sind gleichzeitig introvertiert und ehrgeizig. Oder extrovertiert und scheu. Oder: Sie sind praktisch veranlagt und emotional gesteuert. Oder: Sie sind ich-schwach und lieben es gleichzeitig, andere zu pieksen. Solche Eigenschaften passen nicht zusammen und lösen innere Konflikte aus. Falls Sie solche oder ähnliche Widersprüche in sich feststellen, dann haben Sie beim Handlesen nicht versagt, sondern einfach erkannt, daß wir Menschen konfliktbeladene Wesen sind. Konflikte sind es, die Spannung ins Leben bringen und uns auf Trab halten, oftmals mehr, als uns lieb ist. Sie sind also keineswegs allein, wenn Sie sich damit herumschlagen müssen.

Was wissen Sie mehr über sich?

Vielleicht ist das, was Sie herausgefunden haben, gar nicht so neu. Es wäre kein Wunder, schließlich kennen Sie sich schon eine ganze Weile! Aber: Nun können Sie gleichsam objektiv überprüfen, wie es um Ihre Energiereserven und Durchsetzungskraft bestellt ist. Vielleicht verstehen Sie plötzlich besser, warum Sie so sind wie Sie sind. Vielleicht wußten Sie gar nicht, daß Ereignisse der Vergangenheit Sie immer noch belasten oder daß Sie eine depressive Veranlagung haben.

Und noch etwas: Mit dem, was Sie bis hierher erarbeitet haben, können Sie auch über vollständig Unbekannte zahlreiche interessante Aussagen machen. Probieren Sie es! Nehmen Sie die Handabdrücke von irgend jemandem und folgen Sie einfach dem Fragebogen.

Falls Ihnen Ihre Kopflinien nicht gefallen, trösten Sie sich! Jeder hätte gern noch schönere, aber es lebt sich auch gut, mit dem was man hat. Die ideale Hand ist darum ideal, weil sie in der Praxis nicht vorkommt, das dürfen Sie nie vergessen! Seien Sie also höflich und nett mit sich und Ihren Händen.

SCHRITT 4

DIE HERZLINIE – DER WEG VOM ICH ZUM SELBST

Im oberen Bereich der Hand liegt die Herzlinie. Sie beginnt am Handrand und schwingt sich zum Zeigefinger. In ihr sammeln sich die Kräfte von Merkur, Sonne, Saturn und Jupiter: Sie steht für die höheren, geistigen Prinzipien.

DIE HERZLINIE – DER WEG VOM ICH ZUM SELBST

Die Herzlinie zeigt die geistige Seite des Menschen, seine Seele. Wie stellt er sich zu dieser? Und wie zu dem größeren Ganzen, das über ihn hinausgeht? Wie steht es um sein Urvertrauen? Wie liebesfähig und gefühlvoll ist er? Läßt er Emotionen fließen oder kontrolliert er sie? Wie reagiert er gefühlsmäßig auf seine Mitmenschen? Die Herzlinie geht durch das geistige Feld und hat mit Sinn und Gesinnung, mit unserer Mentalität zu tun. Sie zeigt unseren Lebensweg, wie wir gefühlsmäßig erleben und erleiden. So spiegeln sich in dieser Linie Wertvorstellungen, Beziehungen, Liebesgeschichten und emotionale Abstürze. Aber auch das physische Herz und seine Erschütterungen.

Das Kopflinien-Herzlinien-Verhältnis

Das Verhältnis zwischen den beiden Linien ist von größter Wichtigkeit, denn die Herzlinie ist das Gegenstück zur Kopflinie. Während diese für den Weg hinaus in die Welt steht, für die Kraft, mit der wir unsere Anliegen nach außen tragen, ist die Herzlinie der Weg nach innen, der Weg des Herzens. Dieser führt zu unserem innersten Selbst, aber idealerweise auch darüber hinaus zum Du, zu den Menschen, die wir im Herzen tragen. Darum ist die Herzlinie auch die Linie der Beziehungen, der Liebschaften und Gefühle. Sie läßt Schlüsse darüber zu, wie wir mit anderen, mit uns und mit unseren Gefühlen umgehen. Kopflinie und Herzlinie bilden ein Paar, das gleichförmig und harmonisch miteinander schwingen sollte.

Idealerweise ist die Herzlinie gleich geformt und gleich stark wie die Kopflinie: Verstand und Gefühl spielen optimal zusammen. Diese Harmonie verspricht ein gutes Vorankommen im Leben. Unsere westliche Kultur ist allerdings stark zerebral gefärbt. Dies läßt uns vermuten, die Kopflinie sei in den meisten Händen stärker gezeichnet als die Herzlinie. Aber das stimmt nicht! Zu meinem Erstaunen mußte ich feststellen, daß sich sehr viele Menschen stärker auf ihr Gefühl als auf ihren gesunden Menschenverstand verlassen. Sie wursteln sich unvernünftig durchs Leben. Dabei zeigt die Anordnung der beiden Linien klar, daß beides gefragt wäre: Verstand für die Auseinandersetzung mit den Tatsachen, Gefühl für geistige und spirituelle Fragen, zu denen idealerweise auch Liebesbeziehungen gehören.

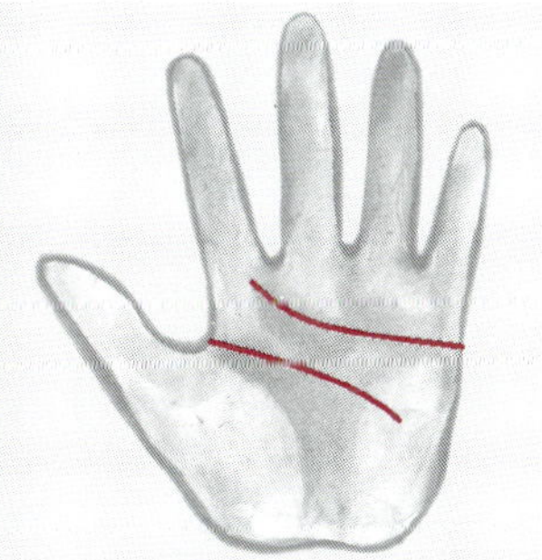

85

◆ Bild 85. Die Form der beiden Linien ist gleich, sie schwingen im Gleichklang als Paar: Gefühl und Verstand funktionieren optimal und ergänzen sich ideal. An den Enden der Linien liegt jeweils eine harmonische Öffnung, die Kräfte der verschiedenen Bereiche können frei ineinanderfließen: Der Mensch ist weit und sich und anderen gegenüber großzügig.

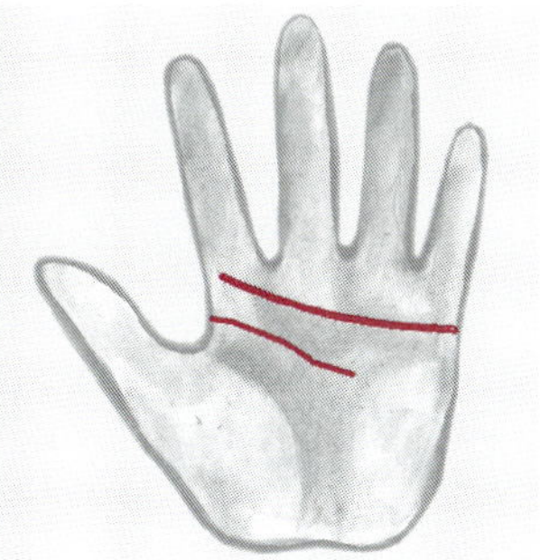

86

Abweichungen

◆ Die Herzlinie ist stärker gezeichnet als die Kopflinie: Der Mensch reagiert hauptsächlich gefühlsmäßig und intuitiv. Er neigt zu unvernünftigem Verhalten. Beziehungen sind sehr wichtig. Bild 86.

◆ Die Kopflinie ist stärker gezeichnet als die Herzlinie: Der Mensch ist kopflastig und reagiert oft kühl und berechnend. Beziehungsfragen treten in den Hintergrund. Das Streben ist nach außen, auf Durchsetzung in der Welt gerichtet. Bild 87.

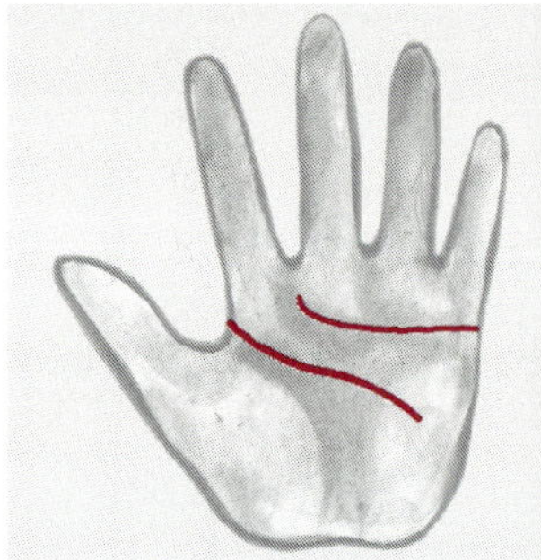

87

◆ Die Form der beiden Linien ist sehr unterschiedlich. Eine ist gerade, die andere gebogen: Herz und Verstand stehen in Konflikt. Eine Funktion bremst die andere. Dies kann zu innerem Hader führen. Das Verhalten ist wechselhaft und schwer nachvollziehbar. Bild 88.

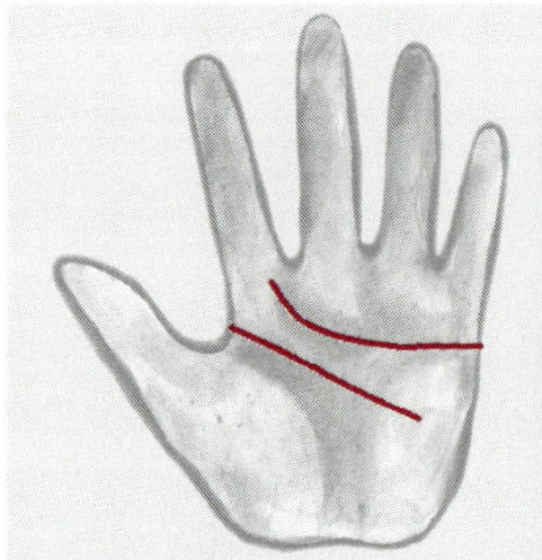

88

◆ Der Abstand zwischen Kopf- und Herzlinie ist sehr klein: Das bedeutet Enge, Ängstlichkeit, Angst. Man wagt es nicht, die Lebenskräfte fließen zu lassen. Bild 89.

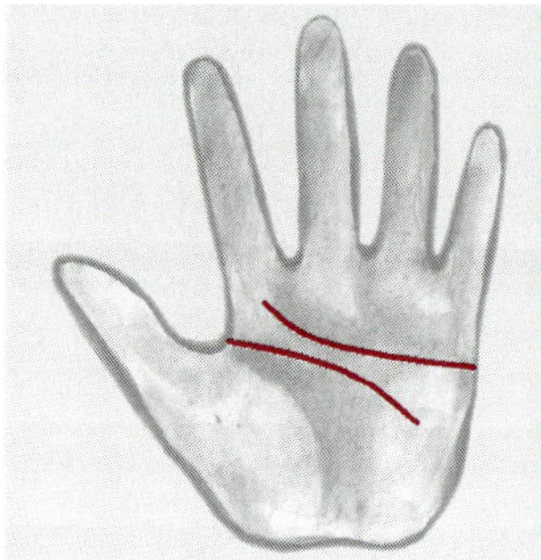

89

◆ Der Abstand zwischen Kopf- und Herzlinie ist sehr groß: Herz und Kopf reagieren unkoordiniert. Die Person reagiert manchmal eiskalt, manchmal sentimental. Und der Außenstehende weiß nie, wann welche Funktion zum Zug kommt. Bild 90.

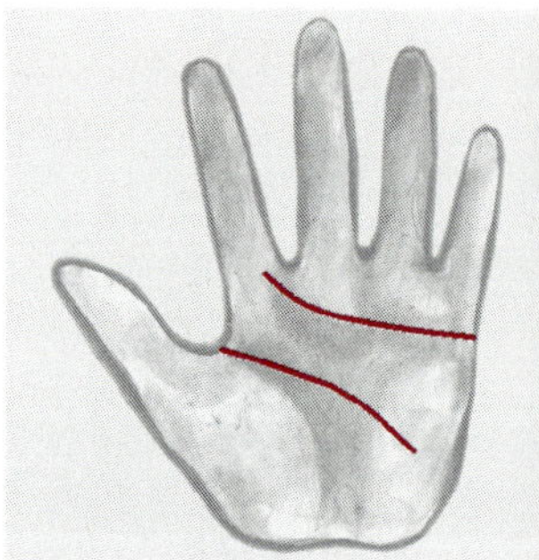

90

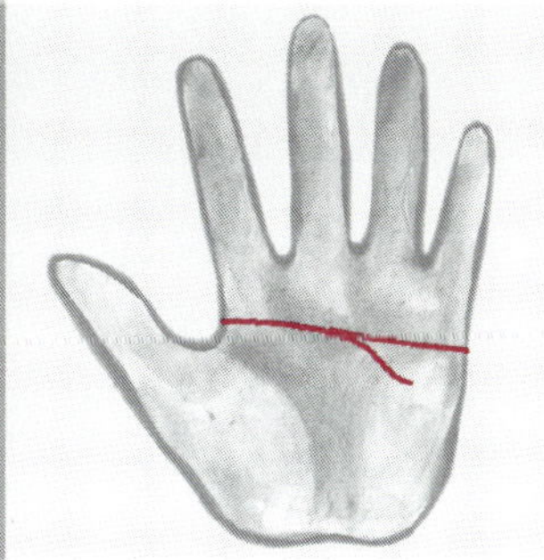

91

◆ Kopf- und Herzlinie verschmelzen ineinander, wobei unter Umständen astartige Überbleibsel der beiden Linien sichtbar bleiben: Kopf und Herz sind nicht getrennt. Die Person vermischt Gefühls- und Vernunftsachen. Sie kann sehr charmant und kreativ sein, ist aber logischen Argumenten nur schlecht zugänglich. Bild 91.

Der Handtisch

Handtisch oder Mensa: Vielleicht haben Sie diesen Ausdruck schon in einem anderen Chirologiebuch angetroffen. Es handelt sich dabei um den Raum, der zwischen Kopf- und Herzlinie liegt und von diesen beiden Linien geformt wird. Auch hier gilt die einfache Regel: Eine symmetrische, harmonische Form zeugt von guten Eigenschaften. Diese ergeben sich aus der Tatsache, daß Gefühl und Kopf gut zusammenarbeiten. Ein unharmonischer Raum entsteht durch verbogene oder verkrümmte Linien und ist durch die ungünstigen Eigenschaften von diesen gezeichnet. Der Handtisch bietet insofern wenig Neues für unsere Analyse, er verdeutlicht jedoch die Aussagen von Kopf- und Herzlinie. Beachten Sie: Schöne, weite Öffnungen am Ende der Linien machen großzügig. Auf der Daumenseite ist man tolerant und großzügig gegen sich selbst, auf der Seite der Handkante gegenüber anderen Menschen.

Studieren Sie die Handabdrücke im vorherigen Kapitel und auf den kommenden Seiten, dann sehen Sie sofort, was der Handtisch ist und wie er sich aus den Linien von selbst ergibt.

C.G. Jung beschreibt in »Erinnerungen, Träume, Gedanken«, wie er auf einer seiner Amerikareisen mit einem Indianer ins Gespräch kam. Die Weißen, so meinte dieser zu Jungs großer Verblüffung, seien verrückt. Sie würden nämlich mit dem Kopf denken. Als Jung fragte, wie denn Indianer dächten, antwortete der Mann: Mit ihrem Herzen.

Der Anfang der Herzlinie

◆ Die Herzlinie beginnt auf gleicher Höhe wie die Kopflinie, aber am äußeren Handrand. Das ist sehr bedeutungsvoll. Es besagt, daß Gefühle und Gewissen stark von der Außenwelt abhängig sind. Dies entspricht der Erkenntnis der Psychologie, die davon ausgeht, daß unsere Gefühle durch die Gesellschaft geprägt werden und unter anderem das kulturell bedingte Weltbild und gesellschaftliche Wertvorstellungen in sich tragen. Bild 92.

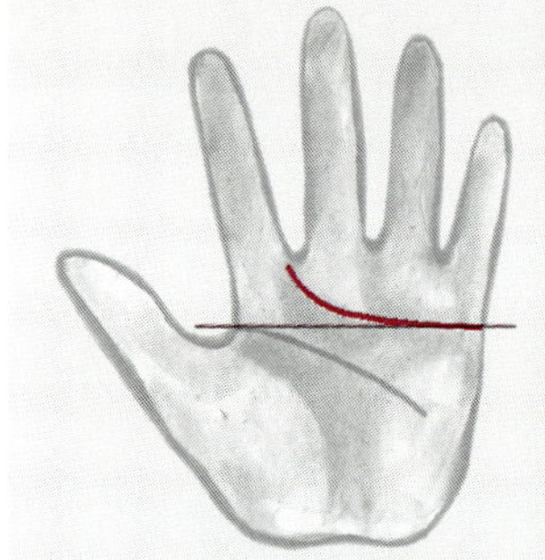

92

◆ Ein klarer Anfang mit vielen, regelmäßigen Seitenästchen (wie die Grannen einer Ähre) deutet auf eine glückliche Kindheit oder aber auf Verarbeitung der früheren Schwierigkeiten. Diese sind vergeben und vergessen. (Ein unklarer Anfang, voller Inseln und Durchstriche, deutet auf eine schwierige Kindkeit. Sehr oft wird dies aber geleugnet und die Kindheit verklärt.) Bild 93.

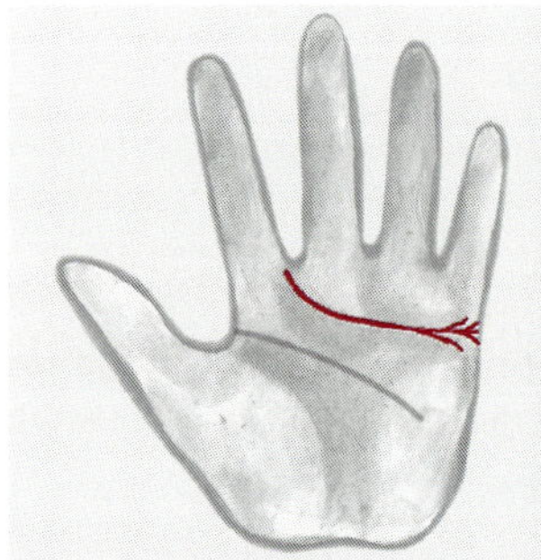

93

Der Verlauf der Herzlinie

◆ Eine schön geschwungene Herzlinie zeigt einen idealistischen, freundlichen, gemütvollen Menschen. Auf seine Freundlichkeit und Wohlgesinntheit ist Verlaß. Er fühlt mit anderen, empfindet Empathie und Sympathie.
Bild 94.

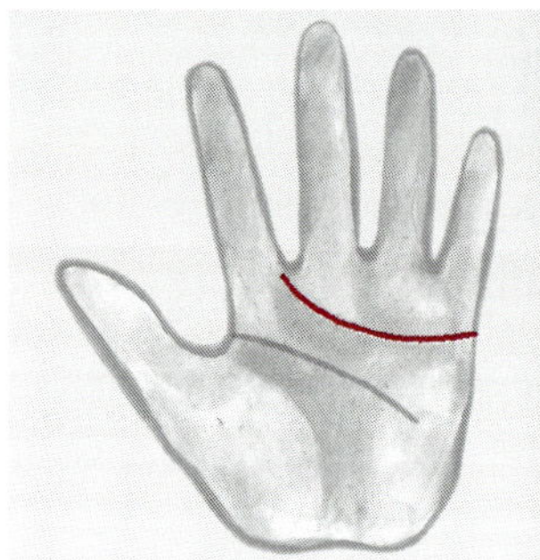

94

◆ Eine gerade Herzlinie gehört einer nüchternen Person, die die Anforderungen der Realität nie aus den Augen verliert. Es bedeutet nicht, daß sie nicht liebesfähig ist, aber sie wird kaum je überschwenglich werden. Eine solche Person ist nüchtern, an handfesten Tatsachen interessiert und weniger an Gefühlen. Bild 95.

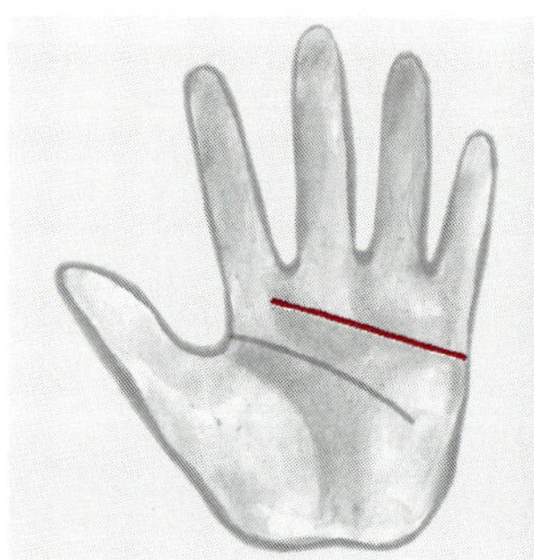

95

Abweichungen

◆ Oft sackt die Herzlinie ab. Anstatt gerade oder leicht aufwärts zu verlaufen, fällt sie plötzlich fast unmerklich ab. Dieser millimeterkleine Abwärtsschwung ist bedeutsam: Die Herzenergie fällt in sich zusammen. Dies deutet auf eine Phase der Resignation und des Rückzugs hin. Man hofft, daß ein anderer das für einen tut, was man selbst in die Hand nehmen sollte. Bild 96.

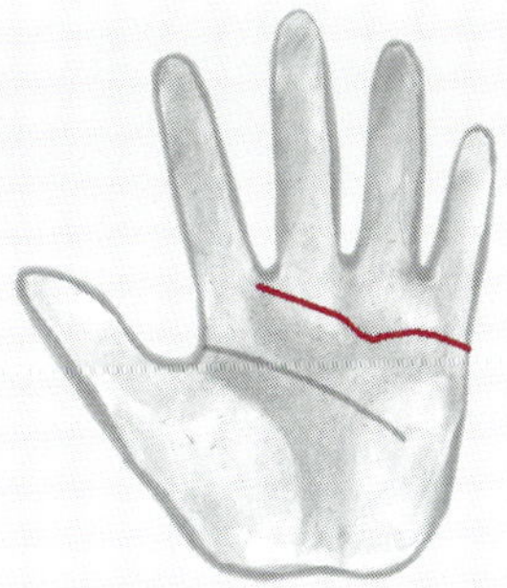

96

◆ Von der Herzlinie aufsteigende Äste sind positiv zu bewerten. Sie holen Energie aus dem geistigen Feld hinein ins Leben. Bild 97, A. Gegen die Kopflinie fallende Äste deuten auf schwierige Zeiten oder depressive Verstimmungen. Bild 97, B. Wenn der Ast die Kopflinie berührt, wird auch das äußere Fortkommen behindert; wenn er bis in den Venusberg hineinfällt, ist körperliche Schwäche oder Krankheit mit im Spiel. Manchmal zeigen sich so bei Frauen auch schwierige Geburten.

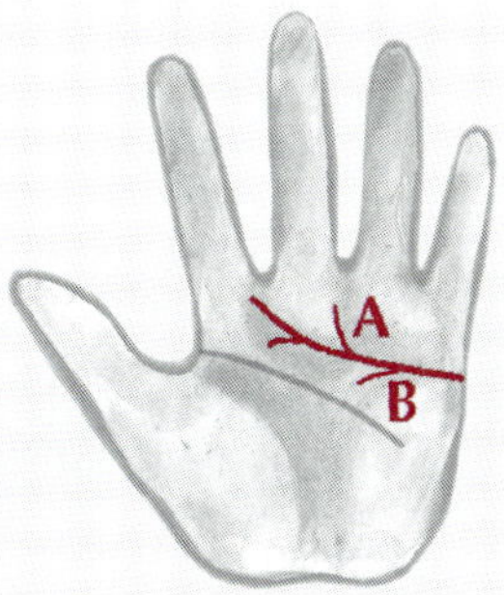

97

Das Ende der Herzlinie

◆ Die Herzlinie sollte mindestens bis zum Zwischenraum zwischen Saturn und Jupiter laufen, das ist die Normlänge. Wenn sie weiter bis gegen Mitte des Zeigefingers reicht, vergrößert dies die Kapazität des Fühlens und ist positiv zu bewerten. Bild 98.

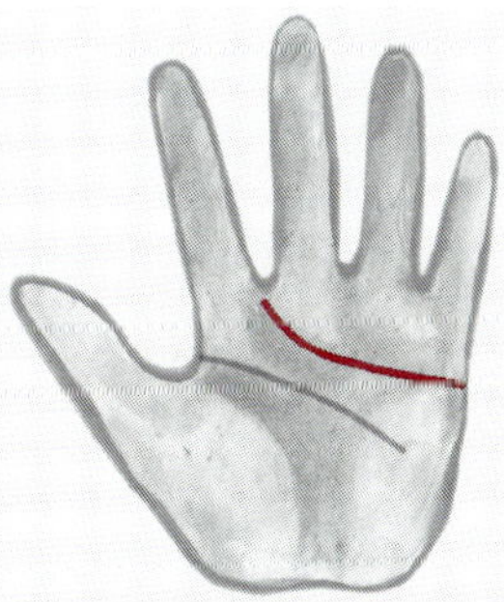

98

◆ Eine gegabelte Herzlinie gehört einer offenen Person, die warmherzig und mit gesundem Menschenverstand reagiert. Noch herzlicher und offener ist die Person mit einer dreifachen Gabelung oder einem schöngezeichneten ährenförmig verzweigten Ende der Linie. Sie geht auf die Welt zu, indem sie diese gleichsam umarmt. Bild 99.

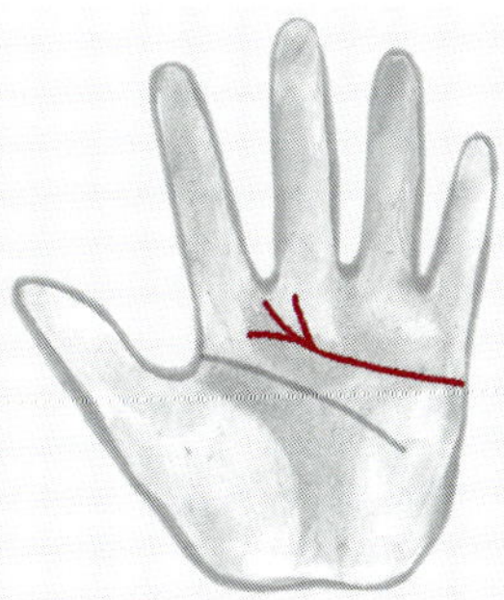

99

Abweichungen

◆ Wenn die geschwungene Linie über die Mitte des Zeigefingers hinausläuft und möglicherweise ein Stück weit in den Finger eindringt, dann haben wir eine Person vor uns, die allzu idealistisch ist. Sie stellt den Partner auf einen Sockel und himmelt ihn, unbekümmert um die Realität, unkritisch an. Bild 100.

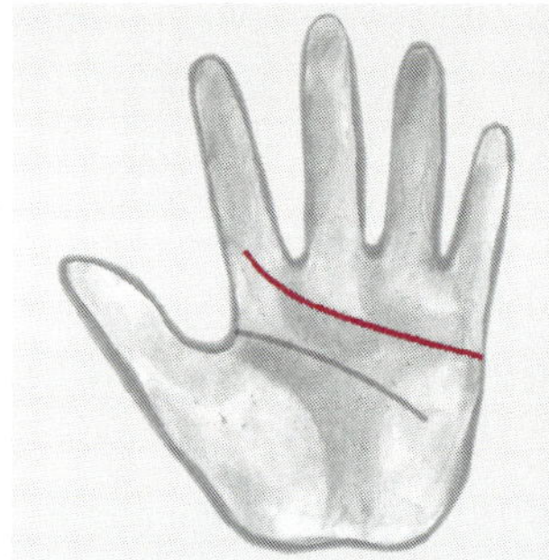

100

◆ Eine gerade Herzlinie, die bis an den Handrand reicht, zeigt eine besitzergreifende Person, die in einer Beziehung keinen Spielraum läßt. Sie versucht ihre Partner zu beherrschen und reagiert mit höchster Eifersucht auf deren etwaige Befreiungsversuche. Bild 101.

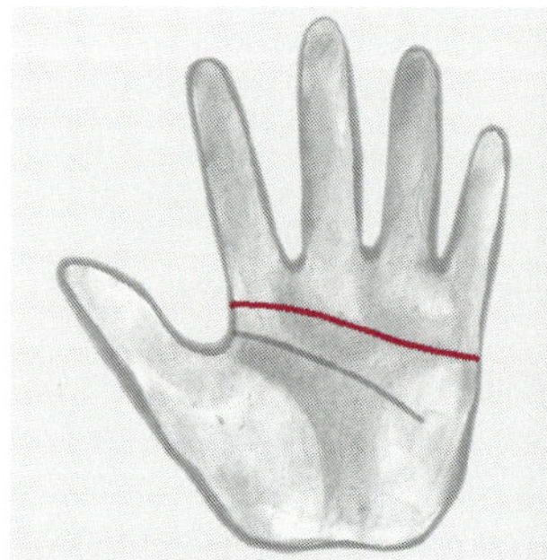

101

◆ Wenn die Herzlinie bereits Mitte Saturnfinger endet, ist sie zu kurz. Sie gehört einer eher selbstbezogenen Person. Je kürzer die Herzlinie ausfällt, desto größer werden Egozentrik und Egoismus. In der Beziehung wird die Bequemlichkeit gesucht. Entsprechend verkleinert ist die Liebes- und Bindungsfähigkeit. Bild 102.

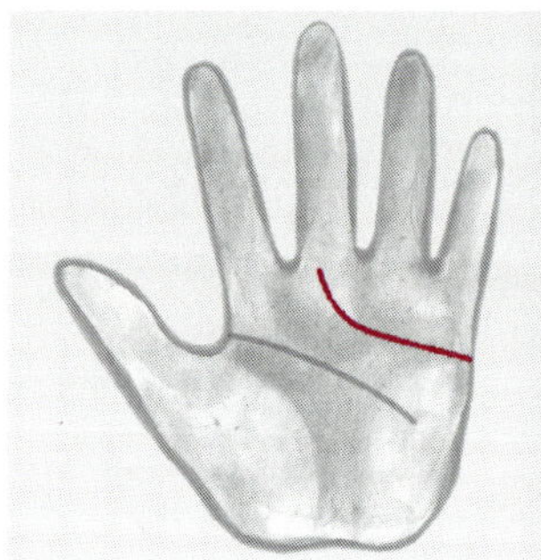

102

◆ Wenn die Herzlinie nach unten, gegen den Ich-Punkt hin absinkt, verläßt sie den »zulässigen« Norm-Bereich und wird ungünstig: Die Person ist perfektionistisch und übt sehr viel Druck auf sich selbst aus. Das gleiche, wenn auch weniger ausgeprägt, gilt, wenn sich ein deutlicher Ast auf den Ich-Punkt senkt. Die Person leidet an einem Gefühlsstau und an gefühlsmäßigen Vorurteilen, die schwer auf ihre Lebensfreude drücken können. Bild 103.

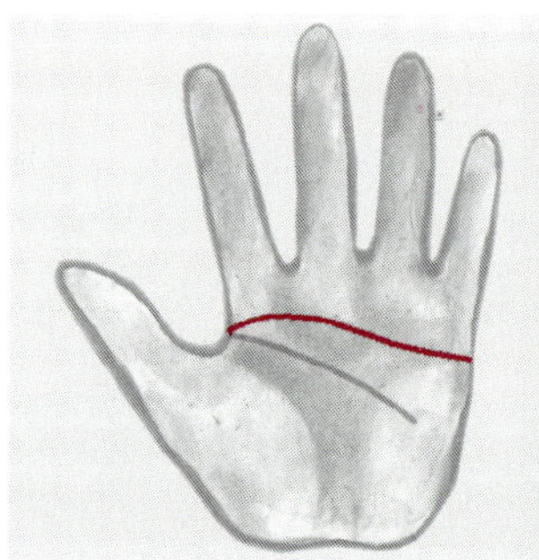

103

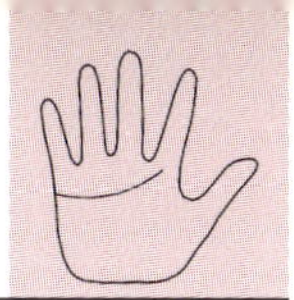

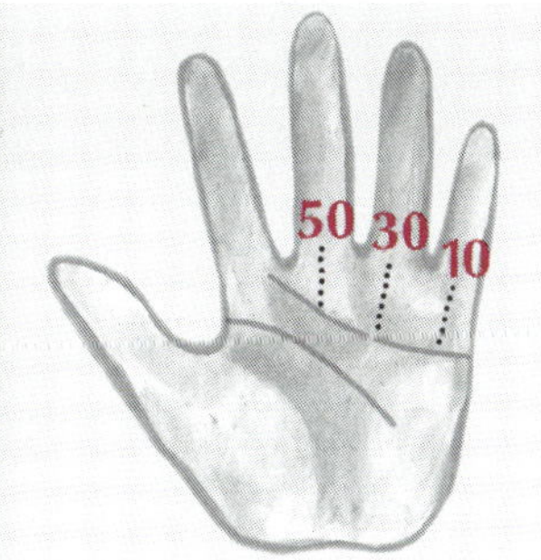

104

Datieren auf der Herzlinie

Die Datierung funktioniert gleich wie auf der Kopflinie, nur liegt der Geburtspunkt am äußeren Handrand. Von dort zählen wir in Richtung Daumen. Eine Fingerbreite entspricht wiederum zwanzig Jahren. Bild 104.

Was wir an Ereignissen auf der Herzlinie lesen können, betrifft das seelische Wohlbefinden, und dieses hat in unseren Breitengraden meistens mit Liebe, Ehe und Partnerschaft zu tun. Entsprechend zeigen Äste, Durchschneidungen und Inseln meistens Ereignisse, die einschneidend für das partnerschaftliche Zusammenleben sind.

Mehr über Liebesbeziehungen in der Hand erfahren Sie in *Schritt 5, Saturnlinie* sowie in *Schritt 8, Kleine Nebenlinien*

Fassen wir zusammen:
Die Herzlinie trägt in sich die Energie von Jupiter, Saturn, Sonne und Merkur. Sie hat entsprechend mit Wertsetzung, Schicksal, Ideal und Austausch zu tun. Wir lesen sie aber von außen nach innen: Aus dem Austausch, der gesellschaftlichen Interaktion (Merkur), ergeben sich Werte, das Ideal (Sonne), das sich mit den objektiven Gesetzen, dem Schicksal (Saturn), auseinandersetzen muß, um schließlich im Ego (Jupiter), der realen Person, zur Geltung zu kommen. Dieses Ego ist aber nicht das Ich des Ich-Punkts in Daumennähe, das auf vitale Durchsetzung aus ist, sondern das höhere Selbst, das zu Liebe und Mitleid fähig ist. Die Herzlinie stellt also so etwas wie ein geistiges Programm dar, nach dem wir unser Leben auf der materiellen Ebene gestalten.

Nehmen Sie eine Lupe. Betrachten Sie die verschiedenen Handabdrücke und lassen Sie deren Linien ruhig auf sich wirken. Es geht um Herzensenergie. Versuchen Sie sich eine Meinung über die verschiedenen Linien zu bilden, bevor Sie lesen, wie ich die einzelnen Abdrücke gedeutet habe. So lernen Sie am meisten.

Wann ist der Schwung einer Linie ideal? Dann, wenn der Bogen möglichst harmonisch und regelmäßig aufsteigt. Stellen Sie sich das Gewölbe eines Tunnels vor oder den Bogen einer Brücke. Die Wölbung ist jeweils völlig harmonisch. Kein einzelner Stein darf hervorstehen und die ideale Linie unterbrechen, weil sonst die Statik gefährdet wäre. Genau so verhält es sich auch bei den Handlinien. Ihr Schwung hält sich idealerweise ohne Unterbrechung.

HÄNDE UNTER DER LUPE

Kopflinie und Herzlinie harmonisch

Die zwei gleichartig gebogenen Linien schwingen schön miteinander und lassen einen sehr regelmäßigen Handtisch frei. Er öffnet sich weit nach beiden Seiten. Auf der Daumenseite zeigt sich eine ideale Toleranz dem eigenen Wesen gegenüber, während die Öffnung auf der Du-Seite fast zu groß ist, weil die Kopflinie stark gegen den Mond abfällt. Diese sehr phantasievolle Person gibt eher zu viel als zu wenig, vielleicht manchmal auch aus seltsamen Beweggründen (Mondeinfluß). Die Herzlinie selbst ist klar und stark gezeichnet. Sie endet, das ist die ideale Länge, zwischen Jupiter- und Saturnfinger und zeigt durch ihr Aufwärtsstreben Idealismus. Wieso? Sie übernimmt den Lebensernst des Saturn und kombiniert diesen mit der Integrität und dem moralischen Stolz des Jupiter. Kleine Äste am Anfang unter dem Merkurfinger (ähnlich wie Ährengrannen) deuten darauf, daß die Person in der Kindheit Wärme und Zuneigung erhalten hat – oder aber, das läßt sich nicht unterscheiden – etwaige Defizite aus der Kindheit verarbeitet hat. Zwischen dreißig und vierzig wird die Linie tief und dick: Das dürften aufregende Jahre sein. Kurz nach vierzig dann durchschneiden zwei Nebenlinien die Herzlinie (Pfeil): Ein bestimmtes Ereignis wird der Anfang sein für eine Epoche der Ruhe und Zufriedenheit. Bild 105.

105

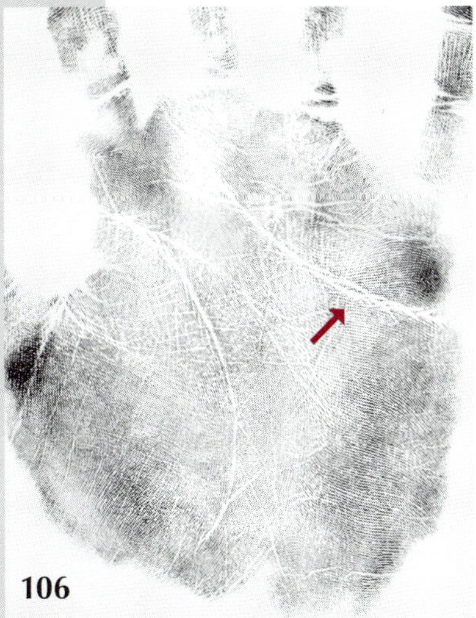

106

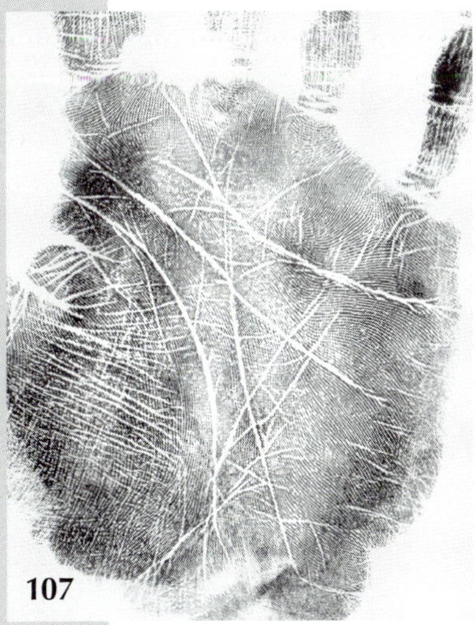

107

Herzlinie stark, Kopflinie schwach

Ebenfalls eine schön geschwungene Herzlinie. Daß sie so viel stärker als die Kopflinie ist, zeigt uns, daß wir es hier mit einer gefühlsmäßig gesteuerten Person zu tun haben. Zwar sind ihre Gefuhle freundlich und zuverlässig, aber die schwächere Kopflinie läßt doch ahnen, daß mit Schwierigkeiten gerechnet werden muß, wenn etwas verlangt ist, das zwar vernünftig wäre, dem Gefühl aber zuwiderläuft. Bis zum dreißigsten Lebensjahr ist die Linie sehr unruhig (der Anfang ist zwar fast ährenförmig, die Linie hat aber viele kleine Unterbrüche, das heißt, daß diese Person als Kind immer wieder Schocks und Einschränkungen erlebt hat). Eine markante Insel (Pfeil) zeigt, daß eine erste Beziehung zunächst schwierig und unglücklich war, danach wird die Linie doppelt: Es folgen ein paar harmonische Jahre. Doch mit etwa dreißig zeigt ein kleiner Abwärtsast noch einmal eine problematische Epoche an. Danach aber wird die Linie klar und das Leben leichter. Die Gabelung ab Mitte vierzig erweitert die Möglichkeiten. Man ist idealistisch, behält aber die reale Seite der Dinge nüchtern im Auge. Bild 106.

Kopf- und Herzlinie unharmonisch

Ein zackiger, starker Kopf: Eine Linie, die fast bis zum Handrand geht und damit sehr durchsetzungsfähig ist, paßt nicht gut zu der gebogenen, leicht schlängelnden Herzlinie, die zwar gefühlvoll ist, aber nicht so richtig weiß, was sie will. Es ist zu befürchten, daß diese Person nicht nur andere Leute, sondern auch sich selbst überrennt. Beachten Sie den Handtisch. Er ist eher eng und unharmonisch geformt. Die inneren Widersprüche dieser Person werden sich in Schwierigkeiten im Außen niederschlagen. Daten auf der Herzlinie: Ein Abwärtsast nach zwanzig deutet auf eine schwierige Zeit. Ein Bruch in der Linie mit circa 46 deutet auf eine Umstellung. Bild 107.

Enger Handtisch

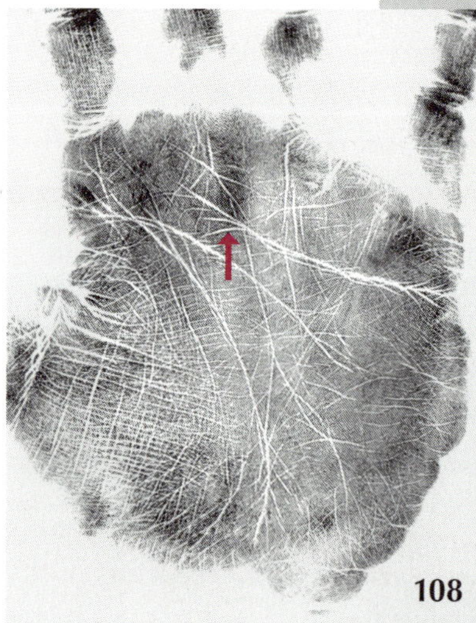

108

Herz- und Kopflinie rücken nahe zusammen. Daraus entsteht Enge und Ängstlichkeit. Beide Linien sind eher kurz, das verstärkt das Zögerliche. (Immerhin sind beide Linien klar vorhanden, das ist bereits ein gutes Zeichen!) Die Herzlinie ist etwas stärker, die Person ist eher emotional gesteuert. Der Anfang ist fast klassisch schön, doch schon mit der Pubertät beginnt die Unruhe. Bis fast gegen vierzig reiht sich Insel an Insel. Das Gefühl ist belastet, man ist unzufrieden und unglücklich. Die Abwärtsäste (Pfeil) deuten darauf hin, daß sich danach auch im Außen Schwierigkeiten abzuzeichnen beginnen. Bild 108.

Gesperrte Hand A

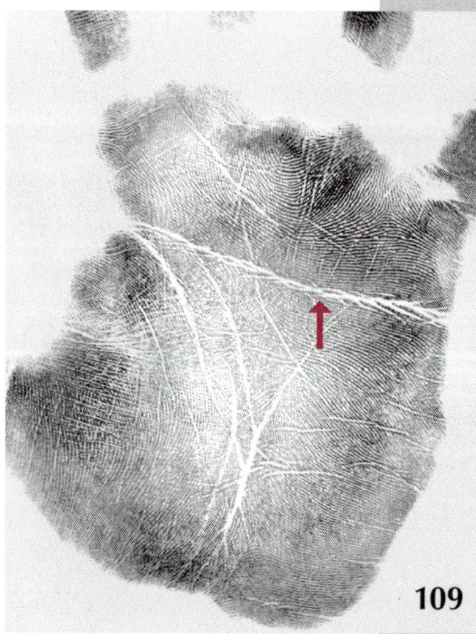

109

Kopf und Herz verschmelzen in einer Linie. Das ist nicht so selten, wie Sie vielleicht annehmen, und kommt auch bei sehr erfolgreichen Menschen vor. Die Funktionen des Denkens und des Fühlens sind bei einer solchen Person vermischt, es ist schwierig, mit ihr vernünftig zu diskutieren. Aber oft reagiert sie sehr spontan und kreativ auf Situationen, in denen andere blockieren oder in konventionellen Lösungen gefangen bleiben. Bei einer gesperrten Hand fehlt der Handtisch. Dadurch fehlt auch die Distanz zu einem selbst, zu dem, was man denkt und hervorbringt. Man kann dies freundlicherweise Spontaneität nennen, aber es wird von Mitmenschen manchmal durchaus auch als Distanzlosigkeit empfunden. Die Sperrung (manche Autoren nennen diese Linie auch Affenfurche, weil Schimpansen tatsächlich eine solche Linie haben,) ist meistens von einem Elternteil ererbt. Sie tritt in den Händen von Mongoloiden überdurchschnittlich häufig auf, ist aber an sich keineswegs ein Krankheitszeichen. Die Kettungen (Pfeil) in dieser Linie deuten auf stockende Energie, innere Unruhe und Unzufriedenheit. Bild 109.

Gesperrte Hand B

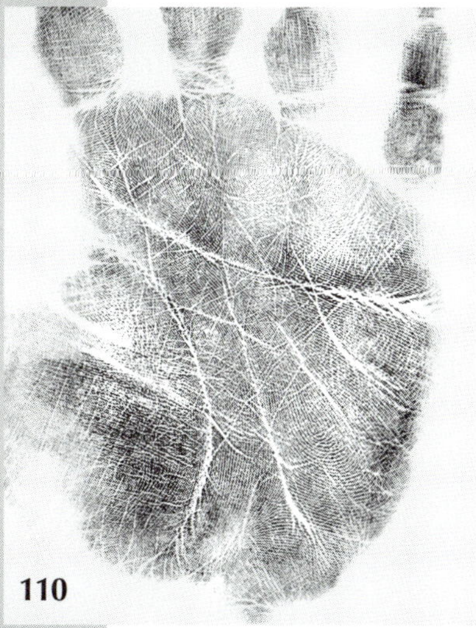
110

Auch hier dominiert die Herzlinie den oberen Teil der Hand. Von der Kopflinie sind nur noch Fragmente übrig. Durch den leichten Schwung der Herzlinie ist diese Sperrung aber weniger brutal, weniger blockierend. Sicher haben wir es aber auch hier mit einer emotional gesteuerten Person zu tun, doch die leichte Biegung gegen Jupiter zeigt, daß durch diese Linie doch etwas an kritischem Bewußtsein und Idealismus einfließt. Beachten Sie auch hier den sehr schönen, ährenförmigen Anfang. Dann wird die Linie gekettet und mit kleinen Inseln besetzt: Zwischen zehn und zwanzig findet eine aufgeregte und schmerzhafte Entwicklung statt. Die Linie bleibt danach schwach und zart. Dieser Mensch ist sich seiner Gefühle nicht sicher, schwankt, leidet und muß mehrmals neu anfangen. Bild 110.

Gesperrte Hand C

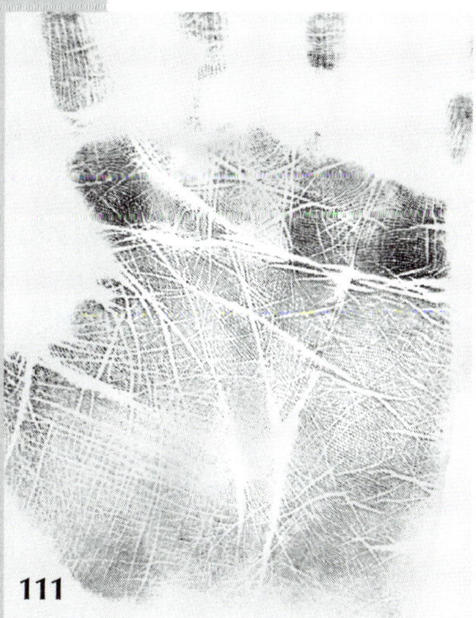
111

Diese Herzlinie verrät eine ungeheure Kraft. Sie schießt wie ein Pfeil geradeaus hinüber zur Handkante, das heißt, sie ist zu lang, zu bestimmend, besitzergreifend. Allerdings macht sie gleichzeitig auch einen Schwung nach oben: Neben der Herrschsucht gibt es auch Idealismus, Freundlichkeit, Verständnis für den andern. Die Emotionalität dieser Person ist groß. Immerhin ist auch eine nicht unbedeutende Kopflinie vorhanden, die aber – durch ihre starke Ausrichtung auf den Jupiter hin – nochmals Ehrgeiz und Dominanzstreben signalisiert. Die Zerstückelung der Linie in den jüngeren Jahren deutet auf schwierige Ereignisse und heftige innere Kämpfe. Eine Linie voller Leidenschaft, die wahrscheinlich gelegentlich auch die Mitmenschen in Mitleidenschaft zieht. Bild 111.

Kurze Herzlinie

Eine Hand mit zarten Linien. Die Herzlinie verkümmert bereits im Saturn-Bereich, ist also zu kurz. Das Gefühl wird angehalten, vielleicht aus mangelnder Kraft, aus Resignation oder aber aus purem Egoismus. Das Ergebnis ist das gleiche: Ein solcher Mensch wirkt unzugänglich und selbstbezogen. Er hat Mühe, andern zu trauen, und entsprechend findet er auch nicht die Kraft zur Hingabe. Dies erschwert selbstverständlich sämtliche Partnerschaften. Darunter leidet aber nicht nur das Gegenüber, sondern auch die Person selbst. Ihre Verschlossenheit verschließt ihr auch manche Freude und manchen Lebensgenuß. Hier zeigt sich wieder einmal die Tatsache, daß die Mängel, durch die wir die Umwelt leiden lassen, auch die Mängel sind, an denen wir selbst leiden. Bild 112.

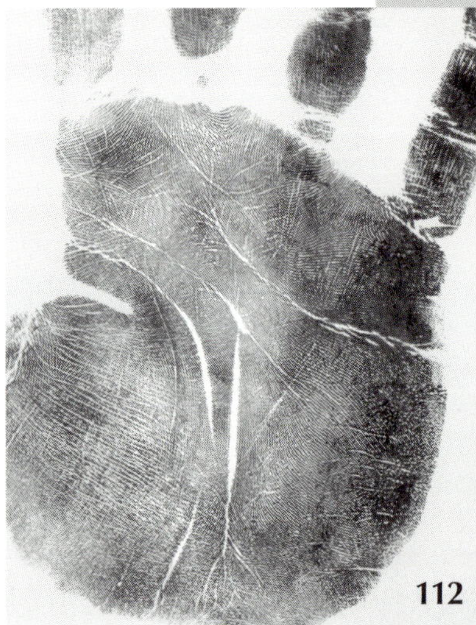

112

Gerade Herzlinie

Auch sie ist knapp in der Länge und drückt durch ihre Geradheit eine geradezu kaltschnäuzige Nüchternheit aus. Während die Linie oben (Bild 112) noch sentimentalen Träumen nachhängt, die allerdings kaum verwirklicht werden können, ist diese Linie kühl, zurückhaltend bis zur Hoffnungslosigkeit. Eine große Insel am Anfang der Linie deutet auf Schwierigkeiten in der Kindheit, aber auch danach wird es nicht besser. Die doppelte Kopflinie versucht zu kompensieren: Die Person hält sich statt an Gefühlen an Ideen und Rationalisierungen fest. Sie wirkt wahrscheinlich auf die Außenwelt festgefahren und verhärtet. Bild 113.

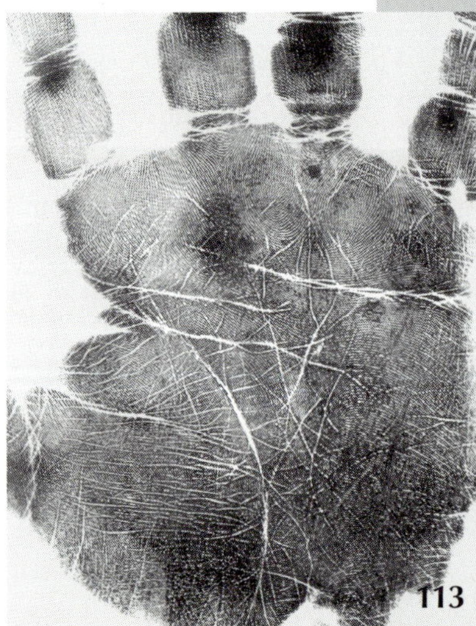

113

Herzlinie mit Abwärtsast

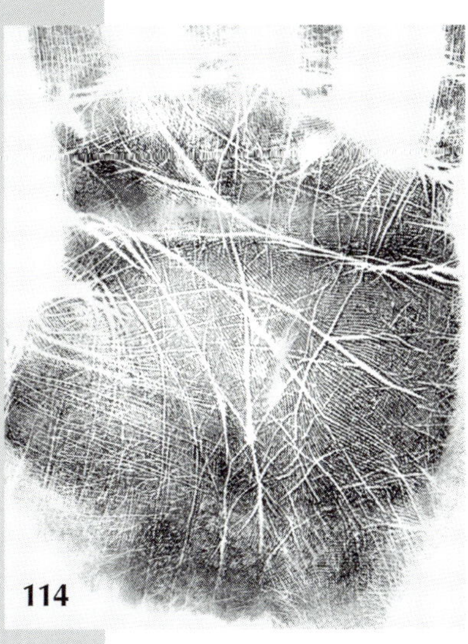
114

Dies ist eine sehr schön geschwungene Herzlinie, die allerdings bis ungefähr Mitte dreißig einiges an Krisen und Schwierigkeiten aufzeigt. Die Kindheit war ruhig und schön, aber bereits mit etwa achtzehn erfolgt ein heftiger Einbruch ins Gefühlsleben: Mehrere Überkreuzungen und Durchschneidungen behindern den direkten Fortgang der Linie. Danach wird es ruhiger, doch zwei begleitende Linien von eher unharmonischer Form deuten auf eine gewisse Belastung hin. Diese findet schließlich ihren Ausfluß mit ungefähr 34. Ein deutlicher Abwärtsast zeigt eine krisenhafte Epoche. Man fühlt sich deprimiert, energielos, traurig. Nachdem diese Krise aber überwunden ist, nimmt die Linie einen wunderbar klaren Lauf und Aufschwung. Das Leben wird wieder schön. Bild 114.

Absackende Herzlinie

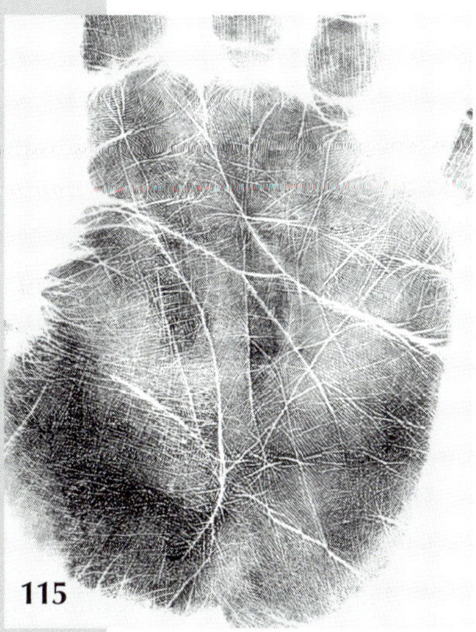
115

Diese Linie verläßt die optimale Bogenform und sinkt unter dem Sonnenfinger leicht ein. Dies bedeutet ein Abfallen der Herzenergie, des wohlgemuten Vorwärtsstrebens. Man begibt sich in eine abwartende Haltung, hofft, daß einem ein Partner das Heil und Glück bringt, das man sich selbst nicht verschaffen kann, sei es, daß es an Selbstvertrauen fehlt, sei es, daß man einfach zu bequem dazu ist. Hier zeigt der Verlauf der Herzlinie, die etwas näher beim Saturn- als beim Jupiterfinger endet, daß in dieser Person ein Hauch von Selbstbewahrung steckt. Sie mag sich nicht so richtig verausgaben auf der Suche nach ihrem Glück. Woher das kommt, muß die übrige Analyse der Hand nachweisen. Ein Hinweis könnte die Verbindung von Kopf- und Herzlinie sein, die ja auch eine Art von Sperrung ergibt. Der Kopf beeinflußt das Herz: Man setzt sich etwas in den Kopf, redet sich etwas ein, das den Fluß der Gefühle stört. Bild 115.

Dicke Herzlinie

Dicke Linien zeigen die entsprechenden Eigenschaften immer in einem wenig differenzierten Urzustand. Diese knorrige, wilde Linie läßt darum einiges an Heftigkeit und Wildheit vermuten. Allerdings zeigt der Schwung nach oben durchaus Idealismus und Freundlichkeit, doch in der Praxis könnte die Heftigkeit auch wirbelsturmartig über diese positiven Eigenschaften hinwegfegen. Viele brutal wirkende Durchschneidungen verstärken das Gefühl von Schwierigkeiten und Ausbrüchen. Wichtig: Die weißen Löcher zwischen Ring- und Mittelfinger sind Flecken im Handabdruck, die dadurch zustande kommen, daß an dieser Stelle viele, sich kreuzende Linien eine Vertiefung in der Handfläche bewirken. Solche Flecken sind darum immer ein Zeichen von Heftigkeit und Intensität, ohne daß im Detail Genaueres darüber gesagt werden kann. Bild 116.

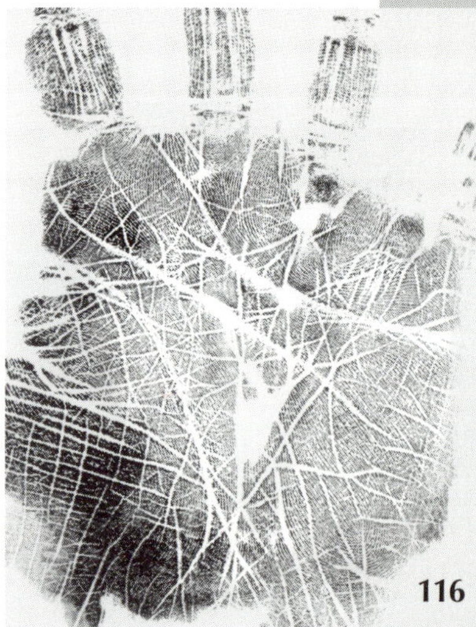

116

Gebrochene Herzlinie

Sie entspricht fast immer einem tatsächlich gebrochenen Herzen, zum Beispiel durch den Tod eines Elternteils. Die Linie (A) beginnt normal und geht durch bis etwa fünfzig, doch eine zweite Linie (B) beginnt beim zwanzigsten Altersjahr und geht hinüber zum Handrand. Das prägende Ereignis fand mit zwanzig statt. Es wird kompensiert mit dem Versuch, besitzergreifend zu kontrollieren (B bis zum Handrand). Das Gefühl darf nicht mehr fließen, sondern wird in feste Kanäle geleitet. Erwartungshaltungen engen das spontane Erleben ein. Daß Linie A bis zum fünfzigsten Altersjahr weitergeht, deutet darauf, daß es so lange braucht, bis der Schock verarbeitet und überwunden werden kann. Linie A verengt auch den Handtisch, was die Verkrampfung und Ängstlichkeit der Person noch erhöht. Bild 117.

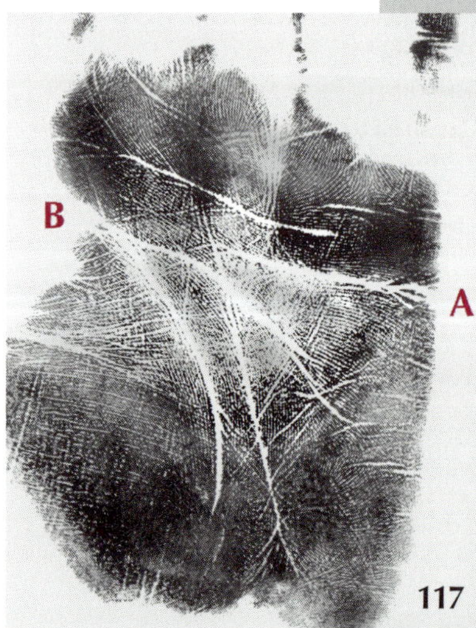

117

Zwischenbemerkung:

Gestörte Linien

Daß Linien fehlerhaft sind, ist absolut normal. Ich möchte sogar so weit gehen zu behaupten, es sei nicht erstrebenswert, makellose Linien zu haben. In den Fehlern und Schwächen zeigen sich nämlich die Krisen, an denen der Mensch lernen und wachsen kann. Und wozu leben wir denn, wenn nicht zum Wachsen und Lernen? Es ist sehr menschlich, nicht vollkommen zu sein. Daran erinnern uns unsere Handlinien. Sie sagen uns aber auch, wie wir das beste aus unserer Unvollkommenheit machen, indem wir die sichtbaren Schwächen auszuhalten und auszubalancieren lernen.

Was haben wir Neues gelernt?
Hoffentlich ist Ihnen deutlich geworden: Keine Linie kann für sich allein schlüssig beurteilt werden. Dies gilt für die Herzlinie ganz besonders, weil sich der Kopf mit seiner marsischen Kraft ernsthaft in das Gefühlsleben einschalten kann. Umgekehrt kann eine zu starke Herzlinie aber auch den gesunden Menschenverstand auf ungünstige Weise neutralisieren. Es gilt also immer, die verschiedenen Merkmale miteinander zu kombinieren! Grundsätzlich lesen wir an der Herzlinie das innere Befinden eines Menschen ab. Die Störungen der Linie zeigen seine Aufregungen und Krisen. Solche sind absolut normal. Das emotionale Leben ist nun einmal aufregend. Darum wecken sehr sauber gezeichnete Herzlinien den Verdacht, daß eine Tendenz zum Verdrängen von Gefühlen vorliegen könnte.

UND NUN ZU IHREN HÄNDEN

Wenn Sie die Fragebogen der bisherigen Kapitel brav durchgearbeitet haben, dann müßten Sie bereits ein ziemlich gutes Bild von sich selbst vor sich sehen. Vor allem dürfte Ihnen klar geworden sein, wie stark und durchsetzungsfähig Sie sind, wie es um Ihre grundsätzliche Stabilität bestellt ist und wie Sie nach außen wirken. Nun gilt es, zu diesem Bekannten Ihr Gefühlsleben in Bezug zu setzen. Viele von uns zeigen außen ein starkes Bild und sind innerlich doch empfindlich wie frisch ausgeschlüpfte Küken, die nicht wissen, wie sie ihren zarten Flaum vor der bösen, kalten Welt beschützen sollen. Ihre Herzlinie zeigt Ihnen, wo Ihre Empfindlichkeiten und Schwächen liegen. Studieren Sie also Ihre Handabdrücke noch einmal sorgfältig und notieren Sie sich alles, was Ihnen zu den folgenden Fragen einfällt.

Bestandsaufnahme

◆ Sind Kopf- und Herzlinie gleich stark oder tritt eine von 1
beiden deutlicher hervor? Wenn ja, welche?

◆ Schwingen die beiden Linien symmetrisch und harmo- 2
nisch zusammen? (Ist Ihr Handtisch schön geformt?)

◆ Ist Ihre Herzlinie gerade oder geschwungen? 3

◆ Wo endet sie? 4

◆ Hat sie ein einfaches Ende oder ist sie gegabelt? 5

◆ Welche Art von Störungen weist die Linie auf und in 6
welchem Alter liegen diese?

◆ Gibt es Unterschiede zwischen links und rechts? 7

Bevor Sie nun Ihre Feststellungen interpretieren – Sie wissen ja, am besten schriftlich – noch einmal ein paar Regeln zu diversen Störungen in der Linie:

◆ Einschnitte durch Nebenlinien bedeuten einschneidende Ereignisse im damaligen Moment.

◆ Ein Bruch in der Linie deutet auf den Bruch in einer Beziehung. Es ist aber nicht unbedingt gesagt, daß dieser äußerlich auch vollzogen wird. Vielleicht zieht sich ein Partner lediglich innerlich zurück. Die Schwere des Ereignisses hängt immer davon ab, wie dramatisch sich die Zeichen präsentieren.

◆ Inseln sind Zeiten des Leidens, der Hoffnungslosigkeit, der Unklarheit und der Handlungsunfähigkeit.

◆ Verdoppelte Linien deuten auf harmonische Zweisamkeit. Sie müssen aber schön parallel gezeichnet sein.

◆ Eine sehr ruhige, sehr klar gezeichnete Herzlinie ohne jede Störung und jedes Ästchen steht nur selten für abgeklärte Gefühle, viel wahrscheinlicher ist es, daß es sich um eine Person handelt, die ihre Gefühle verdrängt. Vielleicht zwingt eine dominierende Kopflinie dazu, Freude und Schmerzen zu verleugnen. Oder aber aus einer allgemeinen Schwäche heraus wird versucht, das Ausgeliefertsein an seine Gefühle zu umgehen.

Deutung

1 ◆ Wenn eine der beiden Linien stärker ausgebildet ist, heißt das, daß eine dieser Funktionen in Ihnen dominiert. Sie reagieren also entweder vorwiegend emotional oder vorwiegend rational.

2 ◆ Wenn das Bild harmonisch ist, dürfen wir hoffen, daß Sie einigermaßen zufrieden und innerlich in sich ruhend sind. Falls das Bild unharmonisch ist, haben Sie wohl mit inneren Konflikten zu rechnen. Übermannen Sie Gefühle, wenn Sie vernünftig sein möchten? Oder hindern Sie Vorurteile daran, Ihren Gefühlen nachzugeben?

3 ◆ Eine geschwungene Herzlinie macht romantisch und

gefühlvoll. Bei einer geraden Herzlinie vergessen Sie die reale Seite der Welt nie, auch neu verliebt wissen Sie noch, daß Sie am Monatsende Miete bezahlen müssen.

◆ Wenn Ihre Herzlinie zwischen Saturn- und Jupiterfinger 4
endet, sind Sie ein gemütvoller, freundlicher Mensch, der sich und andern nur Gutes will. Wenn die Linie kürzer ist, sind Sie wahrscheinlich nicht so richtig zufrieden mit Ihrem Gefühlsleben. Sie finden, daß andere zu wenig auf Sie eingehen. Aber ich fürchte, daß die andern von Ihnen das gleiche denken. Wenn Ihre Herzlinie bis zum Zeigefinger geht oder sogar in diesen hineinläuft, dann kennt Ihr Idealismus keine Grenzen. Es könnte schon sein, daß dies zu Enttäuschungen führt, denn wo ist der Mensch, der totale Anbetung verdient? Mit einer Herzlinie, die auf der Daumenseite bis zur Handkante reicht, sollten Sie sich zurücknehmen und sich darin üben, möglichst oft die Position Ihrer Mitmenschen einzunehmen. Wenn sich die Linie auf den Ich-Punkt senkt, dann sollten Sie anfangen, etwas netter mit sich selbst umzugehen.

◆ Mit einer Gabel haben Sie mehr als eine Möglichkeit, 5
mit Ihren Gefühlen umzugehen. Das ist positiv. Achten Sie darauf, in welche Richtung die Äste der Gabel laufen, und deuten Sie diese entsprechend den oben beschriebenen Endungen.

◆ Versuchen Sie nun, die verschiedenen Störungen zu 6
deuten und diese in Verbindung zu bringen zu Ereignissen Ihres Lebens. Vielleicht sind Sie erstaunt, daß Ereignisse, die Sie wichtig finden, nicht eingezeichnet sind. Oder aber Dinge eingezeichnet sind, die Sie nicht erinnerungswürdig finden. Dies kommt daher, daß sich in den Linien Ihr Unbewußtes mitspiegelt. Die Hand zeigt Ihnen auch das, was Sie verdrängt und weggedrückt haben, und zwar in der Wichtigkeit, die dieses Ereignis tatsächlich für Sie heute immer noch hat.

◆ Von Unterschieden zwischen rechts und links können 7

Sie auf Entwicklungen schließen. Ist Ihre Herzlinie in der aktiven Hand schöner als in der passiven? Dann haben Sie Ihr Herz erweitert und sind menschlich gewachsen. Ist die Linie in der aktiven Hand unruhiger als in der passiven? Dann wirbeln Sie wohl selbst etwas mehr Unglück auf als unbedingt notwendig wäre.

Was wissen Sie mehr über sich?

Versuchen Sie jetzt, das Gefundene in Beziehung mit dem zu setzen, was Sie in Ihrem Leben vorfinden.

Sind Sie glücklich und zufrieden in Ihrer Partnerschaft? Falls nicht, zeigt Ihnen Ihre Herzlinie, wo das Problem liegt. Vielleicht sind Sie zu gütig und zu nachsichtig (sehr idealistische Herzlinie) oder ihre Beziehung ist ein ständiger Machtkampf (lange, gerade Herzlinie). Warten Sie auf ein Wunder (absackende Herzlinie)? Schön wäre es ja, wenn es geschähe, aber vielleicht könnten Sie sich doch auch überlegen, ob Sie nicht ein bißchen aktiver auf Ihre Mitmenschen zugehen sollten. Vielleicht sind Sie innerlich unruhig und zerrissen (zerstückelte, wilde Linie)? Dann ist es Zeit, sich entspannen zu lernen.

Und wie steht es um Ihre Kopf-Herz-Balance? Gehören Sie vielleicht zu den vielen Menschen, die heimlich stolz darauf sind, unvernünftig und unsystematisch zu sein? Ich gehe einig mit Ihnen, eine gewisse Portion an Chaos wirkt charmant, und so lange Sie zufrieden mit Ihrem Leben sind, gibt es keinen Grund, etwas zu ändern. Wenn Sie aber das Gefühl haben, vom Chaos überrollt zu werden, wenn nichts so läuft, wie Sie es sich wünschen, dann ist es Zeit, gezielt etwas zur Kräftigung der Kopflinie zu unternehmen.

Wie bringt man Entspannung und Ruhe ins Leben? Autogenes Training, Yoga, Meditation und Atemübungen sind einige der vielen nützlichen und erprobten Techniken, die uns Entspannung und Selbstkontrolle lehren. Und wie bringt man Struktur ins Leben? Schreiben Sie in einer Liste auf, was Ihnen im Leben wichtig ist. Und nun erstellen Sie eine Rangordnung der aufgeführten Punkte. Danach machen Sie einen Plan, wie Sie dem ersten Punkt Ihrer Liste näherkommen könnten. Und jetzt gilt es, Tag für Tag, Ihren Plan zu realisieren. Keine Angst, Sie werden dadurch noch lange nicht zum Sklaven Ihrer selbst! Aber: Sie können erleben, daß schon kleinste Änderungen manchmal Wunder bewirken. (Mehr zum Thema Selbst- und Zeitmanagement finden Sie in Büchern, die im Überfluß auf dem Markt sind.)

SCHRITT 5

DIE LEBENSLINIE – KÖRPER UND FORM

Mit einem schwungvollen Bogen greift sie nach den Kräften aus Ich-Punkt und Mars-Bereich und trägt diese hinaus, in die Welt, und hinab, ins Feld des Ursprungs. Dabei umfaßt sie Formkraft und die Wärme der Venus und verschafft uns so Körperlichkeit und Genuß.

DIE LEBENSLINIE – KÖRPER UND FORM

Im Daumenballen, dem Mars-Venus-Bereich, sind unsere Körperkräfte und unsere Lebensenergie gespeichert. Die Lebenslinie hat die Aufgabe, diese Energien zu fassen und sie zusammenzuhalten. Einerseits schützt sie dadurch die Vitalkraft vor dem Ausfließen und Versickern, andererseits bewahrt sie die Welt vor einem Überborden unsererseits. Einmal mehr geht es also um Balance und Ausgleich der Innen- und Außenkräfte.

Der Name Lebenslinie verleitet viele Menschen dazu, anzunehmen, daß diese Linie die Lebenslänge bestimmt. Davon kann keine Rede sein. Der Tod holt nicht nur die Schwachen! Und so kann man auch mit einer schönen Lebenslinie früh sterben, verunfallen zum Beispiel. Alle seriösen Autoren sind sich einig darin, daß der Zeitpunkt des Todes nicht aus der Hand zu lesen ist.

Die Lebenslinie ist die körperlichste Linie der Hand. Ganz logisch übrigens, liegt sie doch ganz in der unteren Hälfte der Hand, in der Ebene der stofflichen Erscheinungen. An ihr zeigt sich, wie wir physisch ausgerüstet sind, ob wir von einer starken Bärennatur sind oder zart gebaut wie ein Schmetterling. Wir sehen, wie es um unsere Gesundheit und unsere Widerstandskraft bestellt ist, aber auch, welchen Ereignissen unser Körper im Laufe seines Lebens ausgesetzt sein wird. Die Lebenslinie gibt Auskunft über unsere Vitalität, Gesundheit und Resistenz, sagt aber nichts aus über den Zeitpunkt unseres Todes!

Vitalität und Sexualität hängen selbstverständlich eng zusammen. Auch wenn man Freud nicht folgen will, der annahm, daß die Libido, der Sexualtrieb, die eigentlich grundlegende Lebenskraft ist, so ist es doch sicher, daß Genuß und Freude belebend wirken! Und so lassen eine schön gezeichnete Lebenslinie und ein gut gepolsterter

Was hat Körperlichkeit mit Kunst gemein? Oder warum regiert Venus-Aphrodite sowohl die Lebenskraft wie die Kunst? Ganz einfach: Kreativität hat etwas mit dem Hervorbringen von neuen Formen zu tun. Ob Kinder oder Kunstwerke ins Leben treten: Immer sind die Sinne beteiligt. Sehen, Riechen, Hören, Schmecken sind körperliche Tätigkeiten, zugleich aber auch die Tore für Sinnes- und Kunstgenuß.

Daumenballen auf einen gesunden Trieb schließen, der die entsprechende Lebenslust mit sich bringt. Sexualität wiederum hängt mit Kreativität zusammen. Beides bringt neue Formen hervor. Darum ist der Daumenballen auch ein wichtiger Platz für Künstler. In ihm sammelt sich die Kraft, die nach außen strahlen will. In ihm findet sich aber auch der Sinn für Stoff, für die Fähigkeit, Form und Farbe zu gestalten. Venus, die Göttin der Schönheit, dient diesem Bereich als Schutzpatronin.

Körper und Seele bilden eine Einheit. So ist inzwischen bewiesen, daß das Immunsystem durch psychische Verstimmtheit geschwächt, durch eine positive Lebenseinstellung gestärkt werden kann. Auch die Lebenslinie zeigt also den ganzen Menschen. Sie gibt nicht nur Auskunft über unsere körperliche Kondition, sondern auch über Psychisches, über innere Vorgänge. Sie zeigt unser Lebensgefühl, die Kraft unserer Seele, in der Welt zu sein. Finden wir unseren Platz? Wagen wir es, den uns zustehenden Raum wirklich auszufüllen?

Der Ursprung der Lebenslinie charakterisiert ihre Bedeutung: Jupiter und Mars verhelfen der Ich-Kraft zur Geburt, Venus verleiht die Fähigkeit, Körper zu werden. Die Lage im unteren Teil der Hand zeigt, daß es sich um die physischen Belange der Person handelt. Idealerweise füllt die Lebenslinie die ganze Ich-Seite der Hand aus: Sie verläuft in einem möglichst klaren Bogen hinaus in die Handfläche bis maximal zur Senkrechten, die von der Mitte des Mittelfingers gezogen wird. Sie soll den Daumenballen möglichst vollständig umschließen, ohne diesen aber einzuengen.

Eine schwache, eingedellte oder gestörte Lebenslinie deutet nicht unbedingt auf Krankheit und frühen Tod, sondern auf eine Konstitution, die verletzlich und zerbrechlich ist. Normalerweise äußert sich das glücklicherweise nur in einem empfindlichen Nervenkostüm und nicht in schweren

Erkrankungen. Schwere Erkrankungen zeichnen meistens die ganze Hand, das heißt, alle Linien und oft auch die Handform sind mehr oder weniger auffällig verändert und wirken ungünstig.

Der Anfang der Lebenslinie

◆ Die optimale Lebenslinie beginnt in der Mitte zwischen Daumenansatz und Zeigefingeransatz, im sogenannten Ich-Punkt (→ *Schritt 2, Proportionen*). Übrigens beginnt fast jede Lebenslinie mit mehr oder weniger starken Störungen, Durchschneidungen und Inseln. Offensichtlich ist es ein schwieriges körperliches Unterfangen, geboren zu werden und zu wachsen. Auch Kinderkrankheiten sind die Norm. Bild 118.

◆ Jupiter-Linien sind aufsteigende Äste am Anfang der Lebenslinie, die hinauf gegen den Zeigefinger laufen. Sie stehen für gesunden Ehrgeiz und Stolz. Eine solche Person wird keine lauen Kompromisse schließen und sich niemals für ein Butterbrot verkaufen. Bild 119.

Abweichungen

◆ Beginnt die Lebenslinie höher, hinaufversetzt in den Jupiter-Bereich, wird der Marsraum vergrößert: Die Person ist selbstsicher und unternehmungslustig. Bild 120, A.

◆ Liegt die Lebenslinie tief angesetzt, verkleinert sich der Venusbereich: Die Vitalität ist herabgesetzt. Die Person bewegt sich wahrscheinlich in einem eher begrenzten Lebensraum. Bild 120, B.

Verlauf der Lebenslinie

◆ Die Lebenslinie soll den Daumenballen in einem makellosen Bogen möglichst vollständig, aber nicht einengend umschließen und die Ich-Seite der Hand abdecken, das heißt, bis unter den Saturnfinger reichen. So ist eine gute Vitalität gewährleistet. Bild 121.

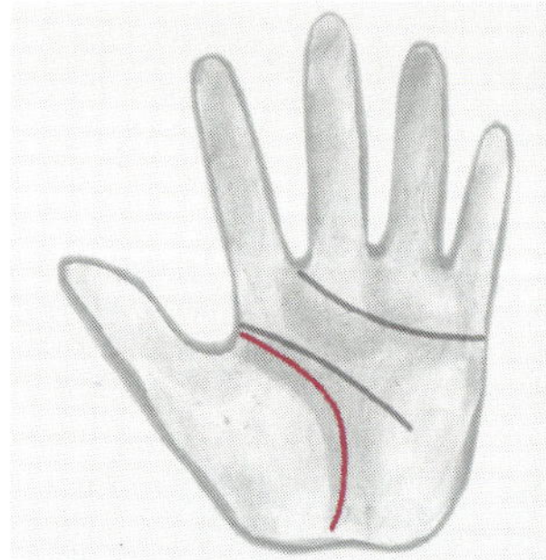

118

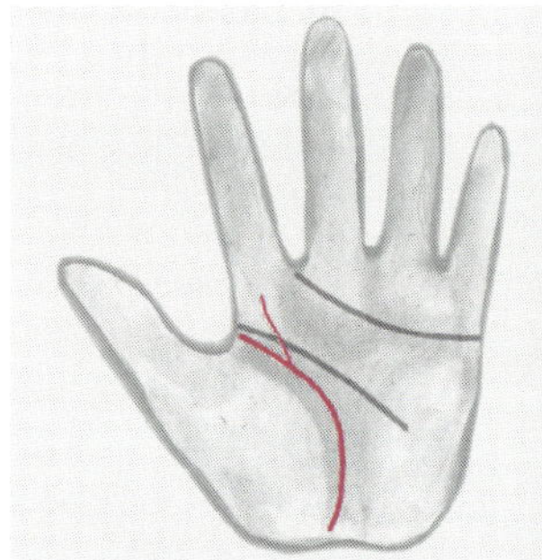

119

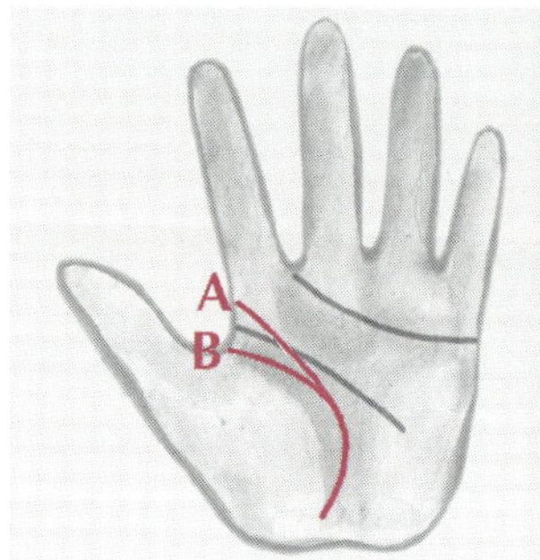

120

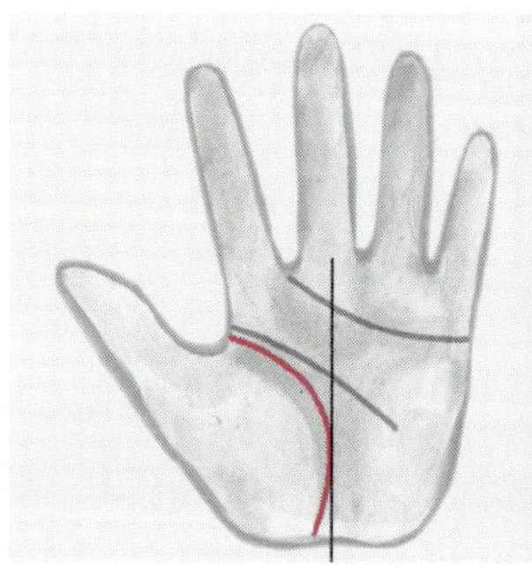

121

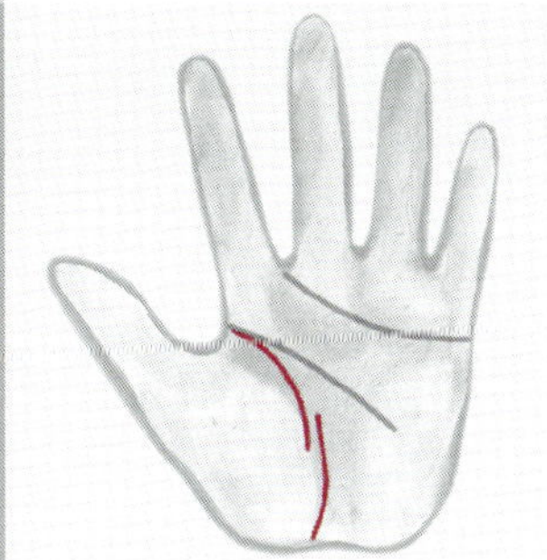

122

◆ Ein Bruch in der Lebenslinie mit einer Verlegung Richtung Handrand deutet auf eine Ausweitung des Lebensraumes. Die Person wechselt ihr Milieu, sei dies geographisch oder sozial. Vielleicht wandert sie aus. Oder sie geht in die Politik. Oder sie geht ins Showbusineß. Beides zeigt die Hand gleich: Einen Schritt nach außen. Bild 122.

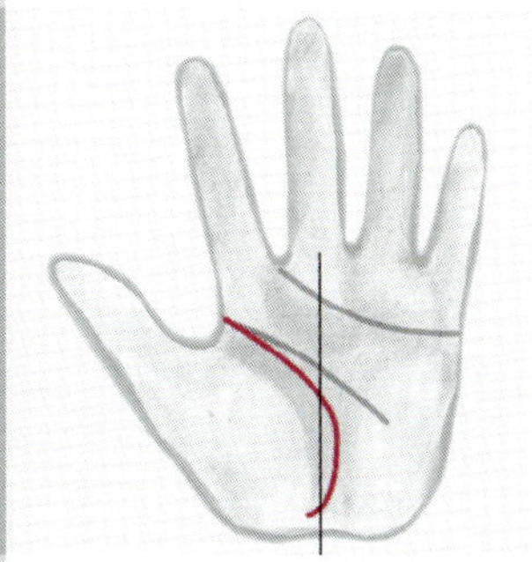

123

Abweichungen

◆ Die Lebenslinie verläßt die Ich-Seite und ragt mehr oder weniger weit in die Du-Seite hinüber: Die Person tritt stark und dominierend auf. Sie verfügt über einen ausgeprägten sexuellen Appetit. Sie beansprucht sehr viel Raum für ihre Bedürfnisse, was wohl oder übel nur auf Kosten der Umgebung möglich ist. Bild 123.

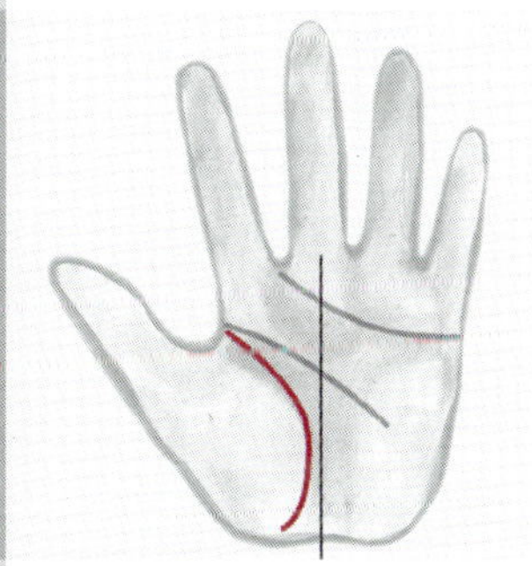

124

◆ Eine eng verlaufende Lebenslinie zeigt einen Menschen, der sich nicht richtig zu behaupten vermag. Er wagt es nicht, Platz zu beanspruchen, obwohl ihm dieser zustehen würde. Bild 124.

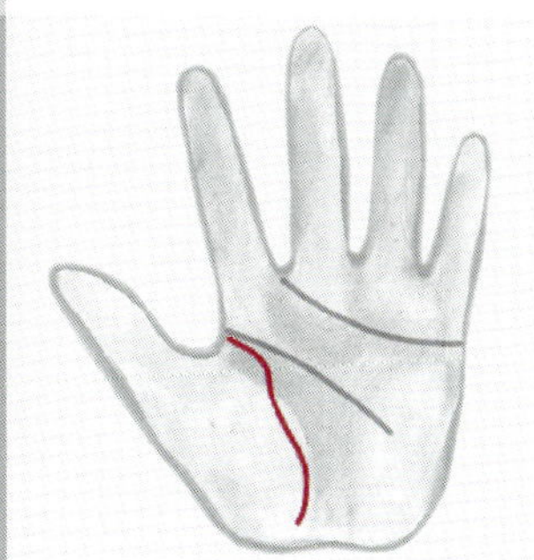

125

◆ Ein hängender Bogen mit eingefallener Wölbung läßt auf mangelnde Vitalität schließen. Meistens ist damit auch die Lebensfreude geschmälert: Die Person hat wenig Unternehmungsgeist und damit auch wenig Gelegenheit, Erfreuliches zu erleben. Je mehr die Linie einbricht und je schlaffer sie hängt, desto weniger Aktivität und Lebensfreude kann erwartet werden. Bild 125.

◆ Brüche in der Lebenslinie sind immer ein Hinweis auf physische Gefährdung, sei es durch Krankheit, Unfall oder andere Lebensumstände. Wie bei einem undichten Gefäß kann die Vitalität bei der unterbrochenen Linie herausfließen, was den Menschen schwächt. Bild 126, A. Eindeutig weniger dramatisch ist die Situation, wenn die Linie durch eine Zweitlinie repariert wird. Das Leck wird dadurch geschlossen. Bild 126, B.

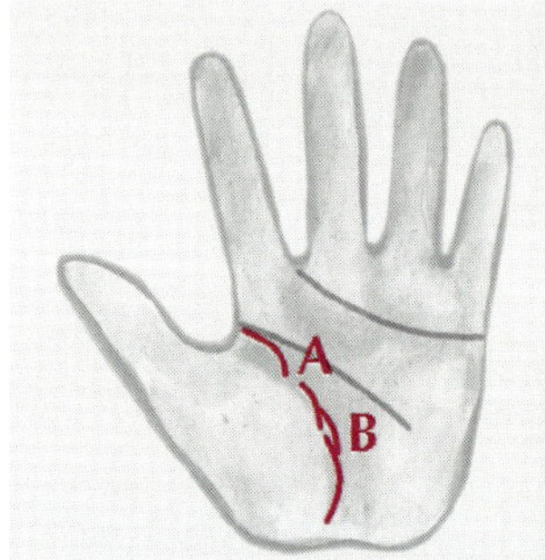

126

◆ Wenn die Linie den Daumenballen verläßt und zum Mond hinüberstrebt, ist die Wirkung ungünstig. Die Lebensenergie des Daumenballens kann ausfließen. Die Person verliert ihre Energie an Vorstellungen und innere Bilder. Das geht vom sanften Spleen bis zur Geisteskrankheit. (Aber Achtung: Solch drastische Deutungen sind nur berechtigt, wenn überall in der Hand die Zeichen auf Schwierigkeiten und Sturm stehen!) Bild 127.

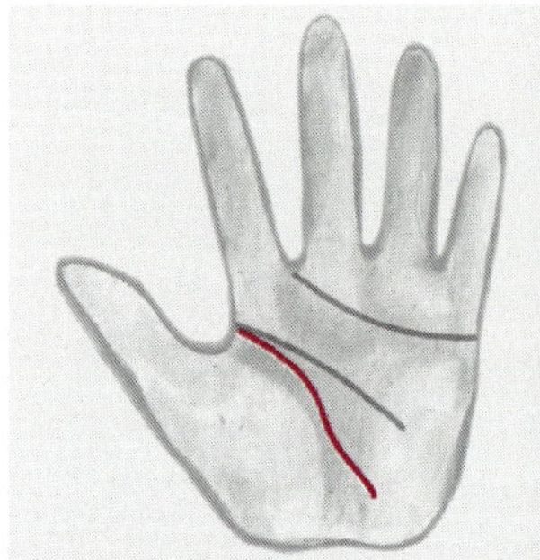
127

◆ Eine doppelte Lebenslinie ist ein Himmelsgeschenk: Sie verdoppelt die Vitalität. Die zweite Linie muß allerdings schön parallel gezeichnet sein und der Lebenslinie in gleichmäßigem Abstand folgen. Sie wird Schutz- oder Protektionslinie genannt. Selbst dreifache Lebenslinien kommen vor. Wenn sie klar gezeichnet sind, sind sie von günstigster Bedeutung. Wenn sie wirr erscheinen, kann es sein, daß die Person auf mehreren Ebenen lebt und sich nicht entscheiden kann, auf welchem Gebiet sie sich wirklich engagieren will. Bild 128.

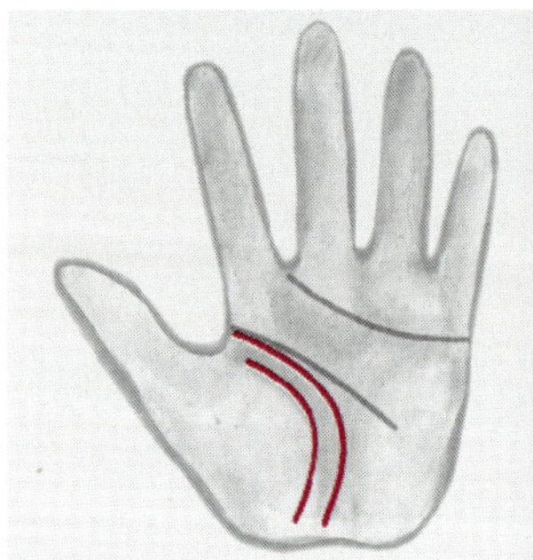
128

◆ Heftige Einschnitte von einzelnen kurzen Linien stehen für körperliches Ungemach: Krankheiten, Unfälle, Operationen. Achtung, nicht verwechseln mit längeren Linien, die aus dem Daumenballen heraus weit in die Handfläche laufen. Dies sind Einflußlinien, die Energien transportieren (→ *Schritt 8, Kleine Nebenlinien*). Bild 129.

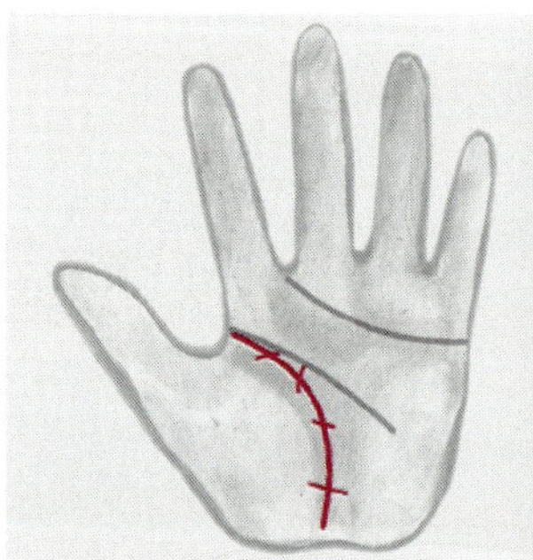
129

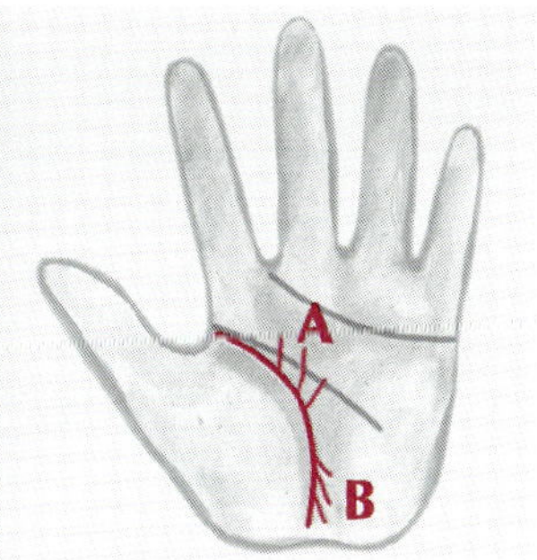

130

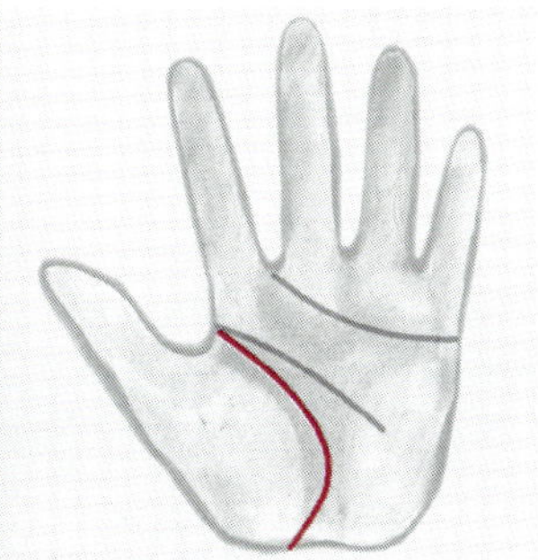

131

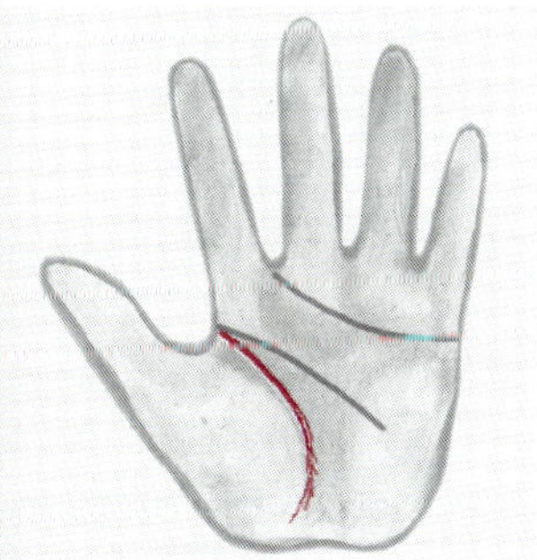

132

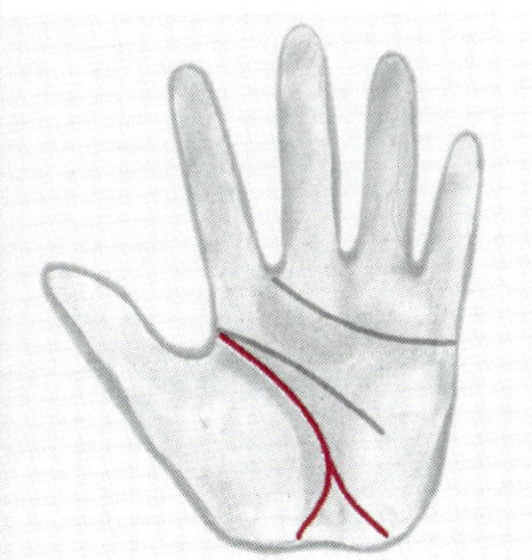

133

◆ Von der Lebenslinie Richtung Finger aufsteigende Äste sind positiv zu werten. Sie stehen für Krisen, die aus eigener Kraft und mit persönlichem Einsatz überwunden werden und damit stärkend wirken. Bild 130, A. Gegen die Handwurzel abfallende Äste sind ebenfalls Krisen. Wenn sie die Lebenslinie nicht schwächen, handelt es sich um schwierige Momente, die vorbeigehen. Wenn jedoch die Lebenslinie durch diese Äste an Kraft verliert, bedeutet es, daß die Person durch die entsprechende Krise ernsthaft geschwächt wird. Bild 130, B.

Das Ende der Lebenslinie

◆ Eine lange Lebenslinie verläuft um den ganzen Daumenballen herum und läßt nur am untersten Ende eine kleine Öffnung frei. Sie verspricht optimales Wohlbefinden im Körper und läßt ein aktives, volles und erfreuliches Leben erwarten. Allerdings gibt es nie eine Garantie für Langlebigkeit. Selbst eine perfekte Lebenslinie schützt beispielsweise nicht vor Unfällen. Bild 131.

Abweichungen

◆ Wenn die Lebenslinie im unteren Teil an Kraft verliert, können wir auf eine Schwächung der Gesundheit und Energie im Alter schließen. Bild 132.

◆ Ein klar gezeichneter Ast zum Mondberg hinüber gilt als günstig: Der Mensch steht auf zwei Beinen, läßt Inspiration zu und ist offen für das andere und das Fremde. Er kommt auch gut im Ausland zurecht. Bild 133.

◆ Eine kurze Lebenslinie steht nicht für einen frühen Tod, sondern für eine Person, die die Tendenz hat, sich aus dem aktiven Leben zurückzuziehen, wenn Schwierigkeiten auftauchen. Wenn die vorhandene Linie deutlich und klar gezeichnet ist, handelt es sich oft um starke Menschen, die lange leben, sich aber nicht gerade durch große Flexibilität auszeichnen. Wenn die vorhandene Linie zerstückelt und schlaff ist, sieht die Prognose entsprechend weniger günstig aus. Bild 134.

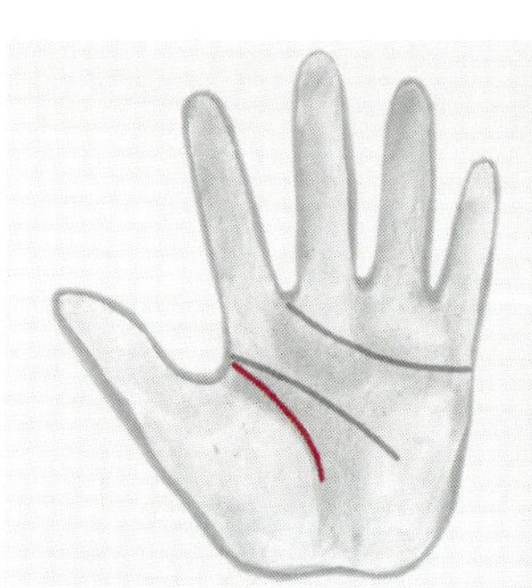

134

Datieren auf der Lebenslinie

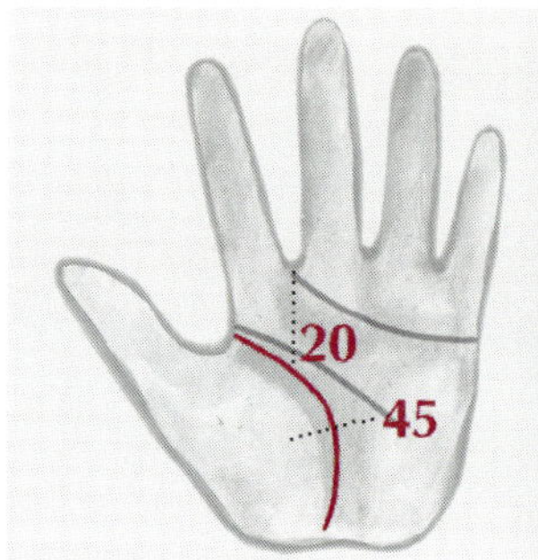

135

Auf der Lebenslinie haben wir kein sicheres Datierungssystem zur Verfügung, hier gilt es, Gefühl zu entwickeln. Bis zu 20 können wir die Datierung der Kopflinie übernehmen: Die Mitte des Jupiterfingers entspricht also dem 10., der Zwischenraum zwischen Jupiter- und Saturnfinger dem 20. Altersjahr. Die Mitte des Lebenslinienbogens entspricht ungefähr dem 45. Altersjahr. Bild 135.
Es gibt Handlesebücher, die die Jahre mit einem Winkelmaß am Daumenballen ablesen. Keines von ihnen erklärt aber, wo und wie dieses Winkelmaß genau angelegt werden muß. Darum ist jene Methode auch ungenau. Grämen Sie sich aber bitte nicht darüber. Mit der Datierung auf der Saturnlinie (→ *Schritt 6*) erzielen wir eine Präzision, die uns für die Ungenauigkeiten auf der Lebenslinie entschädigt.

Fassen wir zusammen:
Die Lebenslinie liegt ganz im unteren, stofflichen Bereich der Hand und sollte den Ich-Bereich nicht verlassen. Sie enthält in sich den Elan des Mars und die Form und Schöpfungskraft der Venus. Sie zeigt den Menschen als abgegrenzten Körper, der sowohl geistigen wie äußeren Einflüssen ausgesetzt ist.

Ein Party-Tip zum Spielen

Es ist in den meisten Fällen unschädlich, festzustellen, wer in einer Paarbeziehung das Sagen hat, darum dürfen Sie damit bei Gelegenheit herumspielen. Ein Hinweis darauf bietet die Lebenslinie. Geht ihr Bogen bei einem der Partner weit über die Mittellinie und den Ich-Bereich hinaus? Dann wird sich auch dieser Mensch ziemlich viel herausnehmen. Und wie reagiert sein Partner oder seine Partnerin? Ganz klar: Wenn ihr Venus-Bereich schmal und ihre Lebenslinie eingefallen ist, steckt diese Person zurück und macht gute Miene zum bösen Spiel. Im anderen Fall aber wird es in dieser Beziehung öfter zu mehr oder weniger heftigen Zusammenstößen kommen. Allerdings können sowohl eine lange Kopflinie wie auch ein langer Daumen den eingefallenen Lebenslinienbogen ausgleichen. Es zählen eben immer mehrere Merkmale, darum liegt in einem oberflächlichen Blick in die Hand immer die Gefahr der Täuschung!

HÄNDE UNTER DER LUPE

Schön gebogene Lebenslinie

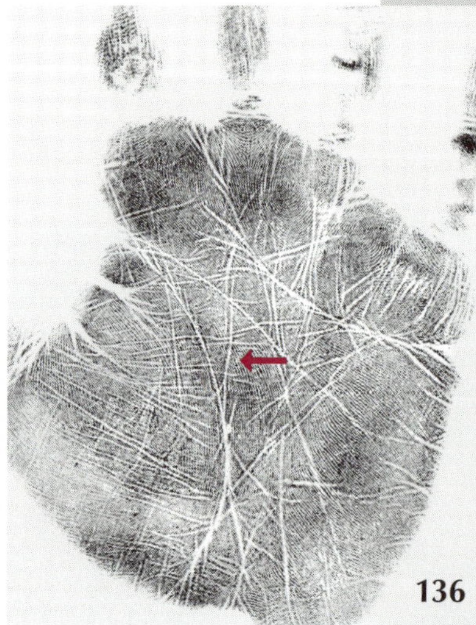
136

Dieser Schwung ist optimal und verspricht Lebenskraft, Regenerationsfähigkeit, Sinn für Genuß und menschliche Wärme. Die am Anfang eher zarte Linie gewinnt im Verlauf des Lebens an Kraft und Zähigkeit, ohne daß sie dadurch zu stark und einengend würde. Wie fast immer am Anfang einer Lebenslinie finden wir auch hier Störungen. Bei genauerem Blick durch die Lupe zeigt sich aber, daß es sich ausschließlich um kleine Aufwärtsäste handelt, die positiv zu werten sind: Bereits als Kind versuchte diese Person mit Kraft und Einsatz das Beste aus Situationen zu machen, die vielleicht nicht immer einfach waren. Ein großer Ast (Pfeil) in der Mitte der Linie, der Richtung Saturn aufsteigt, deutet auf eine mit eigenem Einsatz überwundene Krise. Offenbar bewirkt diese eine Kräftigung der Linie für die späteren Jahre. Bild 136.

Schöner Bogen, leicht abgeflacht

137

Die Rundung dieser Lebenslinie ist nicht vollkommen: Auch wenn diese Person durchaus kräftig und stark ist, so steht sie doch nicht in Harmonie mit ihrem Körper. In jungen Jahren läuft ein Ast Richtung Jupiter: Man steigt mit Stolz und Ehrgeiz ins Abenteuer Leben. Das kleine Dreieck im untersten Drittel der Linie deutet auf besondere Fähigkeiten im physischen Bereich. Da dieses Dreieck mit einem seltsamen Haken Richtung Mondberg verbunden ist, kann vermutet werden, daß diese Talente etwas mit seltsamen Einfällen und Phantasien zu tun haben. Der Ast Richtung Mond, der auf fixe Ideen deuten könnte, wird durch den Lebenslinienbogen, der den Venusberg schön umrundet, ausbalanciert. Bild 137.

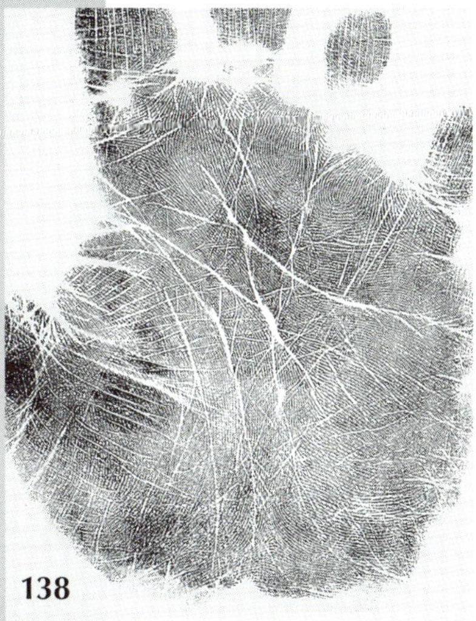

138

Doppelte Lebenslinie

Die Linie ist nicht besonders schön ausgebildet und könnte auf Schwäche und mangelndes Temperament deuten, wenn sie nicht durch eine schöne Zweitlinie begleitet würde. Eine solche Parallellinie bringt jedoch starke, zusätzliche Kraft und damit eine fast übersprudelnde Vitalität. Diese wird aber nicht gelebt: Kleine Unterbrechungen zeigen, daß es immer wieder zu Einbrüchen der Kraft und zu Krisen kommt. Weil die Linie doppelt ist, muß jedoch nicht unbedingt damit gerechnet werden, daß sich diese Krisen physisch als Krankheiten auswirken.
Bild 138.

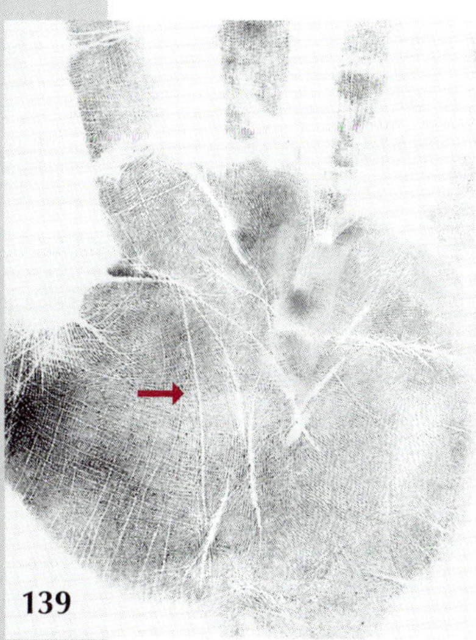

139

Mit Marslinie

Im Gegensatz zur Doppellinie, die möglichst parallel zur Lebenslinie verläuft, stößt die Marslinie (Pfeil) in einem spitzen Winkel auf die Lebenslinie. Sie bringt ebenfalls zusätzliche Kraft, aber mehr marsisch geprägte, das heißt mit Willen und Eigensinn gefärbte Energie. Sie macht zäh und durchsetzungsfähig und verspricht erhöhte Vitalität. Dies kann diese Person auch gebrauchen, denn der Anfang der Linie ist unsicher, was auf Schwäche deutet. Und im mittleren Alter deutet ein Bruch der Linie auf eine ernsthafte, körperliche Krise. Diese kann aber mit Hilfe der Energie, die die Marslinie bringt, überbrückt werden.
Bild 139.

Lebenslinie zu stark

Zwar ist der Bogen dieser Lebenslinie perfekt, die Furche aber ist zu tief in die Hand eingegraben und umschließt den Daumenballen in einer einengenden, fast schon würgenden Art. Die Folge: Die Lebenskraft wird gestaut und entlädt sich unter Umständen explosiv. Oft sind solche Menschen stark von ihren Trieben gesteuert und haben Mühe, sich zu beherrschen. Daneben aber zeichnen sie sich durch Gesundheit und enorme Robustheit aus. In dieser Hand deutet die losgelöste und sehr lange Kopflinie zusätzlich auf Selbstsicherheit und Durchsetzungskraft, so daß die überstarke Vitalität durch nichts gebremst wird. Bild 140.

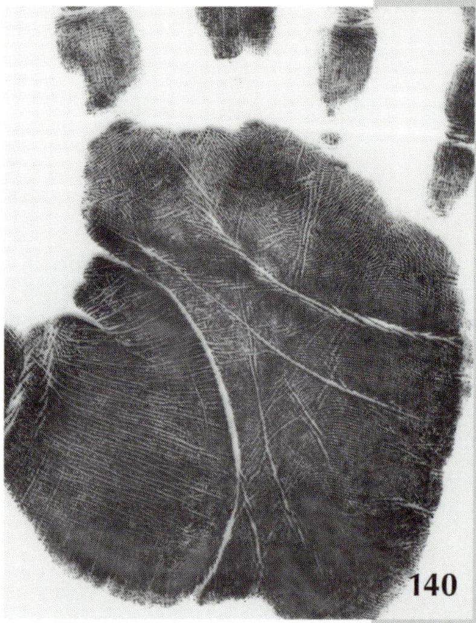

140

Lebenslinie eingedellt

Der Anfang der Linie ist diffus: In der Kindheit herrschte ein Gefühl von Ohnmacht. Dann kommt ein kräftiges Linienstück, das aber schon vor dem zwanzigsten Lebensjahr abbricht. Dieser Bruch steht für eine ernsthafte Krise wie Unfall, Krankheit oder Selbstmordversuch. Danach zieht sich die an sich kräftige, vitalitätsverheißende Linie in einem kräftigen Schwung nach unten, ist aber über einen weiten Bereich eingesunken. In dieser Lebensperiode, es handelt sich etwa um die Jahre zwischen 20 und 40, ist die Lebenskraft gedämpft, das Fortkommen behindert. Das kann sich in einem schlechten Gesundheitszustand äußern oder aber in einem diffusen Gefühl von Unlust. Nach einer Periode der Erholung und der Kraft zeigt ein weiterer Bruch in der Linie eine Krise an. Bild 141.

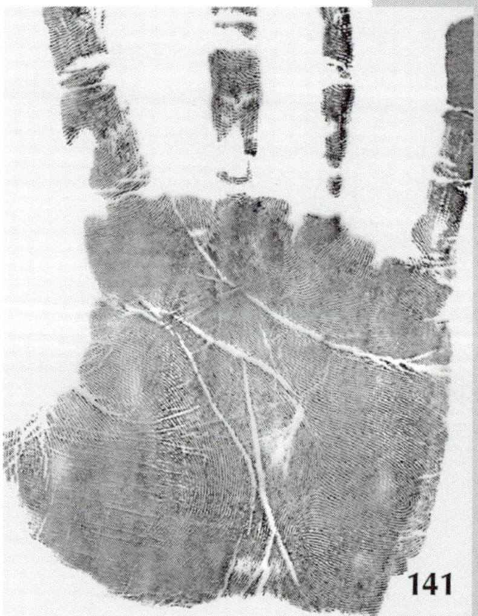

141

Zerstückelte Lebenslinie

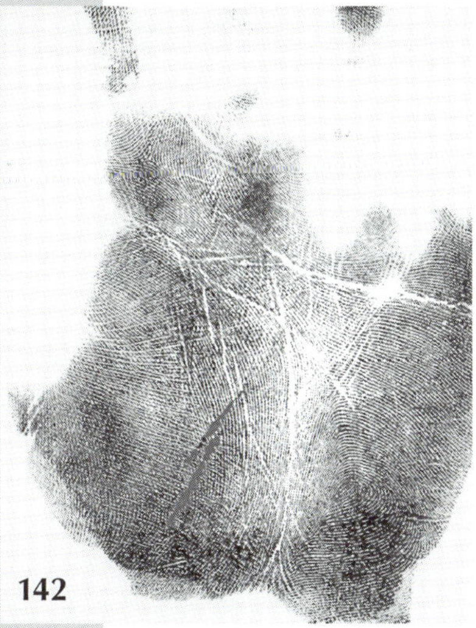
142

Diese in kleine Fetzen zerfallene Linie ohne Schwung zeigt Kraftlosigkeit und Unlust. Immer wieder wird versucht, das Leben in Angriff zu nehmen, und immer wieder versickert die Kraft. Die Person ist schwächlich, körperlich und nervlich. Allerdings sind die andern Linien recht klar gezeichnet, das bedeutet, daß sie versucht, ihr körperliches Manko mit psychischen Kräften auszugleichen. Die starke Saturnlinie deutet auf Verantwortungsgefühl und Leistungswillen, so daß die Schwäche bis zu einem gewissen Grad durch Selbstdisziplin ausgeglichen werden kann. Trotzdem: Auch wenn ein Mensch mit einer schwachen Lebenslinie nicht unbedingt krank sein muß, so ist doch mit mangelnder Abwehrkraft und Empfindlichkeit zu rechnen. Bild 142.

Diffuse Lebenslinie

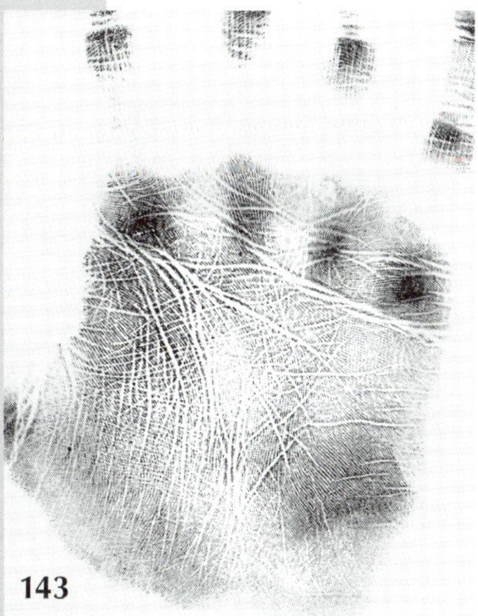
143

Ein Gewirr von vielen, nebeneinander laufenden Linien zeigt, daß die Lebenskraft sich verzettelt. Die Person lebt auf zu vielen Ebenen gleichzeitig und erreicht auf keiner die notwendige Klarheit. Wiederum muß sich das keineswegs in Krankheit äußern, es kann sich auch in Unruhe und Unstetigkeit zeigen, was allerdings die Widerstandskraft gegen Krankheiten herabsetzt. Die stark gewundene, mit Inseln versetzte Herzlinie läßt vermuten, daß die Instabilität dieser Person emotionale Gründe hat. Allerdings zeigt die Kopflinie, die sich ab etwa Mitte zwanzig klärt, daß die Person im Leben doch ihre Linie finden wird, zumindest was das äußere Auftreten betrifft. Bild 143.

Kurze Lebenslinie

Diese Linie ist nicht nur kurz, es mangelt ihr auch an Schwung. Die kurze Linie ergibt eine Einschränkung der Lebenslust, damit die Tendenz, sich zu verkriechen und im Leben früh zu resignieren. Beachten Sie aber: Eine feine Verbindungslinie zur Saturnlinie hinüber schließt den Bogen um den Venusberg. Diese Hilfskonstruktion ersetzt bis zu einem gewissen Grad die fehlende Lebenslinie und relativiert damit die Aussage über die kurze Linie. Zusätzliche Stärke wird von der Kopflinie geliefert, die weit durch die Handfläche läuft. Ihr Aufwärtstrend am Anfang gibt ihr zusätzliche Jupiterkraft: Stolz, Ehrgeiz und Wille. Damit kann einiges an vitaler Schwäche kompensiert werden. Bild 144.

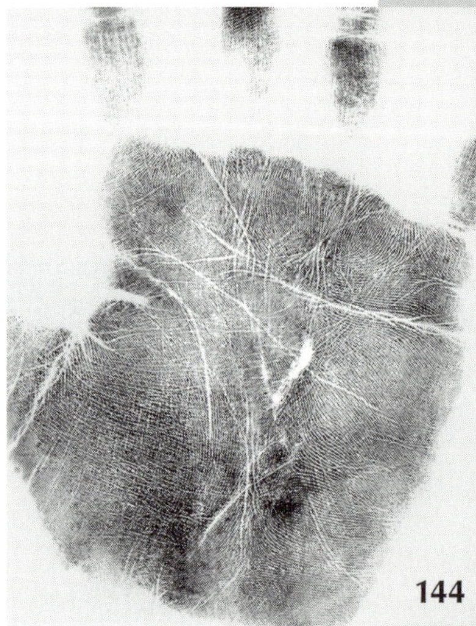

144

Enge Lebenslinie

Dem Lebenslinienbogen gehört die Ich-Seite, das heißt, er sollte bis zur Senkrechten reichen, die wir von der Mitte des Saturnfingers aus in die Handfläche einzeichnen. Dann kann sich ein Mensch den Raum im Leben nehmen, der ihm gebührt. In diesem Falle zieht sich die Person zusammen, sie getraut sich nicht, so aufzutreten, wie es ihr eigentlich zustände. Die gründliche Handanalyse sollte herausfinden können, warum das so ist. In dieser Hand ist die Kopflinie jedoch gut ausgebildet, das heißt, die Person wird trotzdem die Fähigkeit haben, sich durchzusetzen. Aber tief drinnen bleibt immer ein Gefühl der Unsicherheit. Die ebenfalls leicht gebogene Linie rechts von der Senkrechten gehört zum Saturn-Komplex (→ *Schritt 6, Saturnlinie*). Bild 145.

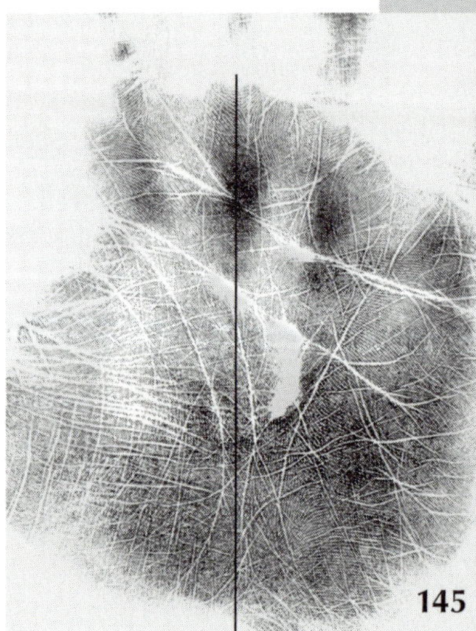

145

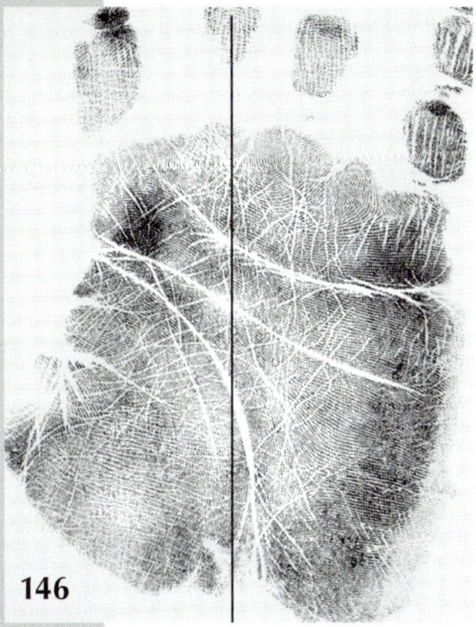

Ausgreifende Lebenslinie

Bei dieser Hand verläßt der Bogen der Lebenslinie die Ich-Seite: Dies ist eine Person, die sich zu sehr ausbreitet, die auf Kosten von anderen expandiert. Es handelt sich bei dieser Konstellation nicht um üble, böswillige Diktatoren, es sind vielmehr Menschen, die über sehr viel Vitalität verfügen und damit andere leicht erdrücken. Und sich wundern, wenn diese dann jeweils empört und verletzt aufschreien. Gerade in dieser Hand zeigt sich dieser Konflikt: Die Du-Seite ist vergrößert und deutet auf Harmoniebedürftigkeit und den Wunsch in enger, schützender Beziehung zu leben. Der große Lebenslinienbogen bewirkt aber, daß sich diese Person in Machtkämpfe und damit in Streit verwickeln wird. Dies wiederum wird die emotionalen Beziehungen erschweren. Bild 146.

146

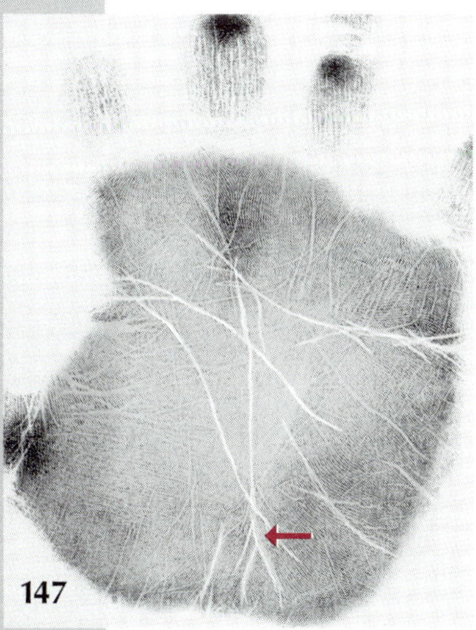

Lebenslinie in Mond

Diese Lebenslinie verläßt den Normverlauf und wird von den phantastischen Kräften des Mondes an- und weggezogen. Darin liegt die Gefahr eines Realitätsverlustes. Es kann zu seltsamen Vorstellungen kommen, die mehr oder weniger gravierend auf das Leben einwirken. In diesem Fall dürfte die Wirkung nicht allzu stark sein, weil im untersten Teil noch ein Stück der normalen Linie vorhanden ist und weil auch die Schicksalslinie (Pfeil) das Auslaufen der vitalen Energie zu verhindern scheint. Auch sind Kopf- und Herzlinie gut ausgebildet, was zusätzliche Ausgeglichenheit verspricht. Bild 147.

147

Was haben wir Neues gelernt?

Mit der Lebenslinie, die den Weg des Körpers durchs Leben zeigt, haben wir die drei wichtigsten Linien der Hand behandelt: Kopf-, Herz- und Lebenslinie. Zusammen mit den Proportionen der Hand erlauben sie eine umfassende Beschreibung von Veranlagung, Charakter und Entwicklungpotential eines Menschen. Eine harmonische Dreierteilung und drei sauber gezeichnete Hauptlinien erlauben die allerbeste Prognose. Wir haben allen Grund zu vermuten, daß ein Mensch mit einer solchen Hand sämtlichen Schwierigkeiten, die ihm sein Leben beschert, gewachsen sein wird. Und noch ein weiterer Aspekt ist deutlich geworden: In jeder Linie spiegelt sich gleichzeitig Physisches und Psychisches. Dies gilt auch für die körperlichste Linie der Hand, die Lebenslinie. Die Hand ist damit Zeuge für die Ganzheitlichkeit des Menschen. Sie beweist, daß man Geist und Körper nicht auseinanderdividieren kann. Dies ist eine der wichtigen Erkenntnisse der Handlesekunst.

UND NUN ZU IHREN HÄNDEN

Bei den folgenden Fragen geht es um Ihre Vitalität, Ihre Widerstands- und Regenerationskraft, Ihren sexuellen Appetit und Ihre Fähigkeit, Wärme zu verströmen. Legen Sie Ihre Handabdrücke vor sich hin und notieren Sie Ihre Antworten auf ein Blatt Papier.

Bestandsaufnahme

1 ◆ Beginnt die Lebenslinie am Handrand oder erst weiter innen auf der Handfläche?

2 ◆ Verläuft die Lebenslinie in einem schön geschwungenen Bogen oder bricht der Schwung an gewissen Stellen ein?

3 ◆ Stellen Sie sich eine Linie vor, die von der Mitte des Mittelfingers senkrecht nach unten zur Handwurzel verläuft. (Wenn Sie einen Bleistift hinlegen, sehen Sie es noch besser.) Verläuft der Bogen Ihrer Lebenslinie bis zu dieser Senkrechten?

4 ◆ Verläuft der Bogen Ihrer Lebenslinie über diese Senkrechte hinaus?

5 ◆ Verläuft Ihre Lebenslinie in Richtung Handrand bis in den Mondberg hinein?

6 ◆ Gibt es Brüche in der Linie? Werden diese durch Hilfslinien überbrückt?

7 ◆ Gibt es kleine Linienstücke, die die Lebenslinie durchkreuzen?

8 ◆ Gibt es aufwärtssteigende oder abfallende Äste? In welchem Teil der Linie?

9 ◆ Sind die drei Hauptlinien (Kopf-, Herz- und Lebenslinie) deutlich erkennbar?

10 ◆ Bieten die drei Linien ein harmonisches Bild?

11 ◆ Sind Kopf- und Lebenslinie miteinander verbunden?

Und wie immer schreiten wir nun zur Interpretation. Am besten nehmen Sie wiederum ein Papier und schreiben auf, was auf Sie zutrifft.

Deutung

◆ Wenn Ihre Lebenslinie nicht im Ich-Punkt, das heißt am Handrand, beginnt, (→ *Einleitung, Bild 3*) ist Ihre Vitalität geschwächt. Es kann sich dabei auch um ein frühkindliches Trauma handeln, das bewirkt hat, daß Sie sich Ihren Körper nicht richtig aneignen konnten, weil andere zu sehr darüber verfügt haben. Die Folge könnte sein, daß Ihnen körperliche Unversehrtheit immer noch nicht selbstverständlich geworden ist, was instinktive Angst und Hoffnungslosigkeit auslösen könnte. Falls Sie unter solchen Gefühlen leiden, empfehle ich Ihnen dringend, die Hilfe eines Therapeuten in Anspruch zu nehmen. 1

◆ Mit einem schönen Bogen kommen Sie stark und vergnügt durchs Leben. Mit Dellen und Einbrüchen gehören Sie zu den Menschen, die eher zurückhaltend sind. Sie lassen sich lieber mitreißen als selbst etwas oder jemanden in Bewegung zu bringen. 2

◆ Falls Sie einen Bogen haben, der nicht bis zur Mitte der Handfläche reicht, leiden Sie wohl an dem Gefühl, etwas im Schatten zu stehen. Irgend eine geheimnisvolle Macht hindert Sie daran, so aufzutreten, wie Sie es sich eigentlich wünschen. 3

◆ Falls Ihr Bogen weit (wirklich weit) in die Du-Seite hineinreicht, dann breiten Sie sich im Leben aus. Sie kommen sicher nicht zu kurz und stellen Ihr Licht bestimmt nicht unter den Scheffel. Jeder merkt sofort, wenn Sie das Zimmer betreten, und wehe, man räumt Ihnen nicht den Platz ein, den Sie haben möchten. Wenn die Lebenslinie nur ein klein wenig in die Du-Seite läuft, ist das alles auch wahr, aber in gemäßigtem Sinne. 4

5 ◆ Wenn der Bogen den Venusberg nicht rund umschließt, sondern hinüber zum Mond läuft, riskieren Sie, Ihre Körperkraft durch Phantasien und Phantastereien (Hypochondrie?) zu schwächen. Dies gilt vor allem, wenn auch Ihre Kopflinie schwach gezeichnet ist. Verwechseln Sie das aber bitte nicht mit einem Ast, der in den Mondberg läuft: Dann ist der Venusberg schön eingefaßt, während der Ast das Gebiet des Mondes berührt. Sie haben dann Zugang zu zwei Welten, sind phantasievoll, gleichzeitig aber gut im Diesseits verwurzelt.

6 ◆ Erschrecken Sie nicht über Brüche in der Lebenslinie. Wenn diese geflickt sind, bedeuten sie fast nichts – und das ist nach meiner Erfahrung fast immer der Fall. Schauen Sie gut nach, ob es nicht irgend welche feinen Linien gibt, die etwaige Brüche überbrücken und damit die Vitalkraft im Venusberg zusammenhalten. Falls nicht, dann müssen Sie bei einem Bruch schon mit einer Schwächeperiode rechnen. Dies ist vor allem dann der Fall, wenn Sie auf anderen Linien zum gleichen Zeitpunkt Brüche antreffen.

7 ◆ Kleine Einschnitte, nicht zu verwechseln mit richtigen Linien, die quer in die Handfläche laufen und die wir im *Schritt 8, Kleine Nebenlinien*, behandeln, stehen oft für Krankheitsattacken, Unfälle und Operationen. Sie müssen aber deutlich gezeichnet sein und klar hervortreten. Machen Sie nicht den Fehler, in einer Hand voller Nebenlinien, aus dem Netz der vielen Linien, Einzelheiten herauszuklauben und zu interpretieren. Was Ihnen nicht ganz deutlich ins Auge springt, verdient es nicht, interpretiert zu werden!

8 ◆ Aufsteigende Äste sind immer positiv. Sie stehen für persönliche Krisen, die Sie mit großem, persönlichen Einsatz überwunden haben. Das müssen nicht unbedingt Krankheiten sein, es können auch Ehekrisen, Berufskrisen oder ähnliches sein, es sind aber stets solche, die so

schwer waren, daß es Sie auch körperlich mitgenommen hat. Abwärtsäste sind diese gleichen Krisen, die Sie gezeichnet und als Opfer zurückgelassen haben.

◆ Drei sauber gezeichnete Hauptlinien reichen in den 9
meisten Fällen für ein sehr gutes Leben! Dies trifft vor allem dann zu, wenn auch die Dreierteilung optimal ist. Umgekehrt kann man sagen: Selbst wenn sich auf der Lebenslinie körperliche Krisen abzeichnen, so kann mit einem guten Ausgang gerechnet werden, wenn die übrigen Zeichen und Linien günstig sind.

◆ Bald haben Sie nun schon genügend Handabdrücke 10
studiert, um selbst sehen zu können, was eine harmonische Hand ist. Und sicher spüren Sie, daß dies immer ein gutes Zeichen ist. Lassen Sie sich nicht irritieren davon, daß es Hände mit wenigen Linien und solche mit einem wirren Netz von Linien gibt. Das sind unterschiedliche Menschentypen und keiner von ihnen ist besser oder schlechter als der andere. Sie werden darüber in *Schritt 7 und 8*, im Zusammenhang mit den Nebenlinien, noch mehr erfahren.

◆ Erinnern Sie sich? Eine mit der Lebenslinie verbundene 11
Kopflinie deutet auf gute Erdung, Bodenständigkeit und Vernunft. Natürlich wirkt eine solche Linienverbindung stärkend auf eine schwache Lebenslinie. Dann wird vernünftig mit der eigenen Empfindsamkeit umgegangen, was bewirkt, daß diese nicht mehr als so unangenehm empfunden werden muß.

Mit den letzten drei Fragen und Antworten haben wir bereits mit dem begonnen, was wir beim Interpretieren jedesmal tun müssen. Das neue Wissen muß jeweils mit dem schon Bekannten kombiniert werden. Nehmen Sie nun also Ihre Notizen hervor und sehen Sie nach, wie damals die Teilungen Ihrer Hand ausgesehen haben. Angenommen, Sie hatten damals ein starkes, stoffliches Feld festgestellt, das heißt eine feste Handwurzel mit einer hoch angesetzten Kopflinie, dann sind Sie natürlich darauf angewiesen, auch eine kräftige Lebenslinie zu besitzen, damit Sie genügend Kraft haben, das Feld der Materie zu beackern. Oder: Die Dreierteilung hatte ergeben, daß das unterste Drittel, die Wurzel, das Fundament, mangelhaft ausgebildet ist. Bei dieser Konstellation wünschen wir uns natürlich eine möglichst perfekte Lebenslinie, damit wenigstens diese die notwendige Kraft für ein befriedigendes Leben liefert.

Gehen Sie also Punkt für Punkt durch, was Sie früher über sich festgestellt haben, und setzen Sie es in Bezug zu den Erkenntnissen, die Sie aus Ihrer Lebenslinie bezogen haben. Langsam rundet sich das Bild, finden Sie nicht? Tatsächlich ist es so, daß Sie mit der Deutung der Handeinteilung und der drei Hauptlinien einen Menschen bereits sehr umfassend beschreiben können. Im Prinzip ist alles Wichtige in den Proportionen der Hand und den drei Hauptlinien enthalten. Ich empfehle Ihnen, sehr gründlich mit diesen Grundmaterialien zu arbeiten, bevor Sie sich auf weitere Details und Nebenlinien stürzen!

Was wissen Sie mehr über sich?
Es müßte Ihnen jetzt klar sein, ob Sie in die Kategorie der Bären oder der zarten Sommerfalter gehören. Sie müßten gesehen haben, wie es um Ihre Energie und Ihre Widerstandskraft bestellt ist. Und vielleicht haben Sie jetzt verstanden, warum Sie Machtkämpfe provozieren oder aber dazu neigen, untergebuttert zu werden. Wie auch immer: An der Lebenslinie können Sie viel ändern. Wenn sie schwach ist, hilft sportliche Betätigung, um sie zu stärken. Wenn sie sehr stark ist, hilft sportliche Betätigung, Ihre überflüssige Energie in Schach zu halten.

Zwischenbemerkung:

Angst

Handlesen kann Angst machen. Vielleicht haben Sie bei sich Störungen entdeckt, die Sie beunruhigen. Man braucht nicht Hypochonder zu sein, um sich zu fürchten, wenn man in seiner Lebenslinie Lücken und Brüche entdeckt. Darum möchte ich Ihnen einmal mehr sagen, daß sich Handlinien verändern. Nehmen Sie also als Warnung, was Sie als Schwäche entdecken, und versuchen Sie, Ihre Lebensumstände so zu verändern, daß Sie Energie einsparen und Kräfte aufbauen können. Vergleichen Sie auch Ihre beiden Lebenslinien. Wenn diejenige der passiven Hand schwächer gezeichnet ist, sind Sie auf guten Wegen und haben bereits gelernt, sich zu schützen. Wenn jedoch die Lebenslinie der aktiven Hand weniger günstig aussieht, dann ist Ihr Lebensstil verbesserungsbedürftig. Dann leben Sie kräftemäßig unter Ihrem Niveau!

Zur Repetition noch einmal die drei Linien mit ihren Normlängen und Normverläufen. Was der Norm entspricht, gilt als harmonisch und ist positiv zu werten. Was davon abweicht, wird negativ gewertet, verspricht ungünstige Veranlagungen und Eigenschaften und damit Widerstände und Schwierigkeiten im Leben.

Linien sind Energieflüsse:

Die Lage zeigt: Orientierung und Interessen der Person.

Die Länge zeigt: Menge der vorhandenen Energie.

Der Verlauf zeigt: Eigenschaften der Energie.

Die Qualität zeigt: Ob die Energie gestört oder ungestört fließt.

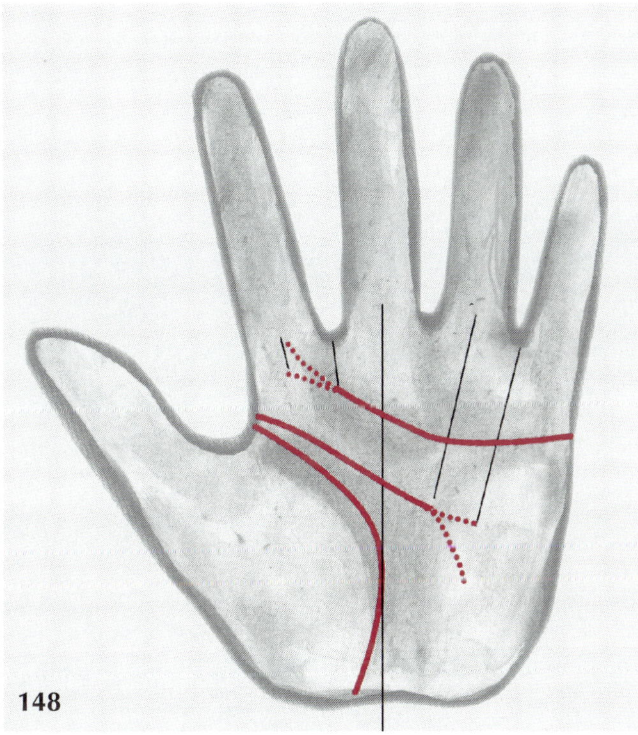

148

Bild 148. Minimal- und Maximallängen der drei Hauptlinien. Dazu die Normverläufe: Die harmonische Herzlinie neigt sich nicht nach unten, die harmonische Kopflinie steigt nicht nach oben und die harmonische Lebenslinie geht nicht über die Ich-Seite hinaus.

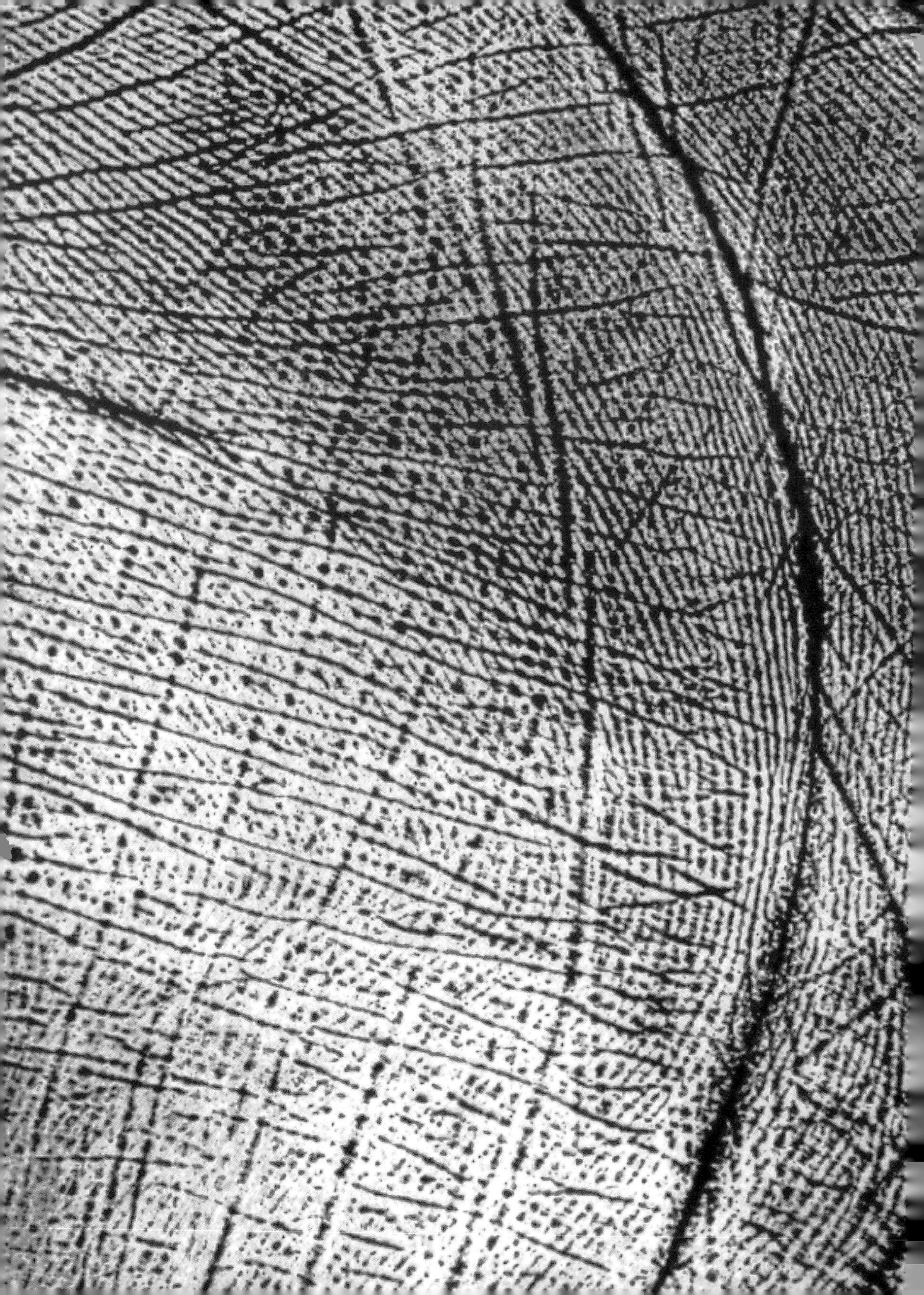

Schritt 6

Die Saturn- oder Schicksalslinie – der Lebensweg

Sie spannt sich zwischen unten und oben und verbindet Himmel und Erde. Sie liegt an der Grenze zwischen innen und außen. Und wie an Baumringen können wir die Jahre zählen und wichtige Ereignisse aus Vergangenheit und Zukunft orten.

DIE SATURN- ODER SCHICKSALSLINIE – DER LEBENSWEG

Erinnern Sie sich: Saturn ist der gestrenge Vorvater der Götter, das zusammenziehende Prinzip, das Kalte, das Schwere und folglich das, was sich in der Realität manifestiert. Als Kronos ist er die Zeit und erinnert uns an die Vergänglichkeit. Als Hüter der Schwelle weist er darauf hin, daß es immer noch etwas jenseits von dem gibt, was direkt vor unseren Augen liegt. Saturn ist das Schicksal, in ursprünglichem Deutsch »das Geschick« oder »das Mißgeschick«, das heißt, das, was geschieht und was wir, mit mehr oder weniger »Geschicklichkeit«, veranstalten. Entsprechend macht die Saturnlinie deutlich, was in unserem Leben tatsächlich stattfindet. Sie zeigt, mit wieviel Bewußtsein, Selbstdisziplin, Verantwortungsgefühl und Leistungswillen wir uns durch unser Leben bewegen. Sie zeigt, ob wir es im Leben mit Arbeit, mit Glück oder überhaupt nicht schaffen. Wie der Kandiszucker um den Faden, so kristallisiert sich um die Schicksalslinie, das, was in einem Leben Bedeutung hat. Weil die wenigsten Menschen mit dem zufrieden sind, was sie im Leben erreichen, wird Saturn als böser Schicksalsgott gefürchtet. Das ist aber ungerecht. Saturn »tut« nichts, er zeigt nur, was tatsächlich vorhanden ist.

Besonders interessant ist die Saturnlinie für uns, weil sich auf ihr wichtige Einschnitte und Wechsel in unserem Leben eingravieren. Sehr deutlich markieren sich Zeitpunk-

»In Deiner Brust sind Deines Schicksals Sterne«, sagt Friedrich Schiller und meint damit, daß der Charakter das Schicksal prägt. Diese Ansicht wird auch von modernen Psychologen geteilt. Tatsächlich hängt der Ausgang der Dinge ja oft von unseren Reaktionen ab. Sogar wenn wir in einer Situation sind, die wir selbst nicht beeinflussen können, haben wir noch die Möglichkeit, die Schwierigkeit mit Mut und Geduld oder mit Auflehnung und Verzweiflung zu ertragen.

te, wo etwas Wichtiges geschehen ist. Wobei wir aber nicht wissen können, worin dieses Ereignis bestand. Eine Markierung im 25. Lebensjahr beispielsweise kann für Unfall, Heirat, Berufswechsel, Kind, Haus oder tausend andere Dinge stehen. Die Erfahrung zeigt aber, daß bei einem Menschen jeweils eher gleichartige Ereignisse Markierungen hinterlassen. Dadurch können wir auf die Interessenlage einer Person schließen. Bei gewissen Menschen zeichnen sich Beziehungen und Kinder ein, bei anderen dagegen Karriereschritte, neue Autos oder Geschäfte: Jeweils das, was für diese Person das Leben ausmacht. Bei einsamen Menschen können Haustiere Markierungen setzen, bei andern ist die Begegnung mit einem Guru eingekerbt. Dabei gilt, je stärker der Einschnitt, desto wichtiger das Erlebnis. Aber auch im Zusammenhang mit der Schicksalslinie gilt, was wir schon früher unterstrichen haben: Linien verändern sich und damit sind ihre Aussagen relativ, auf den Zeitpunkt der Handanalyse beschränkt. Was im Hinblick auf die Zukunft leicht verständlich ist, nämlich, daß wir durch Einflußnahme die kommenden Ereignisse gestalten und verändern können, ist schwerer verständlich, wenn es um die Vergangenheit geht. Wie können Aussagen über die Vergangenheit relativ sein?

Ob man im Alter von 25 Jahren einen Autounfall hatte oder nicht, ist selbstverständlich nicht relativ, sondern objektive Wahrheit. Aber: Die Wirkung, die ein solches Ereignis auf uns hat, kann sich durchaus verändern. Ein Mensch kann für sein restliches Leben traumatisiert bleiben, oder er kann das Erlebnis verarbeiten und vergessen. Dann verschwindet die Linie und das Trauma ist wie nicht geschehen, obwohl es im Polizeirapport und auf Fotografien weiterhin nachweisbar bleibt.

Wir können unsere Vergangenheit nicht verändern, jedoch unsere Haltung dem gegenüber, was einstmals war.

Das ist eine wichtige Aussage. Sie bedeutet, daß das, was wir jeweils aus der Hand lesen können, dasjenige ist, was für die Person im Augenblick der Handanalyse wichtig ist. Dieses verändert sich aber im Laufe des Lebens immer wieder. Ich habe öfter erlebt, daß in Händen Ereignisse aus der Vergangenheit stark hervortreten, die zur Gegenwart einen bedeutsamen Bezug haben, sei es, daß sich ein Schicksalsschlag wiederholt, oder daß sich die Person noch einmal in ein Verhaltensmuster verwickelt hat, das ihr schon in der Vergangenheit zum Verhängnis wurde. Bei der nächsten Handanalyse – zwei, drei Jahre später – zeigt sich jeweils wieder eine andere Thematik.

Die gleiche Relativität der Aussagen gilt für die Zukunft. Was wir im Moment in einer Hand als Zukunft sehen, ist gültig, wenn die Person Haltung und Verhaltensweisen unverändert beibehält. Tatsächlich ist die Trägheit eine der zuverlässigsten menschlichen Eigenschaften, und so besteht eine gute Chance, daß die Voraussage gültig bleibt und eintrifft. Möglich ist aber auch, daß die Person ihre Einstellung und ihr Verhalten ändert und sich damit eine andere, neue Zukunft schafft. Damit wird klar, daß bei einer Handanalyse Zukunftsvoraussagen von geringem Interesse sind. Das Wahrsagen, auch Mantik genannt, steht zurecht in einem schlechten Ruf. Erstens kann es, aus den genannten Gründen, nie wirklich zuverlässig sein, und zweitens treibt es die Menschen in falsche Erwartungen und damit in eine passive und abhängige Haltung.

Die Saturnlinie gehört eigentlich in die Reihe der *Großen Nebenlinien, Schritt 7*. Weil sie aber so vieles aussagt und darum so wichtig ist, erhält sie hier ihr eigenes Kapitel. Beachten Sie aber bitte, daß sie nicht zu den obligatorischen drei Hauptlinien gehört, von denen die Chirologie behauptet, daß sie für ein befriedigendes Leben notwendig sind. Sehr viele Menschen haben keine Schicksalslinie, oder diese ist nur undeutlich gezeichnet. Manche haben sie auch nur in einer Hand. Solche Menschen sind nicht einfach verantwortungslos, wahrscheinlich machen sie

»Mantik« ist das griechische Wort für Sehen, Weissagen, Prophezeien. »Chiromantie« heißt: Wahrsagen aus der Hand. Seien Sie vorsichtig und bleiben Sie kritisch. Obwohl es jede Menge von gut belegten Geschichten über Prophezeiungen gibt, die sich erfüllt haben, zeigen Untersuchungen doch, daß sich selbst die besten Wahrsager irren können. Eine Trefferquote von 65% gilt bereits als hervorragend.
Also bitte, spielen Sie die Kassandra mit größter Zurückhaltung! Es gibt ja auch noch die sich selbst erfüllende Prophezeiung: Wenn Sie einem Pechvogel ein Unglück voraussagen, besteht die Gefahr, daß er dieses selbst herbeiführt, weil er Ihnen glaubt.

sich aber weniger Sorgen und Gedanken darüber, was sie im Leben leisten sollten und müßten. Sie handeln instinktiv, aus dem Augenblick heraus. (Viele starke Heiler und Medien haben zum Beispiel eine typische, fast leere Drei-Linien-Hand. Sie lassen ihre Heilkraft fließen, ohne sich Gedanken zu machen oder sich zu fragen, woher ihre Fähigkeiten kommen und wieso diese funktionieren!)

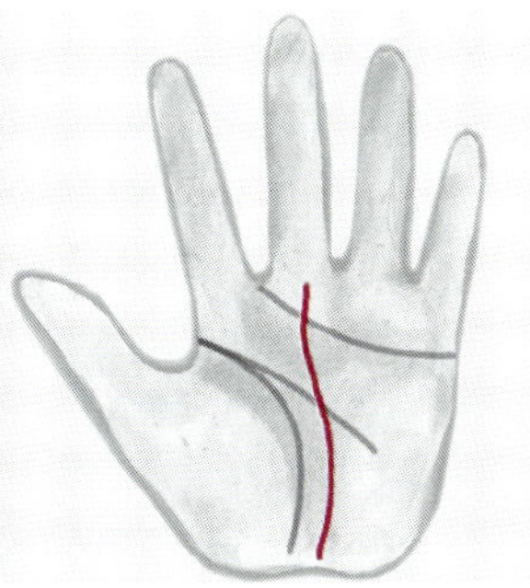

149

Eine weitere wichtige Anmerkung, die für alle Nebenlinien gilt: Während Hauptlinien sozusagen festgelegte, normierte Formen, Verläufe und Längen haben, herrscht bei Nebenlinien größere Freiheit. Sie liefern uns eigentlich nur Zusatzinformation zu dem, was wir schon aus den Proportionen der Hand und den drei Hauptlinien wissen. Entsprechend großzügig können wir bei Nebenlinien auch seltsame Verläufe als positiv akzeptieren.

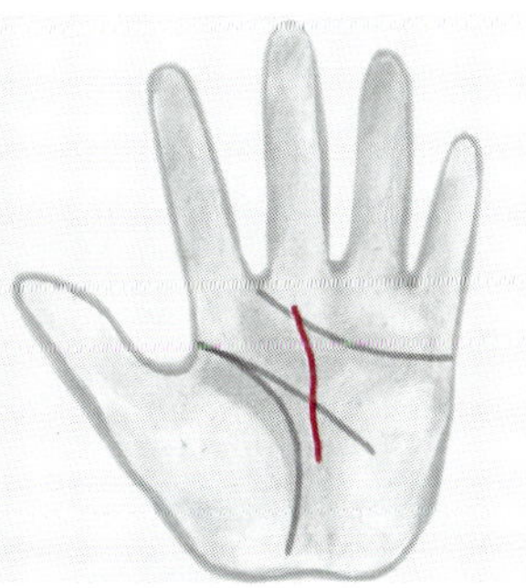

150

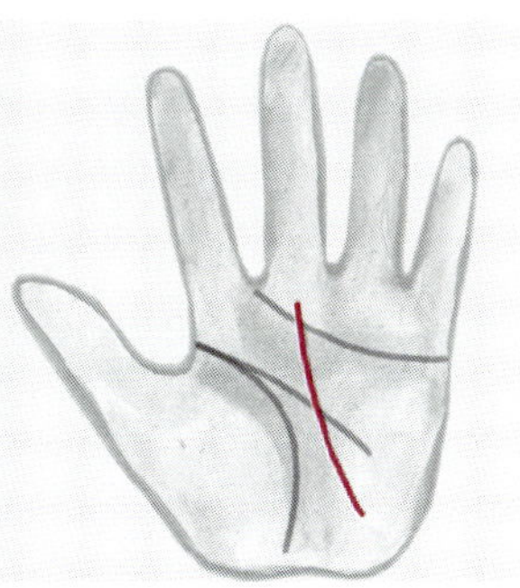

151

Der Anfang der Schicksalslinie

◆ Der normale Anfang der Saturnlinie liegt unten in der Mitte der Handwurzel. Dieser Ort wird Graben oder Neptun-Bereich genannt und liegt tatsächlich in einer Vertiefung, die zwischen Venus- und Mondberg liegt. Die Person ist von ihrer Herkunft und Familie geprägt. Bild 149.

◆ Wenn sie erst weiter oben, in der Mitte des Handtellers sichtbar wird, bedeutet es, daß die Person länger braucht, um erwachsen und bewußt zu werden und verantwortungsvoll zu handeln. Bild 150.

◆ Ein Beginn vom Mond her gilt als günstig: Die Person hat Glück, sei es, daß sie aus einer förderlichen Umgebung stammt oder daß ihr Charakter bewirkt, daß sie Schwierigkeiten als Herausforderungen auffaßt und aus ihnen Kraft bezieht. Bild 151.

◆ Eine Saturnlinie kann aber auch wie ein Aufwärtsast aus der Lebenslinie entspringen. Sie gehört einer Person, die ihr Leben aus eigener Kraft und mit großem Einsatz gestaltet (Self-made-man oder -woman). Bild 152.

◆ Eine Saturnlinie, die so nahe neben der Lebenslinie liegt, daß sie diese fast berührt, wirkt einengend und belastend. Meistens handelt es sich um Familienmuster, die unbesehen übernommen worden sind und die individuelle Freiheit beschneiden. (Der Graben oder Neptun-Bereich gilt als Ort des Ursprungs, der Herkunftsfamilie.) Bild 153.

◆ Eine Saturnlinie, die innerhalb der Lebenslinie beginnt, verstärkt die Bindung an die Herkunftsfamilie. Man ist mit dem gegengeschlechtlichen Elternteil innerlich identifiziert und damit zu stark verbunden. (Vater- oder Mutterkomplex.) Bild 154.

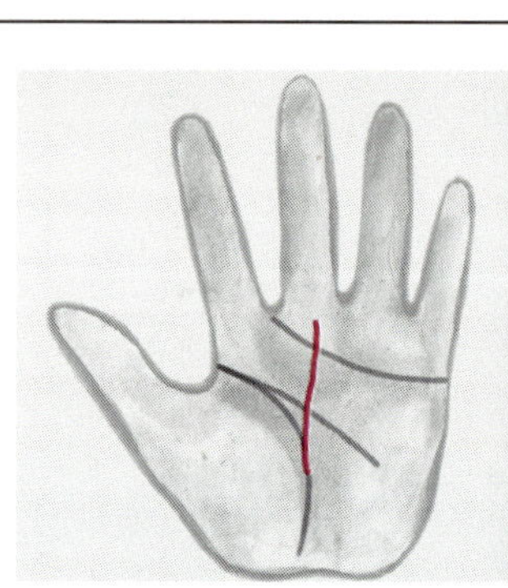

152

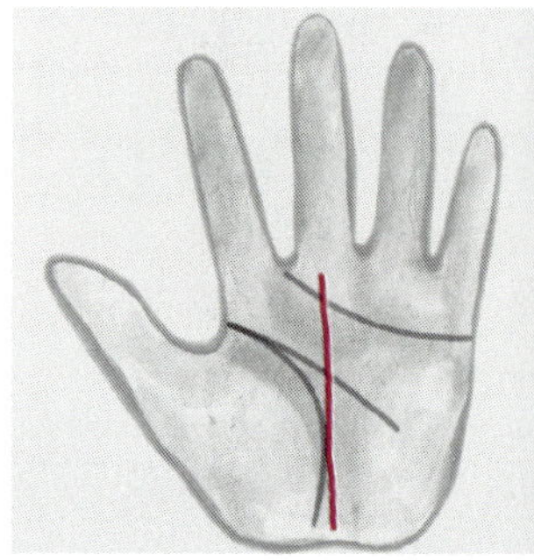

153

Der Verlauf der Schicksalslinie

Die Saturnlinie kann mehrere Formen annehmen, die gleichzeitig nebeneinander stehen und mehr oder weniger gut gezeichnete Parallelen bilden können. Oft sind die Linien auch nicht durchgehend, sondern nur in Stücken gezeichnet. Das Ergebnis ist ein wild durcheinanderlaufendes Nebeneinander. Im Zweifelsfall gilt: Jede klar eingezeichnete Linie, die, in Gedanken verlängert, am Mittelfinger endet, gehört zum Saturn-Linien-Komplex. Das ist am Anfang verwirrend, Sie werden aber leicht begreifen, um was es geht, wenn Sie weiter hinten die praktischen Beispiele studieren.

◆ Eine in einem Strich durchgezogene Saturnlinie ist selten und deutet auf eine sehr gewissenhafte Person, die sich für sehr vieles stark verantwortlich fühlt. Sie ist so ernsthaft, daß sie meistens kein leichtes und genußvolles Leben führen kann. Eine gewisse Rigidität ist möglich. Bild 155.

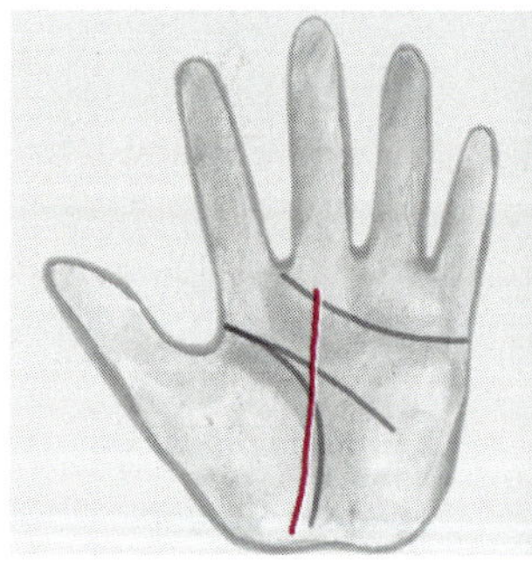

154

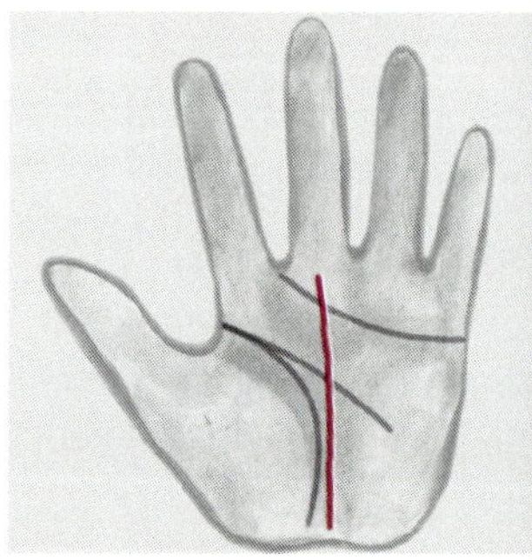

155

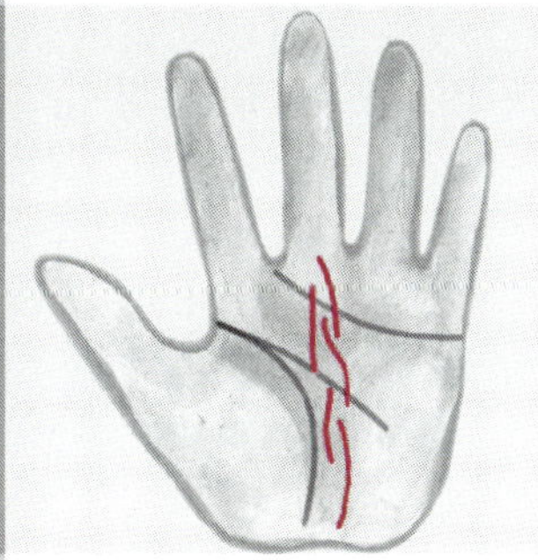
156

◆ Eine gewundene Saturnlinie mit Unterbrechungen und Parallelen erlaubt mehr persönliche Freiheit. Im Leben können verschiedene Saiten angeschlagen und verschiedene Wege ausprobiert werden. Natürlich liegt in dieser Freiheit die Gefahr der Zerstreuung und des Ausweichens. Bild 156.

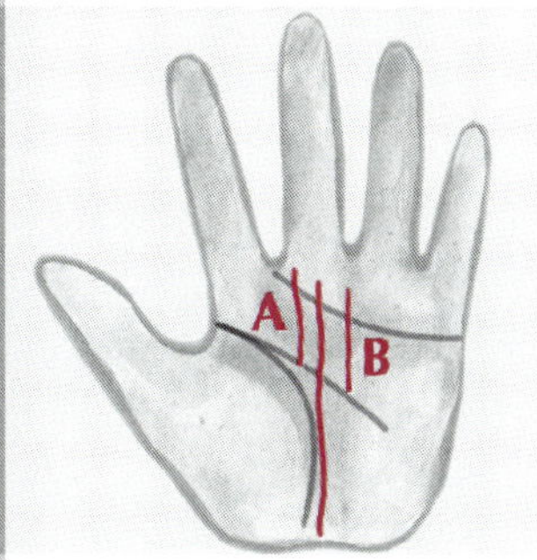

157

◆ Saturnlinien, die Richtung Daumen verlagert sind, betreffen die »inneren Welten«: Gedanken, Überzeugungen, Familie, Häuslichkeit. Bild 157, A.
Richtung Handkante verlagerte Schicksalslinien beziehen sich auf »Äußeres«: Beruf, ferne Länder, Öffentlichkeit. Bild 157, B.

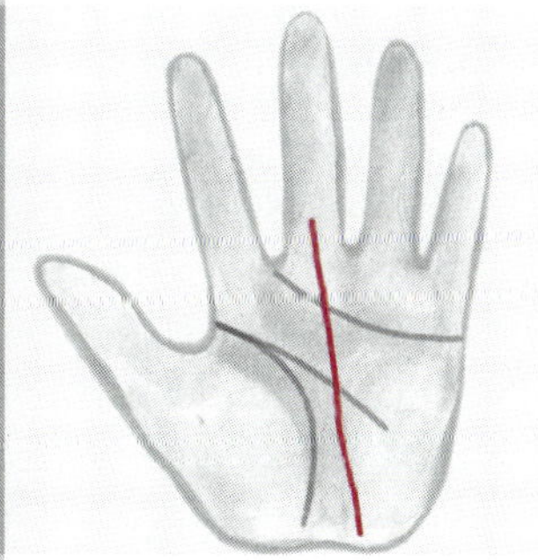
158

◆ Die lange Saturnlinie, die vielleicht sogar bis in den Mittelfinger eindringt, ist ein Zeichen für ein verantwortungsbewußtes und wahrscheinlich langes Leben. (An dieser Stelle lassen sich am ehesten Mutmaßungen über die Lebensdauer treffen. Aber sicher ist dabei nichts.)
Bild 158.

Das Ende der Schicksalslinie

Das normale Ende der Saturnlinie oder der Saturnlinien – oft sind es ja mehrere – liegt irgendwo im Saturnberg. Die Linien können dabei gegabelt oder verästelt sein. Alles Vielfache deutet auf Erweiterung des Horizonts im Alter, auf breite Möglichkeiten und Interessensgebiete.

◆ Die Saturnlinie, die an der Kopflinie endet, gehört einem Menschen, der sich trotzig zurückzieht, wenn sich im Leben Widerstände zeigen. Bild 159.

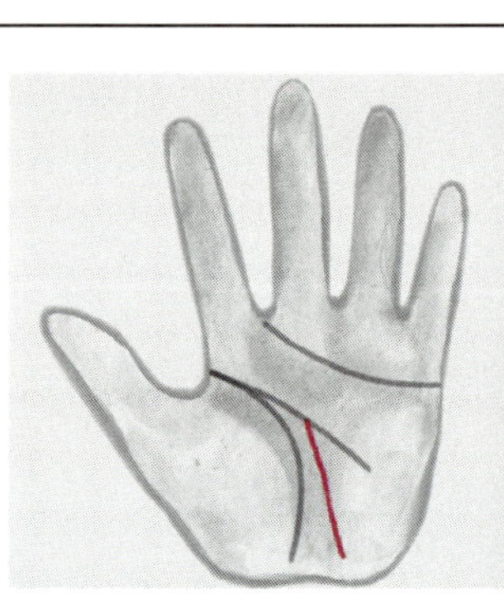

159

◆ Endet die Linie an der Herzlinie, neigt der Mensch zum Schmollen, wenn emotionale Probleme sein Fortkommen erschweren. Eine verkürzte Saturnlinie deutet also stets auf Rückzug und Resignation. Bild 160.

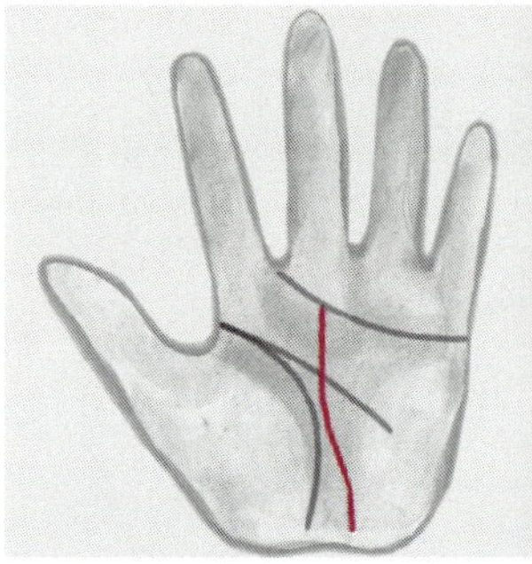

160

◆ Ein Schwenker der Linie zum Jupiter zeigt Menschen mit einem gewissen Führungsanspruch. Vielleicht sind sie Lehrer, Politiker oder Manager, jedenfalls benützen sie ihren Lebensweg, um sich eine gewisse Autorität zu verschaffen. Bild 161.

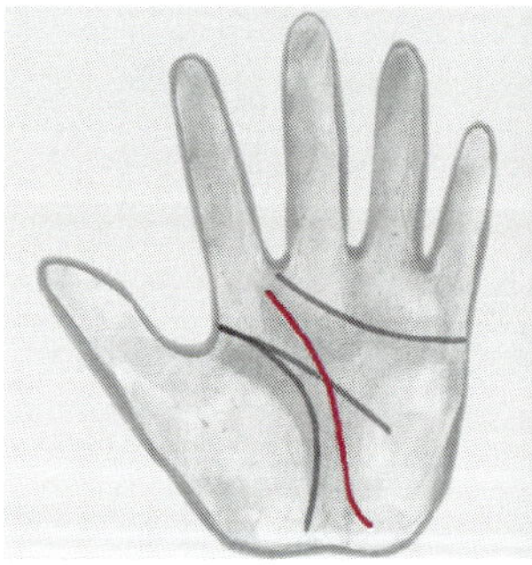

161

◆ Ein Schwenker der Linie zur Sonne bedeutet, daß die Person eine beglückende Art des Selbstausdrucks und der Selbstverwirklichung gefunden hat. Meistens handelt es sich um eine künstlerische Tätigkeit. (Ein Mensch kann daraus Befriedigung ziehen, auch wenn er in der Welt keine Anerkennung für sein Tun findet!) Bild 162.

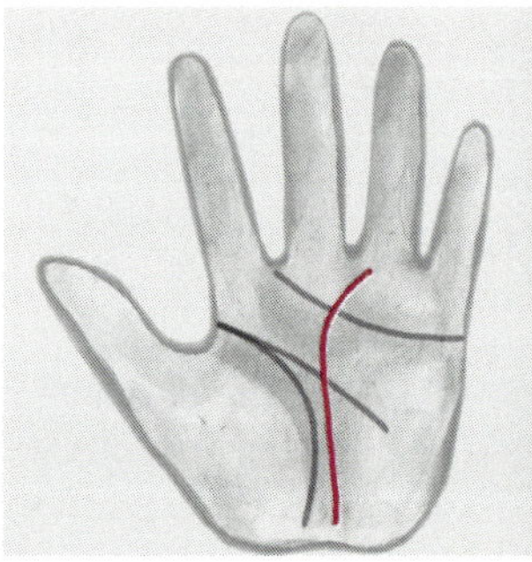

162

163

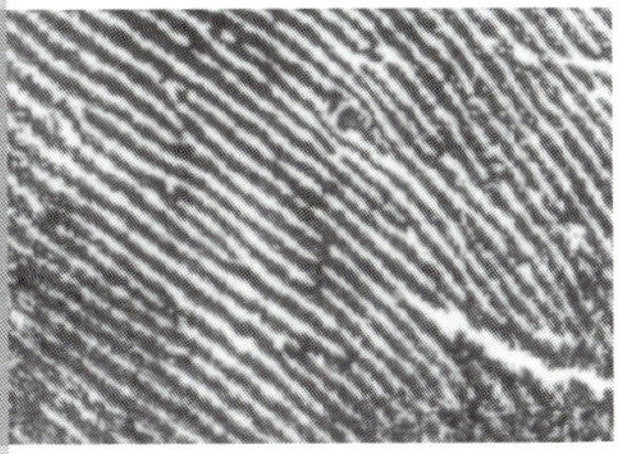

164

Datieren auf der Schicksalslinie

Das Datierungssystem auf der Saturnlinie ist nicht einfach zu handhaben, bringt aber erstaunlich genaue Ergebnisse. Zwar braucht es etwas Übung und Intuition, erweist sich aber immer wieder als sehr präzise und äußerst aussagekräftig.

Sie wissen wahrscheinlich, daß man Baumringe zum Zählen der Jahre benützt: Jeder Streifen auf Bild 163 steht für eine Vegetationsperiode, das heißt für ein Jahr. Ganz genau gleich lesen wir die Papillarlinien. Es handelt sich dabei um die Nervenleisten, die die ganze Handfläche überziehen. Sie sehen ein Muster davon in Bild 164. Näheres über Papillarlinien und Muster erfahren Sie in *Schritt 9, Das Papillarmuster*. Hier geht es einfach darum, zu verstehen und zu akzeptieren, daß die Papillarlinien an der Saturnlinie wie die Jahresringe eines Baumes funktionieren und es uns erlauben, die Jahre zu zählen.

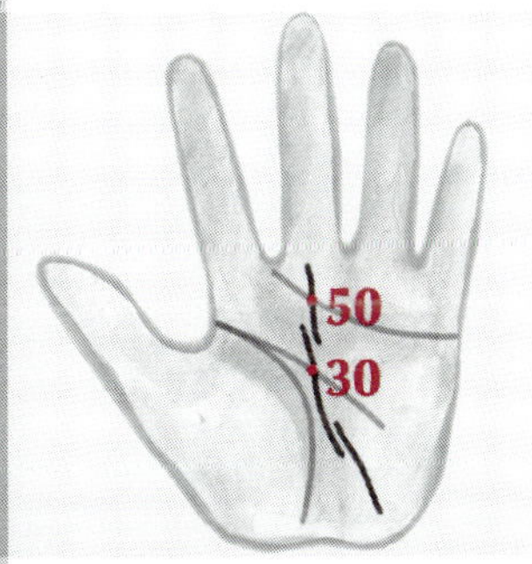

165

Zwei Ausgangspunkte müssen Sie sich einprägen:

- ◆ Der Schnittpunkt der Saturnlinie mit der Kopflinie entspricht dem 30. Lebensjahr.
- ◆ Der Schnittpunkt der Saturnlinie mit der Herzlinie entspricht dem 50. Lebensjahr. Bild 165.

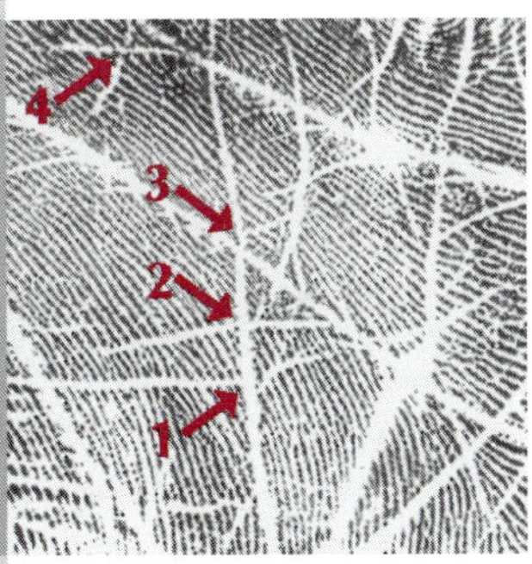

166

Von diesen Schnittpunkten ausgehend werden die Papillarlinien vorwärts und rückwärts gezählt. Jede Linie steht für ein Jahr. Spätestens jetzt ist der Moment gekommen, wo Sie ohne Lupe nicht mehr genügend wahrnehmen können. Also, Lupe hervor! Zählen Sie nun von der Kopf- oder Herzlinie ausgehend die Papillaren bis zum nächsten Querstrich oder dem nächsten Bruch in der Linie. So gelangen Sie zum Zeitpunkt eines wichtigen Ereignisses.

◆ Bild 166: Die Pfeile zeigen von unten nach oben das

21. oder das 22., das 24., das 31. (berührende Linie) und das 47. Lebensjahr. Da die Linien oft nicht ganz klar zu sehen sind, muß mit einer Ungenauigkeit von einem oder zwei Jahren gerechnet werden. Zudem stellt sich jeweils noch die Frage, ob Sie inner- oder außerhalb (rechts oder links) der Saturnlinie zählen sollen. Ich zähle jeweils dort, wo die Papillarlinien deutlicher sind, oder verlasse mich auf meine Intuition.
Nicht in jeder Hand liegen zwischen 30 und 50, zwischen Kopf- und Herzlinie, genau die zwanzig Papillarlinien, die wir für die zwanzig Lebensjahre brauchen würden. Dies bedeutet, daß das Schicksal nicht einförmig verläuft, sondern Sprünge macht. Und so springen auch wir von Linie zu Linie – und zwar immer bei einer Durchkreuzung oder einem Bruch. Wie sich die Person durchs Leben mit seinen Schwierigkeiten arbeitet, so hangeln wir uns die Saturnlinie hinauf. Wenn mehrere Linien nebeneinander liegen, wählen wir jeweils die deutlichste, am tiefsten eingekerbte Linie: Die Linie, die am meisten Kraft hat, ist diejenige, die weiterführt.
◆ Bild 167: Linie 1 (Pfeil 1) endet an der Kopflinie. Das bedeutet: Mit 30 erlebt diese Person eine Veränderung. Sie kann nicht weitermachen wie bisher, sie muß »umsteigen«. Linie 2 (Pfeil 2) liegt weiter innen Richtung Daumen: Die Veränderung ist eine Art von Rückzug, der übrigens, das zeigt der Anfang dieser Linie, bereits mit 29 begonnen hat. Das Lebensstück der Linie 2 verläuft gerade und unproblematisch bis zum 39. Lebensjahr, dann aber wird die Linie schwach und versickert. Die Person ist in gewisser Weise am Ende, sie muß sich neu orientieren. Zwei Linien fangen an und ziehen sich über die Herzlinie hinaus. Vor allem die Linie ganz links (Pfeil 4) wird nach 50 die tragende Linie sein, denn sie ist die einzig vorhandene, die weiter hinauf zum Saturn steigt. Aber, wenn wir diese Linie von oben her zählen, von der Herzlinie rück-

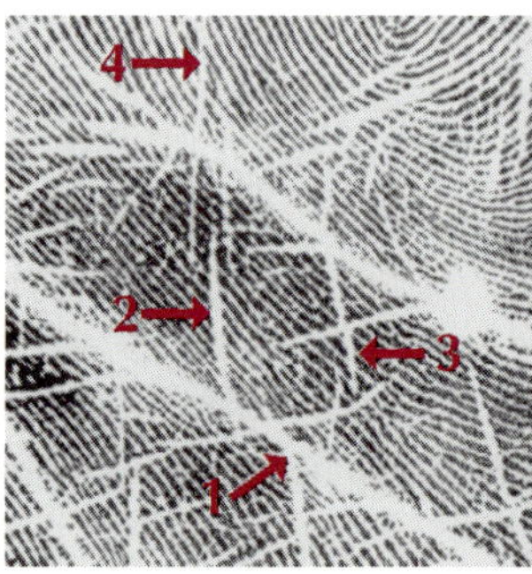

167

Ich gebe es ja zu: Diese Art des Zählens und Kombinierens ist nicht einfach. Aber beachten Sie doch bitte, wieviel vielsagende Einzelheiten wir aus diesem kurzen Stück Saturnlinie herauslesen können! Es lohnt sich also auf alle Fälle, das Datieren auf der Saturnlinie einzuüben. Fangen Sie einfach ganz gemächlich an: Beschränken Sie sich am Anfang auf wenige, ganz klare Abschnitte und Zeichen. Dann wachsen Sie langsam aber sicher in das System hinein.

wärts, stellen wir fest, daß sie erst mit 43 beginnt. Also brauchen wir noch ein Stück Linie für die fehlenden Jahre zwischen 39 und 43. Wir finden eine vierte Linie weit außen (Pfeil 3). Die Person hat die Flucht nach vorn ergriffen und einen Ausweg in der Welt draußen gesucht. Allerdings, auch diese Linie wird erst ab dem 43. Lebensjahr klar. Wir können daraus schließen, daß die Jahre zwischen 39 und 43 eine Zeit der Unsicherheit, Ungewißheit und der Schwierigkeiten war, bis eben mit 43 dieser Ausweg gefunden wurde. Eine Durchschneidung mit 46 zeigt allerdings, daß es auch dabei nicht ganz ohne Probleme ablief. Mit 50 wird die Linie schwächer, um schließlich mit 56 zu enden. Die Flucht ist zu Ende, die Person richtet sich auf der innersten Linie (Pfeil 4) definitiv ein.

Regel:

Durchschneidungen und Brüche sind Ereignisse

◆ Wenn die schneidende Linie aus der Herzlinie kommt, hat das Ereignis emotionalen Charakter, wenn sie bis in den Venus-Bereich hineinläuft, hat das Ereignis eine körperliche Note (Unfall oder Krankheit).

◆ Ein Bruch in der Linie deutet auf einen Wechsel in einer bestimmten Tätigkeit oder Umgebung. Wenn keine Linie weiterführt, ist die Person schwer verunsichert und »schwimmt«.

◆ Fängt zum Zeitpunkt des Schnittes eine neue Linie an, wird sich auch für die Person ein neuer Weg öffnen. Er führt entweder mehr nach außen oder nach innen.

Über den Inhalt des Geschehens läßt sich nichts Genaues feststellen. Sie müssen darum nachfragen. Beispiel: »Mit 33 ist etwas Wichtiges in Ihrem Leben passiert, das Sie dazu gezwungen hat, Ihr Leben neu anzufangen. Was war es?« Dann wird ihnen die befragte Person antworten, daß sie den Beruf gewechselt oder ein Kind geboren oder geheiratet hat oder sonst etwas ähnliches. Nun wissen Sie, daß das Thema Beruf oder Kind oder Ehe für diese Person besonders wichtig ist. Oft weisen mehrere Einschnitte auf das gleiche Thema und zeigen damit, daß der angesprochene Bereich gerade aktuell ist und bearbeitet werden sollte.

Grundsätzlich gilt: Wenn die Saturnlinie sauber durchschnitten und nicht geschwächt wird, handelt es sich um ein neutrales oder »gutes« Ereignis.
Wenn die Saturnlinie durch den Schnitt in Mitleidenschaft gezogen wird, ist das Ereignis schwer zu verkraften.

Erschwernisse

◆ Bei Händen ohne Saturnlinie läßt sich mit diesem System nicht datieren!

◆ Bei manchen Menschen sind die Papillarlinien so fein gezeichnet, daß man sie nicht zählen kann. Dies deutet auf Dünnhäutigkeit, Feinheit, eventuell Erschöpfung.

◆ Auf der Saturnlinie, wie auf anderen Linien auch, können wir nur bis etwa zum 60. oder 70. Lebensjahr datieren. Das ist ärgerlich, wenn wir die Hände von älteren Menschen betrachten. Vielleicht sagt uns die Chirologie damit, daß wir im Alter so abgeklärt sein sollten, daß wir selbst eigentlich am besten über uns Bescheid wissen müßten, und daß uns kein Schicksalsschlag mehr bis ins Innerste sollte treffen können.

Fassen wir zusammen:
Mit der Saturnlinie betreten wir den Bereich der Nebenlinien. Die Handform und die drei Hauptlinien beschreiben den Charakter einer Person bereits recht umfassend, in den Nebenlinien gewinnen wir aber zusätzliche Informationen. Die Saturnlinie bildet die Grenze zwischen Ich- und Du-Seite und verbindet Unten mit Oben. Darum ist sie, wenn überhaupt vorhanden, eine zentrale und wichtige Linie der Hand. Die Genauigkeit, mit der sich an ihr datieren läßt, macht sie zusätzlich interessant. Es ist aber wichtig, sich bewußt zu sein, daß die Saturnlinie als Nebenlinie fakultativ ist. Wer sie nicht hat, steuert sich weniger bewußt durchs Leben und steht unter weniger Leistungsdruck. Ob dies positiv oder negativ erlebt wird, ist eine Frage der Werte: Manche Menschen möchten ihr Verantwortungsgefühl und Pflichtbewußtsein nicht missen, sie beziehen ihren Selbstwert aus dem, was sie leisten, aus den Schwierigkeiten, die sie überwunden haben. Andere dagegen schätzen sich glücklich, wenn sie sich allen Zwängen entziehen können. Verpflichtungen sind ihnen ein Greuel, Probleme keine Herausforderungen, sondern Belästigungen. Sie verweigern sich dem Bibelwort, das die Menschen dazu verdonnert, sich im Schweiße ihres Angsichts durchschlagen zu müssen. Sie verlassen sich auf ihr Glück und vielleicht fällt es ihnen auch in den Schoß. Vielleicht aber warten sie vergebens.

HÄNDE UNTER DER LUPE

Die erste Schwierigkeit bei der Saturnlinie besteht darin, sich zuerst einmal klar zu werden, wo sie überhaupt liegt. Meistens kommt sie nämlich zerstückelt daher und ist mehrfach gezeichnet. Es gibt aber eine wichtige Regel, die Sie beim Handlesen überall und immer wieder anwenden können: Stellen Sie sich vor, daß Sie die Linie verlängern und beachten Sie, wohin die imaginär verlängerte Linie laufen würde. Danach gilt:

Alle Linien, die in Richtung des Saturnfingers laufen, sind Saturnlinien. Oder allgemeiner gesagt: Die Richtung der Linie entscheidet über ihre Art, der Anfang der Linie bestimmt ihren Charakter, die Länge der Linie zeigt die Menge der vorhandenen Energie, und aus der Qualität der Linie lassen sich Eigenschaften und Ereignisse lesen.

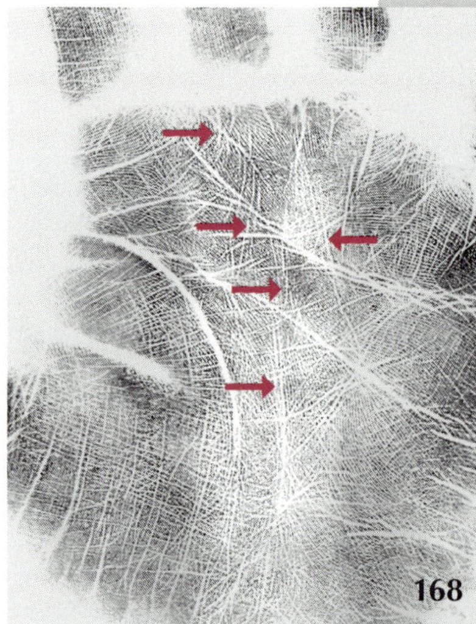

168

Wie das gemeint ist, sehen Sie in den beiden nebenstehenden Bildern: Alle Linien, die mit einem roten Pfeil markiert sind, sind Saturnlinien. In diesen Händen gibt es also eigentliche Saturnlinien-Komplexe! Dies bedeutet, daß die entsprechenden Menschen vielseitige Interessen verfolgen oder auf mehreren Ebenen Leistung erbringen und Verantwortung übernehmen wollen. Die Hand von Bild 168 wirkt dabei etwas unklar und unsicher, weil die Linien fein und in sich zerstückelt sind. Fast alle Linien verlaufen in kleinen Parallelen, was auf Mehrdeutigkeit, Nervosität und Zerstreuung deutet.

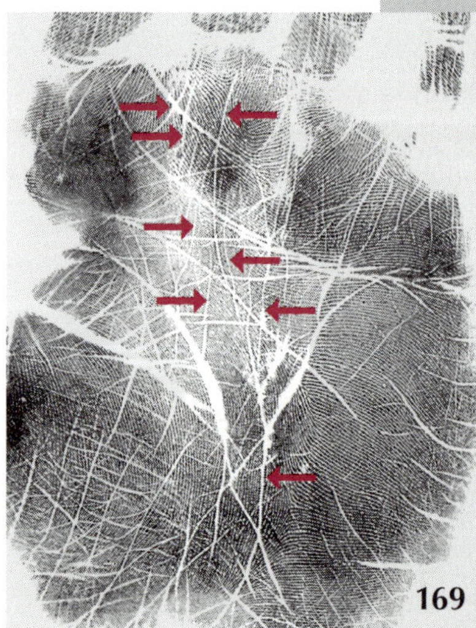

169

Auch in Bild 169 sehen Sie viele Linien, diese sind aber deutlicher gezeichnet. Hier werden die verschiedenen Interessen mit mehr Energie und Übersicht verfolgt. Beachten Sie die vielen Richtungsänderungen der Linien gegen den Sonnenbereich: Diese Person hat starke künstlerische Interessen. Sie sucht nach Selbstausdruck und Selbstverwirklichung. Gleichzeitig kurven einige der Linien aber auch zu Jupiter: Dies deutet auf Selbstbewußtsein, einen starken Durchsetzungswillen und Führungskraft.

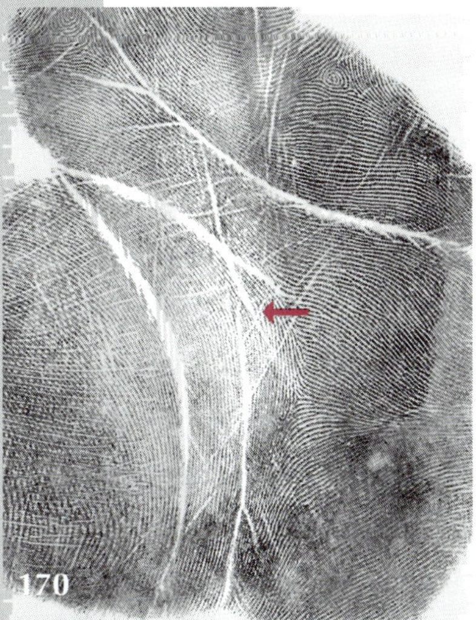

170

Klare Saturnlinie

Die Saturnlinie dieser Hand, Bild 170, ist einfach zu definieren. Sie beginnt unten in der Handmitte, am sogenannten Ort des Ursprungs, und führt, mit einer einzigen Unterbrechung, bis hinauf zur Herzlinie. Dies ist eine verantwortungsbewußte Person, die sich das Leben nicht leicht macht. Wenn Sie die Papillarlinien von der Kopflinie rückwärts lesen, stellen Sie fest, daß der Bruch mit 24 Jahren erfolgt. Eine Linie, die von der Du-Seite her in die Saturnlinie trifft (Pfeil), nennt sich Einflußlinie und steht meistens für eine wichtige Begegnung. Wahrscheinlich hat diese Person mit 24 geheiratet oder jedenfalls einen wichtigen Partner kennengelernt.

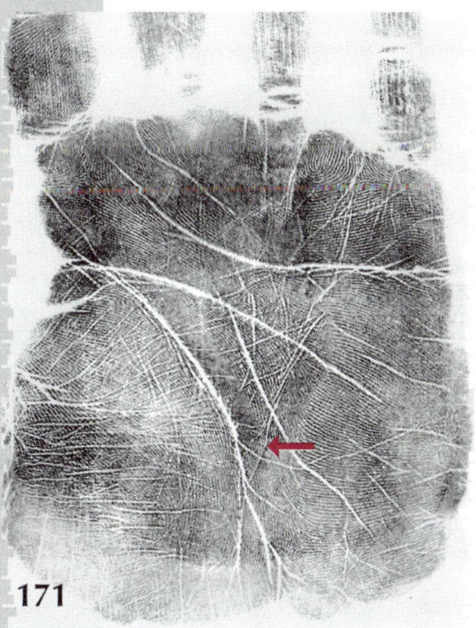

171

Saturn mit Mondeinfluß

Wenn die Saturnlinie im Mond beginnt, handelt es sich um eine, vom Schicksal oder ihrem eigenen Charakter, begünstigte Person. Der Mond mildert die Strenge des Saturn und gestattet dem Leben eine gewisse Leichtigkeit. Die zweite, nach außen verlagerte Linie (Pfeil) deutet auf frühes, berufliches Engagement, das schließlich zur weiterführenden Linie wird: Das Engagement macht das eigentliche Leben aus. Allerdings ist mit einigen Karriereknicken und Schwierigkeiten zu rechnen (ca. mit 37 oder 38, mit etwa 40 und nochmals etwa 5 Jahre später). Daß die Linie nach 30 weniger stark wird und schließlich gleichsam versickert, zeigt, daß dieser Mensch sein Leistungsniveau nicht durchhalten wird, daß er zur Resignation neigt. Werfen Sie einen Blick auf die Handeinteilung: Die Du-Seite ist riesig, der Bogen der Lebenslinie groß. Die Person ist einerseits bedürftig und abhängig, andererseits durchsetzungswillig. Machtkonflikte mit der Umwelt sind sehr wahrscheinlich. Bild 171.

Lange Saturnlinie

Eine so gut ausgebildete Linie zeugt von starkem Leistungswillen und klarem Verantwortungsbewußtsein. Der Beginn im Mond zeigt jedoch, daß das Geschehen nicht belastend wirkt, sondern als interessantes Abenteuer erlebt wird. Viele durchkreuzende Linien deuten auf Sensibilität: Die Person ist sich der Wandlungen und Änderungen ihres Lebens sehr bewußt. Diese lassen sich an den verschiedenen Brüchen und Überquerungen ablesen. Vor allem in der Kindheit ist einiges an Aufregung zu sehen. Die leichte Wendung gegen Jupiter am Ende der Linie weist auf den Willen und den Ehrgeiz hin, das Leben bewußt zu gestalten. Bild 172.

172

Zögernde Saturnlinie

Die starke Linie beginnt zuunterst in der Handmitte. Und ihr klarer und fester Verlauf läßt einen Menschen vermuten, der das Leben nicht leicht nimmt. Der Bereich ihres Ursprungs, auch Graben oder Neptun-Bereich genannt, ist der Ort der familiären Herkunft und damit der Familienbindung, die manchmal ja durchaus belastend sein kann. An der Kopflinie, mit 30, unterbricht die Saturnlinie ihren Lauf. Offensichtlich geht es dabei um eine ziemlich einschneidende Lebensumstellung. Eine zweite Saturnlinie beginnt, leicht versetzt, in Richtung Handrand. Die Person tritt in die Welt ein, verschafft sich Raum, macht Karriere. Allerdings ist die Linie zarter und löst sich schließlich ab etwa 47 fast im Unbestimmten auf. Der Glaube und die Kraft, selbst über sein Leben bestimmen zu können, nimmt offenbar ab. Die feinen Linien nach 50 könnten sich später allerdings noch verstärken. Dadurch wären eigentlich weitere, interessante Lebensschritte zu

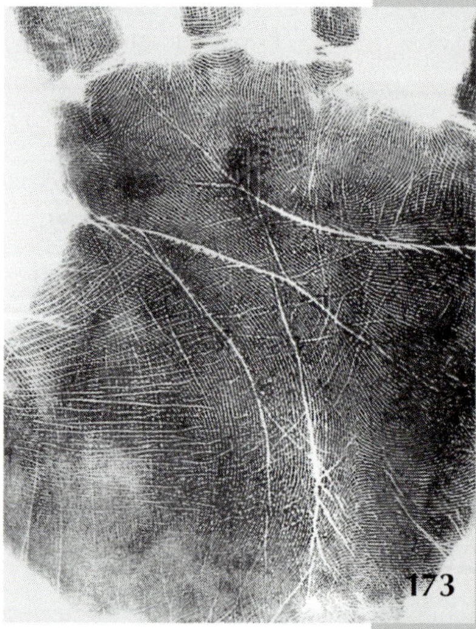

173

erwarten, doch im Moment sieht es eher nach einer resignativen Haltung aus. Bild 173.

Saturnlinie aus Venusberg

Hier haben wir eine sehr spezielle Konstellation. Die Venusbetonung der Saturnlinie (Beginn innerhalb der Lebenslinie, Pfeil) deutet auf Körperliches und Leidenschaftliches. Daß die Linie eine Insel in der Lebenslinie durchschneidet, zeigt, daß tatsächlich körperliche Zustände eine Rolle spielen. Vielleicht war es eine Krankheit, die bestimmend für das Leben dieser Person war, es könnte sich aber auch um eine leidenschaftliche Bindung an einen Elternteil handeln. Beachten Sie die Linie, die mit etwa 40 an die Saturnlinie stößt (Pfeil): Wahrscheinlich beginnt hier eine wichtige neue Bindung. Seit ungefähr 25 verläuft die Linie doppelt: Man ist nicht allein im Leben, sondern erhält eine kräftig unterstützende Begleitung durch eine Person oder eine Tätigkeit. Diese Parallellinie stößt mit etwa 55 in das letzte Stück der Saturnlinie (Pfeil). Noch einmal zeichnet sich die Möglichkeit für eine leidenschaftliche Begegnung ab. Bild 174.

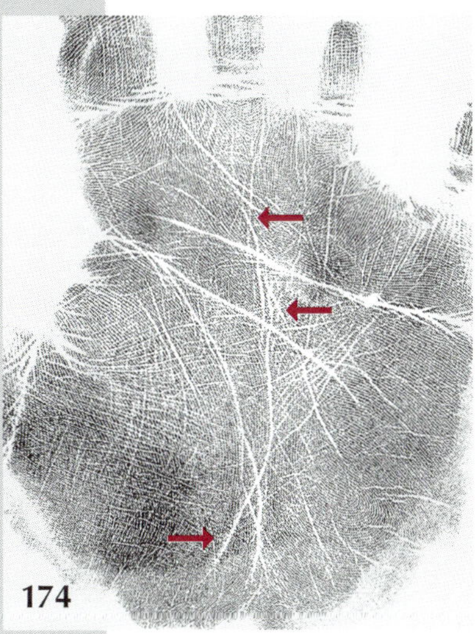

174

Aufsteigend aus Lebenslinie

Das ist die Saturnlinie der Selfmade-Männer und -Frauen, voll und ganz geprägt durch die Kraft der Lebenslinie und den Einsatz, auf den jede aufsteigende Linie schließen läßt. Die dicken Linien zeigen einen eher grobschlächtigen Charakter, der nicht immer nur mit Samthandschuhen nach seinen Zielen greift. Aber durchsetzen wird er sich auf alle Fälle, auch wenn das Schlängeln der Linie auf wechselnde Umstände schließen läßt. Wichtige Durchschneidungen mit etwa 34, 40, 47 und 50.
Bild 175.

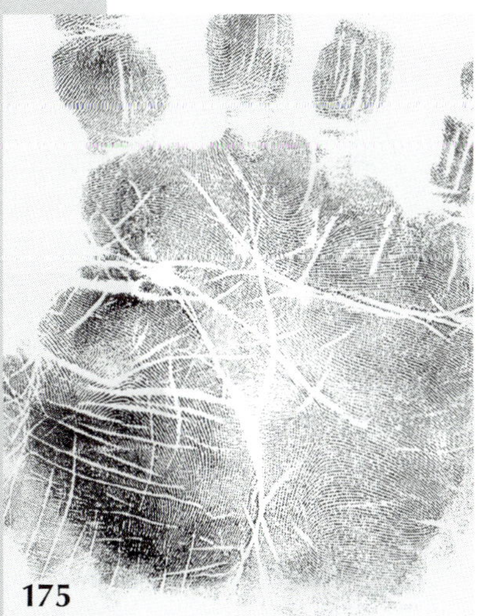

175

Einengende Linie

Diese Saturnlinie steht sehr nahe bei der Lebenslinie und beschneidet deren Raum. Da dies im Ort der familiären Herkunft geschieht, ist damit zu rechnen, daß unbewußte Familienmuster oder familiäre Verpflichtungen das Leben dieser Person belasten. Und zwar handelt es sich nicht um die Familie, die man selber gegründet hat, sondern um die, aus der man stammt, also um Eltern oder Geschwister. Diese Linie gabelt sich nach einer Durchschneidung: Mehrere Wege öffnen sich und verlangen eine Entscheidung. Zum gleichen Zeitpunkt beginnt eine Linie weiter nach draußen versetzt, die sich in angenehmem Schwung nach oben schlängelt. Ab 25 findet also Befreiung statt, ab 30 findet das Leben seine Richtung und verspricht Vorwärtskommen und Zufriedenheit. Bild 176.

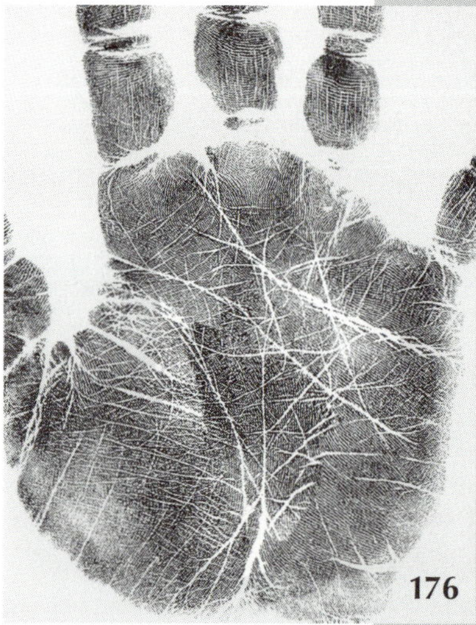

176

Parallele zur Lebenslinie

Sehr oft kann man sich kaum entscheiden, ob eine Schicksalslinie oder die Verdoppelung der Lebenslinie vorliegt. Dieses Bild ist typisch für berufstätige Frauen, die sich außerhalb des Familienlebens einen erweiterten Raum und so etwas wie ein zweites Leben verschaffen. Daß es sich aber durchaus um eine Saturnlinie handelt, zeigt der Ast, der schon sehr früh aus der Linie aufsteigt und Richtung Saturnfinger verläuft. Beachten Sie die Brüche zwischen 45 und 48. In dieser Zeit sind wohl einige Erschütterungen durchzustehen. Die klare, wenn auch feine Linie, die weit in den Saturnberg eindringt, beweist aber, daß das Leben wieder seine Form und Schönheit finden wird. Bild 177.

177

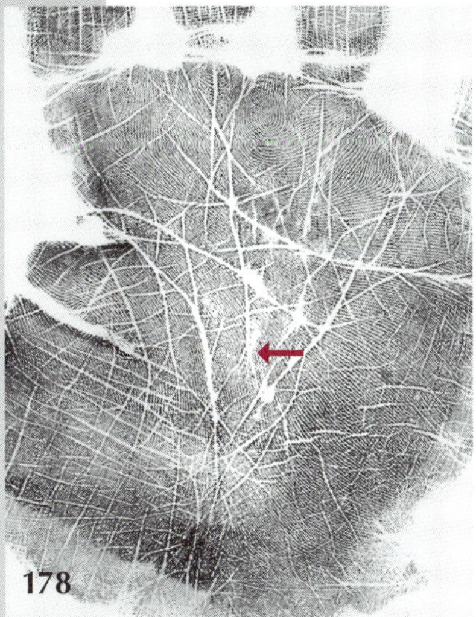

178

Mehrfache Saturnlinie

Die längste der drei Linien beginnt relativ spät, fast in der Mitte des Handtellers (Pfeil), und fast auf gleicher Höhe entspringt der Lebenslinie ein Ast. Diese Person übernimmt erst spät Verantwortung, aber dann packt sie aktiv und mit viel persönlichem Einsatz zu. Die sehr deutlich gezeichneten Linien deuten auf Kraft und eine gewisse Heftigkeit. Ab 34 zeigt eine aufsteigende Parallele, daß auch eine innere Entwicklung mit viel Einsatz in Angriff genommen wird. Man darf bei diesem Menschen mit großer Klarheit und mit starkem Bewußtsein um die ernsten Seiten des Lebens rechnen. Die schöne Herzlinie unterstreicht seinen Idealismus. Allerlei Durchschneidungen und Unregelmäßigkeiten in der Saturnlinie zeigen, daß es in diesem Leben allerhand Wechsel und Ereignisse gibt. Bild 178.

179

Gewundene Saturnlinie

Wie eine Schlange windet sie sich aus dem Mondbereich hinauf ins geistige Feld. Das Schicksal wird mit Flexibilität angegangen. Ausweichmanöver, wenn es einmal schwierig werden sollte, sind zu vermuten. Auch eine gewisse Unsicherheit darüber, welche Haltung jeweils den gegebenen Umständen angemessen sein könnte. Beachten Sie die ausgeprägte Du-Seite und den Knick in der Kopflinie: Auch diese beiden Merkmale deuten auf Rückzug. Trotz der starken Hauptlinien haben wir hier keine Kämpfernatur vor uns, sondern jemand, der sich eher versteckt, wenn es ernst wird. Daß die Linie fast ungestört verläuft, zeigt, daß diese Lebensstrategie erfolgreich ist. Auch hier, wie in fast allen Händen, finden sich Stücke von Parallel-Linien. Diese stehen für zusätzliche Möglichkeiten, Unternehmungen, Interessen, Tätigkeiten und Lebensabschnitte. Bild 179.

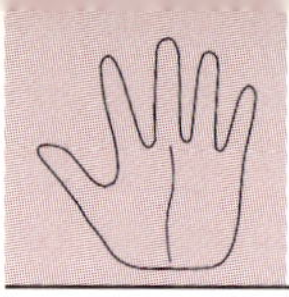

Zerstückelte Linie

Eine so schwach gezeichnete Saturnlinie deutet auf wenig Bewußtsein und Zielstrebigkeit. Das Leben wird hingenommen, ohne daß viel darüber nachgedacht wird. Im unteren Handteller sind Saturn- und Lebenslinie nicht klar auseinander zu halten. Das läßt ernsthafte Schwierigkeiten vermuten. Schicksalshafte Ereignisse müssen durchlebt werden und schwächen die Person auch körperlich. Aber das wird eher diffus durchlebt als bewußt verarbeitet. Eines der Linienfragmente hält an der Kopflinie an. Danach verstreichen einige Jahre, bis ein neues Linienstück erscheint: Dies ist eine Zeit des Schwimmens, des Nicht-Wissens, wie man sein Leben in den Griff kriegen kann. Solche leeren Perioden, hier zwischen 30 und 34, werden meistens als höchst schwierig und unbefriedigend erlebt. Das Ende der Kopflinie mit 47 deutet auf Resignation. Es ist aber auch möglich, daß sich mit zunehmendem Alter noch Fortsetzungen der Linie bilden. Bild 180.

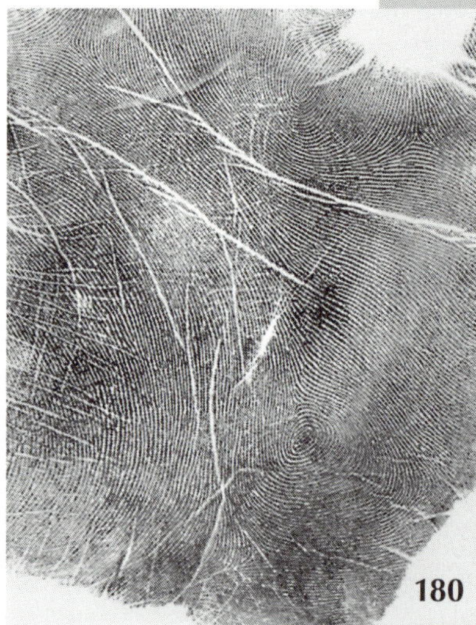

180

Aktiver Saturn mit Einflußlinie

Während sich der Mensch von Bild 180 ausgesetzt und machtlos fühlt, erlebt sich diese Person eingespannt in einem selbstgewählten Programm. Aus eigenem Willen (Aufstieg aus Lebenslinie) verfolgt sie ihre Bahn. Daß diese gestreng und eher mühsam ist, zeigt die schnurgerade Linie. Weder das Schicksal noch die Person erlauben einen Schritt neben den geraden Weg. Dieser Mensch ist ernst und geradlinig! Beachten Sie die sehr deutlich gezeichnete Linie, die aus dem Mond aufsteigt und mit ungefähr 26 in die Saturnlinie mündet (Pfeil): Eine typische Einflußlinie, die wahrscheinlich eine Partnerschaft oder Ehe anzeigt. Auch andere Nebenlinien zeigen eine Aufwärtstendenz zu den Fingern. Diese Person ist in jeder Beziehung strebend bemüht. Bild 181.

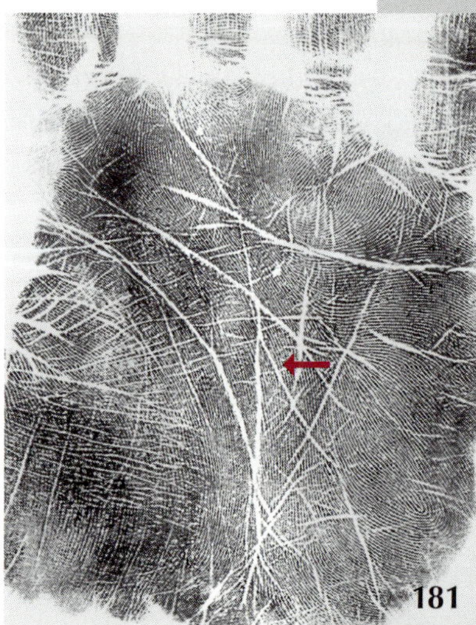

181

Was haben wir Neues gelernt?

Saturnlinien zeigen sich sehr oft in einem ganzen Linien-Komplex. Bei der Deutung dieser Linien ist ihre Qualität zu berücksichtigen, aber auch die Bereiche der Hand, mit denen die verschiedenen Saturnlinien in Beziehung stehen. Starke Saturnlinien bedeuten, daß ein Mensch vom Leben in die Verantwortung genommen wird und viel arbeiten und leisten muß. Unklare und fehlende Saturnlinien haben Menschen, die es leichter haben und es sich leichter machen. Linien, die von der Außenseite der Hand auf die Saturnlinie zufließen, stehen für Einflüsse von außen. In der Mitte der Handwurzel, zwischen Mond und Venus, liegt der Neptun-Bereich, auch Graben oder der Ort des Ursprungs genannt. Traditionellerweise wird dieser Ort mit der Herkunftsfamilie in Verbindung gebracht.

UND NUN ZU IHREN HÄNDEN

Nehmen Sie Ihre Handabdrücke und Ihre Lupe hervor. Immer mehr werden nun die Details entscheidend und Sie brauchen dringend ein Vergrößerungsglas. Betrachten Sie Ihre Linien. Alle, die in Richtung des Saturnfingers laufen, gehören zum Saturnlinien-Komplex. Das dürfte inzwischen klar sein. Und ich hoffe, Sie haben nun bereits genügend Handabdrücke betrachtet, um ein Gefühl für die Qualität der Linien entwickelt zu haben. Denn tatsächlich, bei der Beurteilung über die Kraft und Intensität einer Linie müssen Sie ihre Intuition zu Hilfe nehmen. Mehrfach gezeichnete Linien können vielerlei bedeuten: Wenn sie ein klares Bild ergeben, stehen sie für mehrere Möglichkeiten, die dem Leben Reichtum und Tiefe geben. Wenn sie aber ein unübersichtliches Gewirr bieten, ist damit zu rechnen, daß vor lauter Möglichkeiten, Überlegungen und Ideen ein Durcheinander entsteht, das den Fortgang des Lebens eher behindert als befruchtet. Lassen Sie Ihr Gefühl sprechen, wenn es darum geht, zu entscheiden, ob eine Linie einen positiven oder negativen Eindruck macht. Und jetzt beantworten Sie, am besten auf einem Blatt Papier, die folgenden Fragen:

Hier ist einmal mehr der Ort, zu unterstreichen, daß es leichter ist, die Hände von anderen Menschen zu lesen als die eigenen. Oder als die von Menschen, die Ihnen nahestehen. Darum empfehle ich Ihnen – besonders im Zusammenhang mit dem eher schwierigen Datieren auf der Saturnlinie: Üben Sie das System an fremden Händen ein. Sammeln Sie möglichst viel Erfahrung mit Personen, denen Sie neutral gegenüber stehen. Dann kommen Sie nicht in Versuchung, sich etwas Positives oder Negatives einzureden. Vor allem sind Sie dann auch nicht persönlich betroffen,wenn Sie in einer Hand Schwierigkeiten feststellen.

Bestandsaufnahme

- Gibt es in Ihren Händen überhaupt Saturnlinien? Oder vielleicht nur in einer Ihrer beiden Hände? 1
- Wenn Sie eine Saturnlinie finden: Verläuft sie ungebrochen und klar oder ist sie in vielen Stücken und Parallelen gezeichnet? 2
- Empfinden Sie sie als stark oder schwach? 3
- Wo liegt der Anfang der Linie? 4
- Hat sie eine Tendenz in Richtung Jupiter oder Sonne? 5

6 ◆ Wenn diese Linie ein Weg wäre, wie sähe dieser aus?
◆ Gibt es deutliche Überschneidungen und Durchkreu-
7 zungen? Brechen oder schwächen diese die Linie oder
bleibt diese stark und klar in ihrem Verlauf?
◆ In welchem Lebensalter liegen diese Durchschneidun-
8 gen und Überkreuzungen?

Deutung

1 ◆ Wenn Sie keine Saturnlinien haben, sind Sie deswegen noch lange kein frivoler Luftikus (männlichen oder weiblichen Geschlechts), sondern vielleicht auf eine beneidenswerte Weise im Einklang mit Ihrem Leben und der Welt. Sie haben weder das Bedürfnis, sich Fragen zu stellen, noch sich besonders anzustrengen. Das wäre die positive Deutung. Negativ gewertet könnte man aber auch unterstellen, daß solche Fragen unterbleiben, weil eine Person träge ist, sehr abgelenkt oder einfach unbedarft. Aber das kann alles unmöglich auf Sie zutreffen. Wenn Sie nur in *einer* Hand eine Saturnlinie finden, dann deuten Sie dies bitte nach dem bekannten Linke-Rechte-Hand-Schema, als eine Veranlagung, die nicht gelebt wird, oder eine Fähigkeit, die nicht angelegt war.

2 ◆ Eine sehr sauber gezeichnete, gerade und klar verlaufende Linie verspricht zwar Verantwortungsbewußtsein und Geradlinigkeit, ist aber nicht unbedingt angenehm zu leben, weil man hohe Ansprüche an sich stellt und sich damit unter Druck setzt. Eine solche Linie nützt allerdings Ihrem Arbeitgeber: Menschen mit langen, geraden Saturnlinien sind zuverlässig und motiviert.

Leicht bewegte, in Abschnitten verlaufende Saturnlinien sind leichter zu leben. Sie lassen eine gewisse Freiheit zu, die aber mit Bewußtheit und Ernsthaftigkeit gelebt wird.

Bei zerstückelten Linien kommt es darauf an, ob sie trotzdem noch einen klar erkennbaren Fluß bilden oder ob es sich nur noch um ein wildes Gewirr handelt. Ersteres deutet darauf, daß Sie noch auf der Suche sind, aber bereits einen Weg gefunden haben. Letzteres läßt befürchten, daß Sie zerstreut und innerlich aufgewühlt sind und Ihren Weg noch suchen.

◆ Jetzt lassen Sie Ihr Gefühl sprechen. Je stärker und kla- 3
rer die Linien sind, desto besser wissen Sie, was Sie im Leben wollen oder ablehnen. Selbst bei zerstückelten Linien können Sie durchaus innere Klarheit haben. Sie haben bereits die Felder entdeckt, die Sie beackern wollen. Bei unklaren schwachen Linien, die keinen eindeutigen Verlauf mehr ergeben, suchen Sie wahrscheinlich mehr oder weniger verzweifelt nach Sinn und Halt.

◆ Der Anfang der Linie sagt viel über Ihre Haltung aus: Al- 4
le Linien, die aus der Ich-Seite der Hand kommen, profitieren von eigenen Anstrengungen, während Linien, die von der Handkante her kommen, Erleichterungen bringen, die einem irgendwie geschenkt werden. Späte Anfänge deuten auf Spätzünder, kurze Linien auf Resignierte, die sich nicht länger zutrauen, ihren Weg zu beeinflussen.

◆ Mit einer Linie, die Richtung Zeigefinger verläuft, su- 5
chen Sie Führungsaufgaben. Es heißt nicht, daß Sie General oder Manager werden müssen, auch als Hausfrau und Vater machen Sie dann Ihrer Familie klar, wo es lang geht. Eine Tendenz Richtung Ringfinger hat etwas mit künstlerischen Interessen zu tun. Vielleicht enden Sie in einer Galerie, als Angestellter oder als ausstellende Künstlerin, wer weiß?

◆ Jetzt ist Ihre Phantasie gefragt, und tatsächlich können 6
Ihnen Vorstellungen am besten helfen zu verstehen, was Linien aussagen. Ist der Weg asphaltiert? Dann ist Ihre Linie sicher kräftig und stark. Ist es ein unter dem Herbstlaub verborgener Waldweg, dann wissen Sie wahrscheinlich nicht so genau, was Sie verfolgen. Ist es eine

Autobahn? Dann gehören Sie sicher nicht zu den Sanften. Ein leichter, angenehmer Weg zeigt ein entsprechendes Leben, genau so ein schwieriger.

7 und 8 ◆ Beschränken Sie sich bei Ihren ersten Datierungsversuchen auf Durchkreuzungen, die sehr deutlich und leicht zu lesen sind. Und überlegen Sie sich, was in jenem Jahr für Sie wichtig war. Manchmal ist es nicht auf den ersten Blick klar, warum ein Ereignis seine Spur in der Hand hinterlassen hat. Nach Ihrer Einschätzung war jene Sache damals doch gar nicht so wichtig. Ihr Unterbewußtsein ist aber anderer Meinung. Es macht Sie darauf aufmerksam, daß an jeder Sache etwas dran war, das Sie heute noch unterschwellig beschäftigt. Vielleicht sind Sie eben im Begriff, ein Lebensmuster zu wiederholen, das damals zu dem bestimmten Ereignis geführt hat.
Seien Sie vorsichtig mit dem Blick in die Zukunft. Die Wahrscheinlichkeit, daß Sie einem Mißverständnis aufsitzen, ist sehr groß. Das Zukünftige kommt nämlich meistens aus einer anderen Ecke, als wir es erwarten. Und was nützt es, zu wissen, daß mit 50 ein Ereignis ins Haus steht, wenn wir doch nicht definieren können, was es sein wird?

Was wissen Sie mehr über sich?
Wenn Sie bisher nicht verstanden haben, warum Ihnen manches schwerer oder leichter fiel als andern Menschen, so haben Sie jetzt vielleicht eine Erklärung gefunden. Auch haben Sie vielleicht gesehen, welche Ereignisse der Vergangenheit für Sie so wichtig waren, daß sie Ihre Hände markiert haben. Falls Ihnen das bisher nicht bewußt war, lohnt es sich, darüber nachzudenken!

Schritt 7

GROSSE NEBENLINIEN – FÄHIGKEITEN SUCHEN IHREN WEG

Nebenlinien heißen so, weil sie fakultativ sind. Sie ermöglichen uns zwar eine Verfeinerung unserer Interpretationen, ihr Fehlen deutet aber keineswegs auf Charaktermängel.

GROSSE NEBENLINIEN – FÄHIGKEITEN SUCHEN IHREN WEG

Zur Gruppe der großen Nebenlinien gehören Sonne- (Bild 182), Merkur- (Bild 183) und Uranuslinie (Bild 184) und – streng genommen – auch die Saturnlinie. Weil letztere aber relativ häufig vorkommt und weil wir an ihr besonders gut datieren können, habe ich ihr ein eigenes Kapitel gewidmet. Die Nebenlinien erster Ordnung sind dadurch gekennzeichnet, daß sie Verbindungen zwischen Unten und Oben, zwischen Stoff und Geist herstellen. Sie beginnen alle unten in der Hand und streben hinauf zu den Fingern, deren Namen sie tragen: Die Sonnenlinie verläuft zum Ring- oder Sonnenfinger, die Merkurlinie zum kleinen oder zum Merkurfinger, während die Uranuslinie eine Sonderform der Merkurlinie darstellt. Sie verläuft bogenförmig durch die Du-Seite.

Handform, Proportionen und die drei Hauptlinien beschreiben einen Menschen bereits umfassend. Der Typus mit der sogenannten »Drei-Linien-Hand« ist meistens ein in sich ruhender Mensch, der sich sein Gehirn nicht mit wildem Fragen zermartert, wie wir das bei einem Menschen mit vielen durcheinanderlaufenden Nebenlinien erwarten können.

Die drei Nebenlinien der ersten Ordnung liegen, jenseits von Saturn, in der Du-Seite der Hand. Sie sind entsprechend kaum Ego-betont, sondern haben mehr mit passiver Einfühlung ins Du, mit Objekten, mit Partnern oder mit Mitmenschen zu tun. Sie verfeinern die Aussagen über die Art unseres Umgangs mit dem Du und der Welt.

In früheren Kapiteln haben Sie gelernt, daß Linien nichts anderes als Energieflüsse sind. Während in den drei Hauptlinien die Grundenergien fließen, die für eine ausgeglichene und gesunde Existenz unabdingbar notwendig sind, handelt es sich bei den Nebenlinien um Energien, die zusätzliche Fähigkeiten oder besondere Anstrengun-

182

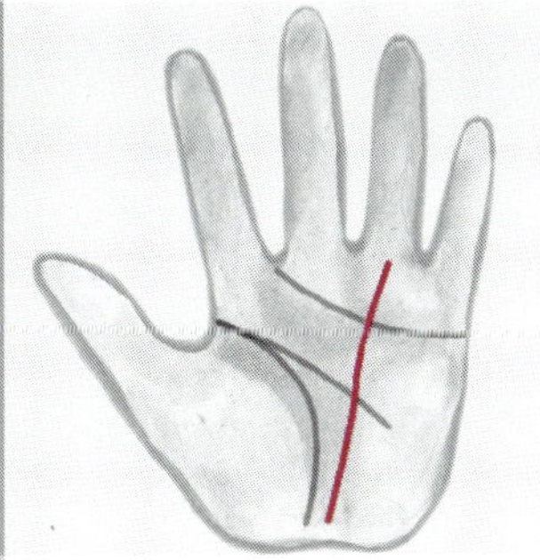

183

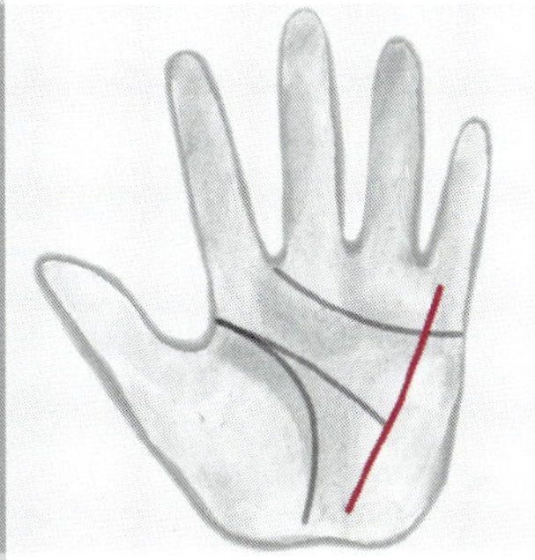

184

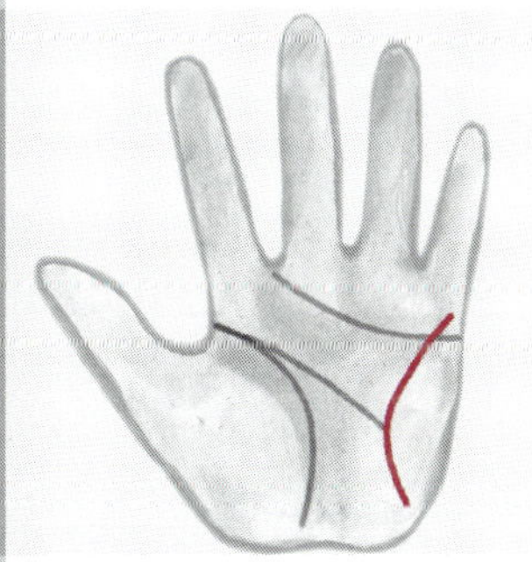

gen und Bemühungen aufzeigen. Diese sind immer gefärbt durch den Ort, wo die Linie entspringt, und zeigen eine Tendenz, die mit dem Ort, zu dem die Linie fließt, zusammenhängt.

Nebenlinien in einer Hand sind positiv zu werten, wenn sie klar und deutlich gezeichnet sind. Dann bringen sie willkommene Ergänzungen und Erweiterungen. Der umgekehrte Schluß gilt aber nicht: Es ist keinesfalls negativ, wenn diese Nebenlinien in einer Hand fehlen. Es handelt sich dann einfach um einen anderen Menschentypus, der oft über sehr große, weil nicht zerstreute Kräfte verfügt. Eher negativ zu werten sind Hände mit vielen, unruhigen Nebenlinien. Sie zeigen Persönlichkeiten, die zerstreut und aufgewühlt sind, weil ihre Kräfte in sich zersplittert und zerstritten sind. Wie immer ist es eine Frage des Maßes. Unruhige, von einem feinen Netz von Nebenlinien überzogene Hände gelten übrigens fast als Norm bei den westlichen, urbanen Menschen. Vermutlich hängt das mit der Reizüberflutung zusammen, der wir heutzutage ausgesetzt sind.

Die Energie der Nebenlinien ist eine nervös-zerebrale, von Nerven und Gehirn abhängige Energie. Es ist darum leicht einzusehen, daß Kopfarbeiter meist mehr Nebenlinien haben als Menschen, die sich körperlich betätigen. Dies ist der Beweis, daß die Linienbildung nicht vom Gebrauch der Hände und der Muskeln abhängt, sondern tatsächlich von tieferen Schichten der Persönlichkeit beeinflußt ist. Es wird dadurch aber auch klar, warum zu viele, wirr durcheinanderlaufende Nebenlinien nichts anderes bringen als erhöhte Nervosität und sich gegenseitig blockierende Impulse. Dies ist vor allem dann der Fall, wenn die Hauptlinien nicht mehr klar hervortreten, wenn sie nicht als die eindeutig stärksten Linien der Hand aus dem Liniengewirr herausstechen.

Bei allen Nebenlinien gilt, daß ihr Verlauf nicht so genau normiert werden kann wie der Verlauf der Hauptlinien. Oft ist es überhaupt schwer festzustellen, welche Art von Linie wir vor uns haben. Ich wiederhole darum einmal mehr die Regel für alle unklaren Fälle:

Die Richtung einer Linie bestimmt ihre Art. Ihr Anfang läßt Rückschlüsse auf ihren Charakter zu. Ihre Länge erlaubt Angaben zur Menge der beteiligten Energie. Störungen zeigen Beeinträchtigungen dieser Energie.

Wann sind Nebenlinien günstig?

Regel 1:
Wenn die drei Hauptlinien in einer Hand mit vielen Nebenlinien klar und deutlich erkennbar bleiben.

Regel 2:
Wenn die Nebenlinien klar und sauber gezeichnet sind und kaum durchkreuzt werden.

Wichtig: Nebenlinien werden nur in die Handanalyse einbezogen, wenn sie deutlich sichtbar, auffällig und klar in der Hand eingezeichnet sind. Machen Sie nicht den typischen Anfängerfehler, jedem Linienstückchen in einer stark zerfurchten Hand nachzusinnen. Sie ernten damit nämlich mehr Verwirrung als Erkenntnisse! Und selbstverständlich gilt es, auch bei der Beurteilung von Nebenlinien stets das Umfeld im Auge zu behalten. Sind die Proportionen der Hand ausgeglichen? Sind die Hauptlinien klar gezeichnet? Nur dann können die positiven Eigenschaften, die Nebenlinien unter Umständen mit sich bringen, auch tatsächlich realisiert und gelebt werden.

Die Sonnenlinie

Sie kann eine einzige, klare Linie sein oder ein Komplex von Linienstücken, die, wenn sie verlängert werden, in Richtung des Ringfingers verlaufen. Wie Sie wissen, ist der Sonnenbereich der Ort unseres innersten Ideals oder des Selbst. Linien, die zu diesem Ort streben, zeigen, daß der Mensch ein Bewußtsein um sein Ideal hat und daß er danach strebt, diesem Ausdruck zu verleihen. Weil dies, wenn es gelingt, oft zu Erfüllung und Glück führt, nennen manche Autoren die Sonnenlinie die Glückslinie. Für mich ist es aber noch stärker die Linie der Talente und Begabungen. Denn der Wunsch nach Selbstausdruck und dem Darstellen eines Ideals drückt sich oft in kreativen Fähigkeiten aus. Im künstlerischen Tun wird es diesen Menschen möglich, sich selbst und ihren inneren Bedürfnissen objektiv zu begegnen. Nach meiner Meinung sollten darum vorhandene Talente unbedingt gelebt werden. Und zwar geht es nicht darum, eine grandiose Künstlerkarriere anzustreben, sondern ein innerstes Bedürfnis zu befriedigen. Und darin findet ein Mensch oft tatsächlich sein Glück.

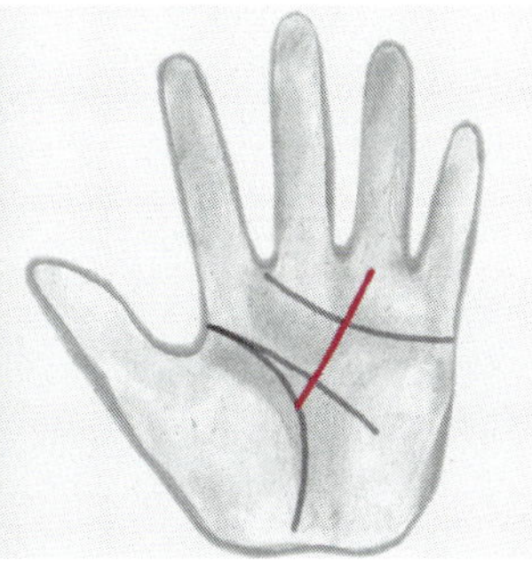

185

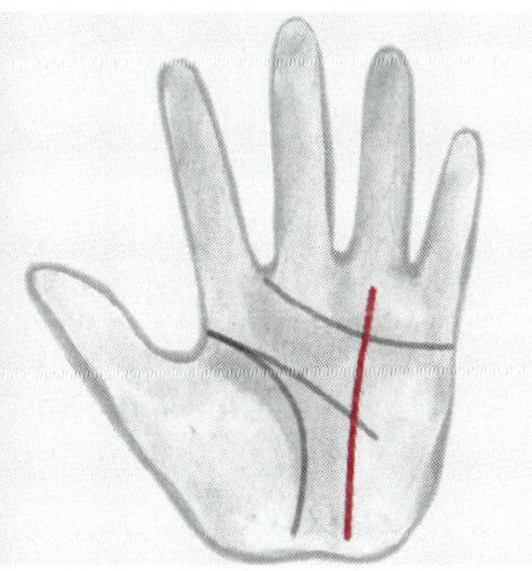

186

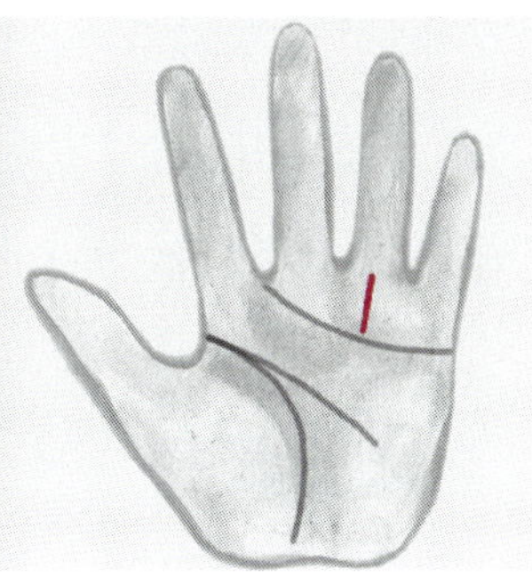

187

Die wichtigsten Formen der Sonnenlinie

◆ Eine Sonnenlinie, die auf der aktiven Ich-Seite, das heißt auf der Lebens- oder der Saturnlinie beginnt, zeigt, daß ein kreatives Talent tatsächlich künstlerisch ausgewertet werden kann. Der Drang dieser Menschen nach kreativer Betätigung ist groß und sollte unbedingt gefördert werden. Bild 185.

◆ Beginnt die Sonnenlinie im Mondbereich und ist damit sehr lang, handelt es sich um Menschen mit Geschmack und stilistischem Flair. Oft sind sie in der Modebranche tätig. Allerdings liegt in dieser Linie auch eine gewisse Gefahr. Die Person neigt dazu, ihre Vorstellungen auf andere zu projizieren. Dies kann dazu führen, daß sie die harte Wirklichkeit aus den Augen verliert und sich in Wunschvorstellungen treiben läßt. Bild 186.

◆ Eine kurze Sonnenlinie, die oberhalb der Herzlinie im geistigen Feld liegt, ist die meistverbreitete Form. Sie steht für ganz allgemeine Freude am Schönen. Diese Menschen legen zum Beispiel Wert auf ein schön eingerichtetes Heim. Bild 187.

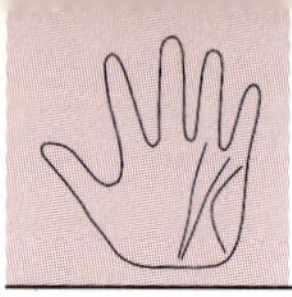

◆ Eine seltene, aber sehr aussagekräftige Form der Sonnenlinie führt vom Mars, dem Bereich des Widerstands, zum Sonnenfinger. Sie hat mit psychologischem Interesse zu tun. Das läßt sich biographisch erklären: Diese Menschen fühlen sich angegriffen und suchen nach Erklärungen für ihre Schwierigkeiten. Dafür bietet sich dann die Psychologie an. Bild 188.

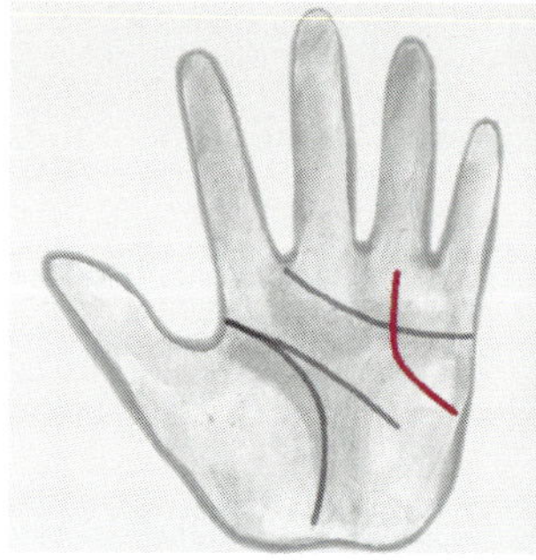

188

Die Merkurlinie

Aus dem stofflichen Bereich steigt sie auf zum Merkurfinger, zum Ort des Austauschs, der Kommunikation, des Verständnisses. Sie bringt Unbewußtes aus dem Dunkeln hinauf ins Licht. Immer steht sie für Sensibilität und geistige Beweglichkeit, zusätzlich aber auch für Einfühlungsvermögen und Intuition. Eine deutliche Merkurlinie bringt spontanes Wissen.

Seltsamerweise ist darum eine klare Merkurlinie auch typisch für die Hände von guten Geschäftsleuten: Sie »fühlen« den Markt.

Der lateinische Name der Merkurlinie ist »Hepatica«, Leberlinie. Sie hat nämlich auch eine gesundheitliche Bedeutung: Sie hilft beim Verdauen des Aufgenommenen, was sowohl für das Stoffliche wie für das Geistige gilt. Man sagt, sie ersetze, wenn sie schön gezeichnet sei, eine schwache oder fehlerhafte Lebenslinie. Dies ist durchaus glaubwürdig, denn eine gute Verbindung zum eigenen Unbewußten ist sicher gesundheitsfördernd.

Am häufigsten finden wir die Merkurlinie in unklarer und zerstückelter Form vor. Sie deutet dann auf eine nervöse, zarte Feinfühligkeit, die auch verlangt, daß man sorgfältig auf seine Körperfunktionen achtet.

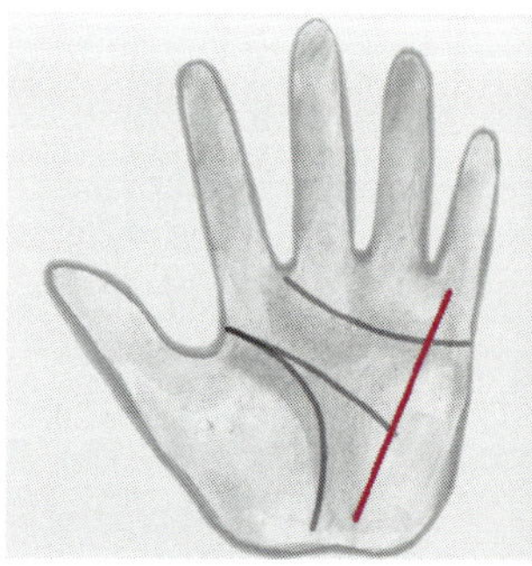

189

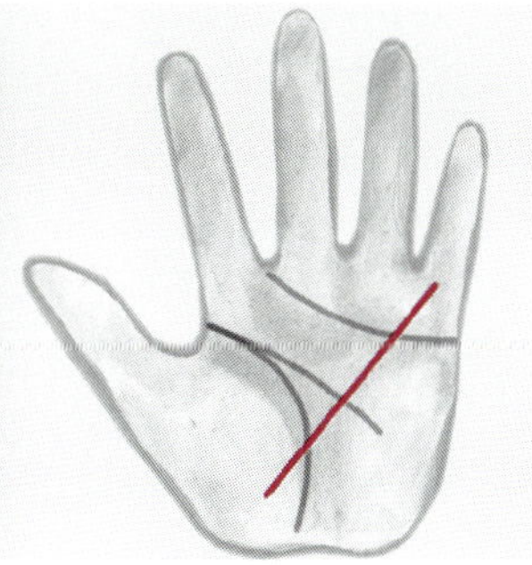

190

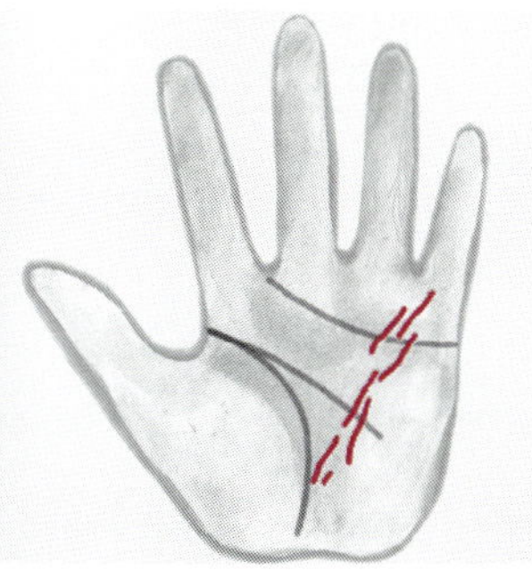

191

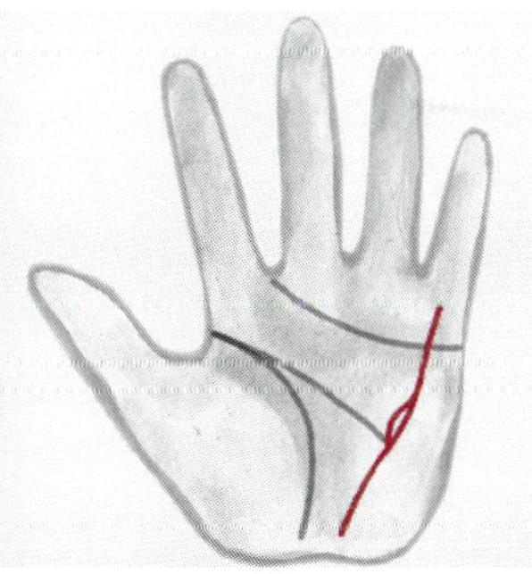

192

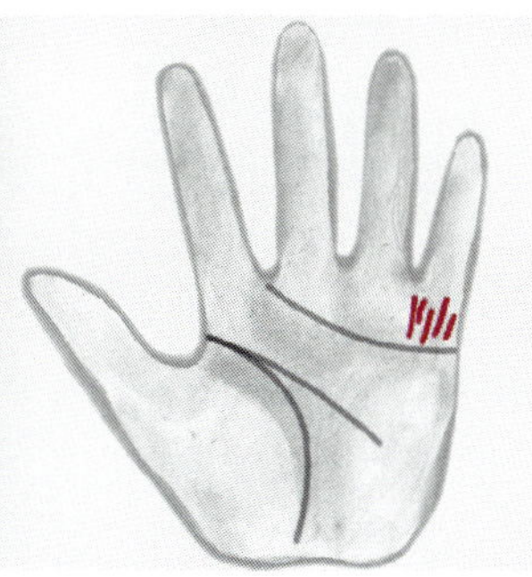

193

Besondere Formen der Merkurlinie

◆ Eine klare, sauber und tief gezeichnete Merkurlinie deutet auf Gesundheit, Einfühlung und Erfolg und ist daher ein sehr gutes Zeichen. Bild 189.

◆ Eine Merkurlinie, die von innerhalb der Lebenslinie aufsteigt, bringt leidenschaftliche Wißbegier mit sich. Man sagt von solchen Menschen, sie würden lange jung bleiben, und das kommt wohl daher, daß sie ihre Neugier bewahren und damit lebendig und frisch wirken.
Bild 190.

◆ Zerstückelte Merkurlinien, die oft wie ganze Linienschwärme die Hand durchschwimmen, zeigen Dünnhäutigkeit und Feinfühligkeit. Die dazugehörigen Intuitionen sind aber nicht unbedingt zuverlässig. Diese Linien bilden sich oft in den Händen von Menschen, die anfangen, ihre Intuition zu entwickeln. Manche Autoren nennen diesen Linienschwarm übrigens Milchstraße. Bild 191.

◆ Eine einigermaßen sauber gezeichnete Merkurlinie mit einer Insel ist ein klarer Hinweis auf eine starke mediale Begabung. Diese Menschen verfügen über ein Wissen, von dem sie nicht sagen können, woher es stammt. Dies ist einer der wenigen Fälle, wo eine Insel ihre negative Bedeutung verliert – wobei ich durchaus auch immer wieder höre, daß Menschen mit einer solchen Begabung unter ihrer Hellsichtigkeit leiden. Bild 192.

◆ Eine Reihe von kleinen Linien oberhalb der Herzlinie heißen Samariterlinien. Sie sind ein Hinweis auf Gutmütigkeit und Hilfsbereitschaft. Bild 193.

Die Uranuslinie

Sie ist eine Abwandlung oder Sonderform der Merkurlinie. Sie verläuft nicht, wie diese, in einer Geraden von unten nach oben, sondern liegt bogenförmig in der Hand und verbindet den Mondbereich mit dem Merkurbereich. Sie zeigt die gleichen Eigenschaften wie die Merkurlinie, aber in verstärktem, viel ausgeprägterem Maße. Menschen mit Uranuslinie sind Medien. Sie verfügen über Wissen, das sie über übersinnliche Kanäle erreicht. Daß dieses Wissen etwas Unmittelbares, nicht Planbares hat, unterstreicht der Name Uranus, der in der Astrologie für plötzliche unerwartete Entwicklungen steht. Da die Uranuslinie etwas äußerst Seltenes ist, berücksichtigen wir bei einer Handanalyse auch relativ unklar gezeichnete, nur angedeutete bogenförmige Linien in diesem Bereich der Hand. → Bild 184.

Fassen wir zusammen:
In jede Hand gehören obligatorisch drei Hauptlinien: Kopf-, Herz- und Lebenslinie. Alle anderen Linien sind fakultativ und heißen darum Nebenlinien. Zu den Nebenlinien ersten Grades, die relativ häufig anzutreffen sind, gehören: Saturn-, Sonne-, Merkur- und Uranuslinie. Alle diese Linien sind aufsteigend, sie verlaufen von der Handwurzel aufwärts in Richtung der Finger. Als aufsteigende Linien bringen sie positive Eigenschaften, das heißt, die besonderen Fähigkeiten, die mit den Planetenkräften der Finger in Verbindung stehen. Bei der Sonne sind das kreative Talente, bei Merkur und Uranus Intuition und Medialität.

Zwischenbemerkung:

Wir reden hier ständig über Medien und Medialität. Was heißt das eigentlich? Und gibt es das überhaupt?

◆ Medium kommt von lateinisch Mitte, vermittelndes Element. Entsprechend sind Medien Menschen, die zwischen der sinnlichen und der übersinnlichen Welt vermitteln. Medialität bezeichnet ihre Fähigkeit, auf übersinnlichem Weg Wissen zu gewinnen.

◆ Nur wer nicht informiert ist, kann behaupten, daß es ASW, außersinnliche Wahrnehmung, wie das wissenschaftlich heißt, nicht gibt. Intuition und Medialität sind inzwischen gut untersucht und nachgewiesen. Es handelt sich um natürliche Eigenschaften, die ursprünglich den Menschen und heute noch den Tieren überleben helfen, indem sie zum Beispiel vor Gefahren warnen.

◆ Die Erkenntnisse, die auf übersinnlichem Weg gewonnen werden, kommen meist als Ahnungen und verschwommene Eindrücke daher und werden darum oft mißverstanden und falsch interpretiert. Entsprechend beweisen wissenschaftliche Untersuchungen auch eine große Fehleranfälligkeit der Medien.

◆ Medialität zeigt sich in der Hand. Sie ist dann als zuverlässig einzuschätzen, wenn die entsprechenden Linien klar gezeichnet sind und in einer gut ausbalancierten Hand liegen. Wichtig ist dabei auch der gesunde Menschenverstand, der sich in einer möglichst fehlerfreien Kopflinie zeigt.

HÄNDE UNTER DER LUPE

Sie haben inzwischen sicher schon einige Handabdrücke betrachtet und festgestellt, daß in einigen Händen ein schwer durchschaubares Dickicht an Linien zu sehen ist. Auch mir fällt es manchmal schwer, mich zu entscheiden, welche der vielen Nebenlinien ich bei einer Analyse überhaupt berücksichtigen soll. Nehmen Sie sich die folgende, einfache Regel zu Herzen:

Je mehr Linien sich in einer Hand zeigen, desto weniger wichtig sind sie. Bei sehr vielen Linien verzichten wir deshalb auf eine vertiefte Erforschung des Liniengewirrs.

Dies gilt selbstverständlich nur für Nebenlinien, aber es macht das Leben für uns Handleserinnen und Handleser etwas einfacher. Doch nun zu den Beispielen. Wie immer sollten Sie sie durch ein Vergrößerungsglas betrachten.

194

Starke, schöne Sonnenlinie

Eine kräftige Hand mit deutlichen Linien. Beachten Sie die weit in die Du-Seite laufende Lebenslinie (Expansion) und die fallende Kopflinie (Depression). Die Saturnlinie ist nicht richtig verwurzelt, das heißt, man bezeigt Mühe, Verantwortung für sein Leben zu übernehmen. Die kräftige, ungewöhnlich deutlich gezeichnete Sonnenlinie deutet auf starke, künstlerische Begabung, die sich aber trotz Expansionsdrang nicht durchzusetzen vermag, wie die depressive Kopflinie zeigt. Die gebogene Merkurlinie (Uranus-Einschlag) ist nur im oberen Teil der Hand vorhanden, dies behindert die Intuition, dem kreativen Ausdruck zu Hilfe zu kommen. Diese Hand gehört einem Menschen, der viel will, sich aber ausgeliefert fühlt. Bild 194.

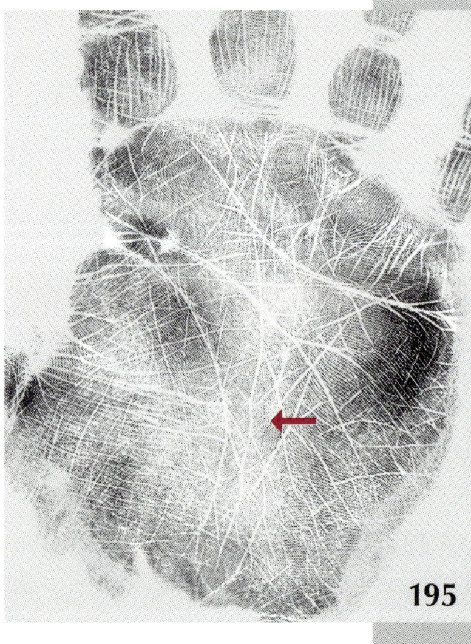

195

Undeutliche Sonnenlinie

Alle Nebenlinien sind eindeutig unklarer gezeichnet als die Hauptlinien, wie dies für die meisten Hände gilt. Die Saturnlinie ist stark (großes Verantwortungsgefühl, Leistungswille), die Sonnenlinie jedoch gestückelt und verbogen. Immerhin bildet sie aber einen durchgehenden »Fluß« in Richtung Ringfinger und zeigt, daß Begabungen und der Wunsch nach Selbstausdruck stark sind. Allerdings beginnt die Linie erst in der Mitte der Hand (Pfeil): Noch hat man seinen Weg nicht gefunden. Auch zeigt der etwas schmale Bogen der Lebenslinie, daß man es kaum wagen wird, den eigenen Weg zu gehen. Bild 195.

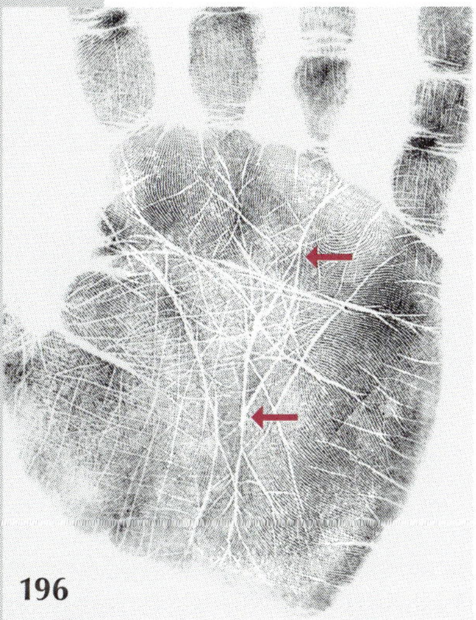

196

Saturn-Sonnen-Verbindung

Die Saturnlinie biegt ab und wird zur Sonnenlinie, die durch ein großes, inselförmiges Gebilde (zwischen den Pfeilen) belastet ist. Das Streben nach Selbstverwirklichung und Selbstausdruck sind Lebensziele, allerdings geht dabei die Sicht auf die Realität streckenweise verloren, denn das Saturnprinzip ist geschwächt. Die starke Begabung wird sich nicht durchsetzen können. Dabei hinderlich ist zudem eine wenig kontrollierte Emotionalität (Herzlinie versackt in Kopflinie). Die starke Intuition der Merkurlinie hilft wenig, da diese nicht unten in der Hand beginnt und damit nicht verwurzelt ist. Bild 196.

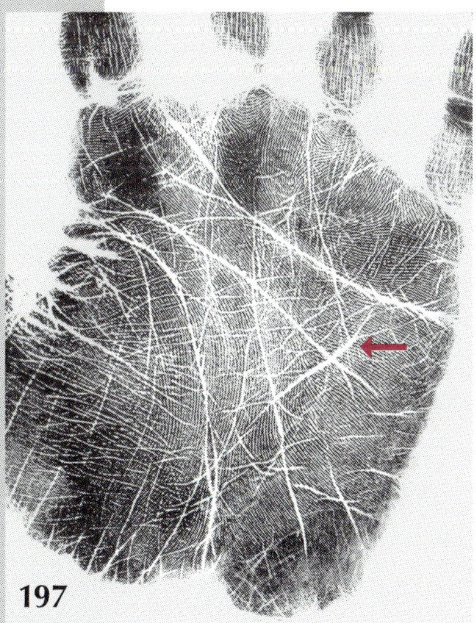

197

Sonnenlinie aus Mars

Die Linie entspringt im Marsbereich (Pfeil) direkt auf der Merkurlinie. Sich zu finden und auszudrücken setzt Kämpfe ab, die aber durch Intuition unterstützt werden. Menschen, die sich so stark mit sich und der Welt auseinandersetzen müssen, haben viel Interesse und Verständnis für psychische und psychologische Zusammenhänge. Die geraden, nüchternen Linien deuten auf einen relativ harten Kampfstil dieser Persönlichkeit. Bild 197.

Kurze Sonnenlinie

Diese Form werden Sie am häufigsten antreffen. Sie deutet auf Schönheitssinn, ohne daß besondere Talente oder Ideale nach Ausdruck verlangen. Beachten Sie die starke, gut verwurzelte Merkurlinie, die auf gute Intuition und lebendige Neugier schließen läßt. Auch der große Abstand zwischen Kopf- und Lebenslinie deutet auf Dynamik und Spontaneität. Allerdings zeigt der etwas enge Bogen der Lebenslinie, daß die Kraft zur Durchsetzung weitgehend fehlt. Vielleicht ist darum in der etwas hängenden Herzlinie Resignation festzustellen. Bild 198.

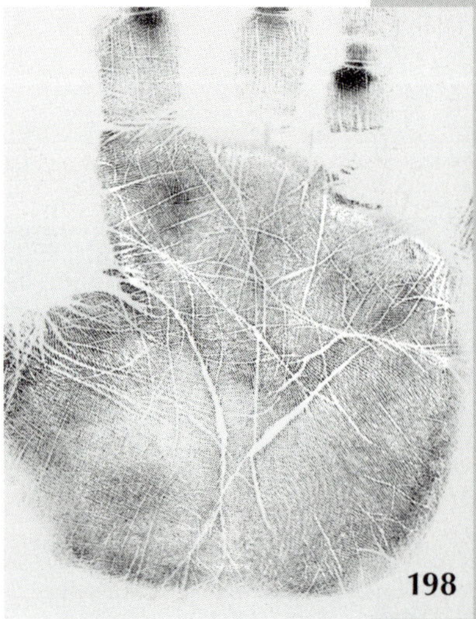

198

Deutliche Merkurlinie

Auch wenn diese Linie in Stücke zerfallen ist, so deutet sie doch auf eine gut entwickelte Intuition, weil sie einen durchgehenden, starken Zug aufweist und in einer Hand mit wenig Nebenlinien liegt. Zudem zeigen sich am Anfang Ansätze zu einer Verdoppelung. Wenn sich in einer Hand mit wenigen Nebenlinien überhaupt etwas in einer Nebenlinie ausdrückt, dann ist es bedeutungsvoll und deutungswürdig. Dies ist eine typische Managerhand mit Gespür und Sinn fürs Geschäft. Beachten Sie die expansive Lebenslinie, die weit in die Du-Seite hineinläuft. Daß diese Du-Seite so groß ist, scheint paradox, kommt aber sehr häufig vor. Offensichtlich sind Karrieremenschen oft stark von außen beeinflußt, zum Beispiel von der Meinung ihrer Umgebung oder ihrer Angehörigen. Vielleicht ist dies der Grund, warum sie emsiger als andere Macht und Geld anhäufen. Bild 199.

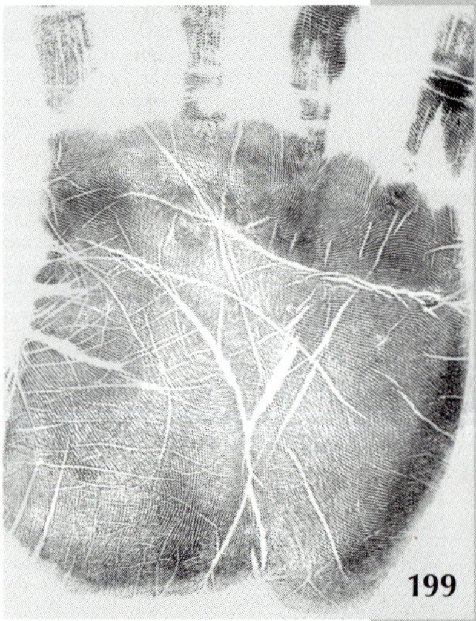

199

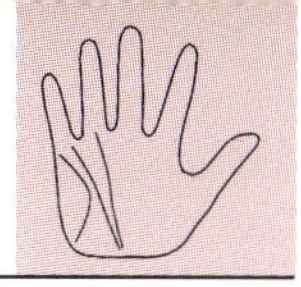

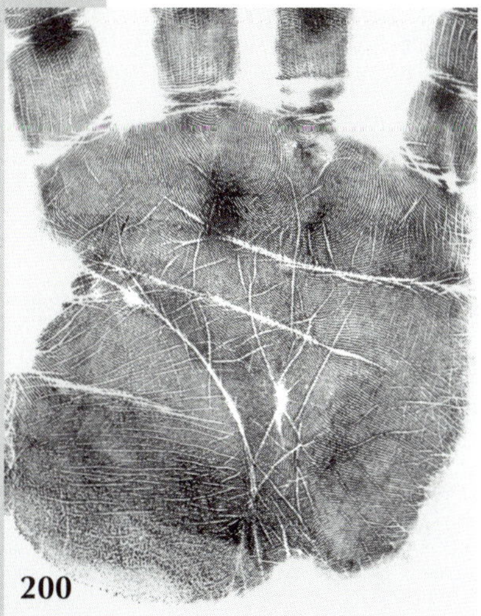

200

Doppelte Merkurlinie

Jede Verdoppelung einer Linie verstärkt ihre Eigenschaft, deshalb ist dies eine stark intuitive Hand. Sie gehört aber einer Person, die noch nicht wirklich zu sich gefunden hat, denn die Linien sind noch schwach gezeichnet. Außerdem liegen sie unverwurzelt, fast zufällig in der Hand. Diese Person wird ohnehin Mühe haben mit intuitiven Eingebungen, denn die ungeschwungenen Kopf- und Herzlinien deuten auf eine nüchterne Persönlichkeit. So werden auch die Talente, auf die eine zarte Sonnenlinie weist, schwerlich ihren Ausdruck finden. Bild 200.

201

Merkur mit Inseln

Die gewundenen und sich schlängelnden Flüsse von Merkur- und Sonnenlinie zeigen unbestimmtes Suchen, das noch nicht sicher zum Ziel gelangt ist. Inseln, die im allgemeinen auf mühseliges Feststecken und Schwierigkeiten deuten, drücken auf der Merkurlinie etwas Besonderes aus: Parapsychologische Fähigkeiten oder Medialität. Sie gleichen Augen, die ins Unbewußte schauen. Von dort gelangt Wissen über unbekannte Wege ins Bewußtsein. Wie immer ist bei Medialität aber auch Vorsicht geboten. In dieser Hand zeigt zum Beispiel die Betonung der Herzlinie (sie ist stärker gezeichnet als die zwei andern Hauptlinien), daß diese Persönlichkeit von ihren Emotionen gesteuert wird. Gerade Menschen mit starker Intuition sollten aber auch eine gut ausgebildete Kopflinie haben, damit sie ihren Ahnungen und Gefühlen nicht ohne gesunden Menschenverstand ausgeliefert sind. Bild 201.

Merkur unklar

Diesen Handabdruck habe ich ausgewählt, um Ihnen zu zeigen, wie wild verzettelt die Nebenlinien in manchen Händen liegen können. Hier kommt hinzu, daß auch die Hauptlinien undeutlich oder fehlerhaft gezeichnet sind. Dies sagt uns, daß wir es mit einem unruhigen, nervösen Menschen zu tun haben. Er ist auf der Suche, hin- und hergerissen, und wird durch widersprüchliche Empfindungen auf seinem Lebensweg gestört. Immerhin zeigt die Merkurlinie einen zarten Fluß nach oben und damit eine gewisse Intuition. Interessant in dieser Hand ist übrigens die gebrochene Kopflinie, die auf Unstabilität und eine starke Krise in der Lebensmitte deutet. Diese Schwierigkeiten werden kompensiert durch eine verdoppelte Herzlinie (Pfeil), die so stark gezeichnet ist, daß man vermuten kann, daß die erwünschte Stabilität über das Gefühl erreicht werden kann. Diese zweite Herzlinie läßt sich auch als Teil eines schlecht gezeichneten Venusrings auffassen. Bild 202.

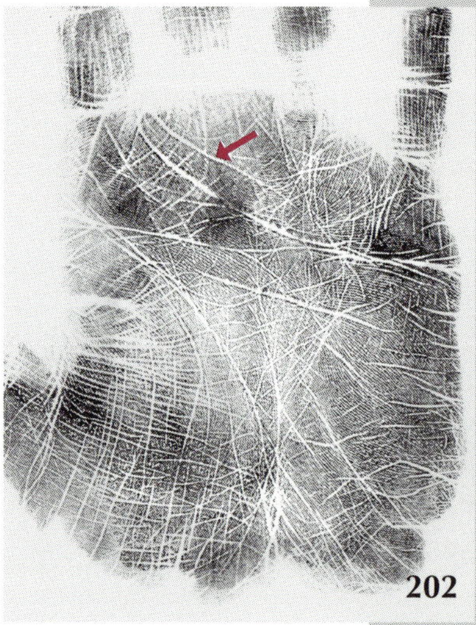

202

Schöne Uranuslinie

Eine so klare, schöngezeichnete Uranuslinie finden wir höchst selten. Sie deutet auf sichere Intuition, auf ein klares Wissen von Dingen, die man eigentlich gar nicht wissen könnte. Während die Merkurlinie eher Ahnungen und oft dumpfes Empfinden auslöst, gibt der Uranus plötzliche klare Gewißheit. Menschen mit Uranuslinien dürfen sich auf ihre Ahnungen und Empfindungen blind verlassen. In dieser Hand zeigt aber die gerade, nüchterne und handlungsbetonte Kopflinie, daß die Person Mühe mit ihrer besonderen Fähigkeit hat. Bild 203.

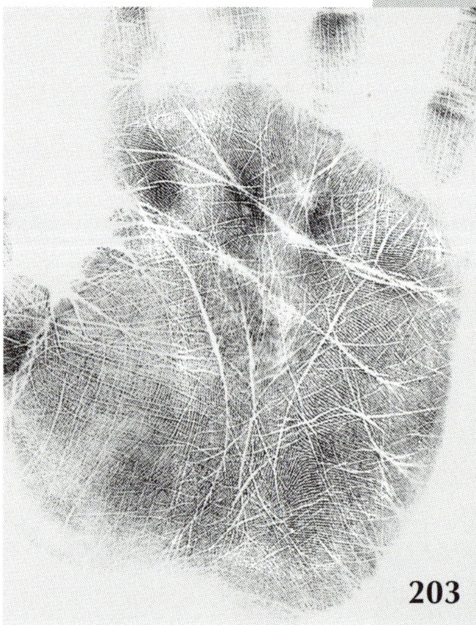

203

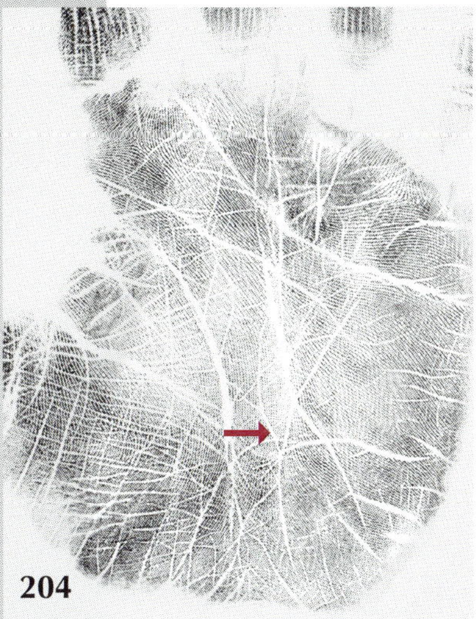

204

Uranus mit Dreieck

Meistens zeigt sich die Uranuslinie nur angedeutet, aus Stücken zusammengesetzt. Hier ist sie etwas eckig und kurz, doch mit einem sehr deutlichen Dreieck verbunden (Pfeil). Dreiecke sind immer Ausdruck besonderer Fähigkeiten, die mit eigenem Einsatz und Verdienst zusammenhängen. Bei dieser Hand können wir also annehmen, daß ein Tätigkeitsgebiet gefunden wird, wo Intuition und persönlicher Einsatz zusammenwirken und ein positives Resultat erzielen. Aber beachten Sie: Die Kopflinie ist etwas problematisch. Sie ist durch die Trennung von der Lebenslinie am Anfang spontan und dynamisch, durch das Schlängeln aber unzuverlässig und durch den schmalen Abstand zur Herzlinie stark emotional. Es ist durchaus möglich, daß die an sich positiven Fähigkeiten der angedeuteten Uranuslinie durch diese Kopflinie gestört oder zerstört werden. Auch hier gilt: Intuitionen müßten am gesunden Menschenverstand überprüft werden können, denn es besteht immer die Gefahr von Täuschung und von Fehlinterpretation. Bild 204.

Was haben wir Neues gelernt?

Noch weniger als andere Merkmale der Hand dürfen die Nebenlinien isoliert betrachtet werden. Auch wenn sie grundsätzlich günstig zu bewerten sind, hängt es doch vom Umfeld, das heißt von den übrigen Eigenschaften der Hand ab, ob die zusätzlichen Fähigkeiten ihren Ausdruck in der Realität finden können. Ungünstige Hauptlinien schwächen zum Beispiel die Kraft von starken Nebenlinien, die in ihnen angezeigten Energien können nicht umgesetzt werden.

UND NUN ZU IHREN HÄNDEN

Jetzt ist der Moment gekommen, wo Sie sich die Frage stellen müssen, ob Sie zu den Menschen gehören, die viele Linien haben oder ob Sie eher zum Typus der »Drei-Linien-Hand« gehören. Sie können diese Frage nicht entscheiden, wenn Sie nicht bereits viele Hände gesehen haben. Ich hoffe deshalb, daß Sie sich in der Zwischenzeit eine kleine Sammlung von Handabdrücken zugelegt haben. Falls nicht, dann haben Sie aber wenigstens Gelegenheit gehabt, die Beispiele in diesem Buch zu betrachten und zu vergleichen.

◆ Haben Sie keine Nebenlinien?

Falls Sie nun auf Ihren eigenen Handabdrücken keine Nebenlinien sehen, sollten Sie sich auf keinen Fall grämen. Zwar können Sie so etwas weniger über sich herausfinden, aber wahrscheinlich ärgert Sie das auch kaum, denn Sie haben sicher eher ein ruhiges Temperament und sind mit sich selbst mehr oder weniger im Reinen.

◆ Sie haben Nebenlinien?

Gut. Dann überlegen Sie sich jetzt zuerst einmal, ob es sehr viele sind oder nur ein paar wenige. Wenn es sehr viele sind und alle etwa gleich tief in Ihrer Handfläche eingeritzt sind, dann sind Sie ein dünnhäutiger, reizbarer Typus. Ich meine damit nicht, daß Sie sofort aufbrausen, sondern daß Sie empfindlich auf alles reagieren, was um Sie herum geschieht. Bei dieser Aussage würde ich es bewenden lassen und gar nicht versuchen, die einzelnen Linien zu interpretieren.

◆ Sie haben einige wenige, deutlich gezeichnete Nebenlinien?

Nur dann lohnt es sich wirklich, diese genau anzuschauen und zu interpretieren. Bei zu vielen Linien kommen Sie nämlich vom Hundertsten ins Tausendste und verlieren sich in den Details.

Bestandsaufnahme

1 ◆ Gibt es deutliche Linien in Ihrer Hand, die zum Ringfinger oder zum kleinen Finger aufsteigen?

2 ◆ Gibt es jeweils mehrere solcher Linien?

3 ◆ Sind diese Linien durchgehend oder sind sie gestückelt?

4 ◆ Sind sie kurz oder lang?

5 ◆ Wo entspringen sie?

6 ◆ Findet sich ein bogenförmiges Element zwischen Handwurzel und Merkurfinger?

Deutung

1 ◆ Falls Sie eine Sonnenlinie besitzen, gehören Sie zu den Menschen, die sich auf irgend eine Weise in der äußeren Welt ausdrücken möchten. Wie stark dieser Druck ist, hängt von der Art und Qualität der Linie ab.

Falls Sie eine Merkurlinie besitzen, möchte sich etwas in Ihnen ausdrücken. Merken Sie den Unterschied? Die Sonnenlinie bringt etwas von Ihrem inneren Selbst zum Ausdruck, die Merkurlinie hebt Ihnen Unbewußtes ins Bewußtsein. »Es« meldet sich etwas, das sich Gehör verschaffen möchte.

2 ◆ Mehrere Linien sind eher eine Schwächung dieser Ausdruckskraft als eine Verstärkung, es sei denn, sie seien ganz deutlich und sehr schön parallel, als Zwillingslinien, gezeichnet (was aber höchst selten vorkommt). Meistens finden wir eher ein mehr oder weniger zufälliges Nebeneinander von Linien. Dies bedeutet, daß der Ausdruck keinen eindeutigen Weg findet. Mehrere Schienen laufen sozusagen durcheinander, was auf Kosten der Klarheit geht. Bei der Sonnenlinie bedeutet es, daß mehrere Talente miteinander im Wettstreit liegen und sich wahrscheinlich gegenseitig blockieren. Bei der Merkurlinie läßt sich

schließen, daß die Intuitionen eher unklar und verwirrend empfunden werden.

◆ Zerstückelte Linien deuten auf Kraftverlust und damit 3
weniger klare Eigenschaften. Allerdings sind ganz sauber gezeichnete Nebenlinien so selten, daß wir auch gestückelte in Kauf nehmen und deuten, wenn der Linienfluß einen klaren Verlauf zeigt, das heißt, wenn die Stückchen alle in die gleiche Richtung streben. Dann dürfen Sie bei der Sonnenlinie auf ein ganz besonderes Talent schließen, bei der Merkurlinie auf gutes und zuverlässiges Einfühlungsvermögen und eine hilfreiche Intuition.

◆ Kurze Linien haben im Fall der Nebenlinien sehr wenig 4
Gewicht. Ein bißchen Talent und ein bißchen Intuition haben wir alle. Wenn Sie eine lange und saubere Sonnen- oder Merkurlinie haben, dann dürfen Sie sich glücklich schätzen: Sie sind nicht nur außerordentlich talentiert, sondern haben auch ein gutes Gespür dafür, wie die Dinge im Leben laufen.

◆ Vor allem bei der Sonnenlinie kommt es sehr darauf an, 5
wo sie startet. Damit Sie aus Ihren Talenten etwas machen können, damit Sie überhaupt die Energie finden, aktiv zu werden, muß die Sonnenlinie aus der Lebens- oder Saturnlinie aufsteigen oder zumindest eine deutliche Verbindung dazu haben. Die lange und tatsächlich intuitive Merkurlinie entspringt immer weit unten in der Hand, dort hat sie Zugang zu den unbewußten Seiten der Psyche. Wenn Sie weiter oben entspringt, fehlt ihr dieser Zugang. Wenn sie nicht bis zum Merkurfinger, das heißt ins geistige Feld, aufsteigt, dann bleibt es bei dumpfem Fühlen, das nicht richtig ins Bewußtsein vordringt.

◆ Mit einem Bogen zwischen Mondberg und Merkurfin- 6
ger, auch wenn er undeutlich gezeichnet ist, gehören Sie zu den besonders empfänglichen Menschen. Vielleicht träumen Sie, was später geschieht. Oder Sie denken an jemanden, und der ruft unmittelbar darauf an? Oder Sie

haben das Bedürfnis, irgend jemanden zu sehen und stellen fest, daß dieser dringend Hilfe braucht. Wie auch immer es sich äußern mag: Sie wissen und spüren mehr als der Durchschnitt der Menschen.

Daß Nebenlinien tatsächlich fakultativ sind, beweisen die folgenden Zahlen: Nur 30% einer untersuchten Personengruppe hatten die drei Hauptlinien und die drei wichtigsten Nebenlinien in beiden Händen eingezeichnet. Und nur bei 12% waren diese sauber und deutlich ausgebildet. Einmal mehr können Sie sehen: Unvollkommenheit ist die Norm unter uns Menschen!

Was wissen Sie mehr über sich?

Sie müßten nun entscheiden können, ob Ihre Nebenlinien einfach Zeichen Ihrer Feinnervigkeit und Dünnhäutigkeit sind oder ob Sie zu den seltenen Menschen gehören, die über ganz außerordentliche Eigenschaften verfügen. Vielleicht stellen Sie fest, daß einige der großen Nebenlinien zwar angelegt sind, aber noch keinen deutlichen Weg gefunden haben. Achten Sie in den kommenden Jahren darauf, wie Sie sich, und mit Ihnen sich Ihre Linien verändern, sich vermehren, sich beruhigen oder verschwinden. Auf diesem Gebiet ist vieles möglich, und manches lehrt uns staunen.

SCHRITT 8
KLEINE NEBENLINIEN –
RUNEN
DES GESCHEHENS

Kleine Linien und Muster sind die Lieblingskinder von Wahrsagern und Spekulanten. Tatsächlich können sie, je nach Hand und Ort, wo sie liegen, große Aussagekraft haben. Diese kleinen Zeichen gültig zu beurteilen, verlangt allerdings viel Erfahrung und Intuition.

KLEINE NEBENLINIEN – RUNEN DES GESCHEHENS

Eine Warnung im voraus: Es ist ein typischer Anfängerfehler, sich von den kleinen Linien einer Hand faszinieren zu lassen und die wildesten Vorstellungen in Kreuze, Vierecke, Sterne und ähnliches hineinzuprojizieren. Ganz offensichtlich scheinen die Zeichen und kleinen Nebenlinien besonders geheimnisvoll und interessant. Manchmal sind sie tatsächlich bedeutungsvoll, aber es kommt eben sehr darauf an, in welcher Art von Hand sie liegen. Erlauben Sie mir folgendes Bild: Wenn Sie einsam in der Wüste sitzen und plötzlich kommt ein Mensch auf Sie zugelaufen, dann ist das ganz bestimmt äußerst interessant und bedeutungsvoll. Wenn Sie aber während der Stoßzeit im Einkaufszentrum auf einer Bank sitzen, und ein Mensch löst sich aus der Menge und bewegt sich auf Sie zu, dann denken Sie sich zu Recht nichts dabei. Entsprechendes gilt für Nebenlinien und Zeichen. Kommen sie in einer Hand mit wenigen Linien vor, zum Beispiel in einer klassischen »Drei-Linien-Hand«, dann verdienen sie unsere höchste Aufmerksamkeit. Haben Sie jedoch eine Hand vor sich, die voller Linien ist, die in allen Richtungen durcheinanderlaufen, dann ist es nichts als logisch, daß diese sich kreuzenden Linien Segmente und Muster bilden. Auch erstaunt dann nicht, daß sich kurze Linien finden, die sich nicht den bisher besprochenen großen Linien zuordnen lassen. In einer solchen unruhigen Hand sollten Sie die

In der Handlese-Literatur werden Nebenlinien sehr unterschiedlich behandelt. Vor allem ältere Schriften strotzen vor seltsamen Zuschreibungen und Aberglauben. Vorsicht ist also angesagt. In diesem Buch werden nur solche Linien erwähnt, die häufig anzutreffen sind und deren Bedeutung sich in der Praxis zuverlässig bestätigt hat.

Nebenlinien gar nicht beachten. In jedem Fall, und seien die Nebenlinien und Zeichen noch so interessant, gelten folgende Regeln:

Regel 1

Beginnen Sie eine Handanalyse immer, indem Sie Proportionen und Hauptlinien untersuchen und interpretieren. Dies ist die absolut notwendige Grundlage, um zu einem zuverlässigen Urteil zu kommen. Erst ganz zum Schluß kümmern Sie sich auch um die kleineren Linien und Zeichen. Sie sind nämlich nicht mehr als Zusätze – die Garnitur auf der Torte!

Regel 2

In einer unruhigen Hand mit vielen Linien nehmen Sie nichts weiter zur Kenntnis, als daß da viele, verschieden geartete Energien durcheinander schießen, die sich gegenseitig stören und vielleicht sogar aufheben. Dies läßt auf ein unruhiges, eventuell labiles Nervensystem schließen und auf einen Charakter, der mehr oder weniger feinnervig, dünnhäutig und reizbar ist. Mehr brauchen Sie sich bei einer unruhigen Hand gar nicht zu merken.

Regel 3

Nur eine Linie, die deutlich hervortritt, verdient es, gedeutet zu werden. Verfahren Sie dabei nach bekanntem Muster: Verlängern Sie in Gedanken die Linie und merken Sie sich, wohin sie führt. Die Eigenschaften des Zielortes sagen etwas über den Charakter der Nebenlinie aus. Überlegen Sie sich dann, wo die Linie entspringt und welche Eigenschaften diesem Ort zugeschrieben werden. Das erlaubt Ihnen, zu kombinieren, welche Bedeutungsfelder diese Linie anspricht. Und schließlich beobachten Sie, wie die Linie wirkt: Zerstört sie etwas oder kreuzt sie friedlich durch die Hand? Je nachdem, wie dramatisch die

Form der Nebenlinie ist, können Sie auf die Heftigkeit des Ereignisses oder der Eigenschaft schließen.

Regel 4

Gegen die Finger aufsteigende Linien sind positiv zu werten. Sie stehen für günstige Eigenschaften, die der Mensch entwickelt. Von oben zur Handwurzel fallende Linien sind negativ zu werten. Sie bringen Schwächung und Schwierigkeiten, die meistens etwas Schicksalshaftes haben. Quer verlaufende Linien in der Richtung vom Daumen zum Handrand oder umgekehrt, sind immer Probleme und Herausforderungen, die es zu bewältigen gilt. Also so etwas wie Stolpersteine, die wir überwinden müssen. Verfahren Sie nach Regel 3, um herauszufinden, um welche Art von Eigenschaft, Problem oder Schwierigkeit es sich handeln könnte.

Ein paar Beispiele:
Eine Linie, die vom Venusberg zum Saturnfinger aufsteigt, zeigt einen Menschen, der sich mit viel Einsatz und Leidenschaft um seine Verantwortlichkeiten im Leben bemüht.
Eine Linie, die von Saturn in die Venus hineinfällt, bedeutet, daß ein Schicksalsschlag eine körperliche Schwäche (Krankheit oder Unfall) auslösen kann.
Eine Linie, die Venus- und Saturn-Bereich verbindet, gehört einem Menschen, der in allen Lebenslagen eher nachdenklich und philosophisch reagiert.

Regel 5

Um zu erkennen, wo der Anfang einer Linie ist, achten Sie auf deren Dicke. Das dicke Ende ist nämlich der Anfang! Dort ist die Energie am stärksten, dort hat sie ihren Ausgangspunkt. Oft kommt es allerdings vor, daß eine Linie an beiden Enden gleich dick ist. Dann wird die Einschätzung noch ein bißchen schwieriger: Sie müssen die Eigenschaften der beiden Orte miteinander in Beziehung setzen.

Ein praktisches Beispiel finden Sie auf Seite 20, Bild 1. Dort sehen Sie eine Nebenlinie, die in keinem Lehrbuch beschrieben steht und die Sie darum nach den obigen Regeln deuten müssen. Ich interpretierte diese Linie als Selbstmordtendenz, was sich in der Folge als zutreffend erwies. Wie kam meine Interpretation zustande? Da die Linie im Jupiter-Bereich dicker ist, also dort entspringt, hat sie etwas mit Ego, mit der Zielsetzung der Person zu tun.

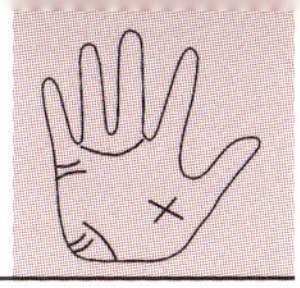

Sie fällt hinunter – hat darum eine negative Tendenz – ist scharf und dick wie ein Dolch und endet im Venus-Mars-Bereich, das heißt, im Bereich des Körpers. Die Deutung: Ein Mensch setzt sich etwas in den Kopf, das heftig und aggressiv auf seinen Körper einwirkt. Er schneidet sich ins eigene Fleisch. Und das ist tatsächlich selbstzerstörerisch und damit selbstmörderisch.

Nebenlinien im Ich-Bereich

Es handelt sich um Tendenzen, die im Zusammenhang mit inneren Trieben stehen, mit Vitalität, mit der eigenen Persönlichkeit.

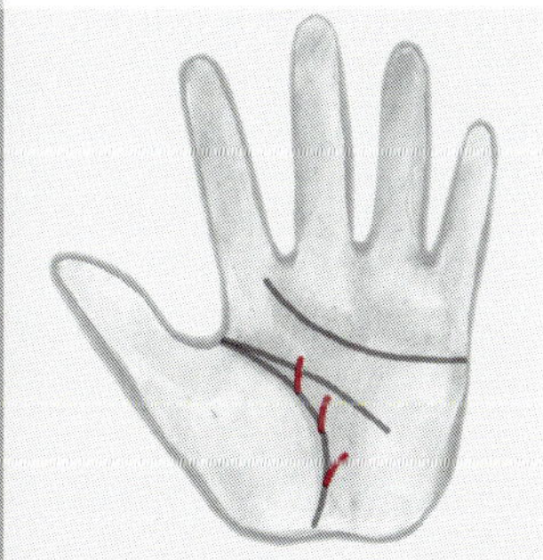

205

Verdienstlinien
Das sind nichts anderes als aufstrebende, und darum positiv zu deutende Äste auf der Lebenslinie. Wo immer ein solcher Ast aufsteigt, darf davon ausgegangen werden, daß der Mensch mit persönlichem Einsatz eine Lebenskrise überwunden hat. Ein Sonderfall dieser Verdienstlinie ist die aus der Lebenslinie aufsteigende Saturnlinie, die ja als die Linie des Selfmade-Menschen gilt, die Linie der Person, die ihr Leben mit eigenem Einsatz und eigener Kraft bewältigt. Bild 205.

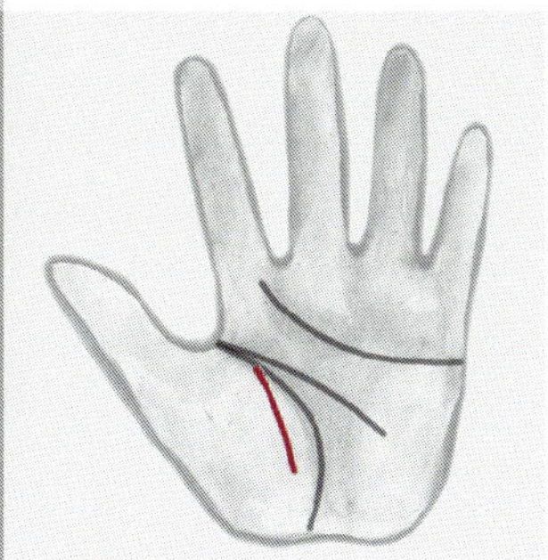

206

Marslinie
Sie ist eine Schwesterlinie der Lebenslinie und entspringt dieser innerhalb des Lebenslinienbogens. Sie betont das Marsische und gibt dadurch der Persönlichkeit eine heftige Natur und zusätzliche Energie. Wer eine Marslinie hat, gibt nicht gerne nach im Leben, er kann mit Bockigkeit und Zorn reagieren. Viel Energie ist vorhanden. Bild 206.

Angstlinie

Auch sie liegt auf dem Venusberg und ist eine Begleitlinie der Lebenslinie. Vielleicht bildet sie sogar eine schöne Parallele zu dieser. Aber: Sie wird negativ bewertet, weil sie die feinen Querlinien im Venusberg, die für inneren Antrieb und herausstrebende Vitalität stehen, stoppt. Alle feinen Linien werden angehalten und so entsteht zwischen Angstlinie und Lebenslinie ein leerer Raum. Die Angstlinie steht für eine Zeit der angehaltenen Lebenskraft, des Rückzugs, der verschütteten Vitalität. Da sie auf dem Venusberg liegt, darf geschlossen werden, daß dies auch den sexuellen Bereich betrifft. Man fürchtet sich vor seiner eigenen Vitalität und unterdrückt diese. Bild 207.

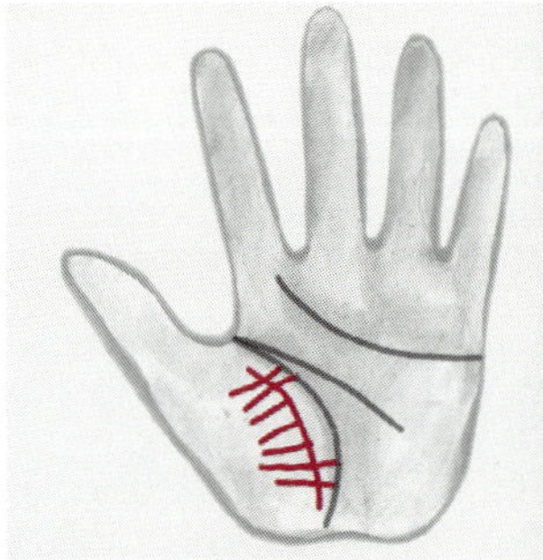

207

Antriebslinien

Sie entspringen im oberen Teil des Daumenballens und tragen die Energie von Mars und Venus in sich. Es handelt sich selten um sauber gezeichnete Linien, sondern eher um Linienzüge, um Flüsse aus Linienstücken, die sich aber eindeutig und deutlich aufwärts in Richtung der Finger bewegen müssen, damit wir sie deuten. Sie stehen für Antrieb und explodierende Unternehmungslust und sind in vielen Händen zu finden. Linien Richtung Jupiter zeigen einen Menschen, der sich durchsetzen und zur Geltung bringen will. Die Richtung auf Saturn deutet auf Gründlichkeit und Konzentrationsfähigkeit, Lebensernst und philosophischen Hang, auf alles das, was mit Saturn zu tun hat. Strebt die Linie in Richtung Sonne, handelt es sich um Menschen, die sich kreativ profilieren, die sich auf eine ganz bestimmte Weise zum Ausdruck bringen möchten. Linien in Richtung Merkur zeigen Interesse an Kommunikation und schriftstellerisches Talent. Künstler und Kreative haben oft einen ganzen Fluß von Linien, der vom Daumenballen zum Sonnen-Merkur-Bereich verläuft. Sie suchen nach Ausdruck und Echo. Bild 208.

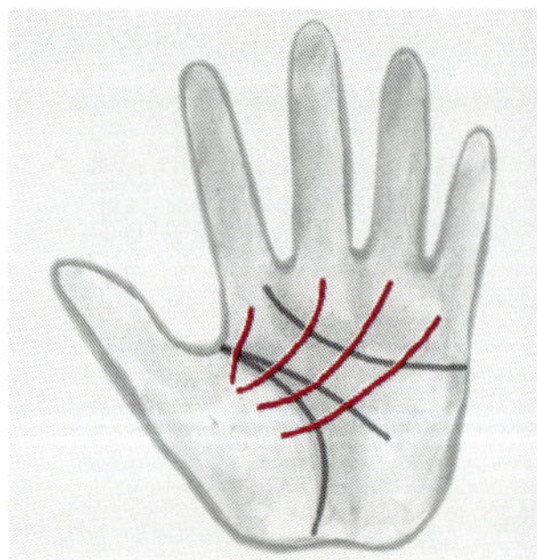

208

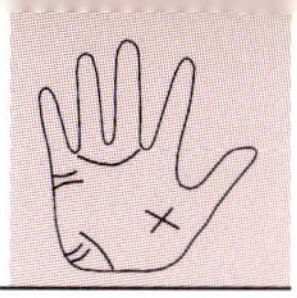

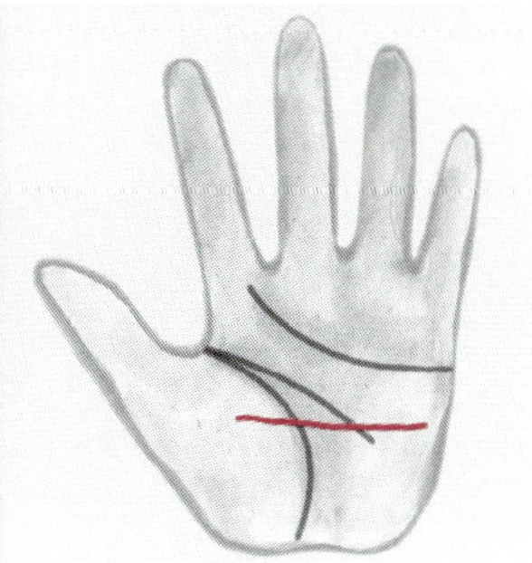

209

Kummerlinie

Während die Antriebslinien alle aufwärts streben, in Richtung auf die Finger und in das geistige Feld, verlaufen Ereignis- und Kummerlinien quer durch das Marsfeld, hinaus in die Außenwelt. Sie zeigen Prägungen, die durch die Auseinandersetzung mit der Welt entstehen und als Querlinien meistens eher mit unangenehmen Ereignissen verbunden sind. Eine deutliche Linie, die quer durch die ganze Handfläche läuft, hat mit einem großen Schmerz, einem großen Verlust zu tun. Wenn die Linie an der Saturnlinie anhält, handelt es sich um eine schicksalhafte Fügung, wenn sie an der Kopflinie gestoppt wird, ist die persönliche Entfaltung beeinträchtigt, wenn sie an der Herzlinie endet, sind emotionale Probleme im Spiel, wenn sie im Mond versinkt, beruhen die Schwierigkeiten auf Einbildung. Bild 209.

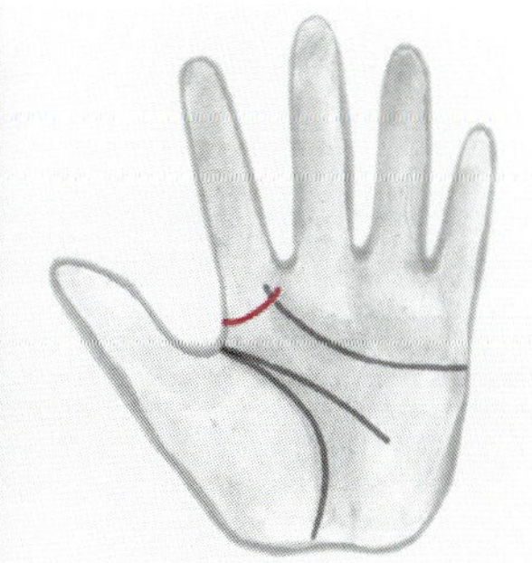

210

Salomonring

Er steigt auf der Daumenseite vom Handrand auf und akzentuiert den Jupiterfinger. Wer ihn besitzt, soll besonders weise sein. Wir können das folgendermaßen verstehen: Jupiter als Ort des Ego ist selbstverständlich auch der Ort des überwundenen Ego. Ein positiver Jupiter handelt nicht zum eigenen, egoistischen Wohl, sondern wie Salomon, im Namen einer höheren, göttlichen Gerechtigkeit, als Über-Ich sozusagen. Interessant ist, daß diese Linien, es sind nämlich oft mehrere, von jenseits des Ich-Punktes her aufsteigen. Sie repräsentieren also eine Art von Klarheit und Weisheit, die von außerhalb unseres Bewußtseins kommt und unser Ego transzendiert. Bild 210.

Parzivallinie
Sie liegt ganz unten an der Handwurzel. Ihr Anfang scheint eine Parallele der Lebenslinie zu sein, ist also von Vitalität durchdrungen, doch dann strebt die Linie aufwärts in die Hand Richtung Merkur. Wer diese Linie hat, ist auf der Suche nach dem heiligen Gral. Die Frage nach dem Lebenssinn ist für diesen Menschen von vitaler Bedeutung, seine Suche hört niemals auf. Bild 211.

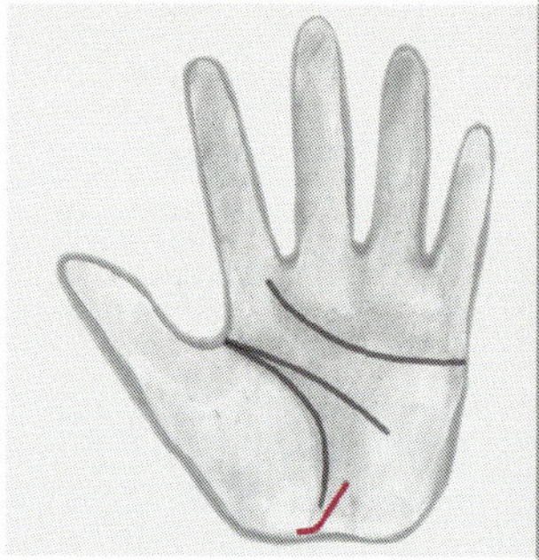

211

Nebenlinien im Du-Bereich

Alle diese Linien fließen von der Handkante nach innen. Es sind Kräfte, die von der Außenwelt auf die Person einwirken und die deshalb mit Personen oder Ereignissen in Beziehung stehen.

Bindungslinien
Sie liegen oben im geistigen Feld unter dem Merkurfinger und haben mit Partnerschaften, Ehen und anderen wichtigen Beziehungen zu tun. Es handelt sich um mehr als Freundschaften, und auch Eltern-Kind-Beziehungen sind nicht damit gemeint. Es geht um Paarungen im weitesten Sinn, um die Ergänzung und Ganzwerdung eines Individuums durch die Verbindung mit einem andern. Zwei oder drei Linien lassen auf zwei oder drei Bindungen schließen, sehr viele Linien zeigen ein unstetes Temperament, das sich nicht wirklich in eine Bindung einfügen will. Es ist aber nicht gesagt, daß die Unbeständigkeit auch körperlich gelebt werden muß. Eine aufwärtsstrebende Linie deutet auf glückliche Umstände, eine Abwärtslinie auf Schwierigkeiten in der Beziehung. Durchkreuzungen und Gabelungen können Trennungen anzeigen, zwei verschmolzene Linien zwei gleichzeitige Beziehungen. Bild 212.

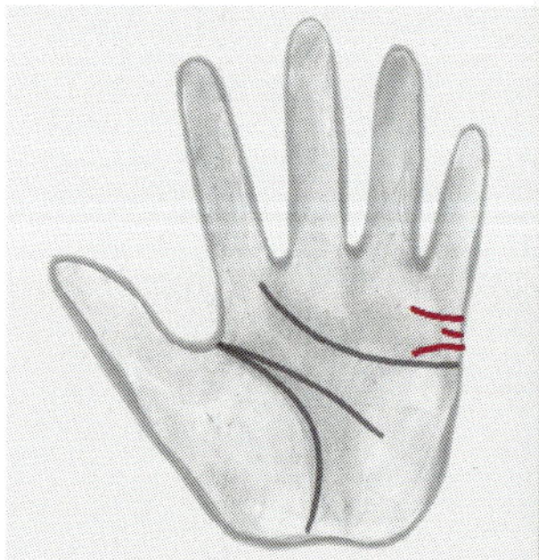

212

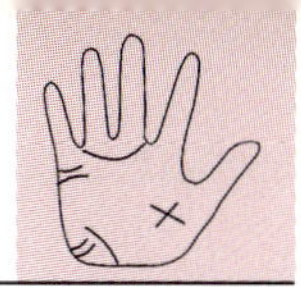

Datieren: Die Mitte zwischen Herzlinie und Beugefalte der Fingerwurzel steht ungefähr für das 25. Lebensjahr. Linien, die darunter liegen, stehen für Beziehungen in der Jugend, Linien darüber bedeuten, daß es länger dauert, bis man sich findet. Diese Datierung ist leider nicht sehr genau, aber Sie können, wie Sie wissen, auf der Saturnlinie präziser datieren. Und dort müßten sich wichtige Beziehungen ebenfalls zeigen.

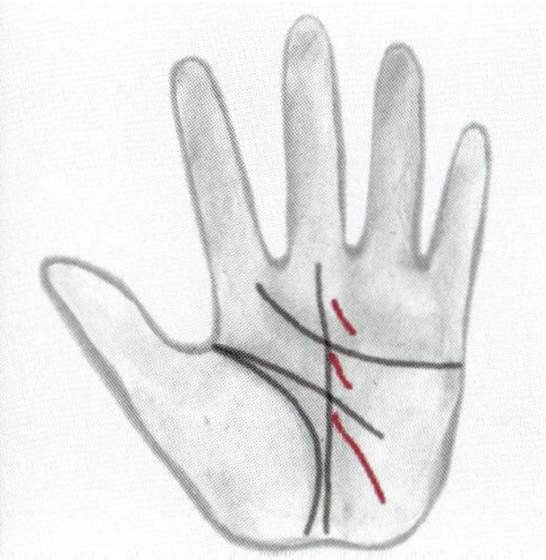

213

Einflußlinien

Sie laufen von der Du-Seite auf die Saturnlinie zu und stehen für wichtige Einflüsse. Meistens handelt es sich um Beziehungen, Ehe- oder Liebespartner. Gelegentlich aber ist es auch ein Buch, eine Philosophie oder eine Guru-Persönlichkeit, die hinter einem solchen Zeichen steht. Wenn die Linie die Saturnlinie berührt, wird die Begegnung wahr, wenn die Einflußlinie nicht in die Saturnlinie mündet, dann bleibt es bei der Möglichkeit. Sie können den Zeitpunkt der Begegnung anhand der Saturnlinie datieren. Bild 213.

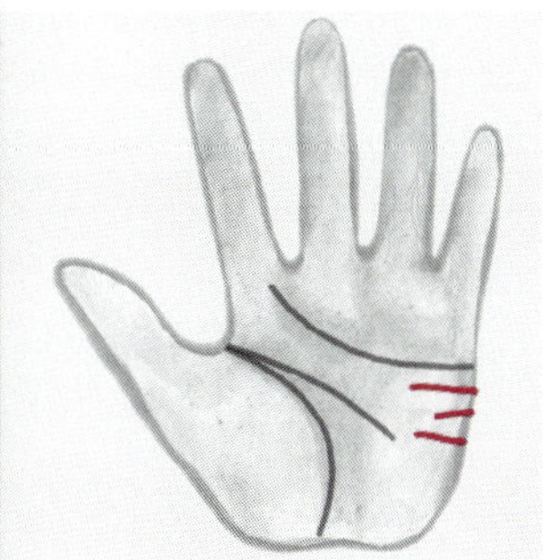

214

Kampflinien

Diese Querlinien liegen im Mars-Bereich, dem Ort von Widerstand und Verteidigung. Hier sind Ereignisse angesprochen, die Schwierigkeiten machen und ausgefochten werden müssen. Ich deute aber nur lange, in die Handfläche hineinlaufende Linien tatsächlich als Ereignisse. Viele kurze Linien bedeuten für mich, daß es sich um einen defensiven Menschen handelt, der sich unter Druck fühlt und nicht weiß, wie er sich wehren soll. Oder – was oft der Fall ist – es ist ein Mensch, der gelernt hat, »lieb« zu sein und glaubt, daß er nicht das Recht hat, sich zu wehren. Bild 214.

Reiselinien

Heute reisen alle, aber nicht alle haben Reiselinien. Kleine Linien im Mond-Bereich deuten aber auf jeden Fall auf innere Unruhe, auf eine gewisse Unzufriedenheit. Ob diese aber bis zum Aufbruch in irgend eine Richtung führt, hängt von der übrigen Energielage der Hand ab. Bild 215.

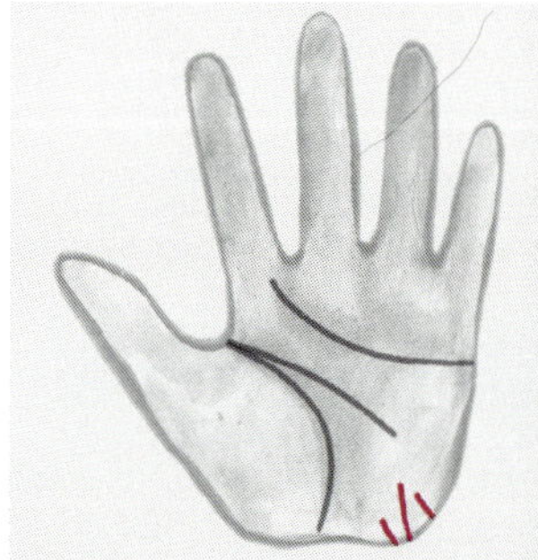

215

Neptunlinie

Dies ist eine deutliche Querlinie in der Hand, die aber schwer zu fassen und zu erklären ist. In der Astrologie steht Neptun für Unklarheit, Nebel, Geheimnis, aber auch für das Aufgehen im Unfaßbaren, das sich Ergeben ins Unerklärliche, in den Ursprung, in die All-Liebe. Es handelt sich also um ein widersprüchliches Prinzip, das vom Negativen bis ins Positive verläuft. In der Hand ist das Neptunische als Querlinie eher mit Vorsicht zu genießen. Es steht für innere Erregbarkeit, die oft mit Suchtmitteln gedämpft werden muß. Das Positive daran ist der Zugang zu den tieferen Schichten der Psyche, was kreativ machen und vorher nicht gekannte Farben und Formen hervorbringen kann. Die Gefahr des Neptun aber ist das Verlorengehen in diesen Tiefen, das Wegschwimmen in Sucht und Sehnsucht. Wenn die Linie bis deutlich in den Venusberg hinein läuft, muß außerdem mit Medikamentenabhängigkeit oder -unverträglichkeit gerechnet werden. Bild 216.

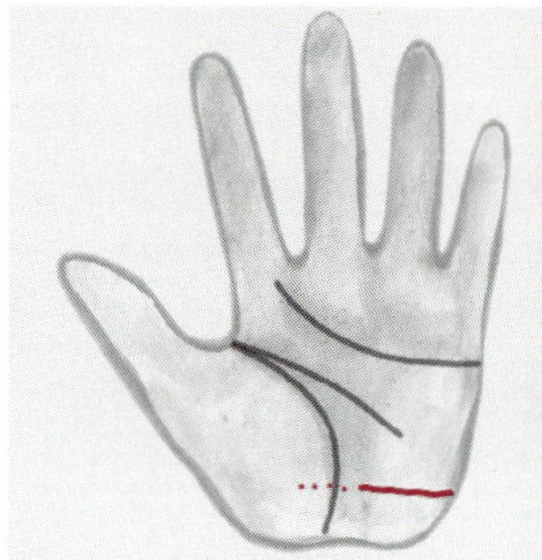

216

Kraftlinien

Auch sie liegen im Mond-Bereich, haben aber eine aufsteigende Tendenz. Man könnte sie als Abwandlung der Neptunlinie auffassen, als positiven Träger des Neptunprinzips. Sie bringen kreative Kraft und Energie, und zwar eine Art der Kraft, die aus den Untergründen und Urtiefen der Persönlichkeit aufsteigt und damit wenig störungsanfällig ist. Bild 217.

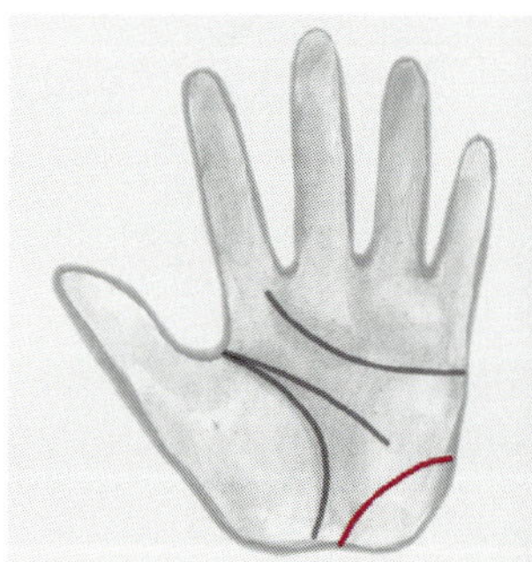

217

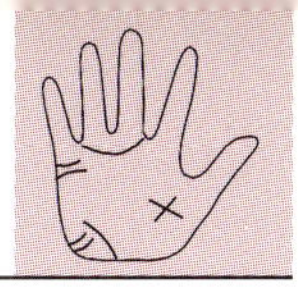

Heilerlinie

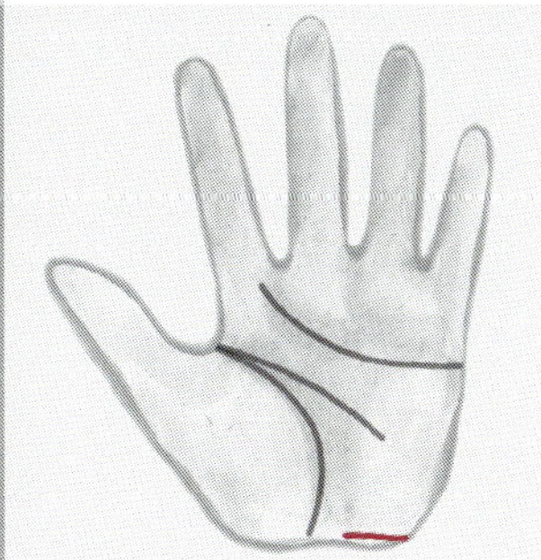

218

Sie ist eine kurze, sehr gerade Linie, die ganz unten an der Handwurzel liegt, weniger als ein Zentimeter über den Beugelinien des Handgelenks. Sie gehört Menschen, die einen günstigen, heilenden Einfluß auf andere ausüben, sei es, indem sie gut zuhören können, sei es, indem sie einfach da sind, sei es, indem sie tatsächlich als Heiler tätig sind. Daß die Linie von außen kommt, zeigt, daß diese Eigenschaften durch Auseinandersetzungen mit dem Leben entstanden sind. Es sind Menschen, die durch ihre Erfahrungen als Beispiel dienen und damit beruhigend wirken können. Bild 218.

Nebenlinien im geistigen Feld

Diese Linien haben etwas mit spiritueller Auseinandersetzung und der damit verbundenen Unruhe zu tun. Menschen mit vielen Nebenlinien haben dieses Feld immer stark belegt. Sie stellen sich viele Fragen, zu viele vielleicht, und quälen sich auf der Suche nach Antworten. Dies gilt, wenn die Linien wild durcheinander laufen – was meistens der Fall ist. Sehr schön gezeichnete Linien aber sind immer Zeichen von geistigen Errungenschaften, von Selbstdisziplin und innerer Schönheit.

Venusring

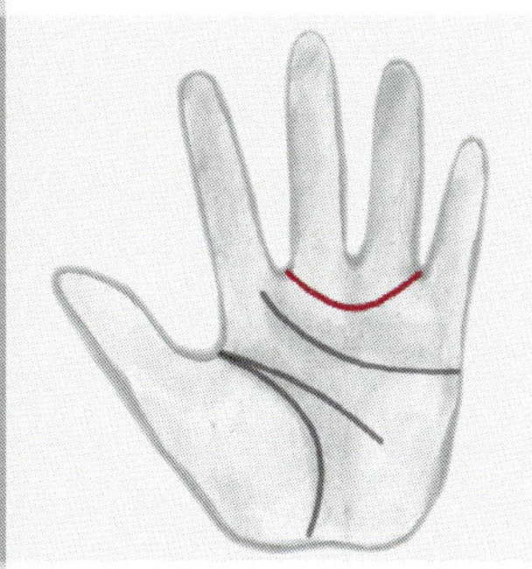

219

Dies ist die am brutalsten verleumdete Linie der Chirologie! Sie wird fast in der ganzen Handlese-Literatur als die Linie der sexuellen Perversion gehandelt, aber, so frage ich Sie, wie soll ein Handleser so etwas je wissen können? Oder würden Sie es wagen, jemanden nach seiner Sexualpraxis zu fragen? Und falls ja, glauben Sie, daß Sie eine ehrliche Antwort erhielten? Ich vermute, diese Legende entstand durch die Beobachtung eines einzelnen verurteilten Sexualtäters und wurde danach von Buch zu Buch weiterverbreitet. (Es ist nicht selten zu beobachten, wie schamlos abgeschrieben wird!) Ein zerrissener, zerstückelter Venusring – und das ist es, was Sie sehr häufig antreffen werden – bedeutet nichts anderes, als daß ein Mensch auf der Suche ist, daß er um Erkenntnis ringt und um Einsicht kämpft. Es handelt sich um einen feinnervigen, gestreßten und nervösen Charakter. Wenn er stark triebhaft ist, besteht durchaus die Möglichkeit, daß er zu sexuellem Experimentieren neigt, im Normalfall aber leidet ein solcher Mensch einfach unter genereller Unruhe und innerem Getriebensein. Der schön gezeichnete Venusring (Bild 219) ist außerordentlich selten. Freuen Sie sich, wenn Sie ihn antreffen, denn damit haben Sie einen Menschen vor sich, der geistig überdurchschnittlich hoch entwickelt ist. Diese Art von Geistesadel kommt aber nach meiner Erfahrung äußerst selten vor.

Der geistige Bereich liegt, wie Sie inzwischen sicher wissen, oberhalb der Herzlinie und erstreckt sich über die ganze Breite der Hand. Entsprechend gehören auch Linien hierher, von denen in den vorherigen Abschnitten bereits gesprochen wurde, zum Beispiel die Jupiterlinien und Salomonringe auf der Ich-Seite oder die Bindungslinien auf der Du-Seite. Sie begreifen jetzt, weshalb diese Linien bei der Deutung vor allem mentalitätsmäßig ins Gewicht fallen, eben weil sie oben, im geistigen Bereich, angesiedelt sind. So stehen zum Beispiel Jupiterlinien nicht für dieses eigennützige Ellenbögeln, das wir heute unter Ehrgeiz verstehen, sondern für eine Art von Stolz und Streben, die sich aus dem Ehrgefühl des Individuums ergeben. Und der Begriff Bindung enthält das Wissen der Seele, daß der Mensch letzten Endes kein Einzelwesen ist, sondern sich über die Spiegelung im Du und im andern erleben und erfahren muß.

Zwischenbemerkung:

Bogenförmige Linien

Es gibt in der Hand drei große Bogenlinien und sie haben ein ganz besonderes Gewicht, denn sie zeigen den Entwicklungsstand des Individuums.

◆ Der erste große Bogen ist die Lebenslinie. Sie verbindet das Mittelfeld der Hand mit der Handwurzel und steht für unsere Körperlichkeit. Diese Körperlichkeit haben wir alle entwickelt, wir bringen sie mit, haben sie sozusagen geschenkt erhalten.

◆ Der zweite große Bogen ist die Uranuslinie. Sie verbindet den Mond-Bereich mit Merkur, dem Ort des geistigen Austauschs. Sie ist selten, doch wenn sie vorhanden ist, bedeutet es, daß ein Mensch seine Instinktnatur überwunden oder vielmehr sublimiert hat. Es ist ihm gelungen, aus dunklem Ahnen klares Wissen zu kristallisieren.

◆ Der dritte große Bogen ist der Venusring. Er liegt ganz im geistigen Feld und betont den Ort der Herrscher der Hand und des Kosmos: den Bereich von Sonne und Saturn. (Erinnern Sie sich noch? *Koordinaten, Ebene 2.*) Sie werden den Venusring kaum jemals vollkommen gezeichnet antreffen, denn es bedeutet, daß sich ein Mensch im Einklang mit diesen kosmischen Kräften befindet und ihre Gegensätzlichkeit integriert hat. Nach C.G. Jung ist das der voll individuierte Mensch, der sich seines Schattens und seines Selbsts bewußt ist.

Verschiedene Muster und Zeichen

Überall in der Hand können sich Linien überschneiden und damit Muster bilden: Kreuze, Sterne, Inseln und andere Zeichen. Sie alle sollten nur gedeutet werden, wenn sie sehr deutlich aus dem übrigen Linienbild hervortreten. Auch müssen sie regelmässig und harmonisch geformt sein, um wirklich Beachtung zu verdienen. Trotz der Gefahr, Sie zu langweilen, wiederhole ich einmal mehr: Solche zum Wahrsagen genügend deutliche Zeichen sind höchst selten. Ich bitte Sie deshalb um größte Zurückhaltung, wenn es darum geht, diese zu interpretieren. In einer Hand voller Linien, in einem Liniengewirr, haben sie keine Bedeutung. Nur wenn sie isoliert und deutlich auftreten, verdienen sie unsere Aufmerksamkeit.

Kreuze

Ein Kreuz entsteht aus zwei sich überquerenden Linien. Es zeigt auf, daß sich zwei gegensätzliche Arten von Energie gegenseitig beschneiden und behindern. Darum gilt ein Kreuz zu Recht als Behinderung, Schwierigkeit und Schwächung. Da dies in einer Handfläche aber ständig geschieht, kümmern wir uns nicht darum. Wir betrachten und deuten nur die Kreuze, die aus zwei kurzen, unabhängigen Linien bestehen. Sie können entweder auf einer Linie oder sonst irgendwo mitten in der Hand stehen. Selbstverständlich nehmen sie jeweils die Bedeutung des Standortes an: Ein Kreuz auf der Kopflinie behindert das Fortkommen im Leben, ein Kreuz auf der Herzlinie steht für einen emotionalen Verlust. Dabei kann es sich auch um einen Todesfall handeln. Ein Kreuz im Venus-Bereich deutet auf unterdrückte Vitalität etc.

Aber Achtung, es gibt ein paar Ausnahmen, wo ein Kreuz eine andere, eine positive Wirkung entwickelt: Unter dem Saturnfinger, zwischen Kopf und Herzlinie gelegen, wird

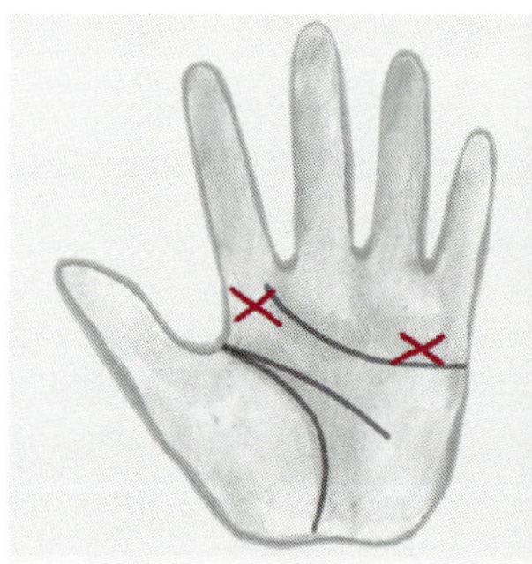

220

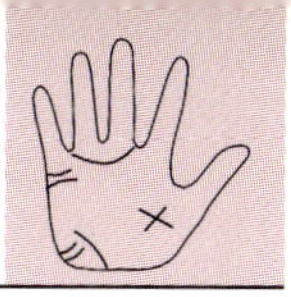

ein Kreuz »mystisch« genannt. Es findet sich bei Menschen mit besonderem Interesse und Verständnis für geheimnisvolle Kräfte. Ein Kreuz auf dem Jupiterberg zeichnet gute Ehepartner aus: Ihr Stolz (Jupiterlinie) wird durch ihre Weisheit (Salomonlinie) gebrochen, das führt zu Toleranz und Nachgiebigkeit, was das Zusammenleben erleichtert und die Partnerschaft fördert. Bild 220.

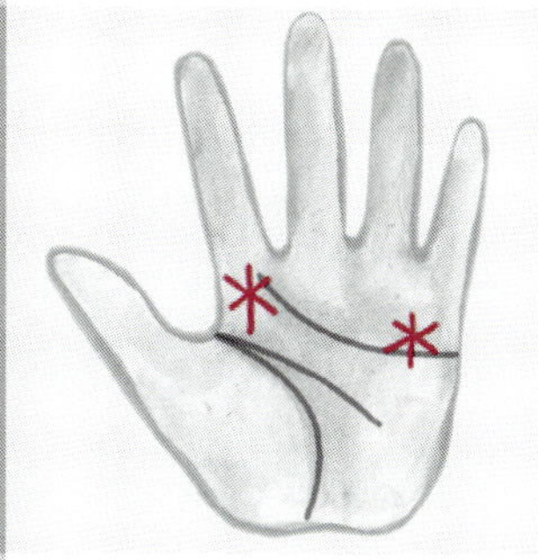

221

Sterne

Hier durchkreuzen sich drei oder mehr Linien und das Ergebnis ist immer explosiv: Sterne stehen für unerwartete und plötzliche Ereignisse. Ob sie positiv sind, also Erfolgserlebnisse, oder negativ, zum Beispiel ein Zusammenbruch, muß aus den übrigen Komponenten der Hand geschlossen werden. Bild 221.

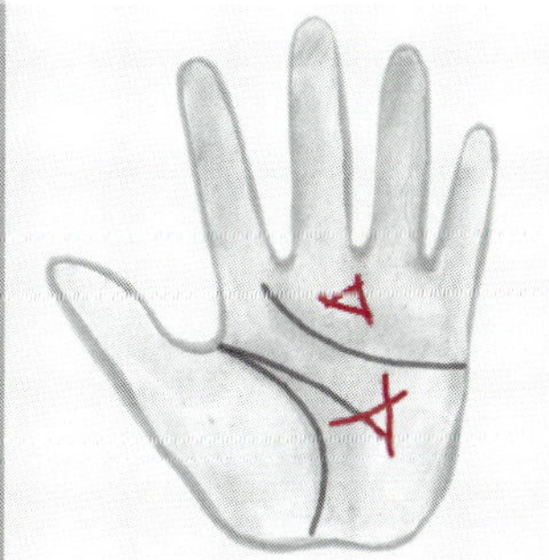

222

Dreiecke

Sie sind aus drei, meistens in anderem Zusammenhang vorhandenen Linien gebildet. Wir beachten nur sauber geformte, regelmäßige Dreiecke. Sie stehen immer für eine besondere Fähigkeit, die sich eine Person durch Einsatz selbst erarbeitet hat. Sie drücken darum etwas Verdienstvolles und Befriedigendes aus. Bild 222.

223

Vierecke

Sie haben Schutzfunktion, wobei es schwer zu ermessen ist, worin dieser Schutz besteht. Hält eine höhere Macht die Hand über die betroffene Person oder ist es ihr eigener Charakter, der ausmacht, daß sie ihre Schwierigkeiten besser zu bewältigen versteht? Jedenfalls hat es etwas Beruhigendes, wenn sich in einer Hand viele Vierecke befinden. Meistens liegen sie über der Lebenslinie oder um die Saturnlinie herum. Sie können aber auch isoliert in der Handfläche vorkommen. Bild 223.

Inseln

Sie entstehen, wenn sich Linien teilen und wieder vereinen, oder wenn sich eine Linie bauchig über eine andere legt. Es handelt sich dabei nicht um Ereignisse, sondern um längere Perioden, die belastet sind. Wodurch die Belastung zustande kommt, läßt sich nicht genau ermessen. Aber irgend ein Hemmnis behindert den Fluß der Energie, man fühlt sich schwer und angenagelt von Umständen und Schwierigkeiten, die nicht zu ändern sind. Bild 224.

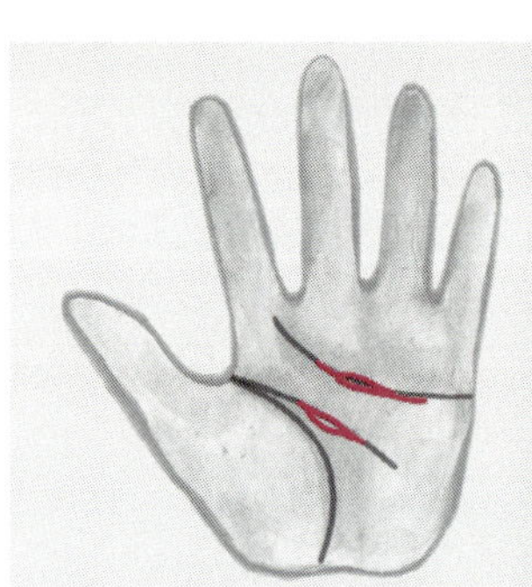

224

Gitter

Hier bilden die widersprüchlichen Energien ein Geflecht, das die Person blockiert. Sie fühlt sich gefangen in einer auswegslosen Situation. Bild 225.

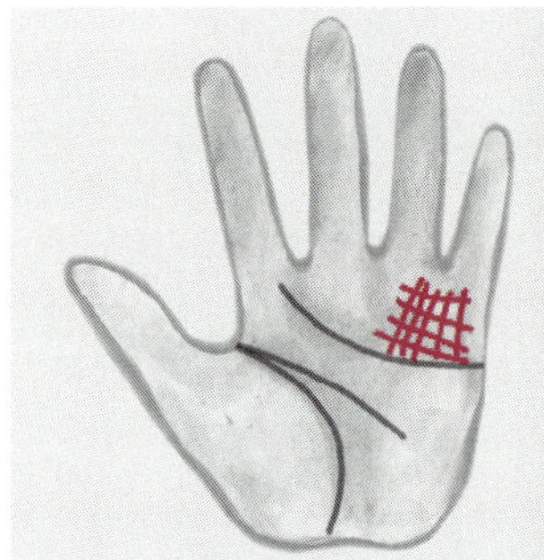

225

Winkel

Es gibt ganze Listen von verschiedenen Winkeln, die betrachtet und gedeutet werden können. Ich selbst habe aber nur eine Formation als wichtig und bedeutsam erfahren, und das ist eine beliebige Linie, die genau rechtwinklig die Kopflinie kreuzt. Der Winkel muß aber wirklich rechtwinklig sein und kein bißchen spitz. Dann haben wir einen Menschen vor uns, der sehr stark medial begabt ist. Das kann bis zum Löffelbiegen oder anderen psychokinetischen Phänomenen gehen! Bild 226.

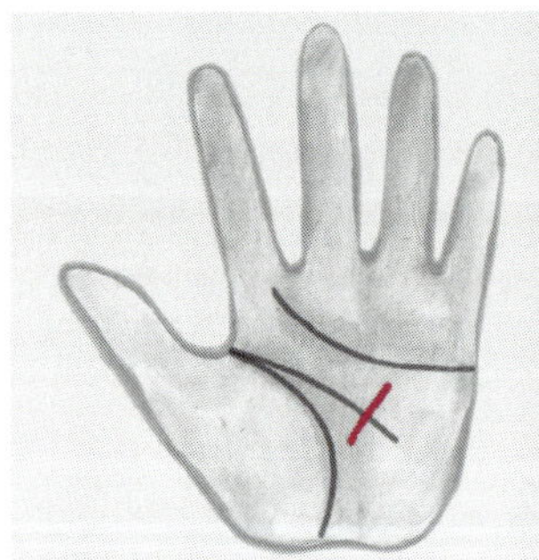

226

Buchstaben

Manchmal finden wir in der Hand Buchstaben oder sogar Worte. Meistens bedeuten sie nichts, aber manchmal eben doch. Fragen Sie also spaßeshalber nach, wenn Sie zum Beispiel ein H auf der Herzlinie sehen, ob es einen Liebsten gibt, der Hugo, Hermann oder ähnlich heißt. Manchmal stimmt es tatsächlich. Bild 227.

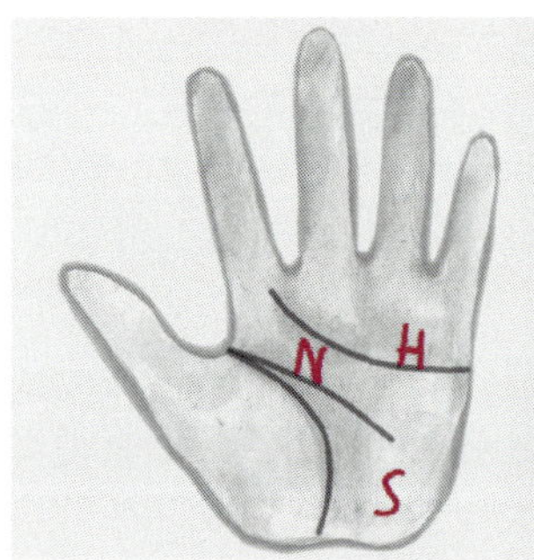

227

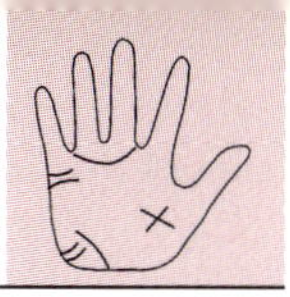

228

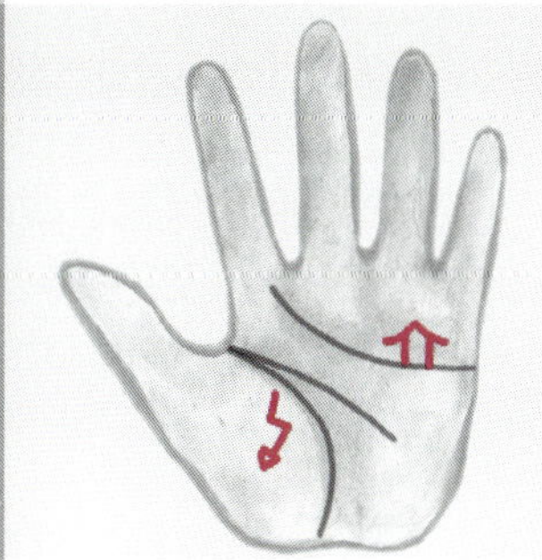

Bilder

Wenn Sie plötzlich Bilder in einer Hand sehen, dann fragen Sie doch nach, ob diese eine Bedeutung haben. Ich sah einen Blitz in der Hand eines Elektrikers und habe davon gehört, daß ein Architekt kleine Häuschen in seiner Hand eingezeichnet hatte. Auch das gehört natürlich in den Bereich von Spaß und Spiel, aber wieso sollen wir uns beim Handlesen nicht gelegentlich auch amüsieren? Bild 228.

Fassen wir zusammen:

Im Bereich der kleinen Nebenlinien gilt: »Weniger ist mehr«. Nur wenn es in einer Hand wenige und deutliche Zeichen und kleine Nebenlinien gibt, sind diese bedeutungsvoll und deutungswürdig. Und außerdem gilt: Je mehr Zurückhaltung Sie sich bei der Deutung auferlegen, desto besser. Denn mit den kleinen Nebenlinien und Zeichen begeben Sie sich auf das Gebiet der Wahrsagerei, und das gilt darum als ziemlich schlüpfrig, weil die Gefahr des Ausrutschens relativ groß ist.

Wie Sie nun sehen werden, sind die kleinen Nebenlinien nicht einfach zu deuten, weil vieles undeutlich oder mehrdeutig ist. Ich empfehle Ihnen deshalb, die ersten paar Jahre Ihrer Handlese-Karriere mit den Handeinteilungen und der Deutung der Hauptlinien zu verbringen und die Zeichen und Muster auf später zu vertagen!

Angst-, Uranus- und Einflußlinie

Sie sehen eine gebrochene Lebenslinie (Gesundheitskrise, Umstellung der Lebensumstände), die durch eine in Daumenrichtung verlagerte Zusatzlinie (Pfeil) überbrückt wird. Diese Linie entspringt beinahe der Lebenslinie, hat also auch den Charakter einer Marslinie. Dies gibt der Person einen starken Willen und viel Energie. Und es ist günstig, weil so der Bruch in der Lebenslinie repariert wird. Diese Zusatzlinie ist aber eine Angstlinie: Sie stoppt all die feinen Antriebslinien, die vom Daumen her kommen. Das Feld zwischen Lebenslinie und Zusatzlinie ist vollständig »leer«, es führen keine Linien hinein oder hindurch und das ist ungünstig: Trotz ihrer Energie wird diese Person Mühe haben, sich auszuleben. Es gibt Hemmung und Behinderungen ihrer Vitalität. Ein Blick auf die Kopflinie zeigt, daß es in diesem Leben um zwanzig und um dreißig herum ernsthafte Krisen gab, von denen sich diese Person nur Kraft ihres Willens, aber nicht vollständig erholen konnte.

In dieser Hand gibt es außerdem noch eine zarte, aber schön geschwungene Uranuslinie (Pfeil) zu bewundern. Und mit ungefähr vierzig schleicht sich eine kleine, ziemlich gestörte Einflußlinie (Pfeil) an die Saturnlinie heran. Bild 229.

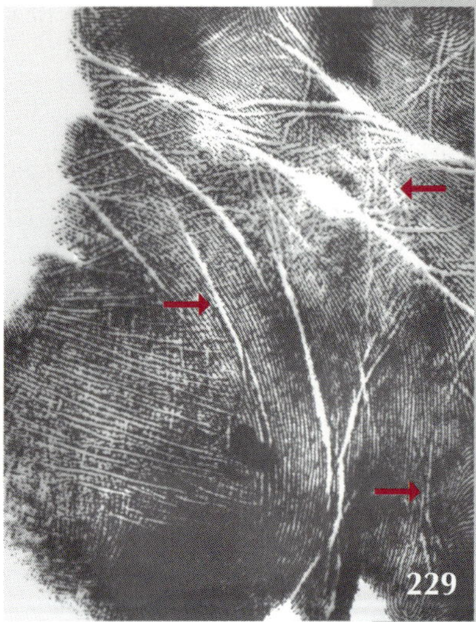
229

Weiße Löcher

Beachten Sie: Der weiße Knubbel in der Kopflinie von Bild 229 entspricht nicht einer stark verdickten Linie, vielmehr hat sich an dieser Stelle die Linie durch die Krise und eventuell durch mehrere winzige, durcheinanderlaufende Nebenlinien so vertieft, daß sie im Abdruck nur noch ein weißes Loch hinterläßt. Solche »weißen Löcher« im Abdruck sind immer Zeichen starker emotionaler Belastungen und tiefer Krisen.

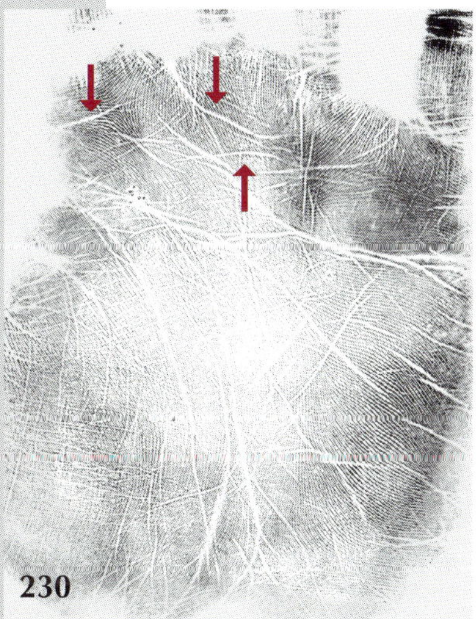

230

Venus- und Salomonring, Beziehungs-, Kampf- und Reiselinien, Insel

Hier sehen Sie wenigstens einen halben Venusring (Pfeil). Ich habe in meiner Sammlung von Handabdrücken keinen vollständigen und perfekt gezeichneten gefunden, denn wie gesagt, schöne Venusringe sind sehr selten. Immerhin bilden weitere Linienschnipsel einen Fluß, der den Ring mindestens in der Bewegung zu Ende führt, wenn auch nicht schließt. Eines dieser Schnipsel (Pfeil) hängt allerdings nach unten (abwärts = ungünstig) und stört die Herzlinie. Dieser Mensch ist auf der Suche und an psychologischen und spirituellen Fragen interessiert. Aber er hat noch keine sicheren Antworten gefunden. Und das bringt seine Gefühle immer wieder aus dem Gleichgewicht. Der Salomonring (Pfeil) zeigt aber, daß er bereits ein Stückchen Weisheit und Abklärung erreicht hat. Jedoch sagen uns die anderen, etwas unschönen Querlinien im Jupiter-Bereich, daß er gleichzeitig immer noch um Ich-Durchsetzung kämpft, also tatsächlich nicht über den Dingen steht. Zwei Linien am Handrand unter Merkur weisen auf zwei wichtige Beziehungen im Leben hin, die darunterliegenden Querlinien im Mars deuten darauf, daß dieser Mensch sich angegriffen fühlt. Viel-

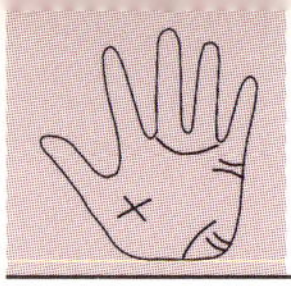

leicht ist er auch in Streitereien und Prozesse verwickelt. Aufsteigende Linien im Mond zeigen innere Bewegtheit und den Wunsch, sich zu verändern, zu reisen, sich inspirieren zu lassen. Wir sehen eine Person vor uns, die um ihre persönliche Entwicklung kämpft, aber noch wenig Selbstgenügsamkeit erlangt hat. Eine Insel auf der Kopflinie zwischen zwanzig und dreißig zeigt schwierige Lebensumstände. Bild 230.

Kampflinie, Dreieck, Beziehungslinien

Die dicke, gerade Linie (Pfeil), die vom äußeren Mars brutal auf die Kopflinie zu und durch sie hindurch fährt, steht wohl für eine heftige Auseinandersetzung. (Wenn die Kopflinie zersplittert wäre, müßte sogar mit einer Kopfverletzung gerechnet werden.) Allerdings bildet sich an diesem Ort auch ein sehr sauberes Dreieck, so daß wir davon ausgehen können, daß es sich um einen lehrhaften Prozeß handelt, der in diesen Menschen besondere Fähigkeiten weckt. Beachten Sie den Unterschied zwischen dieser starken, eindeutigen Kampflinie und den feineren Linienstücken in der vorherigen Hand: Hier findet ein für alle sichtbarer Kampf statt, während die Linien in der vorherigen Hand mehr für das defensive Gefühl stehen, von allen Seiten und allen Umständen angegriffen zu sein.

Die Beziehungslinien in dieser Hand sind unklar ineinander verwoben, nur die oberste ist etwas deutlicher und länger gezeichnet. Im Leben dieser Person gibt es in Sachen Beziehungen ein Durcheinander. Es muß aber nicht sein, daß dieses tatsächlich gelebt wird, es kann auch alles nur in der Phantasie stattfinden. Auffällig sind auch die wilden Linien im Mond-Bereich. Dies unterstützt die These, daß innere Unruhe, Unzufriedenheit und Phantasien das partnerschaftliche Leben dieser Person untergraben könnten. Bild 231.

Es wird wohl immer deutlicher, daß jede Handanalyse ein sehr komplexer Vorgang ist. Kein einzelnes Zeichen darf für sich allein interpretiert werden. Sie müssen immer auf viele verschiedene Merkmale gleichzeitig achten. Dies erscheint kompliziert und schwierig und ist es auch. Aber Sie sollten sich nicht entmutigen lassen: Auf diese kleinen Linien und Zeichen kommt es in den meisten Fällen nicht an. Und mit jeder Hand, die Sie bearbeiten, sammeln Sie Erfahrungen.

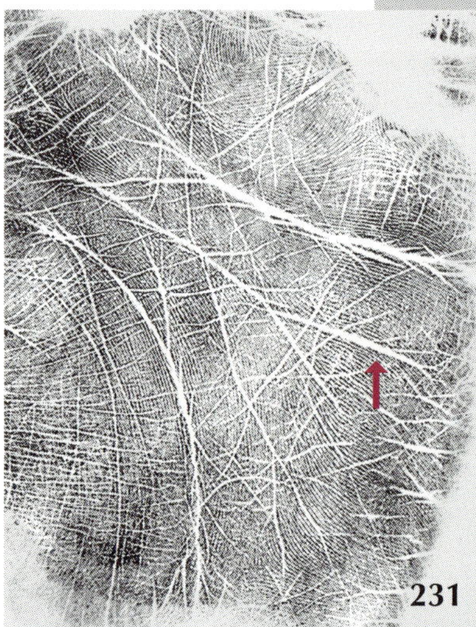

231

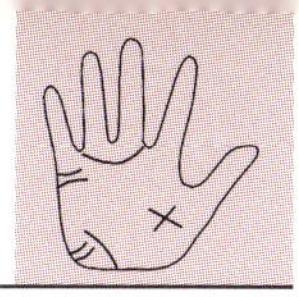

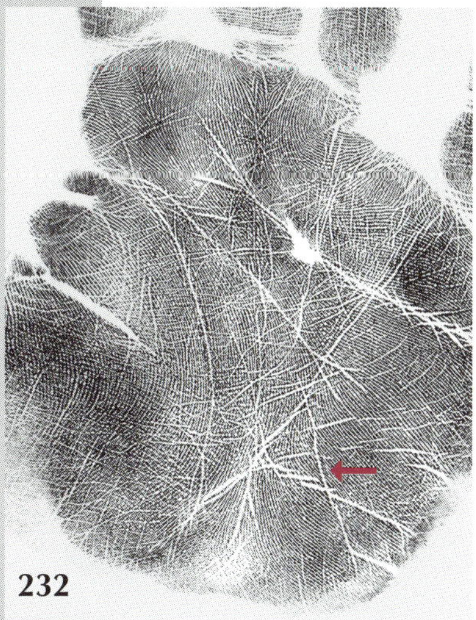

232

Harter Neptun

Er liegt quer und hart im Mond, wie eine Staumauer für den Fluß der inneren Bilder. Dies behindert die unbewußten, intuitiven Kräfte, die doch für die Steuerung eines Lebens so wichtig sind. Diese Person fühlt sich von ihrem innersten Wesen abgeschnitten, gleichsam in der Welt und in den Umständen schwebend. Und darin liegt die Gefahr des Neptuns: Täuschungen werden möglich, Verirrungen im Irrationalen. In dieser Hand allerdings steigt eine Einflußlinie (Pfeil) aus dem unteren Mond-Bereich auf, die einen Weg und einen Kanal für das Unbewußte abgibt. Sie bildet zusammen mit Merkur- und Neptunlinie ein verhutzeltes Dreieck: Offensichtlich sind da Fähigkeiten im Entstehen, die allerdings noch keine endgültig positive Form gefunden haben. In dieser Hand sehenswert ist übrigens auch die zarte Sonnenlinie, die von der Lebenslinie aufsteigt und ein starkes, aktives Talent anzeigt. Aufsteigende Linien im äußeren Mars bringen zusätzliche Energie. Ein (allerdings schlechtgeformtes) Viereck im Handtisch unter dem Saturn zeigt, daß es Schutzfunktionen gibt, ausgleichende Kräfte, die dem Neptunischen entgegenwirken (Saturn-Bereich = Verantwortungsgefühl, Handtisch = Ausgleich von Vernunft und Gefühl.) Allerdings sind diese noch wenig bestimmt und haben sich nicht vollständig durchgesetzt. Bild 232.

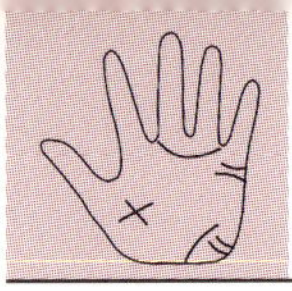

Antriebslinien, Kraftlinien, Kreuze

Im wilden Gewirr der Nebenlinien zeigen sich in der Handmitte Querlinien, die teils einen Aufschwung nach oben in Richtung Sonne und Merkur nehmen, teils nach außen in den Mars hinein laufen. Dies bedeutet, daß es in diesem Menschen viel Energie gibt, die sich kämpferisch und intellektuell mit der Welt auseinandersetzen will. Die aufsteigenden Linien im Mond-Bereich bringen zusätzliche Kraft. Die Kreuze im Jupiter-Bereich zeigen aber, daß es sich um sachliche Auseinandersetzungen handelt und nicht um Durchsetzung von Ego-Zielen. Die schräge Linie unterhalb des Saturns (Pfeil) ist zu wenig geschwungen, um als Teil eines Venusrings zu gelten. Es handelt sich um eine aufsteigende Linie, die für zusätzliches Verantwortungsbewußtsein und entsprechenden Lebensernst steht. Bild 233.

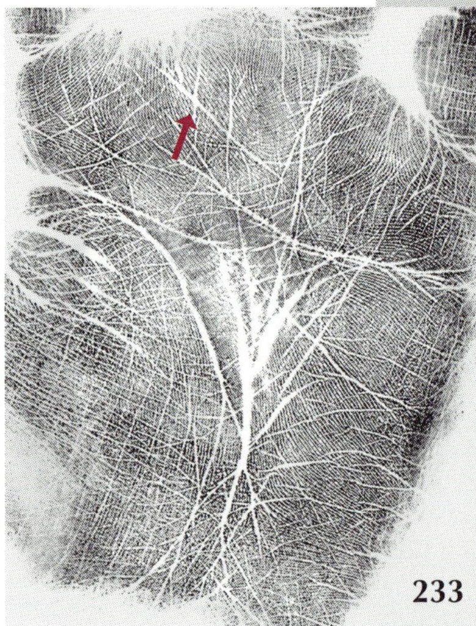

Winkel

Die feinen, gleichsam hingehauchten Nebenlinien in diesem Beispiel verdienen kaum Beachtung. Interessant hingegen ist die Insel in der Kopflinie, die für einen schwierigen Lebensabschnitt steht, zusätzlich vielleicht aber auch für eine Kopfverletzung oder für Probleme mit Ohren oder Augen, das weiß man bei diesen Inseln nie so genau. Wichtig in dieser Hand sind auch die beiden fast ganz exakt rechtwinkligen Überschneidungen von Merkurlinien und Kopflinie (Pfeil). Dies ist die Art von Winkeln, die oft mit sehr speziellen, medialen Fähigkeiten einhergehen. Bild 234.

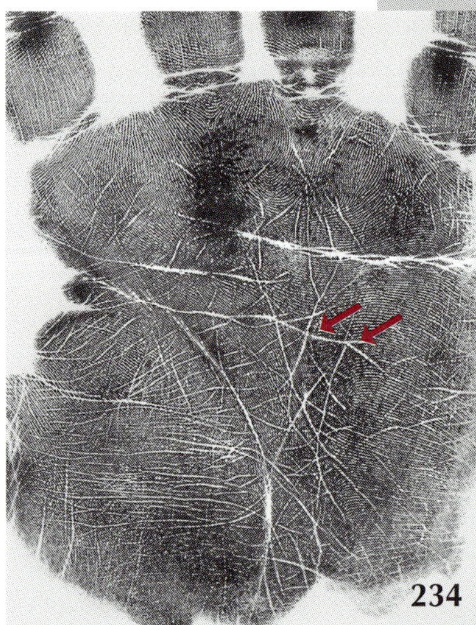

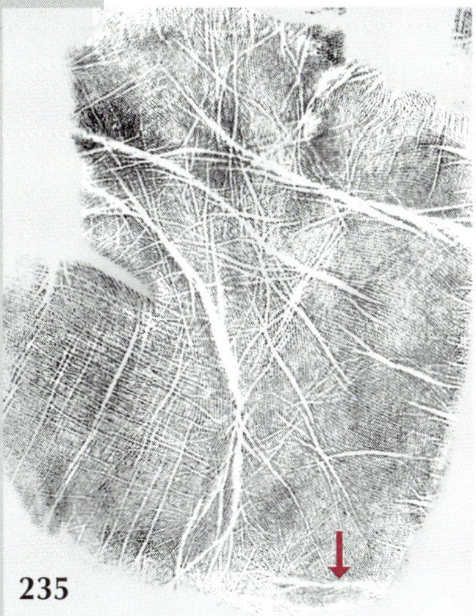

235

Heilerlinie

Sehr deutlich zu sehen: Im untersten Mond-Bereich liegt eine gerade Linie (Pfeil). Diese zeichnet Menschen aus, die beruhigend und heilend auf andere einwirken. Daß sich diese Person mit ihrer Heiltätigkeit aber schwächt, zeigt die große Insel am Ende der Lebenslinie. Bild 235.
Übrigens: Für Heiler gilt, was auch für medial Begabte wichtig ist: Diese ungewöhnlichen Fähigkeiten sind nur hilfreich und nützlich, wenn die Zeichen in einer ausgeglichenen, kräftigen Hand liegen. Viele dieser besonders begabten Menschen heilen andere, statt ihre eigenen Wunden zu versorgen. Viele Medien bedienen andere mit außersinnlichem Wissen, wenden es aber für sich selbst nicht an. Dabei gilt: Wissen verpflichtet. Wer seine Erkenntnisse nicht konsequent umsetzt, wer wider sein besseres Wissen handelt, schwächt sich und seine Fähigkeiten. Und das wird sich früher oder später rächen. Vielleicht verlieren diese Personen ihre Gesundheit oder aber den Boden unter den Füssen.

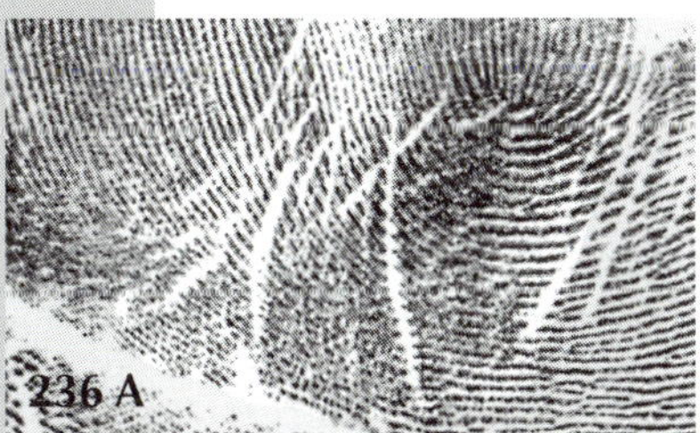

236 A

236 B

Buchstaben

Hier eine dieser kleinen Kuriositäten, die manchmal Sinn ergeben und uns Handleser erfreuen und amüsieren: Der Name »Max« liegt auf dem Sonnenberg, in der Hand eines Künstlers. Tatsächlich hieß damals dessen wichtigster Mäzen so. Als Max später wegzog, verkümmerten die kleinen Linien und die Schrift verschwand. Bild 236, A und B. Beachten Sie bitte auch die Samariterlinien rechts auf dem Bild. Es handelt sich um eine Gruppe von senkrechten Linien auf dem Merkurberg. Sie sind ein Zeichen für Gutmütigkeit und Hilfbereitschaft. Es stimmt optimistisch, daß wir Samariterlinien bei sehr vielen Menschen finden.

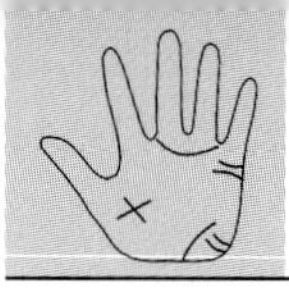

Falls Sie sich an den Seltsamkeiten und Geheimnissen der kleinen Nebenlinien und Zeichen noch nicht sattgesehen haben, dann kehren Sie doch einfach zu den Bildern früherer Kapitel zurück. Weitere Uranuslinien finden Sie zum Beispiel in den Bildern 76 und 145, eine deutliche Marslinie in Bild 139. Andere Formen von Einflußlinien sind in den Bildern 170, 176 und 181 zu sehen.

Inseln gibt es unter anderem in den Bildern 79, 178 und 202, und einen nicht- oder halbrunden Venusring in den Händen von Bild 174 und 202.

Auffällige Kraftlinien liegen in den Bildern 83 und 144, in Bild 198 finden Sie ein Kreuz unter dem Ringfinger und in Bild 108 einen Stern auf Saturn.

Winkel an der Kopflinie haben auch die Hände von Bild 74 und 198.

Bild 143 zeigt eine deutliche Kampflinie, Dreiecke liegen in den Bildern 179 und 204. Beziehungslinien finden Sie in fast allen Handabdrücken. Schließlich sind wir Menschen ja soziale Wesen.

Die schwer zu verstehenden Neptunlinien zeigen sich in verschiedenen Formen in den Bildern 84, 111, 116, 194 und 204, Vierecke im Bild 105 (ein längliches Rechteck) und 201. Und eine sehr deutliche Heilerlinie zeigt auch Bild 77.

Zwischenbemerkung:

Transsaturnische Planeten

Im Zusammenhang mit den Planetenkräften haben wir ausschließlich von den sieben traditionell bekannten Planeten gesprochen. Im Bereich der Nebenlinien kommen nun aber auch die Bezeichnungen der transsaturnischen Planeten zum Zug. So sprechen wir von Neptun- und Uranuslinien. Auch wird der Graben zwischen Mond und Venus an der Handwurzel dem Neptun zugeordnet und steht für den Ursprung und die Herkunftsfamilie. Neptun und Uranus, und noch viel mehr gilt dies für Pluto, stehen für Kräfte, die über das Individuum hinausgehen. In der Hand bezeichnen sie Prinzipien, die wir schwer erfassen können, weil sie sich auf die tiefsten Schichten unserer Seele beziehen.

Was haben wir Neues gelernt?
Das Gebiet der kleinen Zeichen ist schwierig und oft unklar und mehrdeutig. Manches lohnt sich nicht, anderes läßt sich nicht deuten. Sicher ist: Wenn wir die kleinen Nebenlinien und Zeichen interpretieren wollen, dann müssen wir die übrigen Merkmale der Hand mit einbeziehen. Darum kommt die Betrachtung der kleinen und großen Nebenlinien immer am Ende der Handanalyse. Erst wenn Sie die Person bereits vor sich sehen, wenn Sie ihre Charakterstruktur verstanden haben, können Sie einigermaßen zuverlässig abschätzen, wofür die kleinen Nebenlinien in einer Hand stehen.

UND NUN ZU IHREN HÄNDEN

Wahrscheinlich sind Sie, wie alle Neulinge in der Chirologie, von den Nebenlinien und Zeichen fasziniert. Doch Sie haben auch schon gesehen, daß es nicht einfach ist, diese mit Sicherheit zu deuten. Ich kann nicht oft genug wiederholen: Das Wichtigste an einer Handanalyse sind die Proportionen der Hand und die Form der Hauptlinien. Alles andere sind nur Ergänzungen und Verfeinerungen des bereits Entdeckten.

Nehmen Sie zum Beispiel den Stern, der für eine plötzliche, explosive Entwicklung zum Guten oder zum Bösen steht. In einer schlaffen Hand mit vielen undeutlichen Linien, die offensichtlich über wenig Energie verfügt, müssen wir wohl eher mit einem negativen Geschehen rechnen. Aber es wird sich kaum um ein schwerwiegendes Ereignis handeln: Ein kleiner Knallfrosch geht los und keine Weltraumrakete. Anders in einer kräftigen Hand: Das gleiche Zeichen kann eine vollständige Umstellung der Lebensbedingungen anzeigen. Darum gilt es, wirklich zuerst die Hausaufgaben zu machen und bei jeder Handbetrachtung zuerst das Grundsätzliche zu suchen und die Zeichen der Hauptlinien zu deuten.

Vielleicht haben Sie schon festgestellt, daß Ihre Handflächen in natura anders wirken als Ihr Handabdruck. Wahrscheinlich sehen Sie mehr Linien. Oder einzelne Linien erscheinen tiefer und damit gewichtiger als im Handabdruck. Das ist normal und auch der Grund, warum ich es richtig finde, mit Handabdrücken zu arbeiten. Sie sind eine objektive Bestandsaufnahme und zeigen deutlich, was wichtig ist in einer Hand. Feinste, oberflächliche Linien, die das Auge noch sehr gut unterscheiden kann, sind im Abdruck kaum zu sehen. Und das ist gut so, denn sie verdienen es nicht, daß man sich ernsthaft um sie kümmert. Alles, was in Ihrem Leben jedoch wichtig ist, wird sich tief genug in Ihre Hand einkerben, um auf dem Abdruck sichtbar zu werden. Darauf dürfen Sie sich verlassen.

Also, was gibt es nun auf Ihrem Handabdruck an Interessantem zu sehen? Studieren Sie Ihren Handabdruck zuerst einmal ohne Lupe.

Bestandsaufnahme

- Fällt Ihnen eine Nebenlinie oder ein Zeichen ins Auge? 1
- Steht es isoliert da oder klebt es an einer Linie? 2
- Wo liegt es? 3
- Gibt es noch andere dieser Zeichen? 4

Nun überprüfen Sie Ihren Befund bitte noch mit der Lupe. Wie sehen die gefundenen Figuren aus, wenn Sie sie genauer betrachten?

5 ◆ Tritt das Zeichen gleichwertig in die übrigen Linien zurück oder tritt es noch deutlicher hervor?

6 ◆ Ist es regelmäßig geformt oder erscheint es bei näherer Betrachtung krumm und zerknautscht?

7 ◆ Wie ist seine Ausstrahlung? Gefällt Ihnen, was Sie sehen, oder empfinden Sie eher ein Mißbehagen?

Machen Sie sich Notizen zu allem, was Sie sehen. Dann nehmen Sie bitte ein weiteres Blatt Papier.
Bevor wir jetzt nämlich versuchen, zu ergründen, was Ihre Funde bedeuten, sollten Sie in kurzen Stichworten notieren, was Sie bereits über Ihre Hände, bzw. über Ihren Charakter wissen. Wo liegen Ihre Schwächen? Wo liegen Ihre Stärken? (Bitte, nicht einfach fabulieren, sondern die Ergebnisse der früheren Arbeit berücksichtigen!) Welche Prognosen haben Sie sich bisher gestellt?

Deutung

1 ◆ Sie sind fündig geworden? Und war Ihr Fund auch unter der Lupe deutlich als Speziallinie oder als Zeichen zu erkennen? Dann lohnt es sich, zu untersuchen, um was es sich handelt. Sehen Sie auf den vorhergehenden Seiten nach, was diese Nebenlinie oder dieses Zeichen in der Regel bedeuten.

◆ Sie haben nichts gefunden? Das macht gar nichts! Es kann bedeuten, daß Sie ein Mensch sind, der ohne besondere Aufregungen durchs Leben kommt und das ist Ihnen von Herzen zu gönnen. Es kann aber auch sein, daß Sie sich nicht so leicht beeindrucken lassen und daß auch größere Ereignisse Ihre Hand nicht markieren. Sei es, weil

Sie darüber stehen, sei es, weil Sie so stark sind, daß Sie nichts so leicht erschüttert. Zu beidem kann ich Sie nur beglückwünschen.

◆ Wenn ein Zeichen isoliert steht und sehr deutlich ge- 2
formt ist, bedeutet es etwas Wichtiges, Einschneidendes, deutlich Wahrnehmbares, das die gesamte Handanalyse beeinflussen kann. Es kann sich um ein Lebensthema handeln, um einen tiefen Schock oder eine riesige Freude. Was es ist, müssen Sie wiederum kombinieren. Beachten Sie auch, wo dieses Zeichen steht. Im geistigen Feld geht es um Erkenntnisse, im untersten Drittel der Hand um eher Körperliches. Kombinieren Sie auch die Planeteneigenschaften dazu. Zeichen im Mars stehen immer im Zusammenhang mit Aggression oder Abwehr, Zeichen in der Venus mit Körper, Wärme, Liebe, etc.

Wenn ihr Fund Bestandteil einer weiterlaufenden Linie ist, hat er meistens nicht viel Gewicht, es sei denn, er trete sehr deutlich hervor. Wenn Sie aber ein deutliches Zeichen gesehen haben, das auf einer Linie steht, müssen Sie berücksichtigen, daß dieses die Färbung der Linie annimmt. Wenn es an der Kopflinie hängt, steht es im Zusammenhang mit Auseinandersetzungen in und mit der Welt. Beispiel: Ein Kreuz auf der Kopflinie deutet auf einen Verlust, der wahrnehmbar für die Außenwelt und damit wahrscheinlich materiell ist. Das muß aber nicht Geld sein. Es ist auch möglich, daß Sie eine Arbeit verlieren, für die Sie gelebt haben, durch die Sie sich definiert haben. Wenn Sie aber gar nicht arbeiten, sondern vom Geld eines reichen Onkels leben, dann kann es sein, daß dieser verarmt oder Sie enterbt. (Sie sehen, es ist kompliziert. Das gleiche Zeichen an der gleichen Stelle kann ganz Verschiedenes bedeuten. Es kommt auf die Umstände an.) Auf der Herzlinie handelt es sich um einen emotionalen Verlust, auf der Lebenslinie geht es wahrscheinlich um die Gesundheit.

3 ◆ Was nun, wenn das Zeichen irgendwo in der Hand liegt oder an einer Nebenlinie hängt, deren Bedeutung Sie nicht kennen? Dann müssen Sie nach den bekannten Regeln deuten (Ich-Seite, Du-Seite, Planetenkraft, Feld). Das verlangt etwas Kombinationsgabe und Übung. Es wird Ihnen zunächst sicher nicht leicht fallen. Aber: Je schneller Sie es versuchen, desto rascher erreichen Sie Resultate. Darum probieren und kombinieren Sie frisch drauf los. Nur so lernen Sie.

4 ◆ Wenn mehrere gleiche Zeichen in der Hand sind, multiplizieren sich deren Effekte. Beispiel: Viele Kreuze bedeuten ganz allgemein ein eher schwieriges Leben, viele Antriebslinien zeigen eine grundsätzlich dynamische Persönlichkeit, etc. Wenn sich die Bedeutungen von Zeichen und Nebenlinien widersprechen, schwächt dies die jeweils zugehörige Wirkung. Beispiel: Viele Kreuze deuten auf Schwierigkeiten, wenn aber viele Vierecke dazu kommen, werden die Probleme gleichsam aufgehoben. Es wird zwar kein einfaches Leben geben, aber am Schluß kommt alles doch gut.

5 ◆ Verlassen Sie sich auf die Lupe. So wichtig wie es ist, einen Gesamteindruck zu gewinnen und das Ganze nicht aus den Augen zu verlieren, so berechtigt ist es, sich auf Details einzulassen, die sich nur vergrößert zeigen.

6 ◆ Falls sich die Form bei näherem Hinblicken verändert, haben Sie den Beweis, wie wichtig es ist, das Vergrößerungsglas zu benutzen. Verlassen Sie sich auf das, was Sie sehen.

7 ◆ Lassen Sie sich von Ihrer Intuition leiten, wenn Sie die Zeichen beurteilen. Ist die Zeichnung klar und schön und harmonisch, dann bringt selbst ein negatives Zeichen eine positive Wirkung. Eine Krise kann nämlich durchaus auch Auslöser für eine günstige Entwicklung werden. Mein Lieblingssatz in diesem Zusammenhang heißt: »Wer weiß denn schon, wozu das Schlechte gut ist?«

Zwischenbemerkung:

Das Geheimnis in der Hand

Im Mond- und Neptun-Bereich (Mitte der Handwurzel außerhalb der Lebenslinie) ist vieles seltsam und ungeklärt. Wie Sie an der Heilerlinie sehen, hat hier eine Querlinie plötzlich eine positive Auswirkung. Oder Inseln sind – statt Schwächungen und Mühsal – so etwas wie Augen, die in andere Dimensionen blicken und mediale Kräfte verschaffen. In diesem Bereich herrscht das Geheimnisvolle.

Das liegt aber hauptsächlich an uns. Unsere Kultur weiß wenig bis nichts über die tieferen Schichten der menschlichen Psyche. Entsprechend fehlen uns Erklärungsmodelle für die Phänomene des Mond-Neptun-Bereichs. Was das tiefste, innere Geschehen angeht, haben wir, im Gegensatz zu schamanistischen oder buddhistischen Kulturen, weder Wissen noch Bewußtsein. Wir ahnen dumpf, daß im Mond-Bereich, das heißt im tiefsten Unbewußten, Bilder aufsteigen. Auf seltsame Weise verwandeln sich individuelle, gesellschaftliche und archetypische Vorstellungen in Bilder, die Auswirkungen auf die Realität haben, obwohl wir nicht verstehen, warum und wie. »Wirklich ist, was wirkt«, sagt C. G. Jung zur weitverbreiteten Meinung, daß psychische Erscheinungen unwirklich sind. Und er fügt bei, daß alle Kriege zuerst im Kopf sind, bevor die realen Waffen klirren. Lama Anagarika Govinda zeigt in seinen »Buddhistischen Reflexionen«, daß der Buddhismus über Erklärungsmodelle verfügt: »Der geist-körperliche Organismus des Individuums ist nach buddhistischer Auffassung das Produkt der Bildekräfte des

Bewußtseins, sozusagen kristallisiertes, 'geronnenes' und sichtbar gewordenes, materialisiertes Bewußtsein vergangener Daseinsmomente.« Schamanen ihrerseits gehen davon aus, daß die Ereignisse, die sie auf ihren psychischen Reisen in anderen Welten herbeiführen, ihre Auswirkungen auf der Ebene der normalen Realität haben. Sie bekämpfen einen Dämon in der Ober- oder Unterwelt, um einen Patienten zu heilen, der auf dem staubigen Boden der diesseitigen Welt vor ihnen liegt.

Was wissen Sie mehr über sich?
Es kommt darauf an, ob Sie etwas Besonderes bei sich gefunden haben oder nicht. Wie auch immer, die Betrachtung der kleinen Nebenlinien hilft Ihnen, Ihren Typus besser einzuschätzen. Wenn Sie viele Linien und Zeichen in Ihrer Hand finden, dann sind Sie ein komplexerer Charakter, als wenn Sie nur gerade die drei Hauptlinien haben. Auch wenn Sie die verschiedenen Zeichen und Linien nicht deuten können, so gilt: Sie sind dünnhäutig, unruhig und nicht leicht zu durchschauen.

Schritt 9

Die Papillarmuster – unser Erbe

Nicht alles in der Hand ist der Wandlung unterworfen. Es gibt Muster, die bleiben sich immer gleich. Sie sind so typisch für jedes Individuum, daß die Polizei sie als Erkennungszeichen benutzen kann.

DIE PAPILLARMUSTER – UNSER ERBE

Wir haben bereits früher gesehen, daß ein enger Zusammenhang zwischen Hand und Gehirn besteht. Die Hand ist mit sehr vielen Nervenenden besetzt. Diese ermöglichen uns die Wahrnehmung von warm und kalt, von trocken und feucht, von leicht und schwer, von weich und hart und vielem mehr. Die entsprechenden Tastkörperchen sind in Reihen angeordnet, den sogenannten Nervenleisten oder Papillaren. Sie entwickeln sich beim Fötus nach drei Monaten und bleiben danach ein ganzes Leben lang in der Hand erhalten. Selbst nach Verletzungen wachsen sie in unveränderter Form wieder nach. Jeder Mensch hat sein eigenes, individuelles Papillarmuster. Selbst bei eineiigen Zwillingen unterscheiden sich die Muster. Darum können Kriminologen die Fingerabdrücke als sicheres Erkennungszeichen benützen. Für uns Chirologen sind neben den Mustern auf den Fingerspitzen auch die Muster der Handfläche interessant. Sie geben Auskunft über unsere nervliche Konstitution. Und selbstverständlich übt diese einen starken und bestimmenden Einfluß auf unseren Charakter aus. Die Eigenschaften, die wir aus den Papillarmustern herauslesen, sind von grundsätzlicher Art, sie bilden sozusagen den Hintergrund oder das Fundament einer Handanalyse. Wie bei einem Gemälde die Farben auf einer Leinwand aufgetragen sind, so liegen die Eigenschaften, die wir den Linien und Zeichen entnehmen, auf dem Hintergrund der körperlichen Bedingungen, die sich in den Papillarmustern spiegeln.

Die vielen Nerven in Handfläche und Fingerspitzen machen die menschliche Hand zu einem großartigen Instrument, das feinste Unterscheidungen treffen und winzigste Bewegungen erstaunlich präzise ausführen kann.

Bei den Papillarmustern der beiden Handflächen achten wir auf die Struktur (fein oder grob), auf die Qualität (sauber gezeichnet oder gestört) und auf die Anordnung (harmonisch oder wild). Sie geben Auskunft über Art und Zustand des Nervenkostüms einer Person und über ihren momentanen Gesundheitszustand. Bei den Fingerspitzenmustern unterscheiden wir verschiedene Formen. Diese erlauben uns Rückschlüsse auf gewisse Charakterzüge und Haltungen. Sie werden im nächsten Kapitel erfahren, daß die Finger Antennen-Charakter haben. Entsprechend beeinflussen die Fingerspitzenmuster die Art, wie wir Reize von außen aufnehmen und verarbeiten.

Fingerspitzenmuster

Wir unterscheiden drei Grundformen: Schleife, Bogen und Spirale. Dazu die Abwandlungen: Tannenbogen, Doppelschleife und Oval. Je nach Landesgegenden sind die einen oder die anderen dieser Formen mehr oder weniger häufig vertreten. Es gibt jedoch keine statistischen Untersuchungen, die Genaueres dazu aussagen.
Am besten können Sie nachvollziehen, wie sich die verschiedenen Muster auf den Charakter auswirken, wenn Sie versuchen, diese Muster zu zeichnen. Genau so, wie Sie die Striche führen müssen, einmal gebremster, einmal schwungvoller, genau so wirken sich die Fingerspitzenmuster aus.
In der Handanalyse beobachten wir zuerst, welche Muster gehäuft vorkommen. Zehn Schleifen treffen wir in unseren Gegenden gelegentlich an, aber meistens sind die Muster in den Händen gemischt. Dies bedeutet, daß wir jeweils kombinieren müssen, wobei wir die Eigenschaften des Ortes, das heißt die Planetenkraft der verschiedenen Finger, berücksichtigen. Gewisse Handleser behaupten,

daß die Fingermuster gleichartig oder zumindest symmetrisch in beiden Händen angeordnet sein sollten, damit ein harmonischer Charakter entstehen kann. Ich selbst finde Asymmetrie interessant. Alles Auffällige in der Hand ist immer auch besonders aussagekräftig.

Ein Party-Tip zum Spielen

Achten Sie auf das Muster des Daumens. Der Daumen faßt die Gesamtheit der Persönlichkeit zusammen. Entsprechend gibt das Papillarmuster auf dem Daumen die sicherste Auskunft über die grundsätzliche Art eines Menschen.

Schleife

Schleifen-Muster sind immer offen und schwungvoll. Sie gehören extrovertierten Persönlichkeiten, die sich Einflüssen von außen öffnen. Sie sind leicht beeindruckbar, umgänglich, anpassungswillig, lernfähig und begabt für Austausch und Kommunikation. Wie Wellen schwingen sie mit der Umwelt und schwimmen eher an der Oberfläche. Menschen mit vielen Schleifen finden wir oft in dienstleistenden Positionen: Sekretärinnen, Hausfrauen, Krankenpfleger. Bild 237.

◆ Auf dem Merkurfinger ist die Schleife das willkommenste Muster, macht es die Menschen doch kommunikativ.

◆ Auf dem Saturnfinger schützt die Schleife vor Melancholie. Sie kann eine starke Saturn-Betonung mildern und ausgleichen.

237

238

Abwandlung: Doppelschleife

Zwei Schleifen winden sich ineinander und bilden ein S-förmiges Muster. Das ohnehin schon offene und sich anpassende Schleifenmuster erhält etwas Doppeldeutiges.

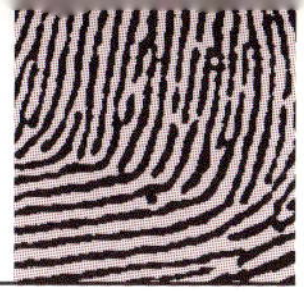

Statt »entweder–oder« gilt »sowohl–als auch«. Dies bringt als Vorteil Verständnis für gegensätzliche Standpunkte, als Nachteil Unentschlossenheit. Wenn immer Menschen mit vielen Doppelschleifen vor einer Wahl stehen, haben sie Mühe, weil sie die Gleichwertigkeit der Dinge stark empfinden. Bild 238.

Die Doppelschleife ist ein vorteilhaftes Muster für reproduzierende Künstler, für Schauspieler, aber auch für Erzieher und Psychologen, die sich in andere Menschen hineinversetzen sollten.

Bogen

Der Bogen besteht aus Linien, die sich nur langsam und wenig wölben: Es ist das Muster der Erdverbundenheit und der Bedächtigkeit. Personen mit vielen Bogenmustern sind praktisch und eher langsam, sicher nie sprühend, aber immer zuverlässig. Sie leben sozusagen mit angezogenen Bremsen und leiden manchmal unter dem Gefühl, eingeschlossen und abgetrennt zu sein.

Bogenmuster sind das Zeichen des trefflichen Handwerkers, der seine Arbeit Schritt um Schritt und mit Umsicht abwickelt. Bild 239.

◆ Bogen auf dem Jupiterfinger haben Menschen, die sich selbst schlecht verstehen und sich indirekt über die Umwelt erfahren müssen.

◆ Bogen auf dem Saturnfinger sind ein sicheres Zeichen für Lebensernst und Schwermut.

239

Abwandlung: Tannenbogen

Er zeichnet sich aus durch einen senkrechten Strich in der Mitte des Musters. Er erhält dadurch etwas Festgefahrenes und noch stärker Bremsendes als der Bogen. Auch er findet sich in den Händen von praktischen Menschen, die aber sehr verschlossen und bedächtig sind: grundsolide und langsam. Bild 240.

240

Spirale

Wie eine Schraube bohrt sich die Spirale nach innen: Sie bringt Konzentration und Beharrlichkeit. Während die Schleife gleichsam mit dem Wind hin und her schwankt und der Bogen aus Langsamkeit und Gebremstheit unbeweglich steht, verharrt die Spirale aus Überzeugung und Konzentration in ihrer Position. Sie ist ein ausgesprochen kräftiges Muster und zeugt von einer Person mit bewußter und gewollter Stärke und entsprechender Durchsetzungskraft. Spiralen mildern Schwächen und gleichen diese aus. In einer starken Hand können sie allerdings eine Kraftkonzentration bewirken, die egozentrisch und eigensinnig macht und dadurch unsympathisch wirkt. Bild 241.

- ◆ Spiralen auf dem Merkurfinger finden wir bei rechthaberischen Menschen.
- ◆ Spiralen auf dem Saturnfinger sind ein Zeichen für einen schwermütigen bis melancholischen Charakter.
- ◆ Spiralen auf dem Sonnenfinger sind günstig: Es gelingt, kreative Talente umzusetzen.
- ◆ Spiralen auf dem Jupiterfinger stärken das Ego. Das ist günstig, wenn dieses schwach ist.

241

242

Abwandlung: Oval

Bei dieser Abwandlung der Spirale verläuft das Muster nicht schneckenförmig von außen nach innen, sondern besteht aus vielen, konzentrischen Kreisen oder Ovalen. Wenn Sie das Oval zeichnen, merken Sie sofort, daß dies ein Muster ist, dem jede Weichheit und Verbindlichkeit fehlt. Entsprechend sind Personen mit vielen Ovalen noch egozentrischer und eigensinniger als die mit Spiralen. Sie sind oft einsam und ausgesprochen introvertiert. Bild 242.

Es gibt natürlich noch viele andere Abwandlungen, individuelle Abweichungen von diesen Grundformen. So kann sich zum Beispiel die Schleife einrollen, daß man sie fast für eine Spirale halten könnte. Oder sie enthält in ihrem Inneren ein kleines, geschlossenes Oval. Hier gilt es einmal mehr die verschiedenen Bedeutungen zu kombinieren.

Faustregel: Wenn es harmonisch wirkt, ist es sicher nicht problematisch, wenn es unharmonisch wirkt, verstärkt es die Unruhe und Instabilität in einer Hand.

Die Höhe des Musters

243

244

Die Fingerspitzenmuster liegen immer auf einem Kissen aus querlaufenden Papillarlinien, den sogenannten Basallinien. Tiefliegende Muster (drei bis sechs Linien von der Beugefalte aus gezählt, Bild 243) gehören Menschen, die geistig beweglich und intellektuell interessiert sind. Personen mit Mustern, die hoch liegen (zehn und mehr Linien, Bild 244) sind eher auf praktische Dinge ausgerichtet. Ich finde diese Unterscheidung aber nicht so wichtig, weil wir die geistige Beweglichkeit eines Menschen zuverlässig aus der Zweier- und Dreierteilung, d.h. an der Größe des geistigen Feldes, ablesen können.

Die Richtung des Musters

Beachten Sie, vor allem bei Schleifen, ob sie sich gegen den Handrand oder gegen die Daumenseite öffnen, das heißt, in welcher Richtung sie liegen. Die Schleife, die sich Richtung Daumen öffnet, zeigt mehr Ich-Stärke und Kraft als die Schleife, die von außen kommt. Das gleiche gilt für die Spirale: Eine Spirale, die sich vom Handrand her aufdreht, zeigt weniger Ich-Kraft als eine, die von der Daumenseite her kommt. (Ich hoffe, Sie erinnern sich daran, daß auf der Daumenseite der Ich-Punkt liegt: Alles was der Ich-Seite her entstammt, hat mehr Ich-Stärke und ermöglicht mehr Selbstbestimmung.)

Papillarmuster auf der Handfläche

Betrachten Sie Ihre Hand mit der Lupe. Sie werden sehen, daß Sie die Grenzen der Handfläche sehr genau festlegen können. Während die Haut von Armen und Außenhaut rauh, porig und behaart ist, ist die der Handflächen glatt und mit Papillarleisten besetzt. Diese geben der Handfläche, zusammen mit den Linien, ihren speziellen Charakter. Papillarmuster sind, wie die Handlinien auch, Kanäle für Energie. Damit die vitale Energie voll fließen kann, was die Voraussetzung für einen guten Gesundheitszustand und ein befriedigendes Leben ist, sollten auch die Papillarmuster möglichst sauber und ungestört gezeichnet sein. Es gibt gröbere und feinere Papillarmuster, dies ist eine Frage des Typus und seiner Reizempfindlichkeit. Wichtig ist, daß Handlinien und Papillarmuster zusammenpassen: Eine Hand mit dicken Linien sollte auch markante Papillarmuster haben, bei einer Hand mit feinen Linien sollten die Muster eher zart sein. Jede Abweichung von dieser Regel zeigt eine grundlegende Schwächung des gesamten Systems, was sich sowohl psychisch wie physisch auswirken kann.

Deltas

Papillaren sind in kleinen Bogen unter den Fingerwurzeln angeordnet. Dazu verlaufen zwei große Ströme durch die Hand: Ein diagonaler Fluß vom Jupiterberg hinunter in die Handfläche, und ein Querstrom zwischen Merkur und Jupiter. Dort wo die verschiedenen großen und kleinen Linienströme aufeinandertreffen, bilden sich sogenannte Deltas. Manche Handleser beobachten deren Lage und ziehen Schlüsse daraus. Es gilt zum Beispiel als günstig, wenn die Deltas möglichst symmetrisch in der Mitte der Fingerwurzeln liegen (wobei das Merkurdelta obligatorischerweise ein wenig nach innen, Richtung Sonne, verschoben ist). Ich habe bisher auf das Studium der Deltas nicht besonders viel Gewicht gelegt. Aber ich nehme an, daß ein zentral im Planetenraum liegendes Delta die entsprechenden Kräfte besonders ungestört sammeln und weitergeben kann. Bild 245.

Deltas liegen jeweils im Mittelpunkt der aufeinanderstoßenden Papillarströme

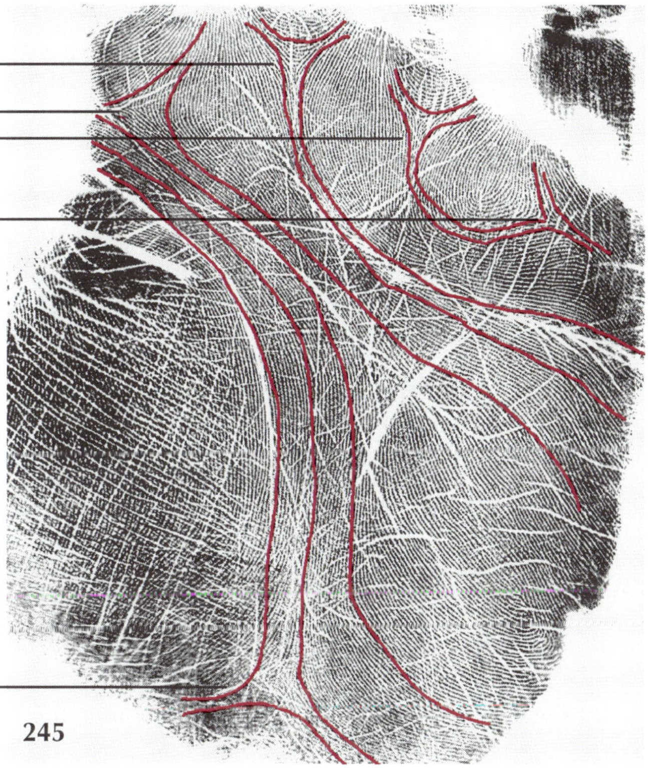

245

Ein einziges, das Neptundelta, beziehe ich immer in die Handanalyse ein. Es sollte tief unten in der Handfläche, zwischen Venus- und Mond-Bereich, liegen. Es findet sich aber oft nach oben versetzt. (Selbst Mediziner benutzen dieses Delta zur Bestimmung von gewissen Krankheiten!) Ein nach oben gerutschtes Neptundelta zeigt, daß wir es mit einer empfindlichen Person zu tun haben, die leichter als andere ihre psychische Stabilität verliert. Natürlich gilt es auch hier, die übrigen Merkmale der Hand zu berücksichtigen, um abzuschätzen, ob es sich um eine leichte oder eher eine schwerwiegende Problematik handelt.

Struktur der Papillarleisten

Ein Mensch mit eher breiten Papillaren hat Nerven wie Stahlseile, erträgt mehr, ist körperlich stark, leistungsfähig, vielleicht auch eher grobschlächtig. Bild 246.

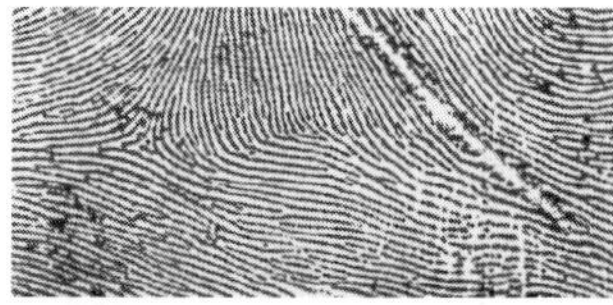

246

Papillarleisten mittlerer Stärke zeigt Bild 247. Allerdings sind die Linien dazu ziemlich fein. Männer haben übrigens im allgemeinen dickere Papillaren als Frauen.

247

Ein Mensch mit sehr zarten Papillaren hat ein Nervenkostüm wie aus Spinnweben; er wird von den leichtesten Turbulenzen davongetragen, fühlt sich schnell überfordert, reagiert in jeder Beziehung empfindlich. Bild 248.

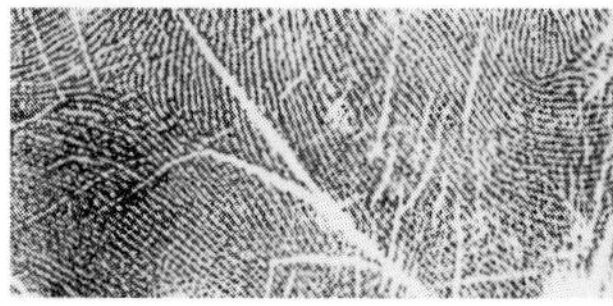

248

Qualität des Musters

Es kommt darauf an, daß die Papillarleisten deutlich sichtbar und sauber durchgezogen sind. Jede Störung der Papillaren steht für eine Schwächung des ganzen Systems. Aber ich kann Sie beruhigen: Es braucht meistens sehr lange, bis eine solche Schwächung zu einer Krankheit oder gar einem ernsthaften Zusammenbruch führt. Der Körper ist von großer Duldsamkeit und wehrt sich jahrelang tapfer gegen Energieverluste. Und so zeigen sich Störungen im Papillarmuster oft einfach nur als Unruhe und Erschöpfung.

◆ Ein klares Muster mit sauber durchgezogenen Linien ist ein Zeichen dafür, daß sich eine Person im Moment in einer sehr guten körperlichen Verfassung befindet. Ein solcher Mensch ist ausgeruht, gesund und fühlt sich stark. Wir können davon ausgehen, daß auch medizinisch alles in bester Ordnung ist. Bild 249.

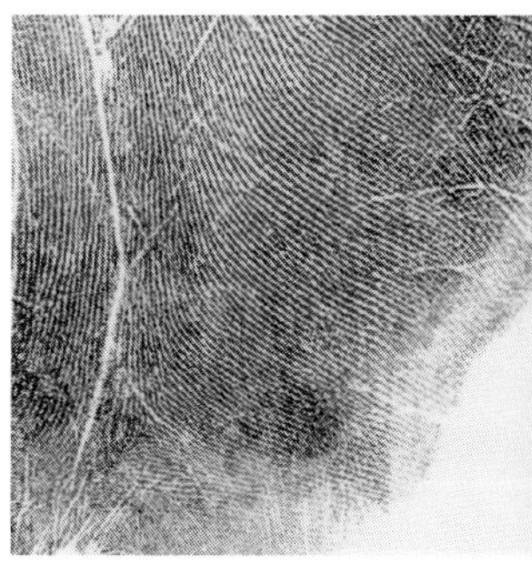

249

◆ Übrigens kann sich der Ausdruck dieser Muster in sehr kurzer Zeit stark verändern. Schon nach einem üppigen Mahl zeigen sich die Papillarlinien auf dem Abdruck

250

schwammig und undeutlich. Und durch die Einnahme von gewissen Medikamenten erscheint dieser wie getupft mit einem typisch wolkigen Fleckenmuster. Bild 250. Ähnliche Muster finden Sie auch in Bild 136 und 137.

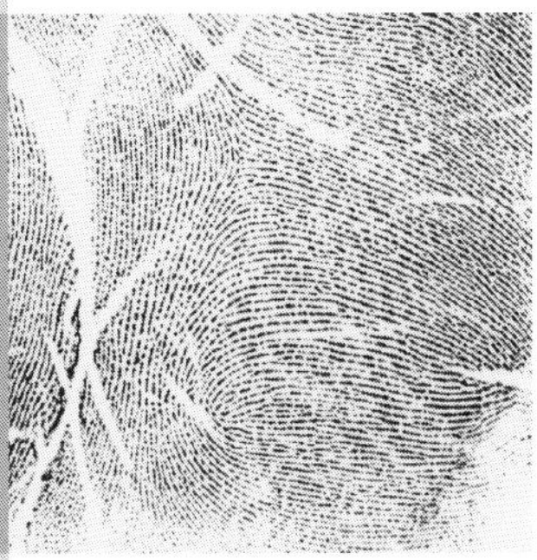

251

◆ Bei Erschöpfung scheinen die Leisten zu schrumpfen und kommen nicht mehr klar auf das Papier: Die Linien zerfallen ganz oder streckenweise in Punkte. Man nennt diese Art von sich auflösenden und gepunkteten Papillarmustern »Perlenschnüre«. Bild 251 .

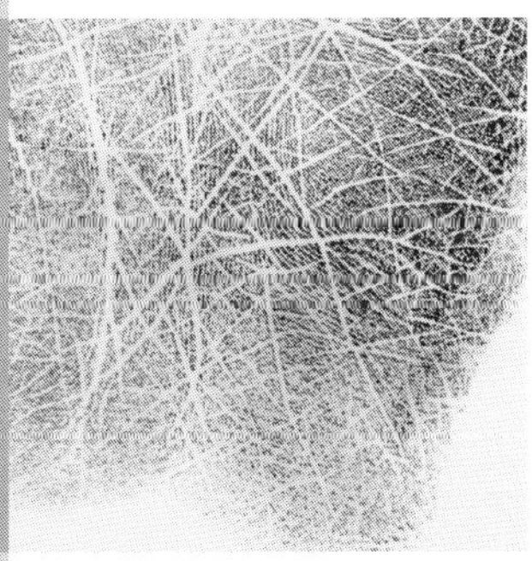

252

◆ Streß zeigt sich durch ein Netz wild durcheinanderlaufender Nebenlinien. Das Muster ist so wild, daß wir die Papillarleisten kaum oder gar nicht mehr sehen können. Bild 252.

◆ Viele kleine Linien zerstören das Papillarmuster: Bild 253. Die Lebensenergie ist in Auflösung begriffen. Im Extremfall kann dies auf eine Erkrankung deuten. Letzteres muß vor allem dann befürchtet werden, wenn auch die Handlinien unklar sind und gleichsam »versickern«. Unter Städtern sind übrigens leicht gestörte Papillarmuster die Norm. Offensichtlich ist unser Lebensstil nicht gerade gut für die Nerven. Wenn Sie jedoch Handabdrücke auf dem Land sammeln, von Leuten, die beschaulich leben und sich viel im Freien aufhalten, dann haben Sie gute Chancen, perfekte, ruhige Muster zu finden.

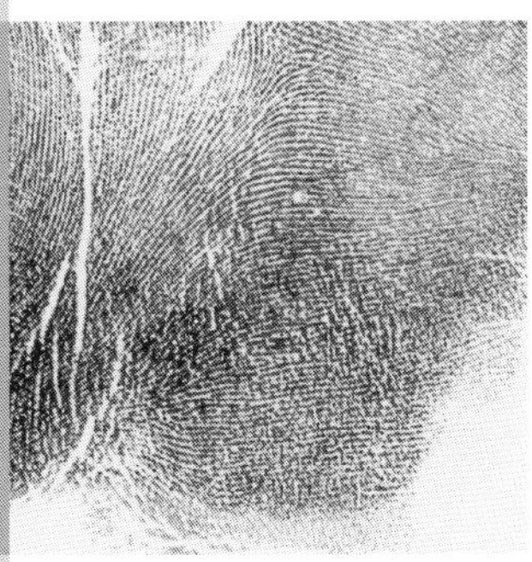

253

Anordnung des Musters

Wie immer ist es ein gutes Zeichen, wenn das Bild der Nervenleisten möglichst schön, harmonisch und ausgeglichen wirkt.
Wenn der Diagonalstrom scharf hinunterfällt und plötzlich Kurven schlägt, ist die Veranlagung weniger günstig, als wenn er sanft und gleichförmig nach unten fließt. Es kann aber nicht gesagt werden, was es im Detail bedeutet. Vielmehr untergräbt es generell die Kraft und Widerstandskraft einer Person.
Das gleiche gilt für Wirbel und Schleifen in irgend einem Bereich der Hand: Diese betonen die Orte, wo sie liegen, wobei es sehr darauf ankommt, ob dies in einer unproblematischen oder in einer eher problematischen Hand der Fall ist. Bei einer ausgeglichenen Persönlichkeit deuten sie auf Originalität, bei einem unausgeglichenen Menschen können sie aber Zeichen für Absonderlichkeiten und abweichendes Verhalten sein.
Schleifen zeigen an, daß eine bestimmte Art von Energie zugeführt wird, während Spiralen die entsprechende Energie konzentrieren oder kristallisieren. Ein paar wenigen Mustern und Orten lassen sich feste Bedeutungen zuordnen. Ich gebe Ihnen im folgenden ein paar Beispiele, die sich in meiner Praxis sehr häufig als zutreffend erwiesen haben.

- ◆ Schleife zwischen Merkur- und Sonnenfinger: Sie erhöht die Kommunikationsfähigkeit und gehört Menschen mit Wortwitz. Diese sind oft für ihre pointierten Sprüche, vor allem in Gesellschaft, bekannt.
- ◆ Schleife zwischen Sonnen- und Saturnfinger: Diese betont das Saturnische. Es handelt sich um ernsthafte Menschen, die hohe Anforderungen an sich und die Mitmenschen stellen. Bild 254.

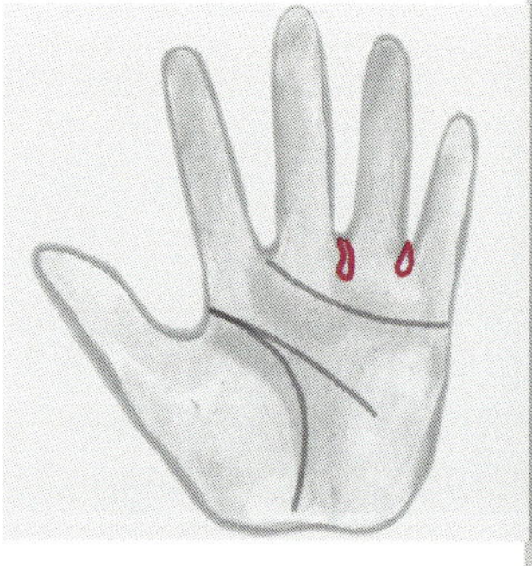

254

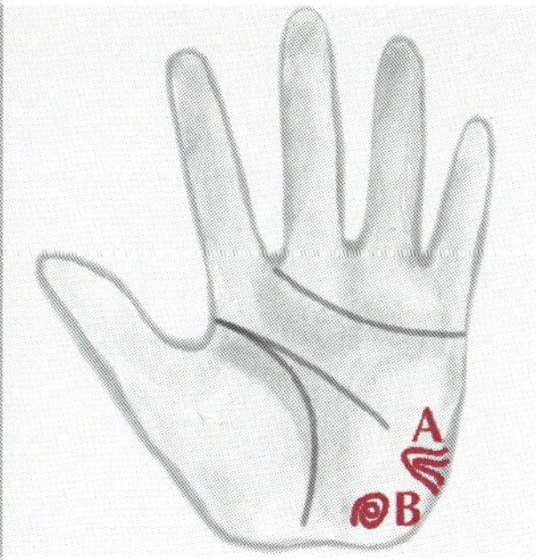

255

◆ Schleife auf dem Mondberg: Intuitive Kräfte erhalten Zugang. Menschen mit diesen Schleifen haben ein intuitives Naturverständnis, sie haben auch den grünen Daumen. Bild 255 A.

◆ Spirale auf dem Mondberg: Sie erhöht die Kreativität und den Einfallsreichtum einer Person. Bild 255 B.

Weitere Beispiele für Muster im Mondberg finden Sie in den Bildern 142 und 180.

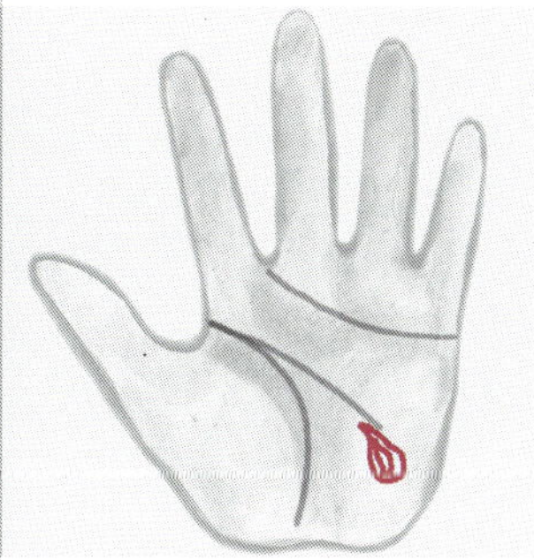

256

◆ Schleife an der Kopflinie: Menschen mit dieser Schleife haben ein gutes Bildgedächtnis. Sie prägen sich als Bild ein, was sie sich merken wollen. Später können sie dieses Bild als Erinnerung zurückrufen und gleichsam ablesen. Bild 256.

Fassen wir zusammen:

An den Papillarmustern erkennen wir die nervliche Anlage einer Person und ihre momentane körperliche Verfassung. Dabei interessieren weniger die Details als das Gesamtbild, der Ausdruck von Ruhe oder Unruhe, von Klarheit oder Störung. Sie müssen durch Vergleich ein Auge für diese Muster entwickeln und lernen, deren Harmonie oder Störungen einzuschätzen.

HÄNDE UNTER DER LUPE

Qualitätsverlust im Muster

In Bild 257 sehen Sie Papillarlinien in verschiedener Qualität. Am unteren Bildrand sind sie klar und sauber gezeichnet, in der Mitte des Bildes verbröseln sie dann. An gewissen Stellen sind sie so häufig unterbrochen, daß sie nur noch gepunktet erscheinen (Perlenschnur). Das ganze Muster wirkt dadurch leicht wolkig, die Energie versickert, vernebelt sich, blutet aus. Wenn Sie nach rechts, Richtung Bildrand schauen, sehen Sie, daß das Muster bis fast zum Verschwimmen feiner und dünner wird. Dies deutet auf große Empfindlichkeit, vor allem in einer Hand wie dieser, in der die Linien mächtig und dick sind. Ein Qualitätsverlust im Papillarmuster im Bereich von Handmitte oder Mondberg ist keine Seltenheit. Im Gegenteil, es ist selten, ganz und gar ungestörte Muster anzutreffen.

257

Papillarmuster mittelfein

Ein recht sauber gezeichnetes Muster, das auf eine gute körperliche Verfassung schließen läßt. Für eine Männerhand ist es übrigens erstaunlich fein und zeigt eine empfindsame Veranlagung, die man dem kräftigen Herrn, dem die Hand gehört, nicht ohne weiteres zutrauen würde. Beachten Sie auch den harmonischen, undramatischen Verlauf des Musters. Dies, und die sehr klaren Linien, dürfen uns annehmen lassen, daß die Empfindsamkeit sich nicht störend auswirkt, auch psychisch nicht. Allerdings, auch eine gute Veranlagung schützt nicht total. Eine kleine Insel im unteren Bereich der Lebenslinie (Pfeil) läßt uns vermuten, daß in der zweiten Lebenshälfte eine gesundheitliche Schwächung eintreten könnte. Beachten Sie auch die feinen Linien, die aus dem Venus-Mars-Bereich heraus in die Handfläche dringen. Sie sind nur im oberen Teil der Lebenslinie zu sehen. Zwar gibt es keine eigentliche Angst-

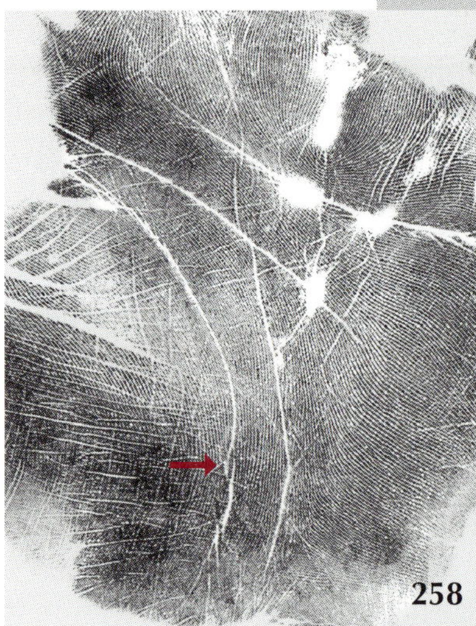

258

linie in dieser Hand, offensichtlich aber werden vitale Energien im Venusberg zurückgehalten. Bild 258.

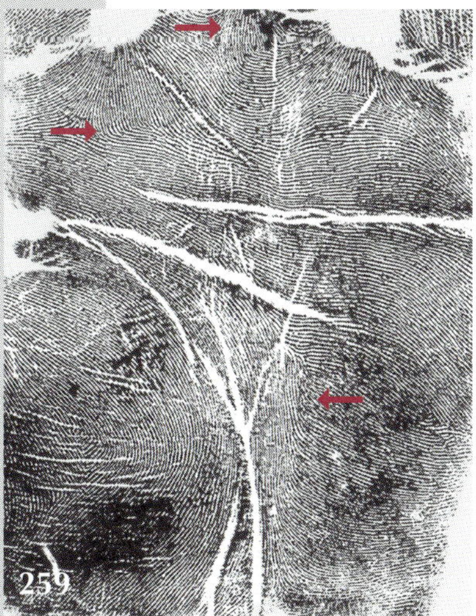

259

Eine wichtige Anmerkung: Wie Sie sicher bemerkt haben, formuliere ich bei der Besprechung der Lupen-Bilder oft Vermutungen und Annahmen anstelle von konkreten Feststellungen. Dies kommt daher, daß ich Merkmale bespreche, ohne die obligatorischen Grundlagen einer Handanalyse durchgeführt zu haben (Untersuchung der Hand-Proportionen und der drei Hauptlinien). Darum muß ich bei meinen Aussagen eher vorsichtig sein. Es handelt sich dabei um Lernbeispiele und nicht um die gültige Beschreibung realer Personen.

Papillarmuster grob

In der Hand auf Bild 259 sind nicht nur die Linien grob und dick und fehlerhaft gezeichnet, auch das Papillarmuster ist unfein und von wilden Wellen und seltsamen Richtungsänderungen geprägt. Über dem Ende der Herzlinie zum Beispiel sind die Papillaren fast rechtwinklig abgeknickt (Pfeil), unter dem Saturnfinger bilden sie in der Nähe des Deltas so etwas wie einen Grat (Pfeil) und auf der Du-Seite, im Mars-Mond-Bereich, drehen sie dramatische Kurven (Pfeil). Dies sind keine günstigen Zeichen. Bei der Analyse einer solchen Hand müssen wir immer damit rechnen, daß eine ungünstige Variante der angezeigten Möglichkeiten gelebt wird, weil eben die nervliche Veranlagung und damit die Grundvoraussetzungen problematisch sind. Was es konkret bedeutet, hangt jeweils von der einzelnen Hand ab. Hier zum Beispiel deutet die Herzlinie auf eine verhaltene Emotionalität, die Kopflinie auf einen mächtigen bis brutalen Durchsetzungswillen, während die Lebenslinie körperliche Schwächen anzeigt und von der Saturnlinie, mit der sie verschmolzen ist, im untern Teil zerbrochen wird. Es könnte sich um eine Milieuschädigung (Saturnlinie) handeln, die zu aggressivem Verhalten führt. Dieses kann sich nach außen richten, zum Beispeil als Kriminalität, oder nach innen, gegen das Individuum selbst. Unfälle oder andere Gefahren der Selbstzerstörung können dann nicht ausgeschlossen werden. Selbstverständlich muß aber dieses Schlimme nicht zum Tragen kommen. Wenn ein solcher Mensch günstige Lebensbedingungen findet, kann er sehr gut über die Runden kommen. Einzig in Krisensituationen könnten die Probleme eskalieren.

Papillarmuster fein

Spätestens wenn Sie versuchen, an der Saturnlinie zu datieren, werden Sie verstehen, was feine Papillarmuster sind. Die Linien sind so zart, daß wir sie kaum mehr auseinander halten und entsprechend auch nicht mehr zählen können. In diesem Beispiel sind sie, soweit wir sie überhaupt sehen können, nicht einmal schlecht gezeichnet. An der körperlichen Verfassung dieser Person ist also grundsätzlich nichts auszusetzen. Aber natürlich gehören solche Muster sehr dünnhäutigen, feinnervigen Menschen. Sie sind absolut leistungsfähig, wenn sie nicht überfordert werden, wenn sie in einem Rahmen tätig sein können, der auf ihre Zartheit Rücksicht nimmt. Sie brauchen eine gewisse Ruhe und die Möglichkeit, sich zurückzuziehen. Die Person von Bild 260 hat allerdings auch sehr fragile Handlinien. Sie ist wohl in allen Bereichen des Lebens nicht besonders stabil.

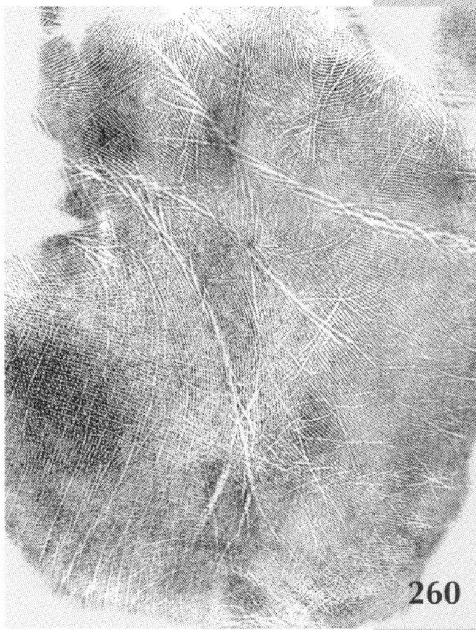

260

Erschöpfung, Beispiel A

Mit Bild 261 möchte ich Ihnen kein besonderes Papillarmuster vorführen, sondern zeigen, wie sich Streß und Erschöpfung in der Hand auswirken. Bündel von winzigen Linien verdecken gebietsweise die Papillarmuster. Mir erscheinen sie wie flackernde Flammen, die die Energie eines Menschen aufzehren. In dieser Hand legen sie sich auch auf die Hauptlinien und lösen diese zum Teil fast auf. Diese Hand gehört einer Ärztin, die sich, wenn sie so weitermacht, wahrscheinlich für ihre Patienten zu Tode schuften wird. Allerdings verfügt sie in der ersten Lebenshälfte über sehr viel Kraft: Sie hat zwei parallele, sehr kräftige Lebenslinien. Mit zunehmendem Alter aber wird sie fühlen, daß sie vermehrt Sorge um sich tragen muß. Doch auch schon jetzt, wo ihre Kraft noch vorhanden ist, leidet sie an Nervosität und emotionaler Instabilität.

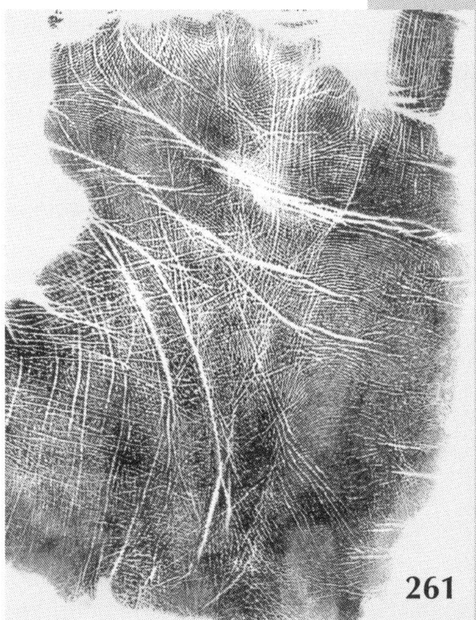

261

Erschöpfung, Beispiel B

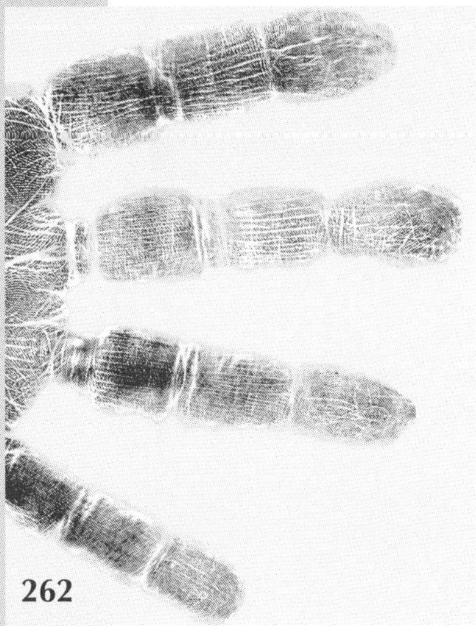
262

Wenn Sie die Papillarmuster der Fingerspitzen nicht lesen können, weil zu viele Linien darüber liegen, dann handelt es sich ebenfalls um Erschöpfung und Streß. Die Finger stehen, im Gegensatz zur Handfläche, die den Menschen und sein Leben zeigt, eher für das Geistige und Zerebrale: Erschöpfung in den Fingerspitzen heißt entsprechend, daß man sich durch zu viel Nachdenken, Hin- und Her-Überlegen und Hinterfragen um Ruhe und inneren Frieden bringt. Die sauber gezeichneten Längslinien auf den unteren Fingergliedern sind als aufsteigende Linien hingegen positiv zu werten. Sie erhöhen die Aufnahmefähigkeit in einem günstigen Sinn. Bild 262.

Leeres Feld, Beispiel A

263

Jetzt kommen wir bereits zu den Feinheiten einer Handanalyse. Wenn Sie die Hand von Bild 263 betrachten, fällt Ihnen hoffentlich auf, daß sich die Linien hauptsächlich auf die Ich-Seite bis und mit Merkurlinie konzentrieren. Jenseits von Merkur ist die Hand praktisch leer. Wenn wir Linien als Energieflüsse betrachten, dann zeigt diese Konstellation, daß es in dieser Hand unerschlossene Bereiche gibt, Eigenschaften, die noch unentdeckt oder aus irgendwelchen Gründen verdrängt sind. Sehr häufig ist dies Mars am Handrand, die Widerstandskraft. Wir haben fast alle gelernt, brave Kinder zu sein, und viele Menschen wagen es auch als Erwachsene nicht, nein zu sagen und sich zu wehren. Sie verdrängen den Zorn und die Frustration darüber, indem sie ihre Marskraft ignorieren. Oft spalten sie auch den Mond-Bereich ab und trennen sich dadurch von ihrer Kreativität und ihren Einfällen. Auch ihre Phantasie darf sie nicht an ihren Zorn erinnern. Eine Handanalyse kann solche Menschen ermutigen, sich mit ihren Blockaden und Verdrängungen auseinanderzusetzen. Aber bitte: Suchen Sie nicht nach leeren Feldern in Händen ohne Nebenlinien! Die »Drei-Linien-Hand« ist leer, ohne daß etwas verdrängt wird. Nur wenn Sie eine Hand mit vielen Nebenlinien vor sich haben, lohnt es sich, auf die leeren Bereiche zu achten.

264

Leeres Feld, Beispiel B

Einen leeren Bereich zeigt auch die Hand von Bild 264. Doch hier ist bereits vieles in Bewegung geraten: Von außen und aus dem tiefsten Mond fließen Linien und füllen die Leere. Nur noch ein freier Streifen bleibt davon übrig. Eine Auseinandersetzung ist im Gang: Ereignisse von außen sowie Träume und Intuitionen aus dem Unbewußten zwingen diese Person, sich mit ihrer Blockierung auseinanderzusetzen. Die wilden Handlinien zeigen, daß sie in einer akuten Krise steckt.

Schleife an der Kopflinie

Glücklicherweise ist auch die Hand von Bild 265 auf der Du-Seite leer, so können wir die Schleife an der Kopflinie gut sehen (Pfeil). Sie steht für das Bildgedächtnis. Menschen mit solchen Schleifen sehen die Dinge, an die sie sich erinnern, bildlich wie Fotos oder Filme vor sich. Sie können sich nur einprägen, was sie schriftlich vor sich gesehen haben. Im übrigen haben wir in dieser Hand ein sehr schönes, ruhiges und harmonisches Papillarmuster. Beachten Sie den halbkreisförmigen Linienfluß rund um den Ringfinger. Dieses Muster nennt sich Giraffenhalsband und man sagt ihm nach, daß es die Sonneneigenschaften dämpft, und den Menschen dadurch am Glücklichsein hindert. Mir geht diese Aussage zu weit, obwohl ich mir schon vorstellen kann, daß dieses Muster eine gewisse Erschwerung der Dinge mit sich bringt.

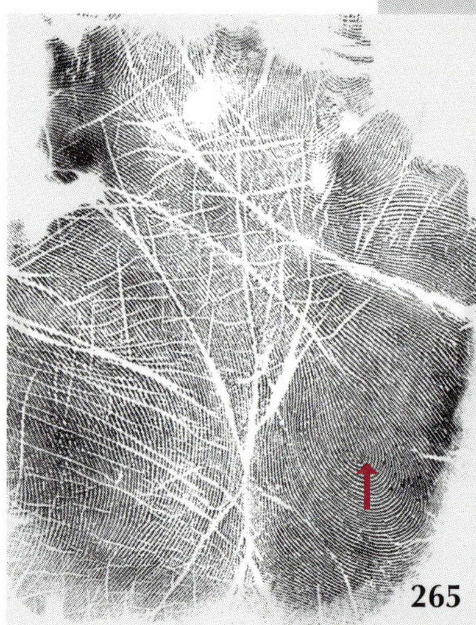

265

Bogenmuster im Mond-Mars-Bereich

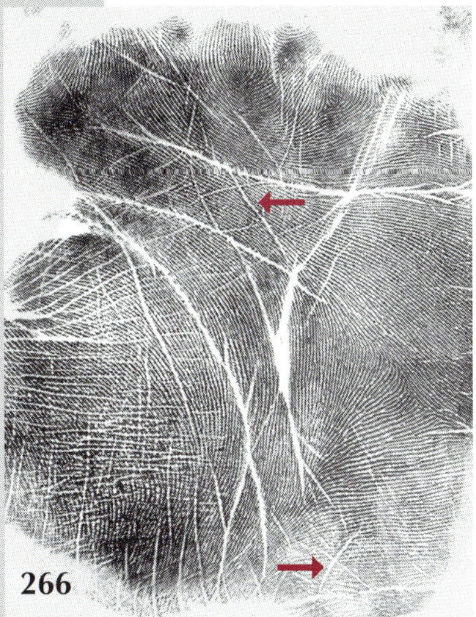
266

Das schöne, deutlich gezeichnete Muster in Bild 266 ist schwer zu deuten. Es betont den Mars-Mond-Bereich, liegt allerdings in einem so gut gezeichneten und harmonischen Muster, daß dies sicher nichts Negatives bringt. Vielleicht handelt es sich um eine besondere Begabung, phantasievoll Widerstand zu leisten? Klar zu interpretieren sind die beiden Schleifen in den Zwischenräumen der Finger: Beim Merkurfinger bedeutet es Wortwitz, beim Saturnfinger Lebensernst. Bei dieser Hand würde ich übrigens nicht auf leere Felder achten, weil sie nur über spärliche Nebenlinien verfügt. Beachten Sie unten am Handrand ein echtes, deutliches Kreuz (Pfeil), das auf einer Heilerlinie steht, und ein fast geschlossenes Viereck über der Kopflinie (Pfeil), außerdem auch eine sehr schöne Bindungslinie unter dem Merkurfinger. Bei so wenigen Nebenlinien sind alle diese Zeichen bedeutungsvoll und werden in die Analyse einbezogen.

Schleife im Mond, Beispiel A

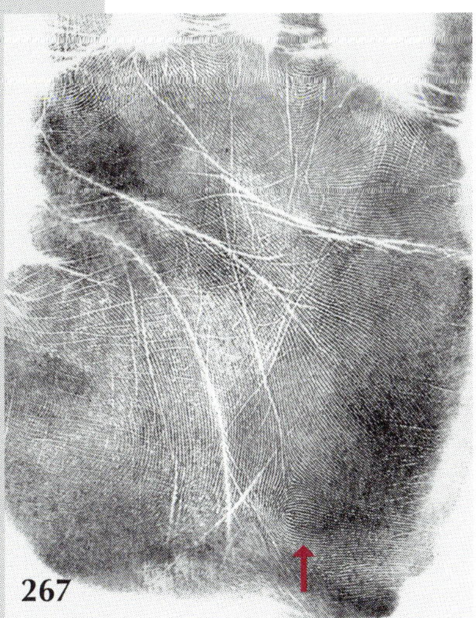
267

Die Schleife im Mond (Pfeil), die vom Handrand her kommt, steht für Naturverständnis und Einfühlung in andere und die Welt. Leute mit solchen Schleifen sind wetterfühlig, verstehen es, mit Tieren umzugehen, und wissen instinktiv, was Pflanzen brauchen. Diese Schleife entspricht dem »grünen Daumen«. Auch diese Hand hat wenig Nebenlinien, was uns erlaubt, die Deltas deutlich zu sehen. Das Papillarmuster ist fein und recht harmonisch. Einzig die Punkte unter der Lebenslinie, die sich auch in die Handmitte ausdehnen, deuten auf eine gewisse Unruhe und körperliche Schwächung. Bild 267.

Schleife im Mond, Beispiel B

Der Handabdruck von Bild 268 ist etwas hell, uns interessiert hier aber nur die Schleife im Mond (Pfeil), die diesmal von unten kommt, sich nach unten öffnet. Damit erhält sie einen ganz anderen Charakter als die von Bild 267. Sie trägt etwas aus den tiefsten Tiefen des Selbst herauf, Bilder, Phantasien, Träume etc. In dieser Hand mit starken Linien ist dies positiv zu werten. Es handelt sich wohl um eine besondere Veranlagung, die nutzbringend ins Leben eingebaut werden kann. Allerdings scheint es, daß diese Veranlagung nicht konfliktlos gelebt wird: Brutale Querlinien im Mond- und Mars-Bereich deuten darauf hin, daß es zu Schwierigkeiten mit der Außenwelt kommt. Wahrscheinlich geht es darum, eine Balance zwischen Traum und Realität zu finden und sich nicht allzu spontan (großer Abstand der Kopflinie von der Lebenslinie) auf die eigenen Einfälle zu verlassen.

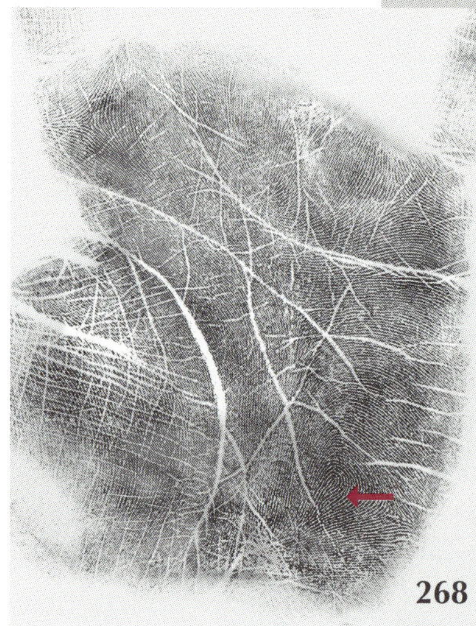

268

Wirbel im Mars-Mond-Bereich

Solche Spiralen und Wirbel (Pfeil) sind nicht selten. Wir finden sie bei Menschen, die sich auf ihre Kreativität konzentrieren und ihre Art des Seins mit einer gewissen Heftigkeit verteidigen. Wie immer hängt es von der übrigen Hand ab, ob sie sich damit ein positives Resultat oder Schwierigkeiten einhandeln. In dieser Hand mit wilden Linien und einer stark abfallenden Kopflinie muß wohl eher mit letzterem gerechnet werden. Emotionen und Verstand sind zu wenig getrennt, die Veranlagung ist depressiv, es besteht die Gefahr, daß man sich auf etwas versteift, das nicht unbedingt günstig ist. Bild 269.

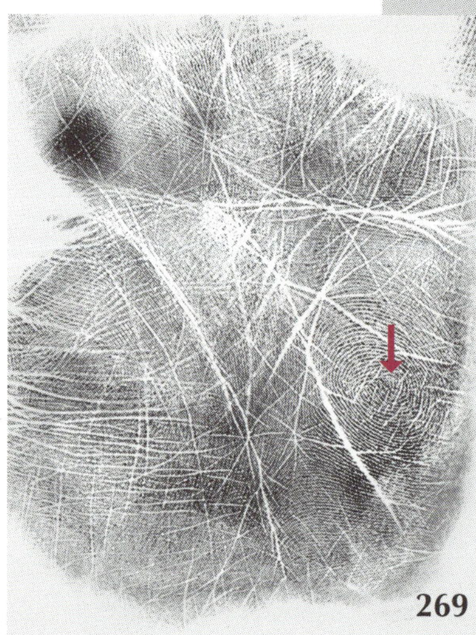

269

Was haben wir Neues gelernt?
Wir haben gesehen, daß es nicht nur auf das Papillarmuster ankommt, sondern auch auf die Verteilung der Handlinien auf diesem. Ideal sind gut gezeichnete, ruhige Muster und eine gleichmäßige Verteilung von Handlinien auf der Handfläche. Leere Felder und Linienbündel müssen in die Handanalyse einbezogen werden.

Zwischenbemerkung:

Lebenskrisen

Damit meine ich nicht schwere Schicksalsschläge wie Unfälle oder Todesfälle, sondern schwierige Momente der Auseinandersetzung mit der eigenen Persönlichkeit und mit der Umwelt.
Die Einsicht in viele Hände und Lebensläufe hat mich zur Überzeugung gebracht, daß Krisen eigentlich immer Zeichen von Kraft sind und in Zeiten gesteigerter Energie zur Auslösung kommen. Wenn sich nämlich in einer Hand Schwierigkeiten abzeichnen, sind in der Regel auch die Ressourcen sichtbar, die einem Mensch zur Bewältigung seiner Probleme zur Verfügung stehen. Ihm zu zeigen, wo seine Möglichkeiten liegen, hilft oft bei der Bewältigung der Krise. Sie wird dann nicht länger als persönliches Versagen erlebt, sondern als Herausforderung, die es anzunehmen gilt und der man nicht schutzlos ausgeliefert ist.

UND JETZT ZU IHREN HÄNDEN

Legen Sie die Abdrücke Ihrer Hände vor sich hin und betrachten Sie sie in Ruhe. (Sind sie überhaupt klar und scharf? Können Sie das Papillarmuster deutlich erkennen? Oder haben Sie seinerzeit etwas zu viel Farbe erwischt oder die Hand beim Drücken bewegt? Machen Sie doch einfach nochmals neue Abdrücke, falls Sie auf den vorhandenen nicht genug erkennen können.)
Lassen Sie jetzt das Papillarmuster auf sich wirken. Und nun fragen Sie sich, was Ihnen auffällt.

Bestandsaufnahme

◆ Welche Muster tragen Ihre Fingerspitzen? 1
◆ Welche Muster tragen Ihre Daumen? 2
◆ Ist das Muster der Handfläche harmonisch und sauber? 3
◆ Ist es unruhig? 4
◆ Ist es gestört (durch Flecken, Unterbrüche, Linien)? 5
◆ Gibt es irgendwo in der Handfläche Schleifen, Bogen, Ovale oder Spiralen? 6
◆ Gibt es leere Felder? 7

Deutung

◆ Das am häufigsten vorkommende Muster bestimmt Ihren Charakter. Bei vielen Schleifen sind Sie umgänglich, bei vielen Bogen gebremst und praktisch, bei vielen Spiralen eigensinnig und konzentriert. Aber Achtung, alle diese Aussagen können durch die Handlinien oder andere Merkmale relativiert werden! Beispiel: Wenn Sie eine sehr gerade, sehr kräftige und lange Kopflinie haben, neigen Sie zu Sturheit, auch wenn Sie auf allen Fingern Schleifen haben. 1
Wichtig für gutes Kommunizieren: Schleife auf dem Mer-

kurfinger. Gegen Melancholie: Schleife auf dem Saturnfinger. Für Künstler günstig: Spirale auf dem Sonnenfinger.

2 ◆ Das Daumenmuster zeigt, welche Eigenschaft Sie letztendlich leben. Beispiel: Wenn Sie auf allen Fingern Spiralen haben, auf dem Daumen aber eine Schleife, dann sind Sie zwar hartnäckig und verfolgen Ihre Ziele, sind aber im Umgang doch weich und verbindlich. Oder: Wenn Sie auf allen Fingern Schleifen haben, auf dem Daumen aber eine Spirale, dann können Sie sich bei aller Umgänglichkeit doch gut abgrenzen.

3 ◆ Ein klares, harmonisch verlaufendes Muster ist eine wunderbare Grundlage. Zumindest von Seiten der Veranlagung ist bei Ihnen alles bestens. Ihre Nerven und Ihre Gesundheit sind vielversprechend.

4 ◆ Ein wildes, unruhiges Muster zeigt, daß Sie nervlich nicht optimal veranlagt sind. Es gibt Schwächen in Ihrer Konstitution. Das soll Sie aber keineswegs beunruhigen – Sie sind in bester Gesellschaft! Es ist einfach so, daß Sie nicht unendlich hart im Nehmen sind. Krisen setzen Ihnen ernsthaft zu. Aber wahrscheinlich wissen Sie das ja bereits und haben hoffentlich gelernt, sich zu schützen, indem Sie Krisensituationen umgehen. Falls Sie sich aber bisher gewundert haben, daß andere Leute leichter mit Schwierigkeiten umgehen können, dann wissen Sie jetzt wieso. Sie sind einfach zarter gebaut. Muten Sie sich entsprechend nicht zu viel zu!

5 ◆ Können Sie Ihr Muster kaum wahrnehmen, weil es gefleckt ist, oder zerbröselt, oder verschwommen, oder von tausend kleinen Linien verdeckt? Dann sind Sie nicht gut in Form und sollten sich mal Urlaub gönnen. Vielleicht setzt Ihnen Streß zu, vielleicht aber ist organisch etwas nicht ganz in Ordnung. Wenn Sie sich nicht gut fühlen, würde ich Ihnen empfehlen, mit Ihren Beschwerden zum Arzt zu gehen. Vielleicht aber reicht es, wenn Sie ein wenig von Ihrem Programm abbauen, dafür sorgen, daß Sie

zu genügend Schlaf kommen und ganz allgemein etwas niedertouriger durchs Leben kurven.

◆ Falls Sie irgendwo in Ihrer Handfläche besondere Mu- 6
ster finden, versuchen Sie, auf den vorangehenden Seiten eine Erklärung zu finden. Falls Ihr Muster dort nicht besprochen wird, müssen Sie Ihre allgemeinen Handlesekenntnisse und Ihre Intuition zu Hilfe nehmen. Setzen Sie das Muster in Beziehung zu dem Ort, wo es liegt. Beispiel: Im Mond hat es mit Phantasie zu tun, in der Venus mit Sexualität (und in erweitertem Sinn mit Rhythmus und Kreativität). Und dann beobachten Sie die Wirkung des Musters: Gefällt es Ihnen? Dann bringt es sicher etwas Gutes. Kombinieren Sie Lage und Wirkung und Grundbedeutung des Musters und versuchen Sie so eine Interpretation.

◆ Wenn Sie ein leeres Feld gefunden haben, dann freuen 7
Sie sich: Es gibt Neuland zu entdecken. Zwar kann dies mit Mühe und Arbeit verbunden sein, aber es handelt sich ja immerhin um Eigenschaften und Energien, die Sie sich bisher nicht nutzbar gemacht haben und die Ihr Leben bereichern werden. Um was es dabei konkret geht, kann allerdings nur die komplette Handanalyse zeigen, die alle übrigen Merkmale berücksichtigt und einbaut.

Was wissen Sie mehr über sich?

Sie haben gelernt, daß die Natur undemokratisch ist und nicht allen das Gleiche mitgegeben hat. Sie verstehen jetzt vielleicht besser, warum andere Menschen in Krisensituationen stärker oder schwächer erscheinen als Sie. Sie wissen nun, wie Ihre Veranlagung aussieht und daß Sie mit dieser zurechtkommen müssen. Dies hilft Ihnen, Ihre Kräfte richtig einzuteilen und sich nicht zu überfordern. Vergleichen Sie sich nicht mit andern! Sie sind Sie. Und nur Sie wissen, was für Sie richtig ist. Vielleicht hat Ihnen Ihre Hand Tips dazu gegeben. Vielleicht hat sie Ihnen gesagt, daß Sie etwas besser für sich sorgen sollten, daß Sie so, wie sie jetzt leben, Raubbau mit sich treiben. Vielleicht aber hat Sie ihnen bestätigt, daß Sie gut und freundlich mit sich umgehen und Ihr Körper zufrieden mit Ihnen ist. Falls Sie bisher in Ihrer Hand durch Betrachtung der Proportionen und Linien Schwächen und Störungen festgestellt haben, so ergeben sich jetzt vielleicht Erklärungen dafür.

Schritt 10

Die Finger – Antennen zur Transzendenz

Die Handfläche, die wir bisher betrachtet haben, steht für das Sein, die tatsächliche, diesseitige Existenz eines Menschen. Ihr entnehmen wir, um welchen Grundtypus es sich handelt und mit welchen Mitteln er sein Leben bewältigen wird. Es gibt aber eine andere Art der Betrachtung, die sich mehr auf das psychische Geschehen konzentriert. Dabei wird die Weise des Denkens und des Wahrnehmens untersucht. Die Finger vermitteln uns die entsprechenden Erkenntnisse.

DIE FINGER – ANTENNEN ZUR TRANSZENDENZ

Vorerst sind nur Jupiter-, Saturn-, Sonne- und Merkurfinger gemeint, wenn wir von Fingern sprechen. Diese vier Finger wachsen nebeneinander aus dem geistigen Feld der Hand heraus und greifen in den leeren Raum. Doch dieser ist nur scheinbar leer, denn diese Umgebung entspricht dem familiären, gesellschaftlichen und kulturellen Umfeld, das jeden Menschen umgibt. Und so, wie wir ununterbrochen aus unserer Umwelt Informationen aufnehmen und verarbeiten, so sind auch die Finger Instrumente zur Aufnahme und Verarbeitung des Umfelds. Sie sind Steuerungen und Regler, die einerseits Reize von außen aufnehmen und ins Gesamtsystem hineinleiten, und andererseits durch Packen, Greifen und Festhalten, aber auch durch Taten auf die Außenwelt einwirken. In ihrer Beweglichkeit spiegelt sich unsere Möglichkeit zu handeln.
Der Daumen, der zweifellos auch ein Finger ist, hat eine Sonderstellung. Er wächst aus dem unteren, dem stofflichen Teil der Hand heraus und hat entsprechend eine ganz andere Bedeutung als die vier übrigen Finger. Darum wird er in einem eigenen Abschnitt behandelt.

Das Verhältnis von Fingern zu Handfläche

Genau so, wie wir die Handfläche in ein Oben und Unten teilen, in ein eher geistiges und ein eher stoffbezogenes Feld, genau so betrachten wir bei einer Hand das Verhältnis von Handfläche und Fingern. Dabei zeigt uns die Handfläche die Art und Menge der Energie, die einem Menschen zur Verfügung steht, während die Finger zeigen, mit wieviel Beweglichkeit und Bewußtheit er diese Energien einsetzt. In den Fingern sitzt also die zerebrale Steuerung des Menschen. Aus den Fingern schließen wir, wie fein oder grob eine Person aufnimmt, wie klar oder schwammig sie beobachtet und anwendet, was in der Handfläche angelegt ist. Wie immer wünschen wir uns für sie auch im Verhältnis von Handflächen und Fingern möglichst große Ausgeglichenheit und Harmonie.

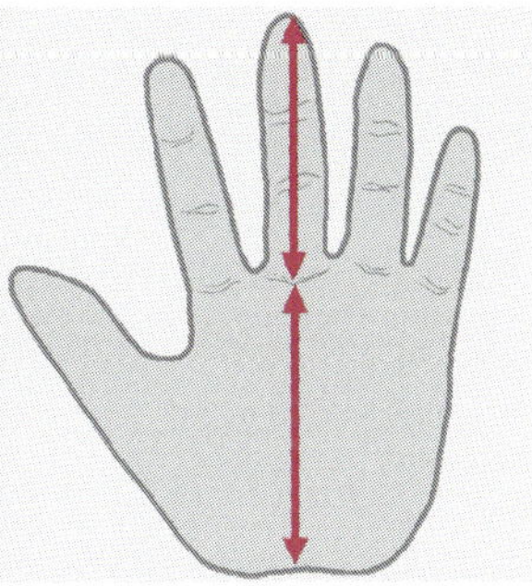

270

◆ Harmonie bedeutet in diesem Fall, daß die konkreten und die abstrakten Funktionen eines Menschen ausgeglichen sind. Er findet sich im praktischen Leben gut zurecht, weiß mit den Anforderungen der materiellen Welt gut umzugehen, ist gleichzeitig aber auch geistig aufgeschlossen und beweglich. Er setzt seine analytischen Funktionen und seinen Verstand ein. Bild 270.

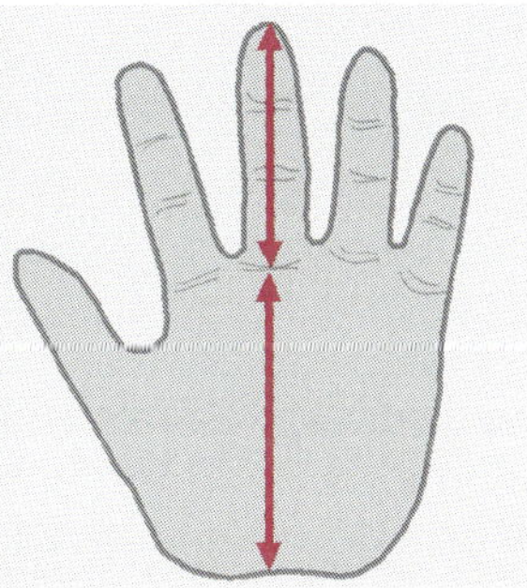

271

◆ Je kürzer die Finger, desto stoffbezogener ist der Mensch. Er handelt eher instinkthaft als bewußt.
Bild 271.

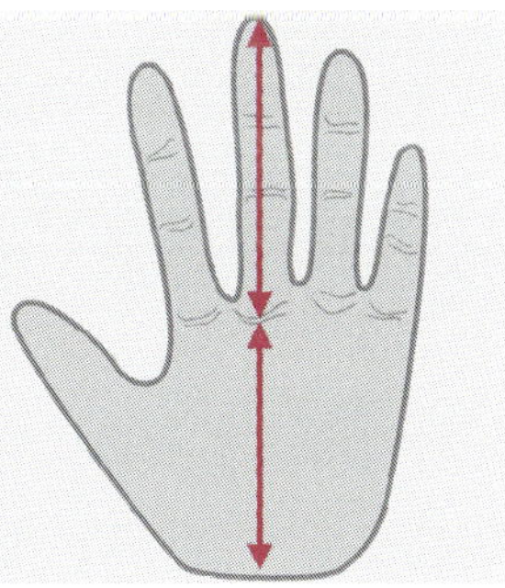

272

◆ Je länger die Finger, desto abstrakter ist das Denken der Person. Im Extremfall geht dabei die Erdung, der Bezug zur Realität, verloren. Bild 272.

In *Schritt 2, Proportionen der Hand,* haben wir bereits einiges zum Verhältnis von Handflächen und Fingern gesagt. Vielleicht blättern Sie noch einmal dorthin zurück. Sie finden dort etliche praktische Beispiele. Betrachten Sie zuerst Bild 46 auf Seite 75. Sie sehen eine ausgeglichene Hand. Der kräftige Handteller beweist, daß dies ein Mensch ist, der zupacken kann. Die schönen, geraden

Finger zeigen, daß er offen und intelligent ist. Sie streben auseinander, greifen wie Sonnenstrahlen weit in den Raum hinein. Dies deutet auf Offenheit, Neugier und Unternehmungslust.
In Bild 45 hat die Handfläche mehr Gewicht. Die Finger sind eher kurz. Diese Person funktioniert intuitiv. Sie analysiert und berechnet nicht, sondern folgt ihren Gefühlen. Das muß durchaus keine Schwäche sein! Eine gut funktionierende Intuition kann die zum Leben notwendigen Informationen genau so gut vermitteln wie ein starker Verstand. Auch die Fingerstellung dieser Hand zeigt einen Menschen, der unternehmungslustig ist und weit in die Welt hinausgreift.
Die Hand von Bild 44 ist schmal und hält die Finger näher zusammen. Dies zeigt eine gewisse Vorsicht, ein Zögern im Vorangehen. Die Finger sind ausgesprochen lang. Sie lassen uns ein feines Gespür für nicht sichtbare Dinge vermuten, eine Vorliebe für Abstraktes und Ideen. Das Nachdenken ist dieser Person wichtiger als das Handeln. Grobe, stoffliche Dinge stoßen sie ab.
Später in *Schritt 11, Handformen,* werden wir auch Form und Fleischigkeit der Finger berücksichtigen. Beide lassen ebenfalls Schlüsse über die Ausrichtung des Menschen in Richtung auf Abstraktes oder Konkretes zu. Vorerst beschäftigen wir uns aber mit dem, was wir aus den Handabdrücken herauslesen können.

Fingerlänge

Hier geht es um das Verhältnis der Finger untereinander. Die Grundlage für die Beurteilung ist der Mittel- oder Saturnfinger als längster Finger der Hand. Aber da stellen sich bereits einige Fragen. Nämlich: Ist der Saturnfinger lang oder sind Jupiter- und Sonnenfinger kurz? Oder umgekehrt: Ist der Saturnfinger kurz oder sind Sonnen- und

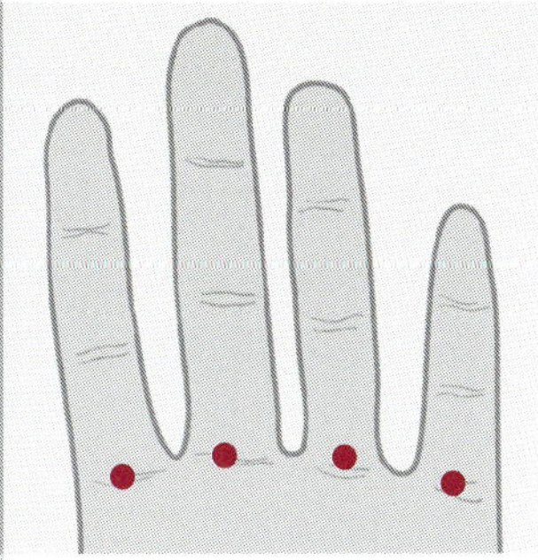

273

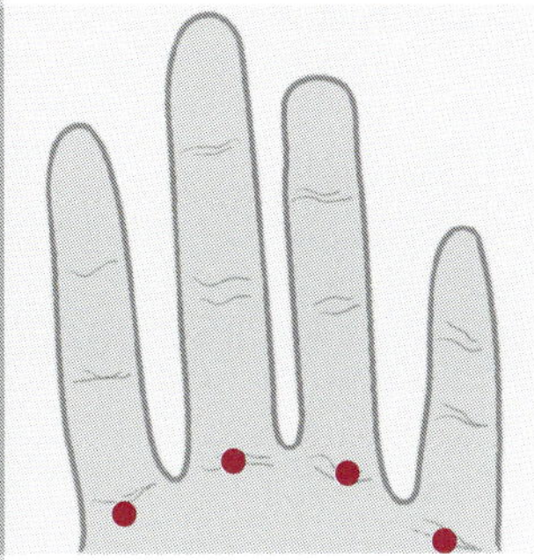

274

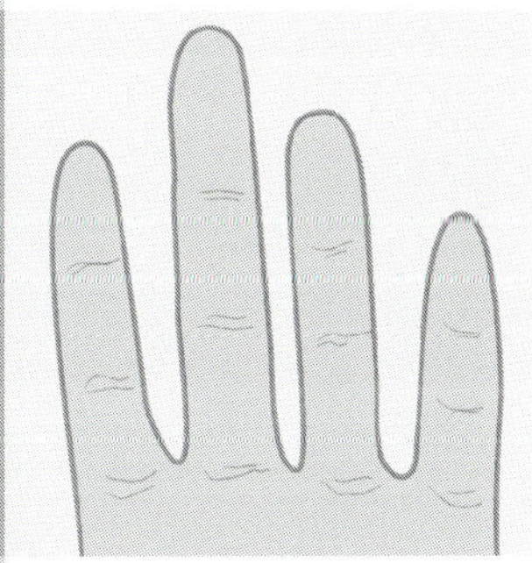

275

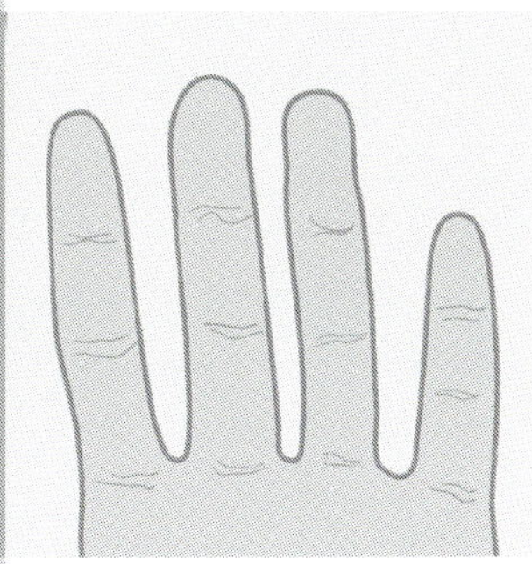

276

Jupiterfinger lang? Um dies herauszufinden, müssen Sie das Verhältnis des Mittelfingers zur Handfläche betrachten. Wie wir schon früher gesehen haben, sollte seine Länge ungefähr neun Zehntel der Länge der Handfläche betragen (→ *Bild 43, in Schritt 2, Proportionen der Hand*). Als zweites müssen Sie den Fingeransatz überprüfen: Sind die Finger ungefähr alle auf gleicher Höhe angeordnet wie das in Bild 273 zu sehen ist? Oder sind einige Finger tiefer angesetzt? Ein Finger kann lang sein, aber kurz wirken, weil er weit nach unten versetzt in der Handfläche wurzelt. Beim Jupiter- und Merkurfinger ist dies sogar recht häufig der Fall. Bild 274.

Regel:

Wie in Bild 273 dargestellt, reichen bei der Idealhand Jupiter- und Sonnenfinger bis zur Mitte vom Nagelglied des Saturnfingers, der ungefähr 9/10 der Handfläche messen sollte. Die Spitze des Merkurfingers liegt, wenn dieser auf gleicher Höhe wie der Sonnenfinger angesetzt ist, bei den Beugefalten von dessen Nagelglied.

◆ Ein verlängerter Saturnfinger gehört ernsthaften bis melancholischen Menschen. Mehr als andere sind sie sich des Schicksals und der existentiellen Schwierigkeiten des Lebens bewußt. Die gleiche Überbetonung von Saturneigenschaften bringen entweder Spiral- und Bogenmuster im Nagelglied (→ *Schritt 9, Papillarmuster*) oder aber die Spatelform (→ *Schritt 11, Handformen*) des Mittelfingers. Bild 275.

◆ Ein im Vergleich zur Handfläche verkürzter Saturnfinger gehört einem lebenslustigen, eher frivolen Menschen, der nichts auf der Welt so richtig ernst nimmt. Bild 276.

◆ Ein verlängerter Zeigefinger übertreibt die Jupiter-Eigenschaften. Es ist der sogenannte Napoleonfinger, der Führungswille und Dominanzstreben anzeigt. Bild 277. Eine ähnliche Verstärkung der Jupiter-Eigenschaften ergibt sich auch aus einem Spiralmuster im Zeigefinger oder aus einer Kopflinie, die nach oben versetzt im Jupiterbereich beginnt.

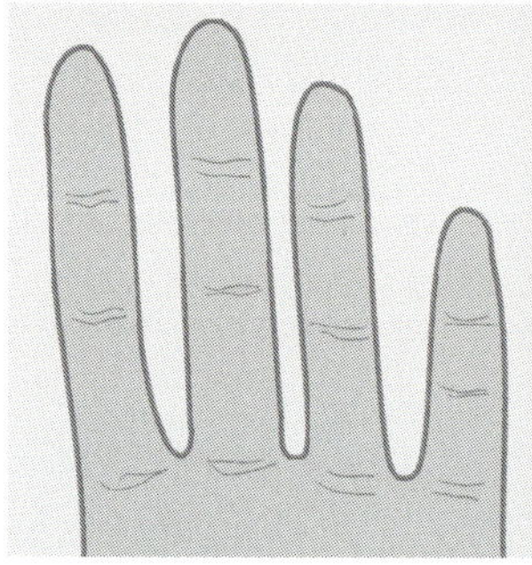
277

◆ Ein verkürzter Jupiterfinger zeigt einen Menschen mit mangelndem Selbstwertgefühl. Bild 278.

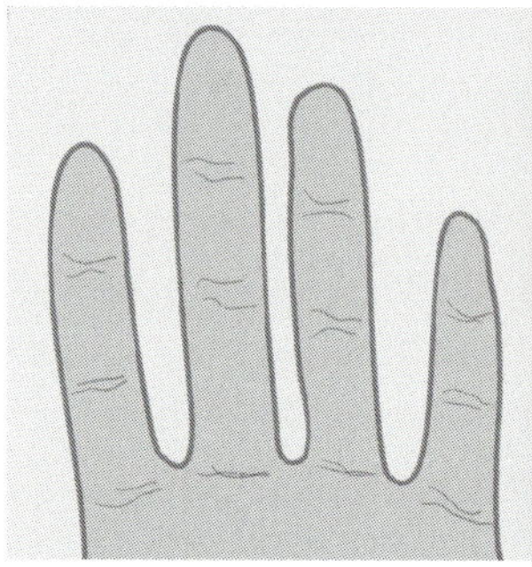
278

◆ Ein verlängerter Sonnenfinger läßt künstlerisches Talent vermuten. Er hängt aber auch mit einem starken Wunsch nach Selbstausdruck und Selbstdarstellung zusammen. Das kann bis zur Übertreibung gehen. Dies sind dann Menschen, die um jeden Preis auffallen wollen. Bild 279.

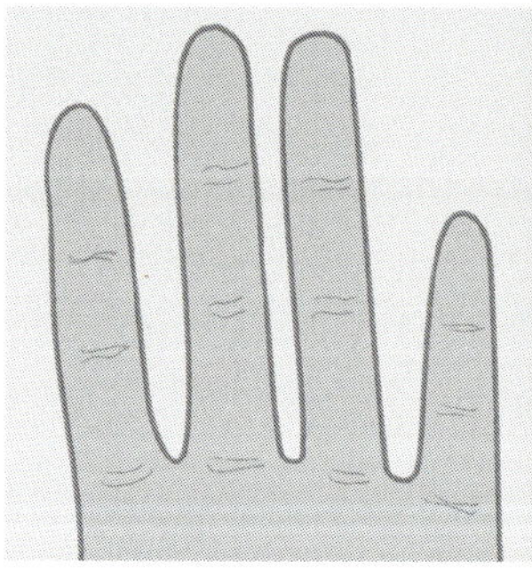
279

◆ Ein verkürzter Sonnenfinger zeigt einen Menschen, der sich unglücklich und in den Schatten gestellt fühlt. Er steht sich aber wahrscheinlich selbst in der Sonne. Bild 280.

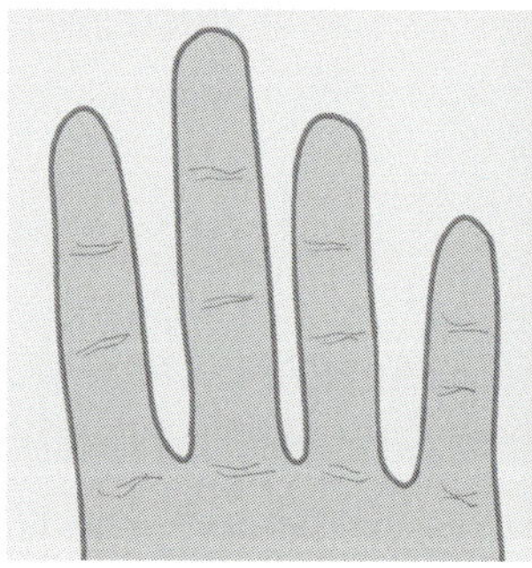
280

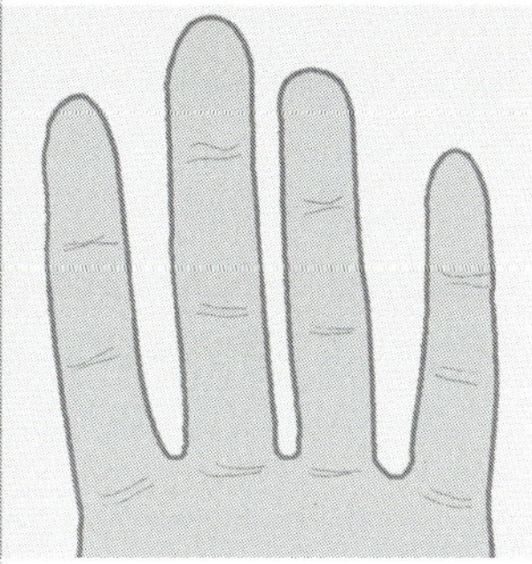

281

◆ Menschen mit einem sehr langen Merkurfinger sind kommunikativ. Sie müssen überall dabei sein und überall mitreden können, damit sie sich wohlfühlen. Oft findet man sie darum im Umfeld von Anlässen und Ereignissen oder im Gefolge von Prominenten. Bild 281.

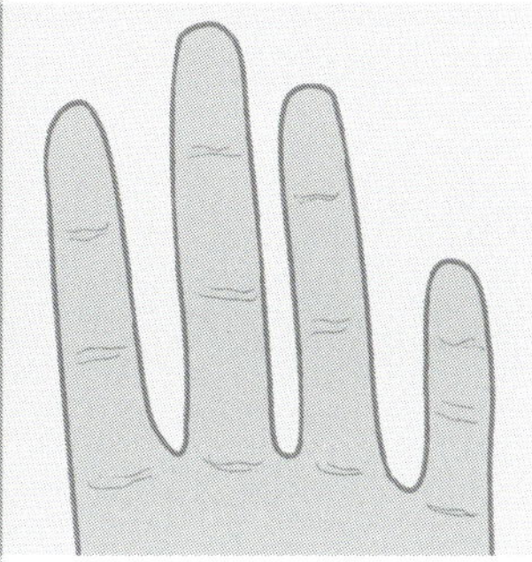

282

◆ Der kurze Merkurfinger steht für instinktive Naivität. Diese Personen handeln ohne rationale Überlegung schnell und spontan. Zusammen mit der gesperrten Hand (verschmolzene Kopf- und Herzlinie) ist der sehr kurze, kleine Finger ein Anzeichen für das Down-Syndrom, bzw. Mongolismus. Bild 282.

Und noch etwas zum Fingeransatz:
Tief angesetzte Merkurfinger werden Sie sehr häufig antreffen. Sie gehören Menschen, die stark und empfindlich auf jede Art von Kritik reagieren. Sie haben die Tendenz, sich zurückzuziehen, wenn sie sich angegriffen fühlen. Sie ziehen gleichsam ihre Antennen zur Außenwelt ein.

Drei Ebenen, praktisch

Die Dreierteilung der Handfläche (→ *Koordinaten: Das Menschenbild der Chirologie*) ist Ihnen bekannt: Die unterste Ebene, das Körperliche, bildet das Fundament oder die Wurzeln (Venus/Mond-Bereich). Die mittlere Ebene, der Trieb, steht für die Kraft zur Auseinandersetzung mit der Welt (Mars-Bereich). Die oberste Ebene, das Wollen und Streben, ist das steuernde Element des geistigen Feldes (Merkur/Sonne/Saturn/Jupiter-Bereich). Wir haben gesehen, daß diese drei Ebenen Auskunft geben, wie ein Mensch seine Energien einsetzt.
Nun sind auch die Finger durch ihre Glieder in drei Ebenen aufgeteilt. Und diese erlauben uns noch einmal eine Verfeinerung der Betrachtung. Die Fingerglieder ermöglichen uns Aussagen über die Konkretisierung und Verwirklichung von Ideen. Bild 283.

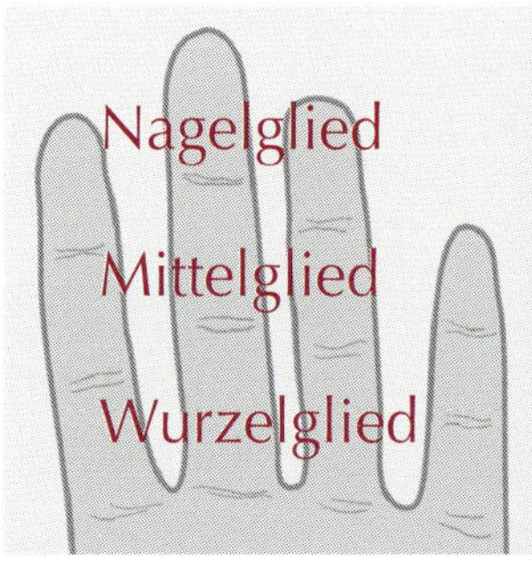

283

Nagelglieder: Die Idee

Die Nagelglieder stehen für die Idee. Hier zeigt sich, wieviel Einfälle ein Mensch hat. Hier sind die Hinweise auf Intelligenz und geistige Potenz.

◆ Gut ausgebildete Nagelglieder zeigen immer lebhafte, überdurchschnittlich gescheite Menschen. Wir finden sie unter Wirtschaftsführern, Künstlern und Intellektuellen. Sie zeigen aber nicht nur Intelligenz, sondern auch Sensibilität und Einfühlungsvermögen. Dies ist vor allem dann der Fall, wenn sie leichte Ausbuchtungen haben, sogenannte Wassertropfen. Bild 284.

◆ Kurze, gekappt erscheinende Nagelglieder deuten auf eine eher stumpfe, instinkthafte Art des Funktionierens.

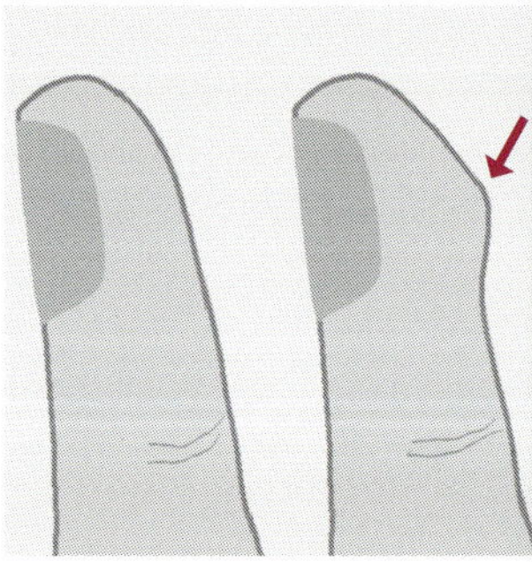
284

Wassertropfen an den Fingerspitzen entstehen durch Anhäufung von Papillar- oder Nervenzellen. Darum gelten sie zu Recht als Hinweis auf Sensibilität.

Sonderfall

◆ Ein langes Nagelglied am Merkurfinger steht für besonderes Sprachtalent.

Mittelglieder: Der Plan

Die Mittelglieder stehen für die Formkraft, die Planung. Noch sind wir im Bereich des Abstrakten, aber es müssen bereits konkrete Vorstellungen entwickelt werden, wie die in den Nagelgliedern empfangenen Ideen umgesetzt werden könnten.

◆ Menschen mit gut ausgebildeten Mittelgliedern sind immer sehr gut im Organisieren und Planen. Manchmal sind sie EDV-Programmierer, sicher fallen sie in Firma und Familie als begabte Organisatoren von Anlässen auf.

◆ Menschen mit verkürzten Mittelgliedern wissen nicht so richtig, wie sie die Dinge anpacken sollen. Wenn ihre Nagelglieder nicht besonders gut ausgebildet sind, ist dies kein Problem, dann gibt es auch wenig, das nach Verwirklichung drängt. Wenn sie aber starke Nagelglieder haben, dann werden sie an ihrer Schwierigkeit zu realisieren leiden. Sie können sich Erleichterung verschaffen, indem sie sich als Inspiratoren für andere anbieten.

Wurzelglieder: Die Realisierung

Die Wurzelglieder zeigen, was aus dem Ganzen wird.

Lange Wurzelglieder zeigen Menschen, die im allgemeinen ihre Pläne ohne große Behinderungen durchsetzen können. (Immer vorausgesetzt, in der Handfläche finden wir keine Anzeichen, die dagegen sprechen, zum Beispiel sehr schlecht gezeichnete Hauptlinien oder ähnliches.)

◆ Je breiter und runder diese Wurzelglieder im Abdruck erscheinen, desto materieller eingestellt ist der Mensch. Er liebt Luxus, Komfort und Genuß und entsprechend Geld, denn solches braucht er ja für seine Vorlieben.

◆ Sich verjüngende Wurzelglieder, solche, die im Abdruck kaum sichtbar sind, deuten auf Menschen, die hauptsächlich über den Kopf, den Verstand oder die Spiritualität leben. Ihr Interesse liegt nicht im Materiellen, wichtiger ist für sie, ihre Ideen zu verwirklichen, zu zeichnen, Bücher zu schreiben, Dinge zu lernen oder Informationen weiterzugeben.

◆ Mit verkürzten Wurzelgliedern fällt das Realisieren schwer. Vielleicht ist viel im Kopf vorhanden, aber es wird selten umgesetzt. Auch hier hilft es, im Team zu arbeiten und sich mit Menschen zusammenzutun, die gut im praktischen Umsetzen sind.

Sonderfälle

◆ Polsterförmiges Wurzelglied am Jupiterfinger: Liebt Komfort und gutes Essen.

◆ Langes Wurzelglied am Saturnfinger: Begabter Handwerker und Bastler, Ingenieur.

◆ Breites, langes Wurzelglied am Merkurfinger: Handelstalent, gute Kaufleute. Freude am Geld, am Verdienen, am Materiellen. Verkürztes, schmales Wurzelglied: Kein besonderes Interesse an Materiellem und an Reichtum.

Regel:

◆ Beim Studium der Fingerglieder ist stets auch auf die Bedeutung des Fingers, das heißt auf seine planetarische Zuordnung, zu achten: Jupiter bezieht sich auf das Ego, Saturn auf Schicksal/Umgebung/Umwelt, Sonne auf Selbstverwirklichung/Kunst, Merkur auf Kommunikation/Sprache/Geschäft.

◆ Die Aussagen der Fingerglieder müssen mit denen von Handfläche und Linien in Beziehung gesetzt werden. Wie immer verstärken gleichartige Merkmale die entsprechenden Eigenschaften, während sich widersprechende Merkmale gegenseitig schwächen oder aufheben.

◆ Querlinien in den Fingergliedern bedeuten immer Frustration der entsprechenden Funktion, wobei die Bedeutung des Ortes (Planetenkraft des Fingers) berücksichtigt werden muß.

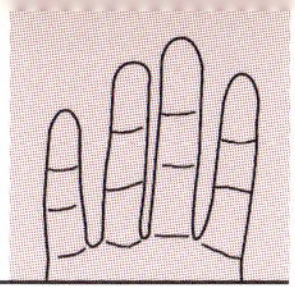

Aufteilung

Die häufigste Art der Aufteilung der Finger entspricht derjenigen der Handfläche: Schwergewicht im untersten Bereich, etwas verkleinertes Mittelteil und ein noch kleinerer oberster Teil. Bild 285.

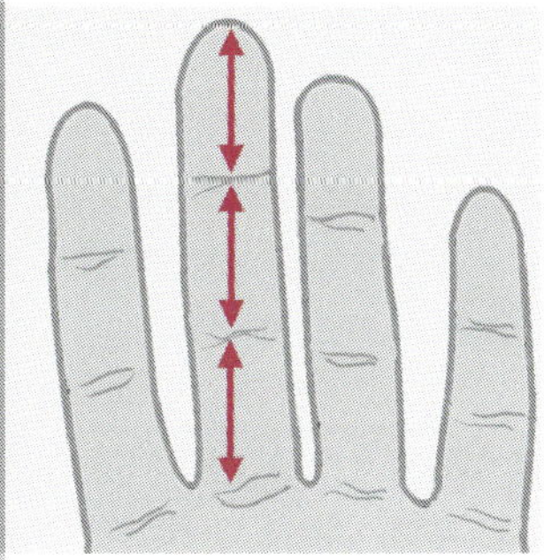
285

Eher selten ist die Aufteilung, in der alle drei Ebenen etwa gleich stark gewichtet sind. Diese Aufteilung zeigt immer überdurchschnittlich intelligente und begabte Menschen, die meistens auch Karriere machen. Bild 286.

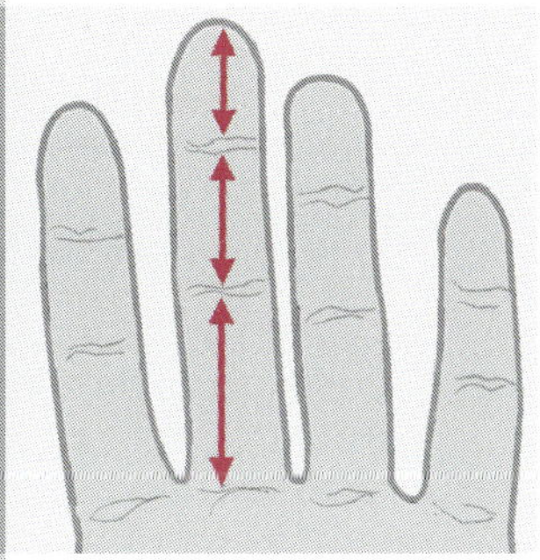
286

Wie bei allen Einteilungen der Hand lassen sich diese Verhältnisse nicht millimetergenau nachmessen, weil jeweils die Mitte der Beugefalte nicht mit Sicherheit festzustellen ist. Am besten, Sie entwickeln ein Auge für die Verhältnisse, schätzen Gewicht und Raum gefühlsmäßig ein. Wenn Sie unsicher sind, ob ein Fingerglied verlängert oder verkürzt ist, dann brauchen Sie es in der Analyse auch nicht zu berücksichtigen. Nur eindeutige Abweichungen verdienen es, beachtet zu werden.

Die drei Ebenen, philosophisch

Diesen Abschnitt können Sie ohne weiteres überspringen. Er ist nicht von praktischem Nutzen für die Handleserei, erlaubt aber einen Einblick in die Grundlagen der Chirologie und in archetypische Welt- und Menschenbilder.

Die verschiedenen Dreierteilungen in der Hand beruhen auf Vorstellungen, die sich rund um die Welt in den verschiedensten Kulturen und Systemen nachweisen lassen und wohl archetypischen Charakter haben. Denn selbst bei Weltmodellen mit sieben, zehn oder zweiundzwanzig Stufen zeigt sich oft doch eine Untergliederung in drei übergeordnete Kategorien. Und meist ist damit grundsätzlich das Gleiche angedeutet wie in der Hand: Drei Formen des Seins – das dunkle, stoffliche Yin auf der Körperebene, die helle, steuernde Intelligenz des Yang im geistigen Feld, und die Ebene des Kampfes, der Bewegung, als Zwischenbereich dieser beiden Extreme.

Die anthroposophische Medizin zum Beispiel, die sich auf Goethe beruft, benutzt ein Menschenbild, in dem der Wesenskern des Menschen, die übergeordnete Ich-Organisation, von drei Schalen oder Körpern umgeben ist, dem Astral- oder Seelenleib (entsprechend dem geistigen Feld), dem Äther- oder Lebensleib (entsprechend dem Marsfeld) und dem physischen Leib, unserem sichtbaren Körper (entsprechend dem Wurzelfeld).

Die Astrologie gliedert den Kosmos in die zwölf Zeichen des Tierkreises, diese unterstellt sie den sieben, bzw. zehn Planetenkräften und den vier Elementen. Dazu kommen aber noch drei wichtige Gliederungskategorien: die kardinalen, fixen und labilen Stadien. In der praktischen astrologischen Deutung bleiben diese Stadien zwar meist unberücksichtigt, dabei sind sie sehr wichtig. Dies wird deutlich, wenn wir die drei Stadien aus der Sicht der indischen Astrologie und der vedischen Kosmologie betrachten. Dort werden sie Trigunas genannt. Die Gunas gelten als Auslöser für jede Art von Erscheinung. Wenn sie in vollkommenem Gleichgewicht wären, gäbe es keine Schöpfung, keine Erscheinungen, keine Welt. Erst ihr Ungleichgewicht bringt Existenz hervor.

◆ Tamas (das Fixe) ist das Schwere und Unbewegliche und entspricht dem unteren, dunklen, stofflichen Feld in der Hand. Menschen, die dieses Feld betont haben, finden sich im Materiellen sehr gut zurecht. Sie wissen, wie Material bearbeitet werden will, und spüren, was stoffliche Dinge brauchen, um zu gedeihen. Sie sind eher langsam und vorsichtig, konservativ und bedächtig.

◆ Rajas oder das Kardinale steht für Aktivität und Bewegung. Wir können es problemlos mit dem Mars-Prinzip des mittleren Handfeldes in Beziehung setzen. Es kennzeichnet Menschen, die energisch und kämpferisch ihre Ziele verfolgen, und die sich, wenn sie nicht hin-und-hergerissen sind, in der Realität sehr gut zurecht finden.

◆ Sattva oder das Labile ist die helle, lichte Kraft und entspricht dem oberen, dem geistigen Feld in der Hand. Dieses charakterisiert Menschen, die sich mit dem Sichtbaren nicht begnügen mögen, die nach Hintergrundwissen suchen, die alles durchschauen und verstehen möchten. Oft sind sie auch an Wertfragen, Philosophie und Religion interessiert.

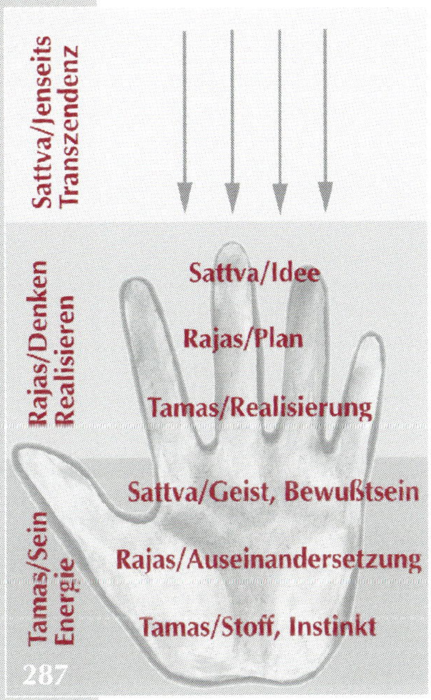

287

Die drei Gunas, diese Grundeigenschaften, spiegeln sich mehrfach in den Händen. Wenn wir die Hand als Ganzes, inklusive ihrer Umgebung betrachten, können wir die folgende Zuschreibung vornehmen (Bild 287):

◆ Die Handfläche entspricht dem Tamas- oder fixen Prinzip und steht für das Dunkle, Unbewußte, Stoffliche. Sie ist Ausdruck der Natur des Menschen und zeigt, wie er körperlich veranlagt ist und wie er sein Leben bewältigt. In sich zerfällt die Handfläche in den Stoff/Trieb/Instinkt-Bereich unten (Tamas), in den Welt- und Kampf-Bereich der Mitte (Rajas) und den geistigen Bereich oben (Sattva), der die Wurzel für die Finger bildet und zeigt, wieviel geistige Substanz vorhanden ist.

◆ Die Finger entsprechen dem Rajas- oder dem kardinalen Prinzip und stehen für das Bewegte, Strebende, sich Fortbewegende. Sie wurzeln im oberen Bereich der Handfläche und zeigen die Kräfte von Jupiter, Saturn, Sonne und Merkur und damit die geistigen Eigenschaften einer Person. Wie gut sind diese entwickelt? Wie können sie zur Geltung gebracht werden? Wie flexibel reagiert dieser Mensch? In sich sind die Finger wiederum in drei Ebenen aufgeteilt: Die Nagelglieder entsprechen Sattva und stehen für die Idee, die Mittelglieder entsprechen Rajas und stehen für den Plan, die Umsetzung, und die Wurzelglieder entsprechen Tamas und zeigen, wie die Vorstellungen in reale Gegebenheiten umgewandelt werden.

◆ Die Luft, der leere Raum oder das Umfeld rund um die Finger herum, entsprechen dem Sattva- oder dem labilen

Prinzip und stehen für die Auflösung des Stofflichen, für das rein Geistige, das bezeichnenderweise jenseits der Form des Menschen liegt. Dieses über uns Hinausgehende, Transzendente, ist nicht wirklich faßbar. Jedenfalls nicht mit dem Verstand allein. Wie uns Ahnungen und Wissen darüber zuteil werden, kann auch nicht genau erklärt werden. Sicher ist, daß die Finger das vermittelnde Prinzip darstellen, das Zwischenstück, die Antennen, die das Jenseitige spüren und aufnehmen können. Dieses Transzendente oder Transpersonale tritt hier aber nicht als instinkthaftes Gefühl auf, sondern als eine Ausweitung des Bewußtseins, als eine höhere Erkenntnis, die wiederum auf das Denken und Handeln des Menschen zurückwirkt. Es ist also logisch, daß die Finger in der Chirologie grundsätzlich für das Denken stehen, für die Art, wie ein Mensch im geistigen Bereich und mit seinem Gehirn funktioniert. Sie zeigen, wie er seine Energie, die sich in der Handfläche sammelt, umsetzt, was er davon erfassen, sich bewußt machen und verwenden kann. Letzten Endes entscheiden also die Finger, die geistigen Eigenschaften, darüber, was ein Mensch von seinen Anlagen verwirklichen wird.

Dies schließt sich an die vedische Auffassung vom Durchgang durch die drei Gunas und deren Überwindung an: Der Mensch, der sich seinen Verstand und seinen Geist nicht nutzbar machen kann, wird als dumpfe Existenz ein Leben im rein Stofflichen, Animalischen verbringen. Das kann zwar bequem sein, muß aber mit Verzicht auf ein größeres menschliches Potential erkauft werden.

Nach vedischer Auffassung ist der Mensch in der Schwere des Tamas gefangen und sollte sich daraus befreien. Rajas oder Aktivität, innere Unruhe und Leidenschaft können Trägheit und Unbewußtheit überwinden und den Menschen auf den Weg der Erkenntnis und Befreiung bringen. Doch auch Rajas muß überwunden werden und zwar durch die stille Zufriedenheit und das innere Leuchten von Sattva. Die letzte Verwirklichung erreicht der Mensch, der auch Sattva überwindet. Er vereint sich mit seinem wahren Selbst, welches göttlich ist und seine Wurzeln außerhalb der Schöpfung hat.

Zwischenbemerkung:

Was ist Erkenntnis und wie gelangen wir dazu?

Es gibt einerseits das rationale Begreifen, ein verstandesmäßiges Erfassen von Zusammenhängen, die sich plötzlich zusammenreimen und zum Erkennen führen. Dies ist ein zerebraler und mehr oder weniger bewußter Vorgang. In der Hand wird er durch harmonische Proportionen und klare Linien angedeutet. Andererseits gibt es ein plötzliches, intuitives Wissen, das über unbekannte Kanäle in unser Bewußtsein eindringt. In der Hand zeigen sich zwei Möglichkeiten dieser intuitiven Erkenntnis:
Einmal hat die außersinnliche Wahrnehmung ihren Eingang im unteren Teil der Handfläche, im Mond/Neptun-Bereich. Es ist dies die ahnende, oft in Bildern und Symbolen auftretende vage Erkenntnis, die meist nach Interpretation verlangt. Dann gibt es die Intuition, die über die Finger einströmt: Es entwickelt sich ein höheres Bewußtsein, das Einsichten in abstrakte Zusammenhänge vermittelt. Beide Arten des plötzlichen Wissens sind rational nicht nachvollziehbar und willentlich nicht zu steuern.

Der Daumen

Der Daumen ist für die Chirologie so wichtig, daß man ihm nicht nur ein Kapitel, sondern sogar ein ganzes Buch widmen könnte. Denn was den Charakter einer Person letzten Endes ausmacht, was die vielen Details in der Handfläche und den Fingern aufzeigen, das sammelt sich als Resultat im Daumen. Er ist die Synthese der gesamten Persönlichkeit. Am Daumen sehen wir, mit wieviel Kraft sich ein Mensch durchs Leben schlägt, wie er dabei vorgeht und was sich aus seinem Tun schließlich ergibt.

Im Gegensatz zu den übrigen Fingern, die aus dem oberen Drittel der Handfläche, dem geistigen Feld, herauswachsen, entspringt der Daumen dem unteren Teil der Handfläche, dem Feld des Stoffes und der körperlichen Realität. Er vereint in sich die Form- und Vorstellungskraft von Venus und Mond, aber auch die Dynamik des Marsfeldes. Der Daumen zeigt nicht, was wir denken und fühlen, sondern die Realität, das, was sich auf der sicht- und greifbaren Ebene des Stoffes verwirklicht hat.

Unsere näheren Verwandten, Schimpansen und Gorillas, haben ähnlich geformte Hände wie wir. Der entscheidende Unterschied liegt im Daumen. Während dieser bei den Primaten in der gleichen Ebene wie die Finger angeordnet ist, steht er in der menschlichen Hand den andern vier Fingern gegenüber. Damit werden unsere Hände zu einem besonders präzisen Greif- und Haltewerkzeug, das feinste Bewegungen und Arbeitsabläufe möglich macht. Benjamin Franklin soll gesagt haben, daß ihn, falls er die Existenz Gottes je in Zweifel gezogen hätte, der Daumen vom Gegenteil überzeugen würde. Natürlich hat diese Aussage einen philosophischen Hintergrund: Der Mensch, so vermuten wir wenigstens, weil wir Tiere, Pflanzen und Mineralien ja nicht danach fragen können, ist das einzige Wesen mit Ich-Bewußtsein. Der Mensch

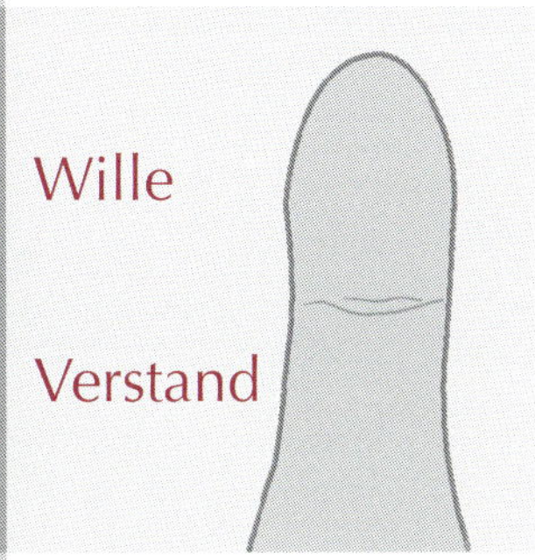

288

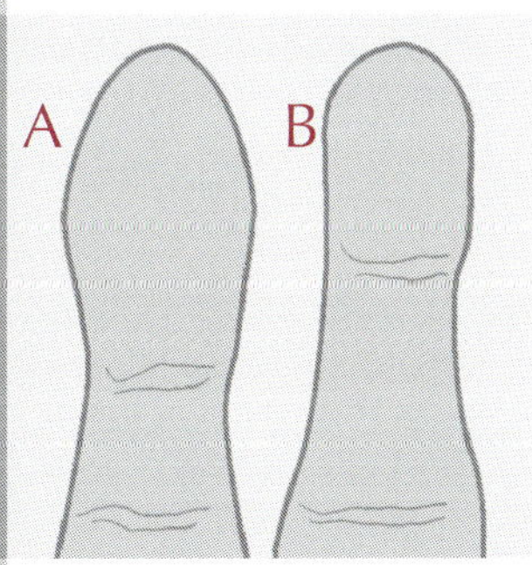

289

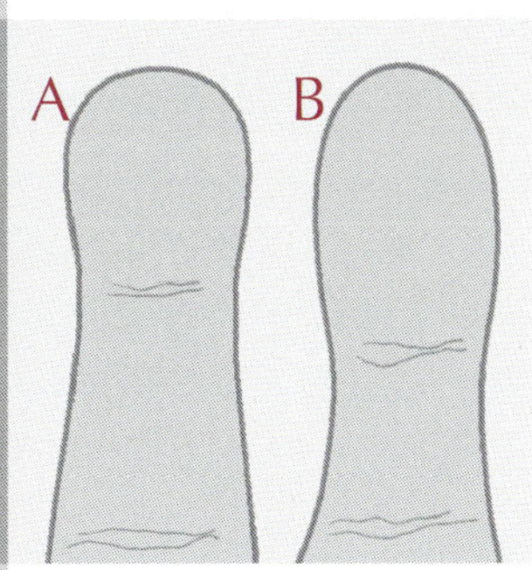

290

empfindet sich als Subjekt, dem gegenüber das Du steht, die Außenwelt, das Objekt. In dieser Trennung, dieser Spaltung von Ich und Du, liegt das menschliche Wesen begründet, während sich Pflanzen, Tiere und Mineralien vermutlich mehr mit dem Ganzen verbunden oder sogar vereint fühlen (wobei umstritten ist, ob Pflanzen und Mineralien überhaupt fühlen.) Das Auseinanderfallen in Subjekt und Objekt, in Ich und Du, spiegelt sich in der Stellung des Daumens. Er steht der Hand gegenüber, so wie sich der Mensch der Welt und dem Kosmos gegenüber gestellt sieht.

Beim Daumen ist das Wurzelglied in den Venusberg versunken und mit der Handfläche verschmolzen, wiederum ein Zeichen für das tatsächlich Existierende, wenn Sie das Wurzelglied wie bei den anderen Fingern als Ebene der Realisierung betrachten. Die Planungsebene, das Mittelglied, entspricht dem unteren Daumenglied. Dieses symbolisiert die Verstandeskraft des Menschen. Das Nagelglied, die Ebene der Ideen, steht beim Daumen für den menschlichen Willen.

◆ Gleichgewichtige Daumenglieder zeigen Harmonie zwischen Vernunft und Wille und damit beste Voraussetzungen. Bild 288.

◆ Langes Nagelglied: Starker Wille. Dieser kann explosiv sein, wenn das Nagelglied wie angeschwollen wirkt. Ist es aber abgeflacht und fein geformt, ist zwar auch viel Wille vorhanden, aber dieser wird dosiert und diplomatisch eingesetzt. Bild 289, A.

◆ Kurzes Nagelglied: Wenig Willenskraft. Bild 289, B.

◆ Langes unteres Glied: Klare Vorstellungen und genau festgelegte Ziele. Kann zu Rechthaberei ausarten. Bild 290, A.

◆ Kurzes unteres Glied: Umgängliche, nicht stark fixierte Menschen. Bild 290, B.

Verstand und Wille sind es letzten Endes, die es uns ermöglichen, unser Potential zu entwickeln oder unsere Charakterschwächen auszugleichen. Darum symbolisiert der Daumen den freien Willen des Menschen. Mit der Kraft seines Daumens entscheidet der Mensch, wie er sich einstellen will zu oben und unten, zu innen und außen, zu sich und seinem Schicksal. Hier liegt seine Möglichkeit, anders zu sein, als die Merkmale seiner Hände ihm eigentlich vorschreiben. Daher die Sonderstellung des Daumens: Er steht über allen Veranlagungen, Begrenzungen und Talenten, über allen Ebenen des Bewußtseins, die sich in der Hand anzeigen. Er gibt Ihnen und mir die Möglichkeit, über uns zu bestimmen.
Wir betrachten beim Daumen die Länge, die Form, die Breite und die Beweglichkeit.

Länge

Die Länge des Daumens zeigt die Durchsetzungskraft eines Menschen. Der Bogen der Lebenslinie gibt an, wieviel Raum ein Mensch beansprucht. Die Länge des Zeigefingers zeigt, wieviel Ehrgeiz vorhanden ist. Und die Länge der Kopflinie läßt auf die grundsätzliche Kraft zur Auseinandersetzung schließen. Im Daumen aber wird sichtbar, was im Kampf um die Macht tatsächlich herauskommt: Eine Führerfigur oder ein Diener, einer der die Regeln bestimmt oder einer, der sie befolgt.

◆ Ein gut gebauter Daumen reicht, wenn er gestreckt an die flache Handfläche angelegt wird, bis zur Mitte des Wurzelglieds vom Jupiterfinger. Dies ist der Daumen eines Menschen, der meistens erreicht, was er sich vornimmt. Er versteht seine eigenen Interessen mit denen seiner Mitmenschen in Einklang zu bringen. Bild 291.

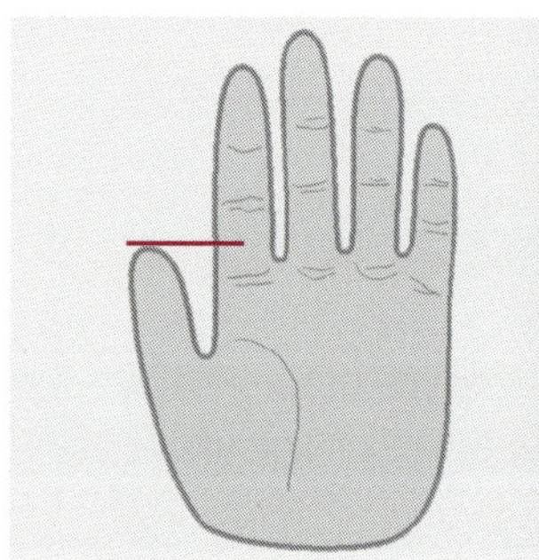

291

◆ Ein langer, kräftiger Daumen zeigt einen Menschen, der überall im Leben auf Vortritt beharrt, und dem dieser meistens auch freiwillig gewährt wird. Das ist das Seltsame an

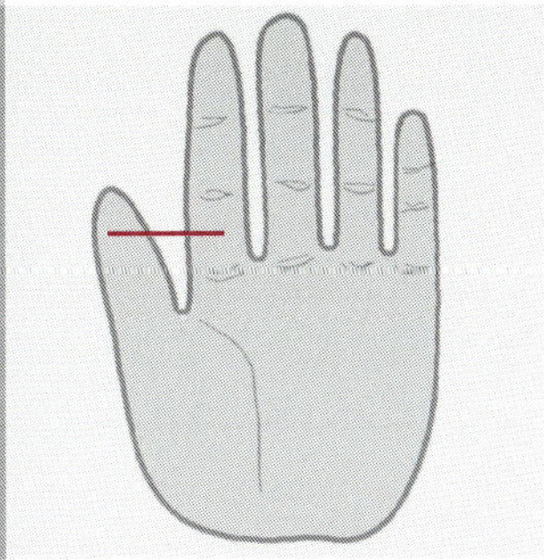
292

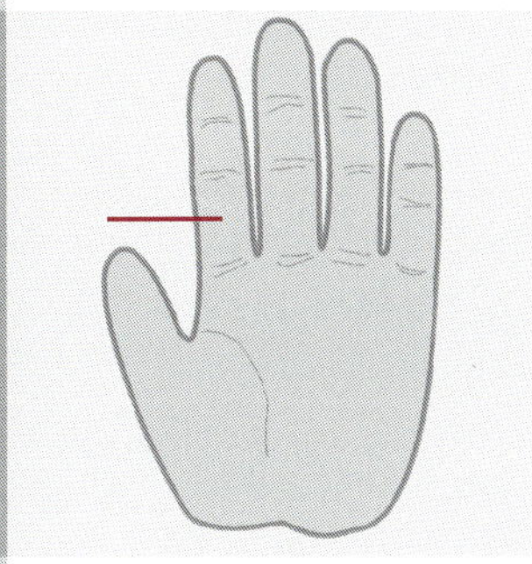
293

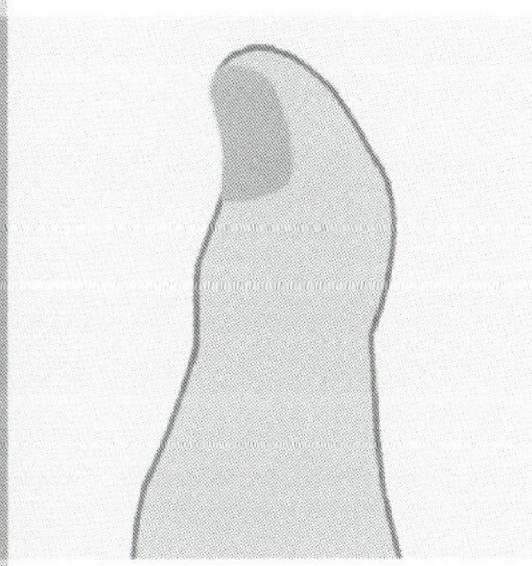
294

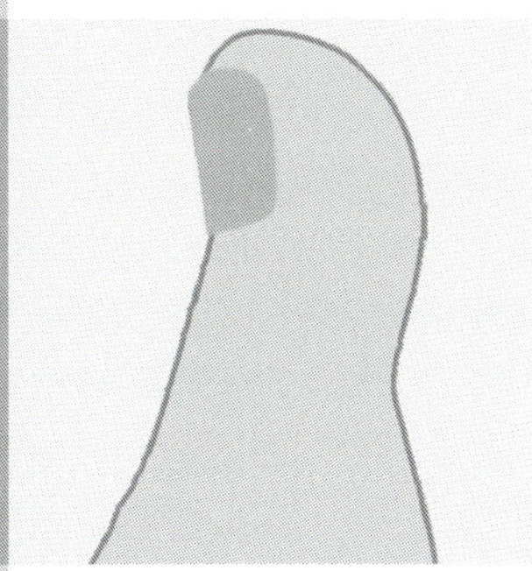
295

diesen Menschen: Sie haben eine Art von Charisma, das andere automatisch fügsam macht. Es ist selbstverständlich, daß man ihren Anordnungen gehorcht, ja, man erwartet von ihnen, daß sie Anweisungen geben und Befehle erteilen. Bild 292.

◆ Ein kurzer Daumen gehört fügsamen Menschen. Sie haben weder den Ehrgeiz noch die Kraft, anderen ihren Willen aufzuzwingen. Sie sind bereit, sich unterzuordnen. Bild 293.

Beobachten Sie die Daumen der Menschen, die am Fernsehen erscheinen. Sie werden kaum jemals einen Wirtschaftsführer oder höheren Politiker sehen, der nicht eindrückliche Daumen an seinen Händen hat. Je kräftiger die Daumen wirken, desto mehr hat der Mensch seine Umwelt unter dem Daumen. Er ist dominierend, paßt sich zum Beispiel niemals in ein Team von Gleichgestellten ein, sondern versucht sofort, die Führung zu übernehmen. Und meist gelingt dies ohne größeren Widerstand, weil er auch dynamischer und bestimmter handelt als die Menschen mit kürzeren Daumen. Achtung: Zwei Personen mit langen Daumen werden sich früher oder später stets in Kämpfe verstricken, denn sie wollen beide dominieren.

Form

Betrachten Sie den Daumen im Profil, um sich ein Bild von seiner Form zu machen. Es gibt elegante und plumpe Daumen, dicke und dünne. Je dicker der Daumen aussieht, desto beharrlicher und kräftiger ist die Person.

◆ Modellierte Daumen mit etwas Taille deuten auf eine gewisse Verfeinerung. Man setzt sich durch, aber mit Diplomatie, Klugheit, Überzeugungsarbeit, vielleicht sogar mit Raffinesse. Bild 294.

◆ Ein plumper, dicker Daumen wird seine Ziele stets mit einer gewissen Grobheit durchzusetzen versuchen, was bei einem kurzen Daumen nicht ins Gewicht fällt, bei einem langen Daumen aber zu ziemlichem Druck auf die Außenwelt führen kann. Bild 295.

◆ Auch ein dünner, langer Daumen kann insistieren, aber seine Kraft ist eher passiv fordernd als selbst zupackend. Bild 296.

Breite

Während die Dicke des Daumens etwas zum Kraftpotential aussagt, zeigt seine Breite, wie dieses Potential dynamisch umgesetzt wird. Wie ein breiter Schneepflug einen breiteren Weg freilegt als ein schmaler, so ist der breite Daumen dynamischer als der schmale.

Betrachten Sie den Daumen von der Innenseite her, damit Sie seine zwei Glieder deutlich sehen können. So können Sie abschätzen, ob der Daumen breit oder schmal ist. Bild 297 und 298.

Form und Breite der Daumen sind relative Größen und können nicht absolut gemessen werden. Das heißt: Sie müssen Form und Breite der Daumen zur übrigen Hand in Beziehung setzen. Es ist anzunehmen, daß eine fleischige, dicke Hand auch einen kräftigen, eher dicken Daumen besitzt, während wir bei einer zarten, schlanken Hand einen feineren Daumen erwarten. Dieser feinere Daumen kann aber durchaus als breit gelten, obwohl er sehr viel schmaler ist als der Daumen der kräftigeren Hand, den wir als schmal bezeichnen würden. Dies ist wieder einmal ein Punkt, wo ich Sie daran erinnern muß, daß Sie Handlesen nicht lernen können, indem Sie Bücher studieren. Wenn Sie ein paar Dutzend Hände gesehen haben, werden Sie leicht entscheiden können, ob es sich um dicke oder dünne, um schmale oder breite Daumen handelt. Studieren Sie auch illustrierte Zeitungen oder die Menschen in Bus und Bahn.

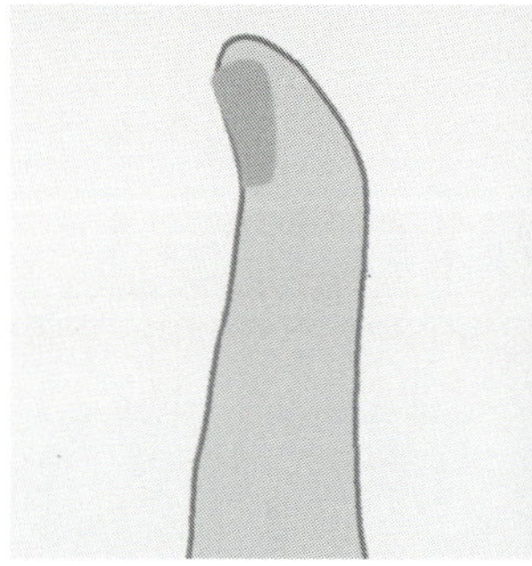

296

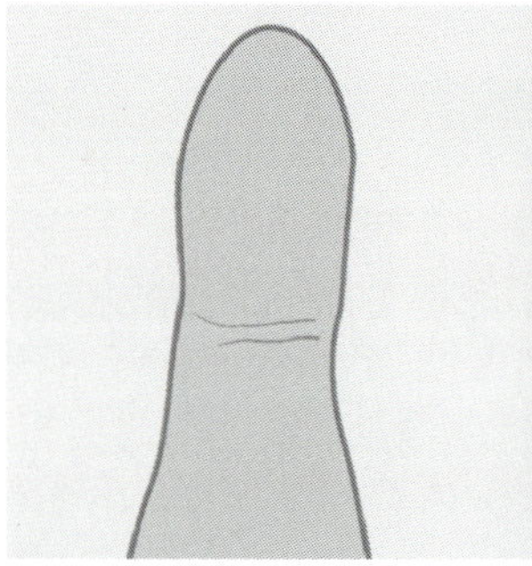

297

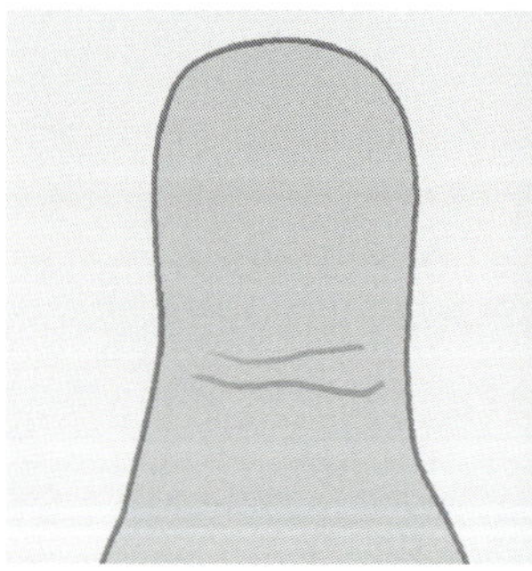

298

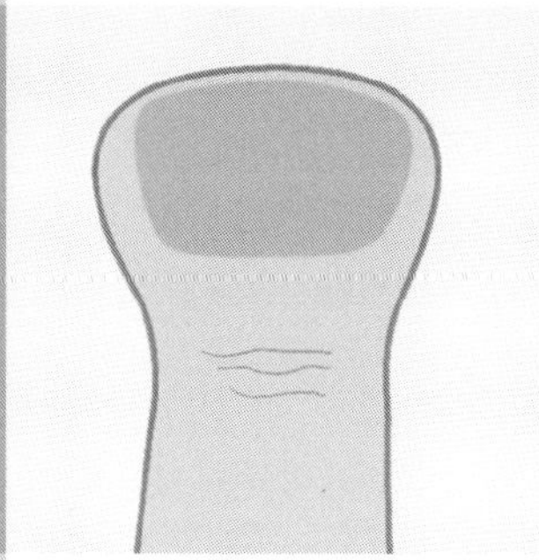
299

Sonderfall

In der Literatur wird vom Mörderdaumen gesprochen. Dies ist ein Daumen mit kugelförmigem Nagelglied, das tatsächlich auf einen gestauten Willen hindeutet. Bild 299. Dieser Wille kann explodieren, aber genau so gut auch implodieren, sich nach innen entladen. Es handelt sich bei den Besitzern solcher Daumen sicher um Menschen, die mit einer gewissen Heftigkeit reagieren. Aber ich würde ihnen keinesfalls Mordgelüste unterstellen! Oft kommen diese Daumen auch gehäuft in bestimmten Familien vor, sind also einfach ein Erbstück und keinesfalls das Zeichen einer Mörderdynastie. Viel gefährlicher als der Daumen mit Kugelspitze erscheint mir der sehr, sehr lange, sehr schmale Daumen. Hier paaren sich Rechthaberei und Wollen, doch fehlt die Beharrlichkeit und Kraft (→ Form), daraus etwas entstehen zu lassen. Solche Menschen können auf die Idee kommen, sich auf illegale Weise das zu verschaffen, von dem sie behaupten, daß es ihnen zusteht. Und das Schlimme ist, daß sie sich dabei im Recht fühlen. Wenn sie morden, dann nicht im Affekt, sondern kaltblütig und geplant. Bei ihren Taten folgen sie einer subjektiven, kalten und unbarmherzigen Logik.

Beweglichkeit

Hier kommen wir nun definitiv an die Grenze dessen, was ein Buch übermitteln kann, denn die Beweglichkeit von Fingern und Daumen können Sie nur an der Hand selbst abschätzen. Probieren Sie an verschiedenen Händen aus, wie sich Daumen und Finger bewegen und drehen lassen und wie sie nachfedern. So lernen Sie durch Testen und Vergleichen. Manchmal verrät allerdings auch die Haltung des Daumens im Abdruck einiges: Ein eng an die Handfläche herangezogener Daumen ist meist steif. Er deutet auf Verhaltenheit und Zurückhaltung, auf Angst vor Neuem, auf Menschen, die sich bewahren müssen, weil

sie sich von irgend einer Seite angegriffen fühlen. Oft neigen diese Menschen auch zu Geiz. Sie entziehen den andern nicht nur ihre Person, sondern auch materielle Güter.
Und so überprüfen Sie die Flexibilität:

- Legen Sie Ihre Hand flach auf den Tisch. Heben Sie nun die Handfläche, wobei die Finger vollständig auf dem Tisch bleiben müssen. Wie hoch geht es? Ein Winkel von etwa 45 Grad entspricht einer mittleren Flexibilität der unteren Fingergelenke und macht Sie durchschnittlich beweglich und unternehmungslustig. Ein kleinerer Winkel läßt ängstliches Anklammern vermuten, ein größerer forschen Unternehmungsgeist.
- Heben Sie nun Handfläche und Finger, drücken Sie dabei die Nagelglieder flach auf den Tisch. Wiederum ist ein Winkel von rund 45 Grad ein akzeptabler Mittelwert. Er steht für gute, geistige Flexibilität. Ein kleinerer Winkel bedeutet, daß Sie zu festen Vorstellungen und Vorurteilen neigen, ein größerer Winkel zeigt, daß Sie jede geistige Anregung begeistert aufnehmen. Das kann natürlich unter Umständen auf Kosten der Konsequenz und Geradlinigkeit gehen.

Fassen wir zusammen:
Während die vier Finger darauf schließen lassen, wie ein Mensch im geistigen Bereich tickt, zeigt der Daumen ganz konkret, wie sich ein Mensch in Familie und Arbeitswelt durchsetzt, wie er sich zur Geltung bringt, mit welcher Art von Dynamik er kämpft. Der Daumen steht für Verstand und Wille und damit für die Freiheit des Menschen, sich zu entscheiden. Die vier andern Finger sind abstrakter. Sie zeigen das Interesse für geistige Dinge. Wie Antennen vermitteln sie zwischen dem Ich, der Umwelt und dem, was über diese reale Welt hinausgeht.

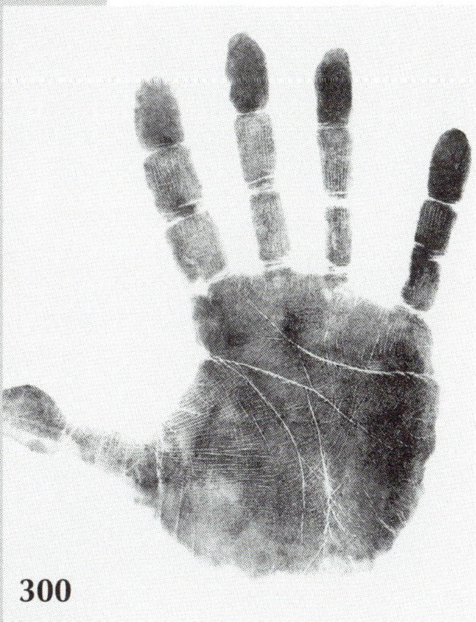

300

Verhältnis von Handfläche zu Fingern ausgeglichen

Bei dieser kräftigen, ausgreifenden Hand sind abstrakte und konkrete Funktionen im Gleichgewicht. Doch beachten Sie: Jupiter- und Merkurfinger haben sich viel stärker auf das Papier gelegt als die andern Finger. Dies deutet auf Ich-Stärke und gute Kommunikationsfähigkeit. Das Nagelglied am kleinen Finger zeigt Sprachtalent. Während der Zeigefinger eine nicht gerade zarte Durchsetzung der Person vermuten läßt, zeigen Mittel- und Ringfinger auch eine feinere, mehr philosophische Note der Person. Gut ausgebildete Nagelglieder deuten auf Intelligenz, die Mittelglieder auf Organisationstalent. Einzig die Wurzelglieder scheinen leicht verkürzt: Es wird nicht ganz leicht sein, Pläne zu verwirklichen. Der Daumen, obwohl im Abdruck nicht sicher zu beurteilen, scheint allerdings auf genügende Durchsetzung zu verweisen. Durch seine weite Abspreizung deutet er auf Offenheit und Unternehmungslust. Bild 300.

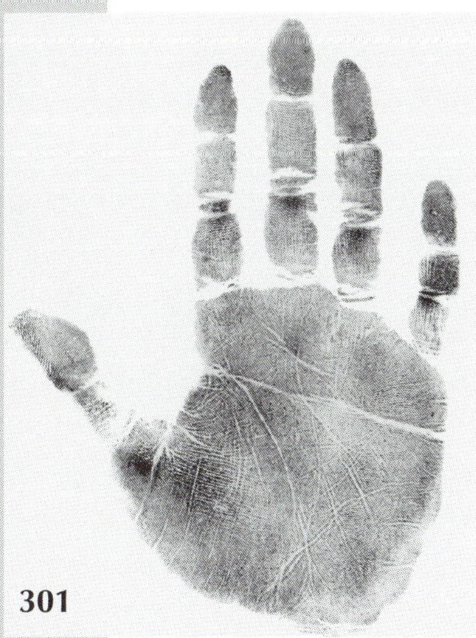

301

Schwere Handfläche, verhaltene Finger

Sowohl Länge wie Haltung der Finger deuten auf eine zurückhaltende Person, die sich eher mit konkreten als philosophischen Fragen beschäftigt. Der fast verkümmerte Merkurfinger zeigt einen intuitiv vorgehenden Charakter, was durch die Sperrung der Hand und durch die eher schwachen Nagelglieder noch unterstrichen wird. Diese Person eignet sich nicht für Aufgaben, die kühle Rationalität verlangen. Der gut gebaute Sonnenfinger mit langem Nagelglied beweist, daß Ideale gehegt und gepflegt werden. Allerdings stehen deren Realisierung Schwierigkeiten entgegen, da das Wurzelglied leicht verkürzt ist. Der leicht verkürzte Jupiterfinger deutet Probleme mit dem Selbstwertgefühl an. Bild 301.

Frustration

Die Verhältnisse von Handfläche, Fingern und den drei Ebenen der Finger sind ausgeglichen, trotzdem schließen wir auf Frustration. Dies wegen der geschlossenen Fingerstellung, die Zurückhaltung und Verschlossenheit, eventuell sogar depressive Verstimmung anzeigt. In den Fingern liegen viele Querlinien. In den Nagelgliedern bedeuten sie, daß man nicht weiß, welche Ziele man anpeilen soll. Hier liegt eine solche Linie im Sonnenfinger: Man sucht vergeblich nach seinem Lebenszweck. Dies ist besonders belastend, weil dieser Finger leicht verlängert ist, was den Wunsch nach Selbstausdruck verstärkt. Querlinien in den Mittelgliedern stehen für Ohnmachtsgefühle: Man weiß nicht, wie man sein Leben in den Griff bekommen soll. Querlinien in den Wurzelgliedern zeigen, daß viele Unternehmungen behindert und von Schwierigkeiten durchkreuzt werden. Glücklicherweise bilden Daumenhaltung und Dreierteilung der Handfläche Gegengewichte zu den obigen Aussagen. Bild 302.

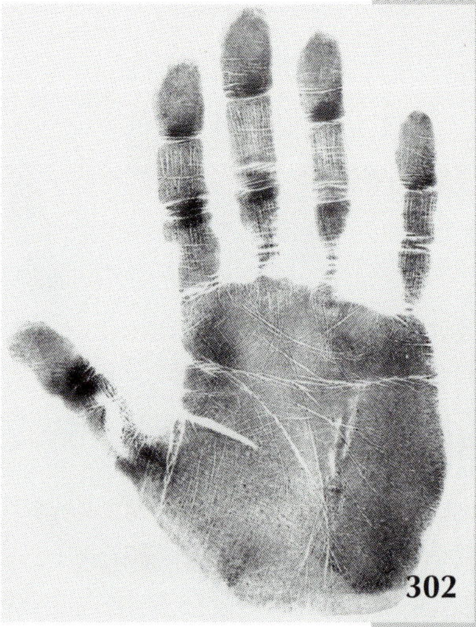

302

Zufriedenheit und Selbstverwirklichung

Eine auf den ersten Blick wunderschöne Hand. Die geraden Finger sind weit ausgreifend und in sich absolut harmonisch aufgeteilt. Wir dürfen mit gut ausbalancierten Funktionen und interessanten Begabungen rechnen. Aber aufgepaßt, auch bei so viel Harmonie wachsen die Bäume nicht in den Himmel: Der leicht verkürzte Jupiterfinger kündet von Selbstwertproblemen. Und die Dreierteilung der Handfläche zeigt eine leichte Vergrößerung des Mittelteils. Auch diese Person wird mit ihrer Empfindlichkeit zu kämpfen haben. Daß sich der Daumen im Abdruck nicht deutlich zeigt, ist technisch bedingt und hat keine Bedeutung. Bild 303.

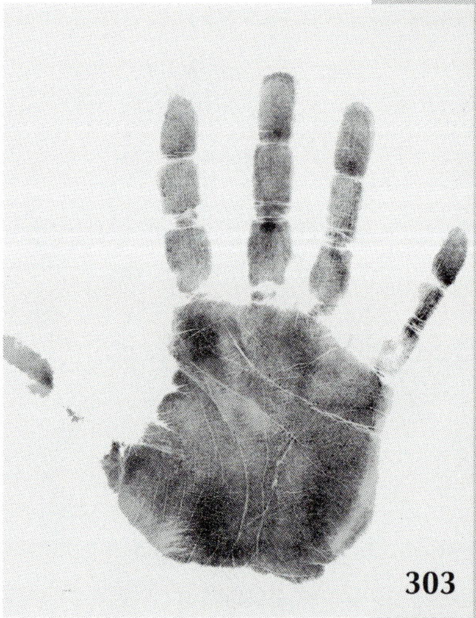

303

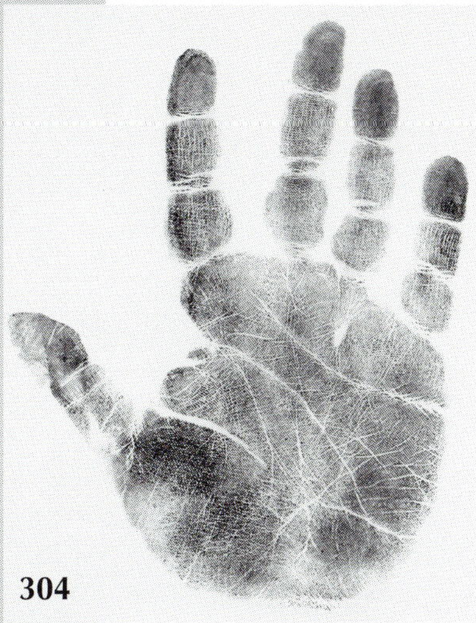

304

Stoffbezogen

Die kurzen, dicken Finger auf einer schweren Handfläche gehören einem Menschen, der sich im konkreten Bereich des Lebens gut zurecht findet. Naturliebe, Freude am Material, aber auch Mütterlichkeit zeichnen eine solche Person aus. Abstrakte Arbeiten sind ihr ein Greuel. Die runden, weichen Pölsterchen an den Wurzelgliedern zeigen Sinnlichkeit und Genußfreude. Auch freut man sich über materiellem Besitz. Allerdings sind die Wurzelglieder eher kurz. Diese Person braucht wohl jemanden, der ihr Komfort und Luxus verschafft, denn selbst hat sie Mühe, ihre Vorstellungen zu realisieren. Auch der kurze Daumen verrät mangelnde Durchsetzungskraft. Die verbogenen Finger übernehmen typische Eigenschaften vom Ort, dem sie sich zuwenden: Der zu Saturn gebeugte Sonnenfinger erhöht die Gewissenhaftigkeit, der entsprechende Jupiterfinger betont die Schicksalsergebenheit. Oft haben solche Menschen tiefsinnigen Humor. Bild 304.

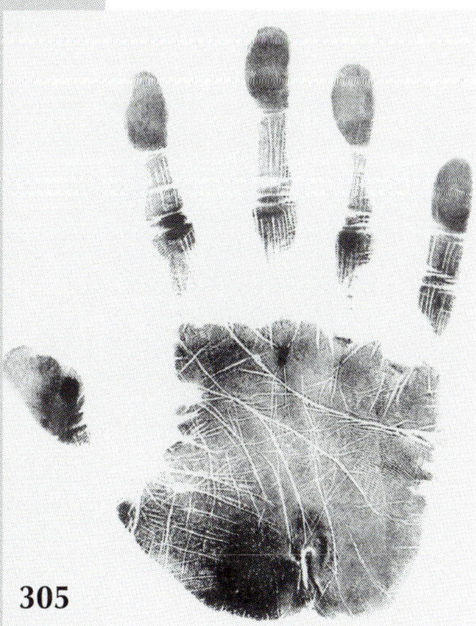

305

Abstrakter Denker

Das Gegenstück zur obigen Hand sind diese mageren Finger und die trockene Handfläche. Die Wurzelglieder sind gar nicht aufs Papier gekommen: In den Fingern ist ein starker Muskeltonus, eine leichte Anspannung, die auf innere Disziplin und Kontrolle schließen läßt. Auch die Mittelglieder sind eingeschnürt, damit werden Selbstkontrolle und Zurückhaltung sehr weit getrieben. Die starken Längslinien in den Fingern verstärken deren Antennencharakter. Sie erlauben das ungestörte Einfliessen von Außer-Personalem. Eine brutale Querlinie im Jupiterfinger zeigt uns einen in Bezug auf sich selbst sehr verunsicherten und frustrierten Menschen. Der gut gebaute Merkurfinger verspricht kommunikative Fähigkeiten. Seine Massigkeit verrät auch Geschäftssinn. Bild 305.

Enge Fingerstellung, weiter Daumen

Wiederum eine Person, die sich fast ängstlich »zusammen« nimmt, obwohl die Spreizung des Daumens auf Großzügigkeit hinweist. Das untere Glied des Daumens ist sehr lang, was zu einer verstandesbetonten bis rechthaberischen Haltung führt. Die Wurzelglieder an Jupiter- und Saturnfinger sind besonders gut ausgebildet. Das läßt darauf schließen, daß diese Person für sich verwirklichen kann, was sie sich wünscht, ohne sich aber in der Welt richtig durchsetzen zu können. Dabei behindernd wirkt der kurze Jupiter-Finger und die sehr starke Du-Seite der Hand. Der tief angesetzte Merkurfinger erhöht die Empfindlichkeit und macht defensiv. Bild 306.

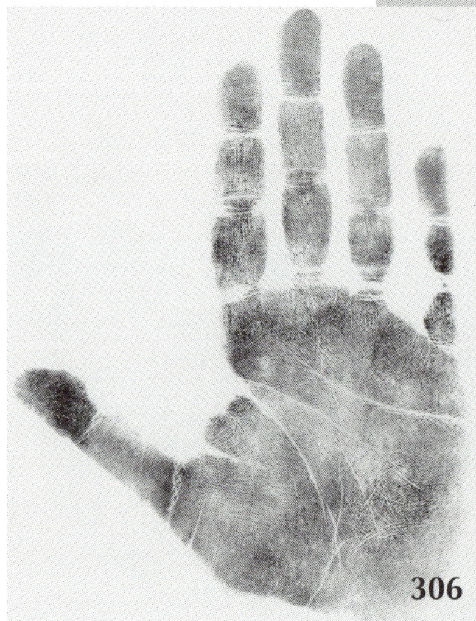

306

Ich-Seite betont

Obwohl bei der Teilung der Handfläche die Du-Seite überwiegt, sind die Finger der Ich-Seite doch deutlich stärker abgedruckt. Bei aller Abhängigkeit von Umfeld und Außenwelt weiß sich diese Person doch sehr gut zur Geltung zu bringen, was übrigens auch der starke Daumen und die spontane (losgelöste) und lange Kopflinie bestätigen. Der Sonnenfinger ist verkrümmt und unscheinbar: Ideal und Selbstverwirklichung führen ein Schattendasein, müssen sich den gestrengen Gesetzen des Saturn unterziehen. Das heißt: Auch wenn sich diese Person durchsetzen kann, so ist sie doch nicht glücklich. Ihr Selbstausdruck ist eingeschränkt. Vielleicht bietet die strenge Saturnlinie eine Erklärung dafür. Das eigene Pflichtbewußtsein verhindert mehr Leichtigkeit im Leben. Beachten Sie den tief angesetzten Merkurfinger. Die Antennen nach außen sind eingezogen. Die Person hat das Bedürfnis, sich zu schützen und reagiert entsprechend empfindlich auch bei kleinsten Angriffen. Bild 307.

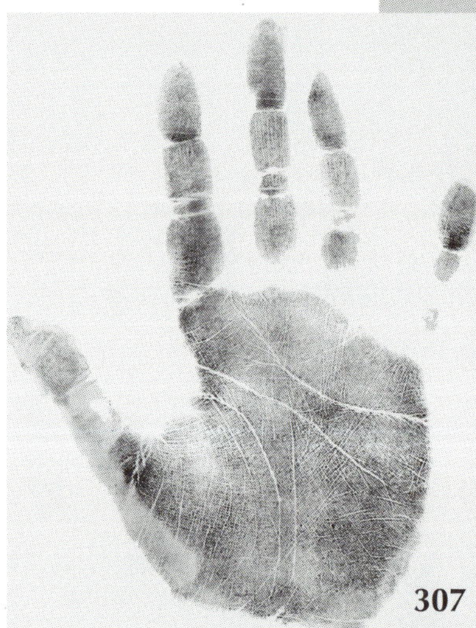

307

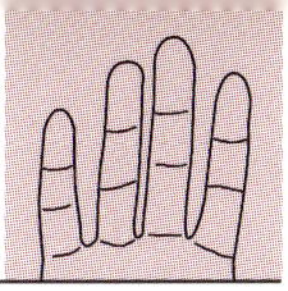

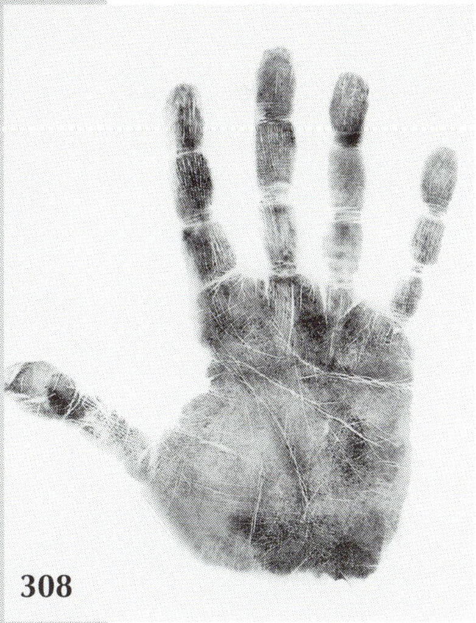

308

Längliche Hand, langer Merkurfinger

Lange Finger auf einer länglichen Handfläche: Diese Person wird sich nicht so leicht durchsetzen, obwohl auch hier die Finger der Ich-Seite betont sind. Aber diese Ich-Stärke bezieht sich auf eine innere Kraft und wirkt sich nur in der persönlichen Begegnung, jedoch nicht in der Karriere, aus. Die gut gebauten Mittelglieder deuten auf Organisationstalent, die ziemlich verkürzten Wurzelglieder auf Schwierigkeiten, selbst etwas auf die Beine zu stellen. Lange und sehr schön gebaute Merkurfinger gehören immer Menschen, die sehr gut reden können, die gerne dort dabei sind, wo etwas los ist. Bild 308.

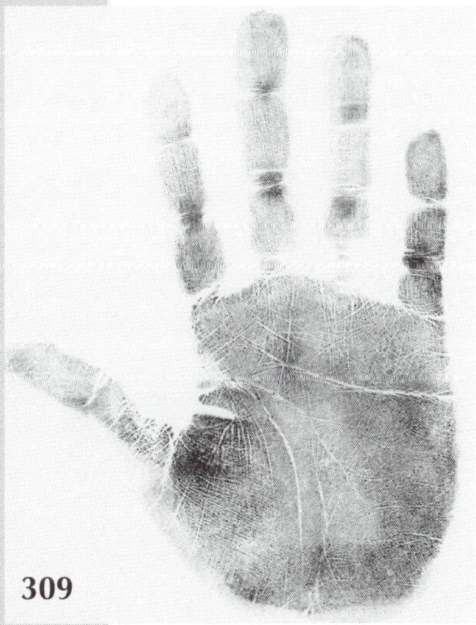

309

Materieller Merkur

Wenn es irgendwo in der Hand einen Hinweis auf Materialismus gibt, dann liegt er im Wurzelglied des Merkurfingers, das breit und fleischig, fast massig erscheint. Bei dieser Hand ist es allerdings, zusammen mit dem ganzen Merkurfinger, kurz, das heißt, daß es wohl beim Wunsch nach Reichtum bleibt. Denn das verkürzte Glied an dieser Stelle zeigt auch Unfähigkeit im kommerziellen Bereich: Es fehlt die Begabung zu kalkulieren und damit Werte zu realisieren. Die Wurzelglieder von Saturn und Sonne zeigen zwar durchaus die Möglichkeit, Vorstellungen und Wünsche zu konkretisieren, doch das Wurzelglied des Jupiterfingers beweist, daß dieser Mensch seine selbstgewählten Ziele nicht erreicht. Er wird auch durch das mangelnde Selbstwertgefühl behindert, das sich aus dem kurzen Jupiterfinger ergibt. Allerdings kämpft er und erreicht äußerlich viel. Das ist dem langen Daumen zu entnehmen, dessen Nagelglied auf einen enormen Willen schließen läßt. Bild 309.

Kurze Mittelglieder

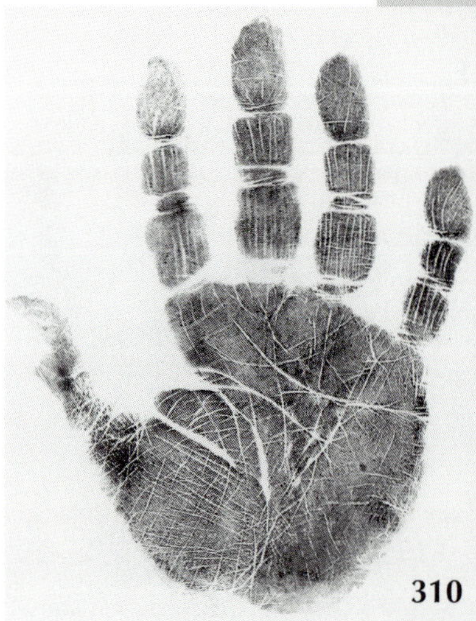

310

Eine kräftige, ausgeglichene Hand, die sich in der materiellen Realität gut zurechtfindet, denn das Konkrete ist ihr Revier. Ein Mensch mit so wenig ausgebildeten Mittelgliedern in den Fingern setzt sich allerdings in der Welt durch, ohne daß er weiß, wie. Er hat Ideen und Resultate, aber alles kommt irgendwie einfach zustande, ohne Plan und gezieltes Tun. Ein solcher Mensch ist unfähig, analytisch zu denken und zu planen. In dieser Hand fallen weiterhin die starken Längslinien in den Fingern auf. Sie deuten auf starke Sensibilität für die Umwelt, auf gute Aufnahmefähigkeit. Einen verbogenen Merkurfinger haben anlehnungsbedürftige Menschen, die in sich den Wunsch verspüren, irgendwo unterzukriechen. Wenn er so kurz ist wie hier, können wir davon ausgehen, daß die Person eher intuitiv als rational urteilt. Beachten Sie auch das große geistige Feld, wenn Sie die Handfläche dreiteilen. Bild 310.

Kurze Finger, schmale Handfläche

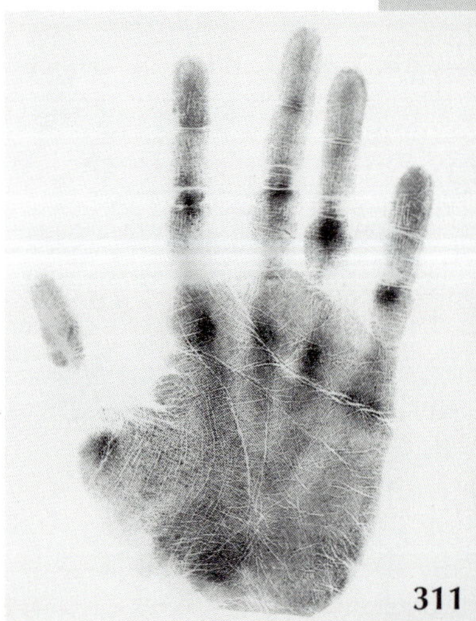

311

Auch diesem Menschen fehlt die analytische Begabung. Die kurzen Finger zeigen, daß das Handeln von Intuition und Gefühl gesteuert ist. Dies bedeutet aber keine geistige Stumpfheit, wie die gut ausgebildeten Nagelglieder beweisen. Die Verdickungen an den Wurzelgliedern lassen auf Interesse an Materiellem schließen: Komfort ist für diesen Menschen nicht unwichtig. Der Saturnfinger wirkt lang, was die Person ernst und schwermütig macht. Der freigestellte Jupiterfinger zeigt zwar, daß dieser Mensch versucht, sich von seiner Veranlagung abzugrenzen. Das obere Daumenglied zeigt auch einiges an Willenskraft. Trotzdem wirkt die Hand nicht besonders kräftig und hat viele kleine Querlinien in den Fingern. Am meisten Stärke zeigt noch der Merkurfinger, der auf kommunikatives Talent schließen läßt. Bild 311.

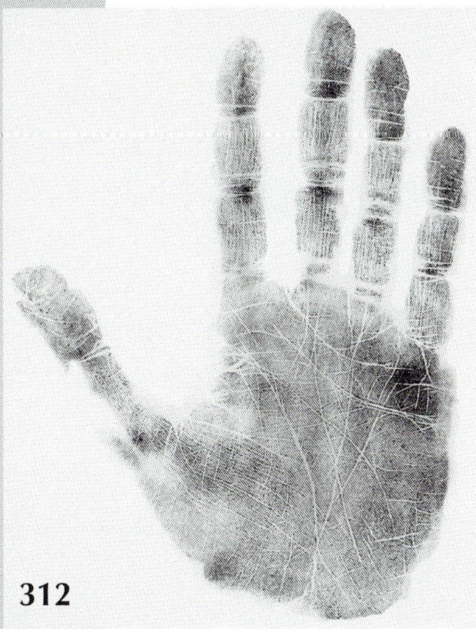

312

Lange Finger, starke Nagelglieder

Obwohl die Hand eher schmal ist, wirkt sie doch ausgesprochen kräftig, der Daumen geradezu mächtig. Dieses Leben wird mit viel Verstand und Willenskraft angepackt. Die gut ausgebildeten Nagelglieder deuten auf eine starke Geistestätigkeit, die sich auch im sehr langen Merkurfinger spiegelt. Trotz seines tiefen Ansatzes reicht dieser bis ins Nagelglied des Sonnenfingers! Der Jupiterfinger scheint etwas schwach, er ist beim Abdruck zurückhaltend auf das Papier aufgelegt worden: Es besteht eine gewisse Unsicherheit in Bezug auf den eigenen Wert. Das etwas knappe Wurzelglied des Sonnenfingers zeigt, daß es für diese Person schwierig ist, ihren Selbstausdruck zu finden. Querlinien in den Nagelgliedern deuten auf innere Zweifel, die Linie im Wurzelglied des Jupiterfingers auf Unzufriedenheit mit dem, was man bereits erreicht hat. Bild 312.

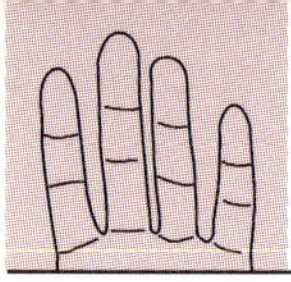

Daumenlängen und Formen

Wir haben zwar bei der Besprechung der Handabdrücke Bemerkungen über die Daumen gemacht, allerdings war dies nicht bei allen Handabdrücken möglich. Manche Menschen haben Daumen, die zu steif sind, um deutlich genug auf das Papier zu kommen. Darum hier noch ein paar Fotografien als Anschauungsmaterial. Der rote Punkt steht jeweils für die Mitte des Wurzelgliedes, die der Daumen idealerweise erreichen müßte.

In der Praxis verschaffen Sie sich einen sicheren Eindruck, indem Sie den Daumen an den gestreckten Zeigefinger anlegen und auf der Innenseite nachprüfen, ob er die Mitte des Wurzelglieds erreicht.

◆ Sehr kurzer Daumen, wenig Durchsetzungskraft. Übrige Finger gut geformt, Merkurfinger nach unten versetzt. Bild 313.

◆ Ebenfalls knapper Daumen, durch seine Dicke aber etwas mächtiger. Leicht verlängerter Jupiterfinger. Gut ausgebildeter Merkurfinger. Bild 314.

◆ Genügend langer Daumen mit sehr eleganter Spitze, die auf feines Vorgehen schließen läßt. Knapper Jupiterfinger, verlängerter Sonnenfinger, tief angesetzter Merkurfinger. Bild 315.

◆ Genügend langer Daumen, ebenfalls fein geformt, aber etwas starr in der Haltung. Bild 316.

◆ Sehr langer Daumen und sehr starker Merkurfinger. Die nach außen gebogene Daumenspitze zeigt Unabhängigkeit. Bild 317.

◆ Ein ebenfalls sehr mächtiger Daumen mit großem unteren Glied, das auf durchdringenden Verstand hinweist. Der starke, leicht zum Saturn gebogene Zeigefinger gehört einem Menschen, der sein Ego in Frage stellen kann, weil er die größeren Gesetze des Lebens anerkennt. Bild 318.

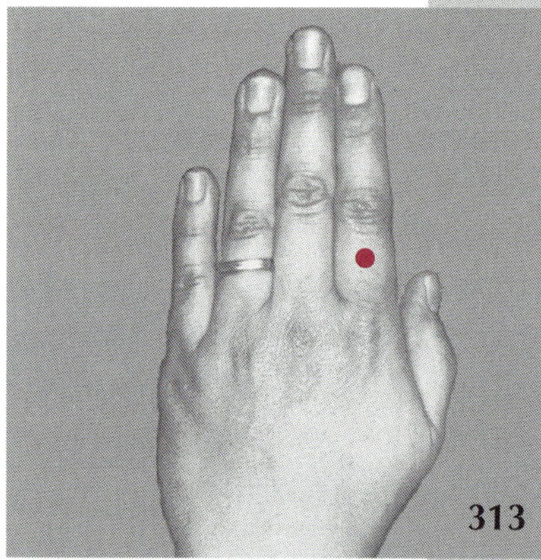
313

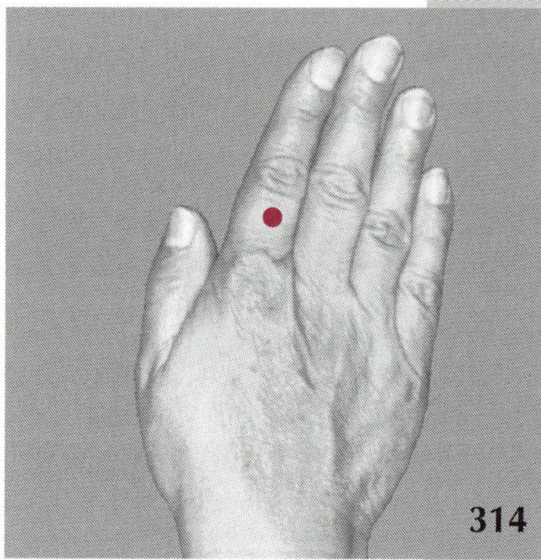
314

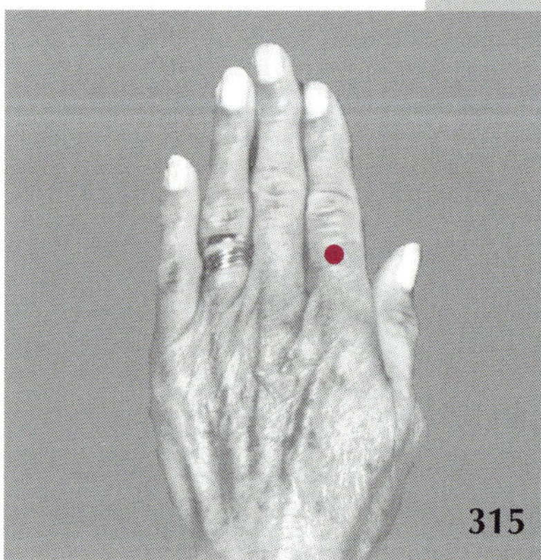
315

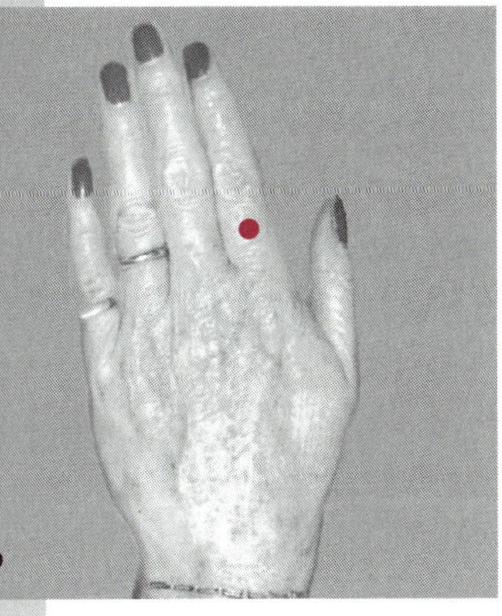

316

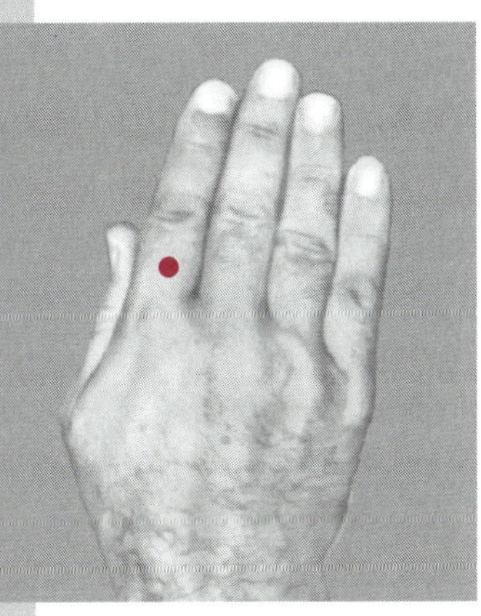

317

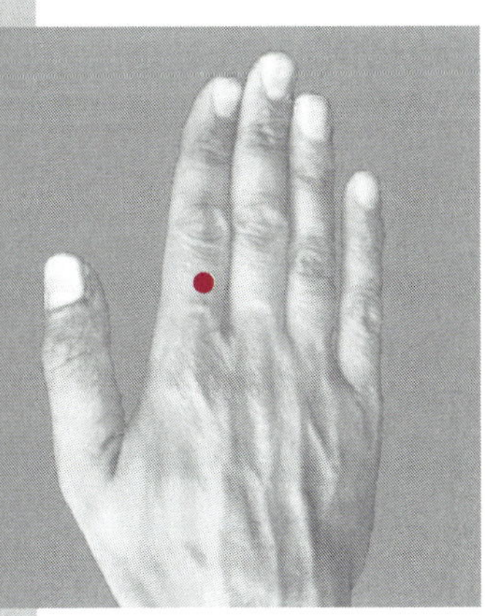

318

Zwischenbemerkung:

Sind wir verurteilt zu bleiben wie wir sind?

Bei der Fingerlänge stellt sich einmal mehr die Frage, wie es um unseren freien Willen bestellt ist und ob wir überhaupt die Möglichkeit haben, uns zu entwickeln und zu verändern. Wir haben fünf Finger und es sieht so aus, als ob keine Veränderung mehr möglich wäre, wenn diese einmal ausgewachsen sind. Aber dem ist nicht so!

Was sich als Fingerlänge im Abdruck zeigt, ist oft mehr durch den Muskeltonus der Finger als durch deren tatsächliche Länge bestimmt. Bei einer Haltungsänderung verändert sich auch der Tonus und entsprechend die Länge des Fingers. Natürlich sind diese Veränderungen subtil, aber sie reichen nach meiner Erfahrung aus, um eine neue Deutung zuzulassen. Das Gleiche gilt übrigens auch für die Proportionen der Hand. Ihre Hand kann breiter und kräftiger werden, ohne daß Sie auch nur ein Gramm zunehmen. Ihre Selbstsicherheit kann wachsen, weil sich Ihr Jupiterfinger geschmeidiger auf das Papier legt. Ihr Daumen kann länger wirken, weil sich die Muskulatur in Ihrem Daumenballen entspannt. Ihr Willensglied kann breiter werden und damit anzeigen, daß Sie durch Beharrlichkeit an Kraft gewinnen.

◆ Ein eleganter Daumen mit leicht verlängertem unterem Glied. Diplomatie und Verbindlichkeit bei Beharrungsvermögen. Der rote Pfeil deutet auf die Mitte der Beugefalten. Bild 319.

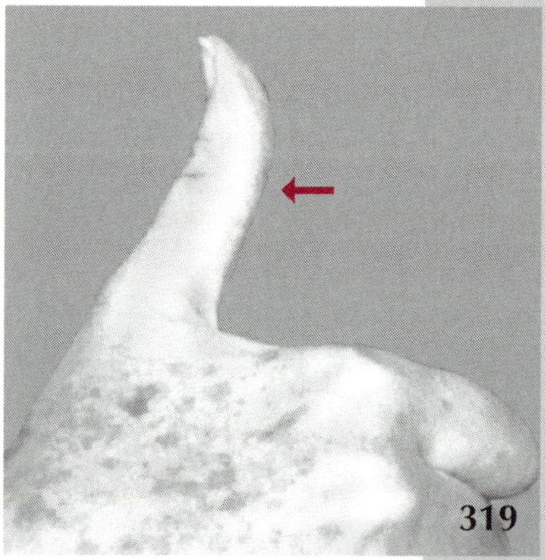

319

◆ Das Verstandesglied dick und eher lang, das Willensglied kurz und gedrungen. Man versucht sich mit einer gewissen Wucht und etwas Starrsinn durchzusetzen. Bild 320.

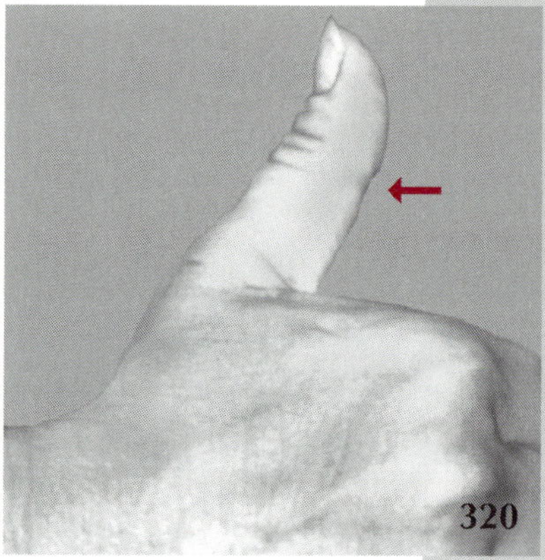

320

◆ Kurzes Verstandesglied, dazu ein starkes, leicht aufgegeplustertes Willensglied. Diese Person gibt niemals auf, auch wenn sie unvernünftige Ziele verfolgt. Bild 321.

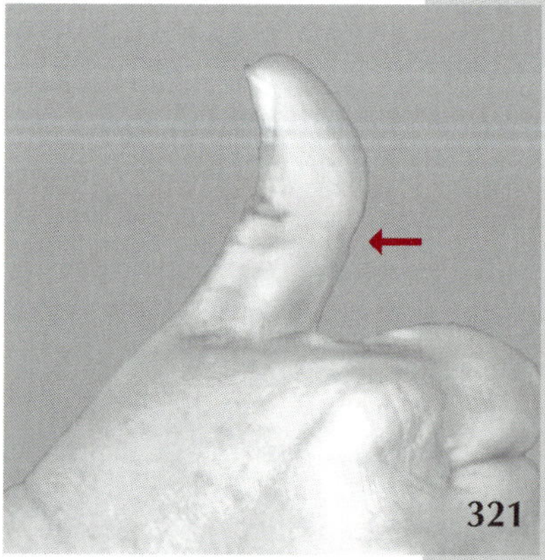

321

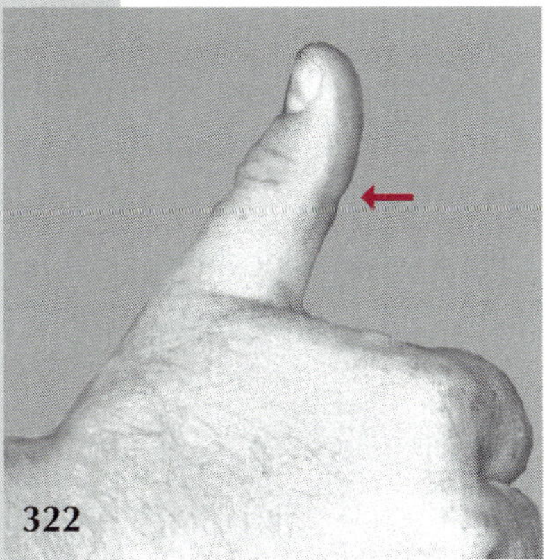

322

◆ Dicker, kurzer Daumen. Gesunder Menschenverstand und Beharrungsvermögen, allerdings wenig Feinheit im Vorgehen. Bild 322.

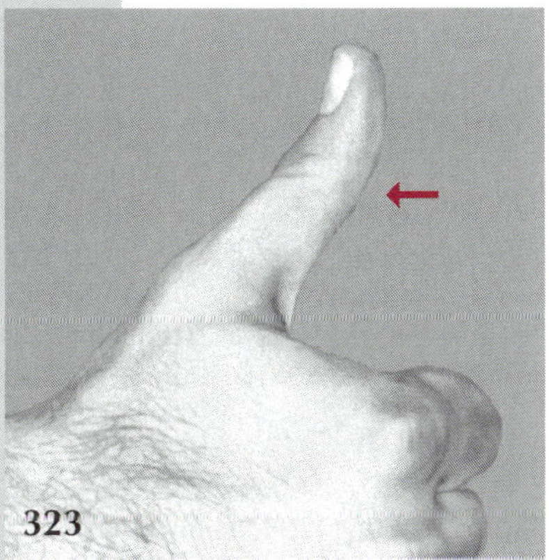

323

◆ Eleganter, kräftiger Daumen mit langem Verstandesglied. Starker, disziplinierter Verstand und gute Durchsetzungsfähigkeit. Bild 323.

Was haben wir Neues gelernt?

Die Stärke von Jupiter-, Saturn-, Sonne- und Merkureigenschaften drücken sich in den Fingern aus, die je nach Länge und Fleischigkeit mehr oder weniger von diesen Eigenschaften aufweisen. Auch die Art und Weise, wie die Finger auf das Papier gelegt werden, hat ihre Bedeutung. Zurückhaltung und Kontrolle zeigen sich in der Schwäche oder Stärke des Drucks und der Haltung der Finger, die offen oder verschlossen sein kann. Verbogene Finger nehmen die Bedeutung des Ortes an, zu dem sie sich drehen, und zwar auf Kosten der Eigenschaften, für die sie ursprünglich stehen. Der Daumen als Synthese der Persönlichkeit zeigt, wie wir im Leben stehen und auf welche Weise wir uns durchsetzen.

UND JETZT ZU IHREN HÄNDEN

Nun gilt es zu unterscheiden: Die Länge der Finger und ihrer Gliedchen läßt sich mit Hilfe des Abdrucks am besten beurteilen. Die Beugelinien sind deutlich sichtbar, ebenso Längs- und Querlinien. Auch die Gestik der Hand ist festgehalten. Nehmen Sie also wieder Ihren Abdruck hervor, um Ihre Finger zu betrachten.

Die Beurteilung des Daumens aufgrund des Abdrucks ist hingegen nie zuverlässig genug. Hier halten Sie sich besser an die Natur. Betrachten Sie den Daumen von allen Seiten: Sie sehen sich und Ihre Persönlichkeit! Überprüfen Sie danach die Flexibilität Ihrer Fingergelenke wie früher in diesem Kapitel beschrieben.

Wichtig ist, daß Sie keinen Einfluß auf die Handstellung ausüben, wenn Sie einen Handabdruck nehmen. Die Hand soll so aufs Papier gelegt werden, wie es gerade kommt. Nur abgewinkelt darf sie nicht sein. → *Schritt 1.*
Nehmen Sie mehrere Abdrücke, damit Sie prüfen können, ob die Stellung von Fingern und Daumen zufällig oder typisch ist.

Bestandsaufnahme

- ◆ Ist die Stellung von Daumen und Fingern eng, parallel wie ein Kamm, oder weit und ausgreifend? 1
- ◆ Ist ein Finger auffällig abgespreizt? 2
- ◆ Ist ein Finger verlängert oder verkürzt? 3
- ◆ Ist eine der Ebenen (Wurzel-, Mittel-, Nagelglieder) auffällig groß oder klein? 4
- ◆ Fällt Ihnen ein einzelnes Fingerglied durch seine Länge oder Verkürzung auf? 5
- ◆ Erreicht der an die gestreckte Handfläche angelegte Daumen die Mitte des Jupiter-Wurzelgliedes? 6
- ◆ Wie wirkt der Daumen im Profil (von der Seite her) betrachtet? Dick, dünn, elegant, plump? 7
- ◆ Wie wirkt der Daumen in der Breite, von innen betrachtet? Schmal, breit? 8
- ◆ Wie steht es um die Beweglichkeit der Finger? Sind die Gelenke steif, oder lassen sich die Finger leicht kreisförmig drehen und nach oben zum Handrücken durchbiegen? 9
- ◆ Gibt es auffällige Querlinien in Ihren Fingergliedern? 10

Deutung

1 ◆ Die Offenheit der Handstellung sagt Ihnen, ob Sie unternehmungslustig und begeistert in die Welt hinausgehen oder ob Sie eher die Tendenz haben, sich scheu zurückzuhalten. Je weiter Sie mit Ihren Fingern ausgreifen, desto zupackender sind Sie, desto größer ist Ihr Appetit auf das Leben.

2 ◆ Ein abgespreizter Merkurfinger zeigt, daß Sie angstfrei und interessiert an allem teilhaben wollen, was Ihnen die Welt bietet. Ein abgespreizter Jupiterfinger erhöht Ihr Selbstbewußtsein und Ihren Wunsch nach Selbständigkeit. Ein im Winkel von 90 Grad geöffneter Daumen bedeutet, daß Sie sehr viel Gefühl für das haben, was um Sie herum vorgeht. Es ist das Merkmal von Menschen, die Publikum haben und sehr gut auf dieses eingehen können.

3 ◆ Ein verlängerter Finger erhöht die Eigenschaft des zugehörigen Planeten, während die Verkürzung die entsprechende Planetenkraft schmälert. Beispiel: Falls Ihr Jupiterfinger verkürzt ist, sind Sie nie so richtig sicher, daß Sie ein Recht haben, da zu sein und einen Platz in der Welt einzunehmen. Selbst wenn Sie Karriere gemacht haben, werden Sie tief im Innersten zweifeln, ob dies nicht vielleicht doch ein Versehen war.

4 ◆ Beachten Sie diesen Punkt nur, wenn die Verlängerung oder Verkürzung wirklich auffällig ist. Vielleicht finden Sie nun eine Erklärung, warum immer Sie die Familienparties organisieren müssen (vergrößerte Mittelglieder) oder wieso Sie so schreckliche Mühe haben, Ihre Pläne umzusetzen (verkürzte Wurzelglieder). Wenn Sie kurze Nagelglieder haben, sind Sie wahrscheinlich ganz zufrieden mit Ihrem Leben, so wie es gerade ist. Denn dann gibt es keine Einfälle und Ideen, die Sie irgendwohin drängen und bedrücken.

◆ Auch bei diesem Punkt ist es wichtig, daß Sie nur deutliche Verlängerungen oder Verkürzungen in die Beurteilung einbeziehen! Sie kommen sonst vom Hundertsten ins Tausendste. Kombinieren Sie die Eigenschaften des Planeten mit den Eigenschaften der Ebene, um zu einer Deutung zu kommen. Hier ist Phantasie gefragt, denn es gibt nur für die wenigen, vorher erwähnten Fälle klare Zuschreibungen. Vergessen Sie den Daumen nicht, dann sehen Sie auch, wie es um Ihre Willenskraft bestellt ist. Und falls Sie ein sehr langes Verstandesglied haben, verstehen Sie jetzt auch, warum Sie manchmal anecken, weil Sie auf Prinzipien herumreiten. 5

◆ Wenn Sie diese Frage mit ja beantworten können, sind Sie wahrscheinlich ganz zufrieden mit sich. Sie können sich zur Geltung bringen und Ihre Ziele durchsetzen. Falls Ihr Daumen kürzer ist, wissen Sie, daß Sie im Leben oft den kürzeren ziehen. Es gibt zwei Möglichkeiten, darauf zu reagieren. Sie bescheiden sich entweder mit der Situation wie sie ist oder Sie versuchen, mehr Beharrlichkeit zu erarbeiten. Dazu müßten Sie allerdings auch eine einigermaßen kräftige Kopflinie haben oder entwickeln. 6

Falls Ihr Daumen länger ist, gehören Sie zu den glücklichen Menschen, die Stärke und Charisma haben. Man glaubt Ihnen, was Sie sagen. Und Sie finden das ganz normal. Falls Ihr Daumen sehr sehr lang ist, sind Sie vielleicht nicht besonders beliebt. Vor allem nicht bei Ihren Mitmenschen, die ebenfalls gut entwickelte Daumen haben und lieber nicht um den Ihren gewickelt werden möchten. Spaß beiseite: Die Zeiten der übermächtigen Herrscher sind vorbei. Überlegen Sie sich, ob es nicht Bereiche gibt, in denen Sie sich zurücknehmen sollten.

◆ Wie hartnäckig oder geschmeidig Sie Ihre Ziele verfolgen, sehen Sie nun am Profil Ihres Daumens. Je länger dieser ist, desto besser wäre es für die Umwelt, wenn er tailliert und elegant wäre. Sonst kommen Sie etwas gar 7 machtvoll daher! Umgekehrt ist die Lage, wenn Ihr Daumen kurz ist. Dann verhilft Ihnen seine Dicke zu einem dickeren Fell. Sie lassen sich dann nicht so leicht einschüchtern.

8 ◆ Die Breite des Daumens muß ebenfalls in Beziehung zu seiner Länge gesetzt werden. Auch ein etwas zu kurz geratener Daumen kann es weit bringen, wenn seine Breite Energie anzeigt. Bei einem langen Daumen ist ebenfalls eine gewisse Breite wünschenswert. Denn wie wollen Sie Ihre Ansprüche durchsetzen, wenn Sie nicht genügend eigene Kraft dafür aufbringen können? Falls Ihr Daumen lang und breit ist, sind Sie sicher in führender Position erfolgreich tätig. Falls er sehr lang und schmal ist, sind Sie sicher unzufrieden und versuchen mit allen Mitteln, ihre Ansprüche durchzusetzen. Es besteht die Gefahr, daß Sie dabei nicht gerade zimperlich vorgehen!

9 ◆ Je härter und unbeweglicher die Finger einer Hand sind, desto unflexibler ist die Person. Sie klammert sich am Altbekannten fest und stemmt sich gegen Veränderungen. Damit verschließt sie sich aber dem Lebensstrom, der Wachstum und Wandlung verlangt. Erst im Alter endet dieser Prozeß, darum ist es normal, wenn ältere Leute vermehrt steife Gelenke haben. Wenn Sie aber noch jung und Ihre Finger unbeweglich sind, dann untersuchen Sie doch, warum Sie sich dem Wechsel verweigern. Liegt es an Ihrer Dreierteilung? Oder ist die Kopflinie etwas schwach? Oder so stark, daß Sie starrsinnig geworden sind? Oder haben Sie eine so schwere Saturnbelastung, daß Ihnen kein Spielraum mehr bleibt? Was immer für Sie gilt: Jetzt wo Sie mehr darüber wissen, können Sie die Sache vielleicht angehen und sich mehr Freiheit gestatten.

Falls Sie zu den Menschen mit sehr flexiblen und sehr biegsamen Fingern gehören, ist Ihre Beweglichkeit eher zu groß. Es besteht die Gefahr, daß Sie sich beeinflussen lassen und nur schwer zu einer eigenen Meinung finden.

◆ Wie alle Querlinien haben diese etwas mit Behinderung und Beschwernis zu tun, in diesem Fall im geistigen Bereich. Es handelt sich um Frustrationen. Wenn die Querlinie im Zeigefinger liegt, sind Sie mit sich nicht zufrieden. Im Saturnfinger drücken Sie Schicksal und Umgebung. Im Sonnenfinger haben Sie Mühe, sich selbst zum Ausdruck zu bringen. Im Merkurfinger mangelt es an Austausch oder an Geld. Liegt die Querlinie im Nagelglied, fehlt es Ihnen im betreffenden Bereich an Vorstellungen, liegt sie im Mittelfeld, sehen Sie keine Umsetzungsmöglichkeiten für Ihre Ideen, liegt die Linie im Wurzelfeld, dann sind Sie bei der Realisierung Ihrer Ideen wahrscheinlich bereits gescheitert. 10

Was wissen Sie mehr über sich?
Sie haben nun verstanden, wie Ihre Art des Denkens und geistigen Funktionierens Ihr Leben beeinflußt. Sie sehen nun noch deutlicher, ob Sie ein mehr praktisch oder ein mehr intellektuell orientierter Typ sind. Sie haben entdeckt, ob Sie eher zu den zupackenden Menschen gehören, die offensiv ins Leben hinaus gehen, oder ob Sie Schutzbedürfnisse haben, die von Ihnen Zurückhaltung fordern. Ihr Daumen sagt Ihnen, ob und wie Sie sich zur Geltung bringen. Bitte denken Sie daran: Konflikte und Unglück entstehen dann, wenn Sie Ihr Verhalten zu wenig Ihrer Veranlagung anpassen. Ein Mensch mit kurzem Daumen leidet in einer verantwortlichen Position als Führungskraft, ein Mensch mit langem Daumen hat Mühe, sich in ein Arbeitsteam einzuordnen, und eine Person mit unflexiblen Fingern sollte keine Abenteuerferien buchen. Orientieren Sie sich also nicht an irgend welchen Vorbildern und Meinungen, sondern an sich selbst. Damit ersparen Sie sich manchen Kummer.

Zwischenbemerkung:

Wie beurteilen wir fehlende Finger und fehlende Fingerglieder?

Dies ist eine heikle Frage, die mit höchstem Taktgefühl angegangen werden muß. Zuerst einmal müssen wir abklären, ob es sich um einen Geburtsfehler oder einen Unfall handelt. Im ersten Fall auch, ob diese Unregelmäßigkeit in der Familie gehäuft vorkommt. Dann hat es nämlich weniger Bedeutung als wenn es nur dieses einzelne Individuum betrifft.

Grundsätzlich ist es so, daß durch eine Verstümmelung der Hand der entsprechende Ort markiert und negativ belastet wird. Grundsätzlich wäre also eine entsprechende Deutung möglich und es hat sich in meiner Praxis auch gezeigt, daß es sich oft um sinnvolle Symbole für bestimmte psychische Geschehnisse handelt. Aber: Es handelt sich bei solchen Verletzungen meist um schicksalshafte Geschehnisse, die sehr, sehr tief gehen und die nur mit größter Vorsicht, mit Rücksichtnahme und Zartgefühl angesprochen werden dürfen! Bei einem Menschen, der bereits ein gewisses Verständnis für die Zusammenhänge zwischen Körper und Seele entwickelt hat, werden Andeutungen vielleicht dankbar entgegengenommen, während sich ein anders gelagerter Mensch durch solche Bemerkungen zusätzlich verletzt und verstümmelt fühlt. Sagen Sie also im Zweifelsfall lieber weniger als mehr!

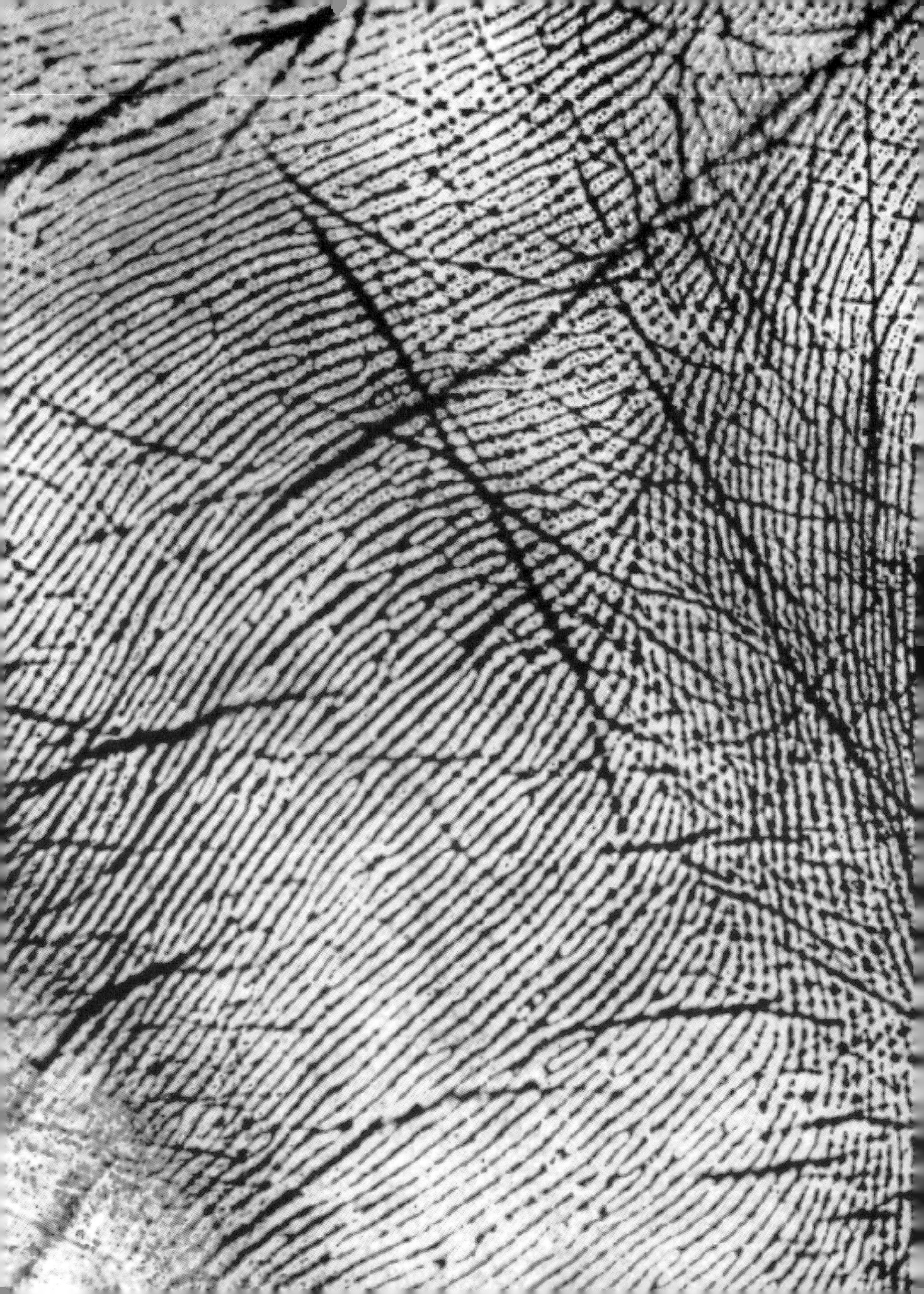

Schritt 11

Handformen – Grundtypen der Dynamik

Im Gegensatz zur Innenhand, die das Individuelle, für jeden einzelnen Menschen Besondere, zeigt, steht die Außenhand für den genetisch vererbten Grundtypus der Person, für die grundsätzliche Art ihres Handelns und Reagierens.

HANDFORMEN – GRUNDTYPEN DER DYNAMIK

Zur Betrachtung der Handform gehören auch Nägel, Fleischigkeit und Konsistenz der Hand.

In den meisten Handlesebüchern steht die Besprechung der Handform am Anfang des chirologischen Lehrgangs, denn die Art des Agierens und Reagierens beeinflußt selbstverständlich alle anderen Eigenschaften einer Persönlichkeit. Ich habe aber zwei gute Gründe, die Form der Außenhand erst an dieser Stelle zu behandeln: Erstens gehört die Unterscheidung der verschiedenen Formen zum schwierigsten der Chirologie – ich selbst habe mindestens zehn Jahre gebraucht, bis ich eine gewisse Sicherheit in der Einschätzung der verschiedenen Formen erreicht habe. Und zweitens zeigt meine Erfahrung, daß sich die Merkmale der Außenhand und der Handform in ihrer Bedeutung in vielen Aussagen der Innenhand wiederholen. Tatsächlich ist es so, daß bei einer Handanalyse das, was wichtig ist, von vielen verschiedenen Seiten anklingt und sich in verschiedenen Merkmalen wiederholt. So habe ich immer wieder gesehen, daß sich im Abdruck der Innenhand alles findet, was wir für eine befriedigende, umfassende Umschreibung einer Persönlichkeit benötigen. Aber selbstverständlich erreichen wir doch eine größere Sicherheit, wenn wir bei einer Handanalyse auch die Handform, die Fleischigkeit, die Konsistenz und die Nagelform einer Hand mitberücksichtigen. Diese Merkmale setzen zusätzliche Akzente und erlauben die Verfeinerung und Absicherung unserer Aussagen.

Lassen Sie mich mit Grundsätzlichem beginnen: Die Einteilung der Hand in einen oberen und einen unteren Teil, in Stoff und Geist, ist Ihnen inzwischen ja geläufig. Es handelt sich dabei um die zwei Pole eines globalen Ganzen, um die zwei Enden einer gleichen Sache, um die zwei Hälften einer Ganzheit – also um zwei sich ergänzende und nicht um zwei sich bekämpfende Prinzipien. Nun gibt es drei Möglichkeiten, wie diese polaren Prinzipien angeordnet sein können:

Stellen Sie sich nun vor, daß Sie die beiden Pole an den Enden verbinden:

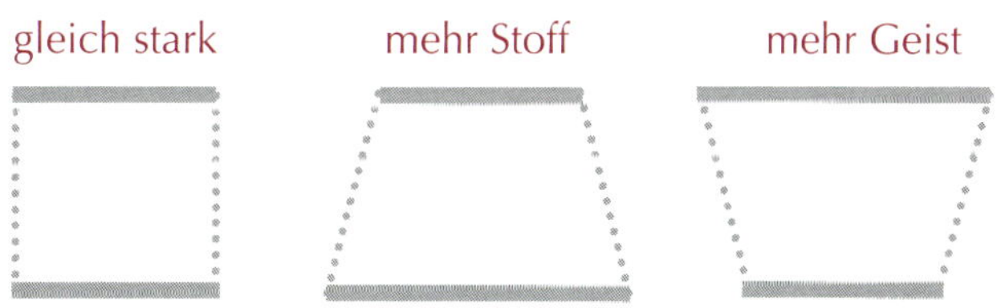

So entstehen die drei wesentlichen Grundformen der Hand, die die Chirologie mit Charaktereigenschaften verbindet, nämlich die eckige, die konische und die spatelförmige Form:

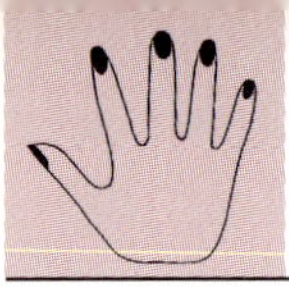

Das Schwierige mit diesen Formen ist nun, daß sie praktisch nie in reiner Form vorkommen. Es ist sehr wohl möglich und häufig, daß Sie alle drei Handformen in einer einzigen Hand vertreten finden. Es braucht dann einige Erfahrung, um zu entscheiden, was überhaupt vorliegt und was die wilde Kombination gegensätzlicher Eigenschaften bedeuten könnte. Entwirren Sie das komplexe Muster, indem Sie systematisch und analytisch vorgehen: Betrachten Sie zuerst den Handrumpf für sich allein und achten Sie dabei hauptsächlich auf die Außenkante der Hand. Der Handrand auf der Daumenseite hat nämlich bei fast allen Händen einen konischen Einschlag. (Bild 324, A). Betrachten Sie nun die Finger als Ganzes, (Bild 324, B) und zuletzt noch die Fingerspitzen (Bild 324, C).

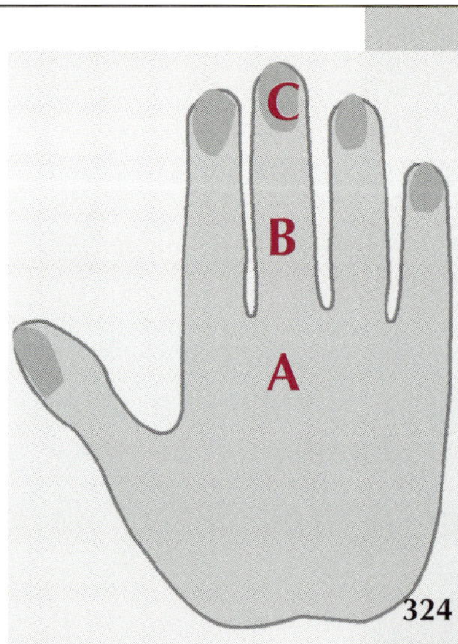

324

Handrumpf

Der Handrumpf (Bild 324, A) zeigt uns die Grunddynamik des Menschen, mit welcher Art von Kraft er sein Leben in Angriff nimmt. Es handelt sich dabei aber nicht um bewußt gesteuerte Energie, wie sie sich in Kopflinie und Daumen zeigt, sondern um die animalische Kraft unseres Körpers, um die Art der in uns vorhandenen Vitalität. Und zwar geht es um die Eigenschaften, die Qualität, und nicht um die Menge, die Quantität dieser Kraft. (Die Menge der Vitalität läßt sich am Wurzelfeld der Hand, sowie an gut ausgebauten Marsbergen ablesen.)

Finger

Die Finger (Bild 324, B) beziehen sich auf die denkerischen Fähigkeiten, die zerebralen Eigenschaften eines Menschen. Sie lassen uns erkennen, wie eine Person denkt, kombiniert, phantasiert. Wiederum hat dies nichts mit Quantität zu tun, also mit dem Intelligenzquotienten, sondern einfach mit der Qualität eines Denkapparates.

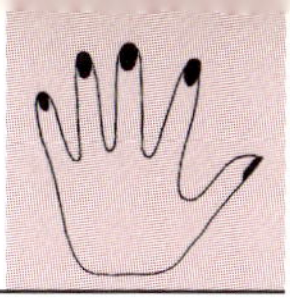

Fingerspitzen

(Bild 324, C). Sie verfeinern die Aussagen, die wir über die denkerischen Fähigkeiten eines Menschen machen können. Sie zeigen, wie der Mensch sein Denken zur Kenntnis bringt, wie es sich nach außen präsentiert. Die Eigenschaften der Finger müssen immer mit denen der Fingerspitzen kombiniert werden.

Die eckige Form: Bewegung innerhalb von Begrenzung

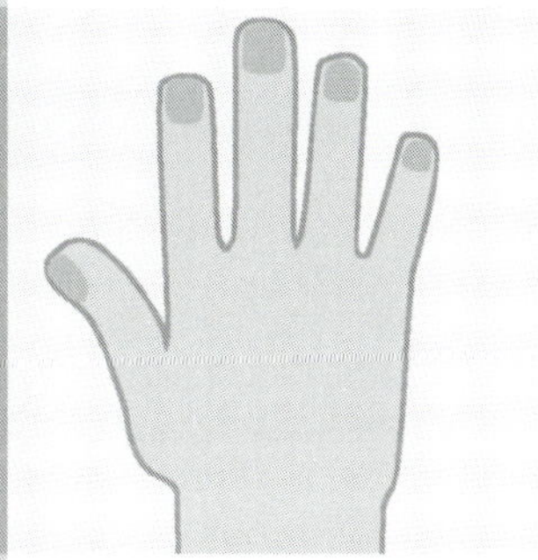
325

Die eckige Form ist durch parallele Linien definiert. Eckig steht für Ordnung, Realismus, Gerechtigkeitssinn und Pflichtgefühl. Der Mensch mit eckigen Handformen bewegt sich gerne in einem bekannten und abgesteckten Rahmen. Er will wissen, was man von ihm erwartet. Er fühlt sich unsicher, wenn er es nicht herausfinden kann. Er hegt feste Erwartungen an Mitmenschen und Welt. Im Arbeitsleben hat er gerne präzise zugeteilte Aufgaben und klar ersichtliche Resultate. Durch das Gleichgewicht von Oben und Unten, Geist und Stoff, ist zu erwarten, daß er erfolgreich mit der Wirklichkeit umgehen kann. Er schätzt vernünftig und nüchtern ein, was vorliegt, und reagiert klug und zuverlässig darauf. (Aber all dies gilt nur, wenn die Innenhand nichts Gegenteiliges aussagt!)

Der eckige Handrumpf

Der eckige Handrumpf wird durch parallele Linien begrenzt. Er bezeichnet einen Menschen mit einer geordneten Dynamik. Dieser hat ein ruhiges, gemäßigtes Temperament und wird eher durch Pflichttreue, Genauigkeit und Regelmäßigkeit auffallen als durch irgendwelche Exotismen. Er liebt Veränderungen nicht besonders, er bleibt meist an der Stelle, wo er gerade ist. Bild 325.

Je quadratischer der Handrumpf erscheint, desto ausgeglichener sind die beiden polaren Elemente. Wir dürfen Realitätskontrolle und Erfolg vermuten.

Eckige Finger

Kennzeichnend für eckige Finger sind ebenfalls parallel verlaufende Linien: Die Finger sind von unten bis oben gleich breit. Eckige Finger gehören Menschen, die klar und gut strukturiert denken. Sie glänzen eher durch Zuverlässigkeit als durch unerwartete Einfälle. Auf ihre Vernunft ist Verlaß, jedenfalls so lange die Innenhand keine gegenteiligen Zeichen zeigt. Bild 326.

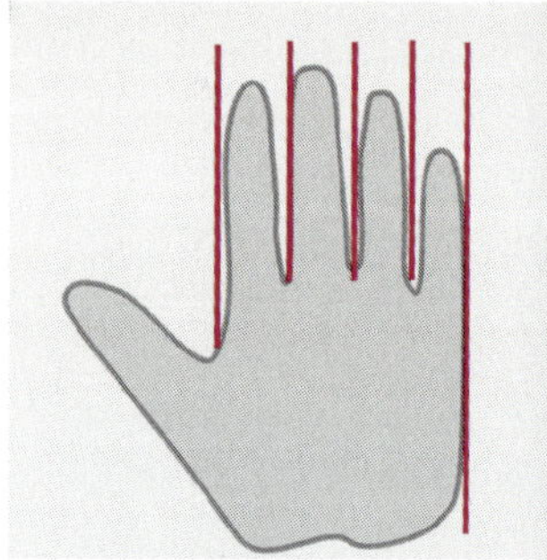

326

Eckige Fingerspitzen

Sie gehören praktischen, vernünftigen Menschen. Sie verlieren die Realität nicht aus den Augen. Sie bewegen sich gerne in Bereichen, wo praktische Resultate sichtbar werden. Bild 327.

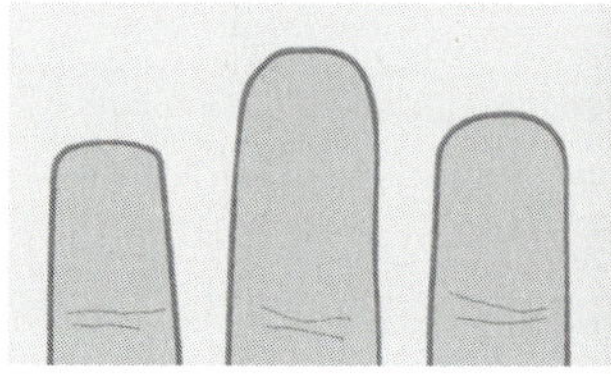

327

Die konische Form: Nichtbeachtung von Begrenzung

Hier liegt das Schwergewicht im unteren, im stofflichen Bereich der Hand. Aber Achtung, dies heißt nun gerade nicht, daß diese Menschen geistlos sind und sich gerne mit handfesten Dingen beschäftigen, im Gegenteil: Es sieht so aus, als ob sie ihre starke Verwurzelung im Dinglichen mit Träumereien, mit Pläneschmieden, mit dem Ausprobieren der verschiedensten Vorstellungen kompensieren müßten. Menschen mit konischen Formen leben nie so ganz im Hier und Jetzt. Viel lieber surfen sie in der Zukunft, in ihren Wünschen und Vorstellungen, in dem, was auch möglich wäre. Tatsächlich sind sie besser im Luftschlösser-Bauen als im Realisieren. Das macht sie kreativ. Viele Künstler haben konische Hände. Aber oft finden selbst sehr begabte Menschen mit konischen Händen nicht die Kraft, ihre Ideen tatsächlich umzusetzen und ihre Pläne zu verwirklichen. In ihren Augen ist das aber

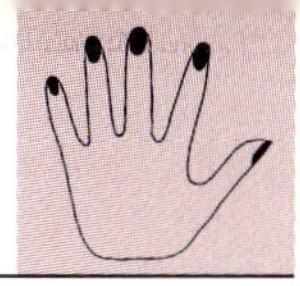

nicht unbedingt ein Nachteil, denn Tagträume finden sie ohnehin viel schöner als die Mühen, die die Wirklichkeit mit sich bringt.

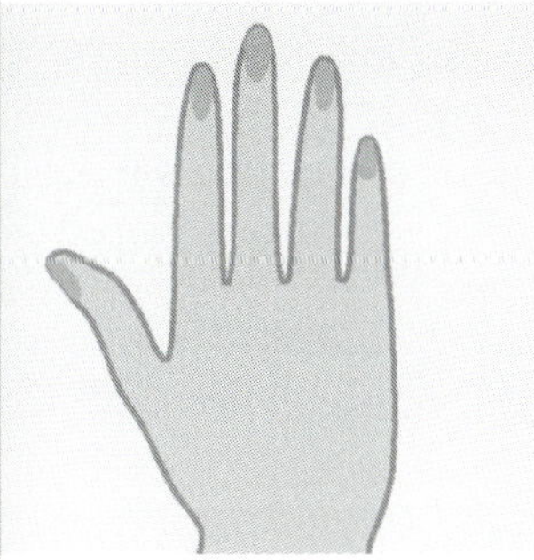

328

Konischer Handrumpf
Die sich nach oben verjüngende Form des konischen Handrumpfs ergibt sich aus einer Überbetonung von Venus- und Mondbereich. Für diese Menschen ist also Stoff und damit das Lustprinzip wichtig, dazu kommt eine lebhafte Phantasie. Sie neigen zu Trägheit und Tagträumereien, dies vor allem, wenn die Hand weich ist. Vergleichen Sie dazu weiter unten den Abschnitt *Konsistenz*. Bild 328.

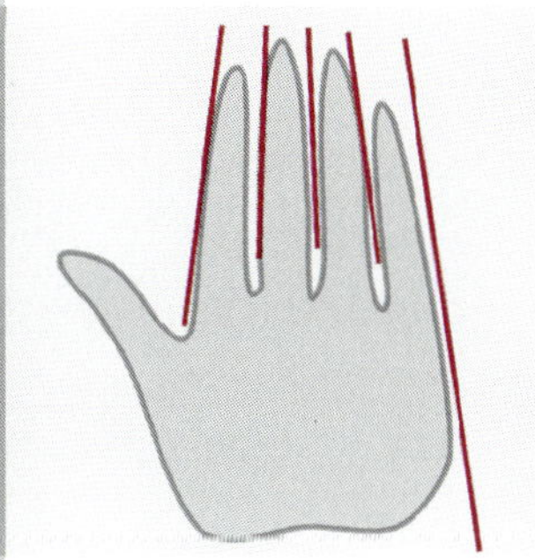

329

Konische Finger
Sie sind relativ leicht zu erkennen und auch sehr häufig anzutreffen. Sie gehören Menschen, die keinen Wert auf analytisches Denken legen, sondern eher intuitiv aufnehmen und verarbeiten. Es sind Empfindungs- oder Fuhltypen, die ohne Systematik vorgehen. Seltsamerweise eignen sie sich gut für Routinearbeiten: Sie achten kaum auf das, was sie tun, entsprechend langweilen sie sich wenig. Sie leben in ihren Vorstellungen und Wunschträumen. Ihre intuitive Art macht sie oft künstlerisch begabt. Bild 329.

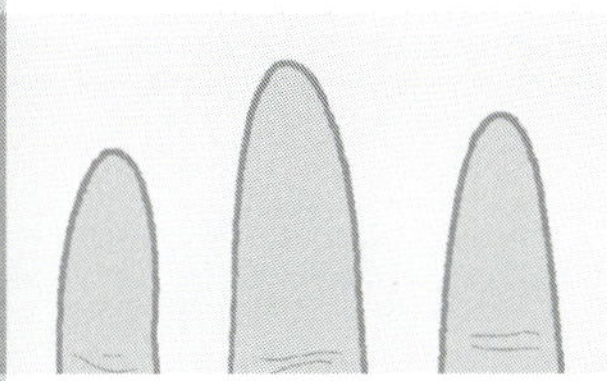

330

Konische Fingerspitzen
Konische Fingerspitzen verstärken das gefühlsmäßige und intuitive Vorgehen einer Person. Je spitzer die Finger enden, desto weniger realitätsbezogen ist die Person. Das kann bei sehr spitzen Fingern bis zu Aberglauben und Fanatismus gehen. Bild 330.

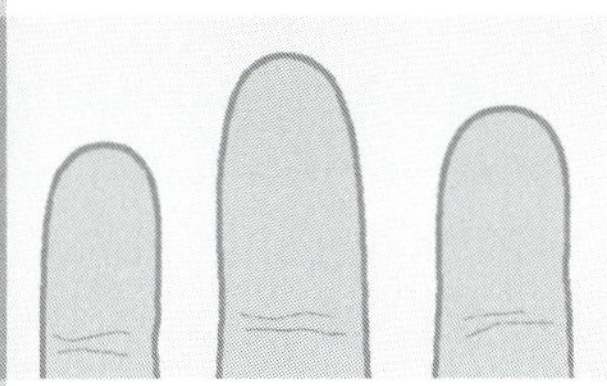

331

Sonderfall
Eine Mischung zwischen eckig und konisch sind runde Fingerspitzen. Sie stehen für die günstige Kombination von analytischem und gefühlsbetontem Denken. Sie hel-

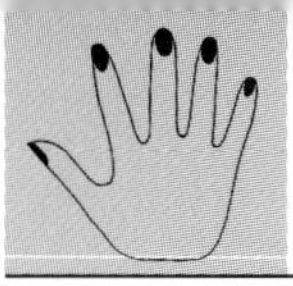

fen bei der Bewältigung von realen Aufgaben, lassen aber auch Raum für Intuition und Phantasie. Bild 331.

Die Spatelform: Ausbruch aus der Begrenzung

Hier liegt das Schwergewicht im oberen Bereich: Das Geistige breitet sich aus, will sich realisieren, sucht sich seine stoffliche Form. Menschen mit Spatelhänden geben sich nicht mit Ideen zufrieden, sie wollen sie umsetzen. Entsprechend brechen sie aus, sprengen Grenzen, suchen Neues oder erfinden es. Oft sind es Abenteurer, Erfinder, Forscher. Sie langweilen sich, wenn ihnen etwas durch und durch bekannt ist. Sie sind untauglich für Routine (während die Konischen brav am Fließband sitzen und sich in die Prärie oder auf das Märchenschloß träumen). Der Spatel ist die Form, die am meisten äußerliche Dynamik ausdrückt. Das heißt aber nicht, daß daraus immer glänzende Resultate entstehen. Es ist auch möglich, daß die Person über das Ziel hinausschießt, daß sie, genau so wie die konische Form, die praktischen Belange der Wirklichkeit zu wenig berücksichtigt. Beim Spatel geschieht dies aber eher aus Ungeduld als aus Verträumtheit.

Spatelförmiger Handrumpf

Er erhält seine Form durch einen herausspringenden Merkurberg und dies zeigt, daß sich hier Austausch und Bewegung entfalten wollen. Ein Mensch mit dieser Handform geht immer noch einen Schritt weiter, sobald er ein Ziel erreicht hat. Er will immer noch mehr herausfinden und erforschen. Vielleicht zieht es ihn in Dschungel- oder Wüstenabenteuer, vielleicht betreibt er abenteuerliche Sportarten, vielleicht entwickelt er eine neuartige Maschine. Sicher bleibt er nie da, wo er ist. Bild 332.

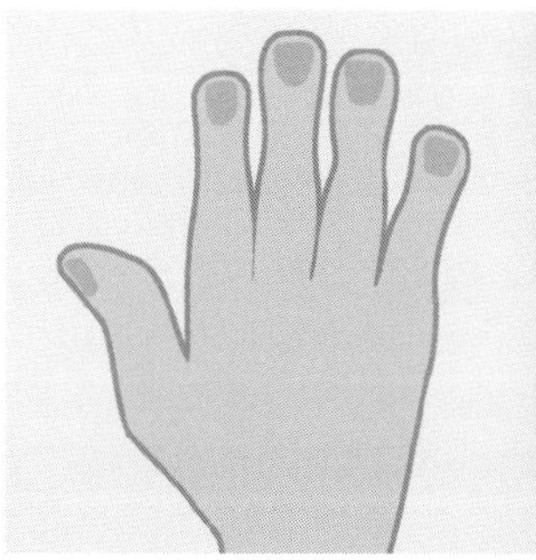

332

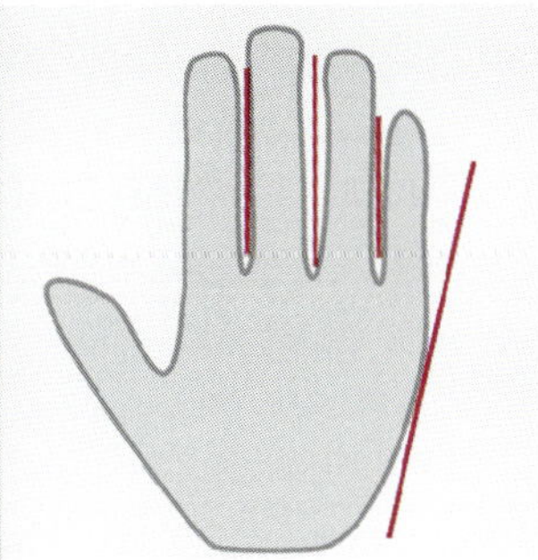

333

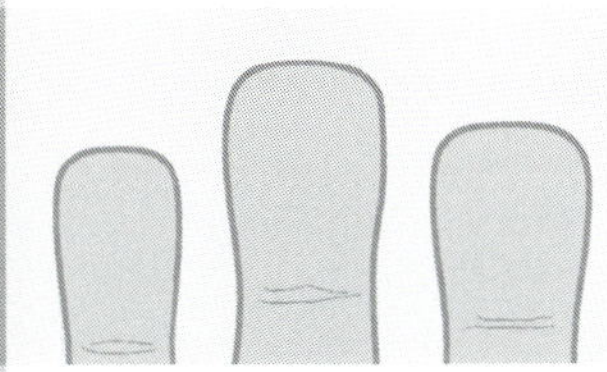

334

Spatelförmige Finger

kommen nicht vor. Auch bei einer spatelförmigen Hand verlaufen die Finger in parallelen Linien und sind also eckig. Dies bedeutet, daß analytisches Vorgehen und Denken vorgegeben sind. Bild 333.

Spatelförmige Fingerspitzen

Bild 334. Sie dynamisieren das Denken und sichern die Realisierung von Vorstellungen. Es gibt zwei Arten von spatelförmigen Fingerspitzen: Die einen zeigen schwere, fast derbe, schaufelartige Nagelglieder. Diese gehören unermüdlichen Arbeitern, oft Handwerkern mit ganz besonderem Geschick und technischem Verständnis. Die zweite Art ist von eckigen Fingerspitzen fast nicht zu unterscheiden. Da hilft nur die tastende Prüfung.

Fingerspitzenform prüfen:

Spatelförmige Fingerspitzen verraten sich beim Abtasten. Fahren Sie mit leichten Fingerspitzen seitlich dem zu prüfenden Finger entlang.

- Gleiten Ihre Finger unbehindert? Dann handelt es sich um eckige oder konische Fingerspitzen. Eckige Fingerspitzen fühlen sich glatt, aber massiver an als konische, die das Gleiten gleichsam beschleunigen.
- Bleiben Sie an der Fingerspitze leicht hängen? Dann handelt es sich um eine spatelförmige Fingerspitze.

Üben Sie dieses gleitende Abtasten an verschiedenen Händen, um Unterschiede feststellen und auseinander halten zu lernen. Beginnen Sie mit dem kleinen Finger, der in fast allen Händen konisch ist.

Planetenkräfte und Fingerspitzen

Ähnlich wie bei den Papillarmustern auf den Nagelgliedern verhält es sich mit den Fingerspitzenformen. Es gibt ungünstige Kombinationen oder aber auch förderliche Wahlverwandtschaften zwischen Fingerspitzenformen und Planetenkräften.

◆ Jupiter hat in der Regel eine Tendenz zur konischen Form. Das ist gut so, denn unser Ego wird so etwas weniger breitspurig und wir damit umgänglicher. Eckige und spatelförmige Fingerspitzen am Zeigefinger erhöhen, wie die Spirale an diesem Ort, die Ichstärke einer Person.

◆ Saturn, als der Finger des Gesetzes, neigt zu Schwere. Ein konischer oder spitzer Mittelfinger kann das Saturnische bis zur Frivolität erleichtern, ein spatelförmiger Finger macht entsprechend schwer und schwermütig.

◆ Der Sonnenfinger als Ort des Selbstausdrucks und der Kunst wird durch die Dynamik des Spatels begünstigt. Keine Person, und sei sie noch so begabt, wird ohne verlängerten und spatelförmigen Sonnenfinger bedeutende Werke schaffen. Der konische Sonnenfinger sieht sich zwar ständig an der Arbeit, greift aber nicht wirklich zum Werkzeug. Darum entsteht aus den Ideen meistens nichts.

◆ Merkur als Prinzip des Austauschs muß leicht und beweglich sein, darum sind Merkurfinger fast immer konisch. Alles andere läßt uns Rechthaberei und übermäßiges Beharren vermuten.

Daumenspitze

Der Daumen ist ein Sonderfall und läßt sich nicht sinnvoll in das Schema der drei Formen einpassen. Er ist immer dicker als ein Finger und entsprechend läßt sich auch seine Form nicht wirklich bestimmen. Wir achten, wie Sie gelernt haben, auf seine Länge, Mächtigkeit und Eleganz und schließen daraus auf die Art und Menge des Durch-

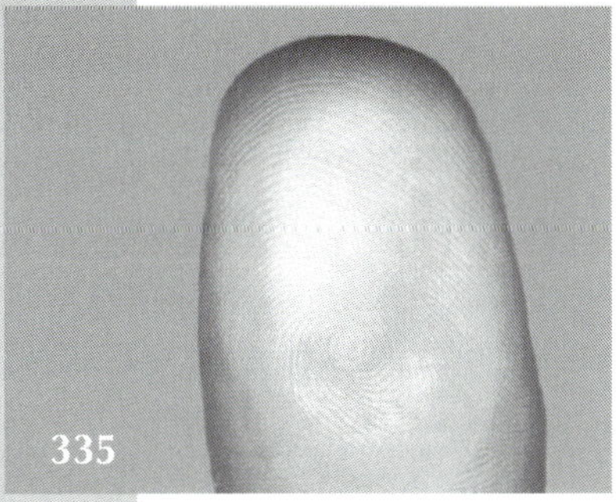

335

setzungsvermögens. Zusätzlich lohnt sich ein Blick auf die Daumenspitze: Wirkt diese, von der Innenseite her betrachtet, eckig? Dies bedeutet, daß der Daumen bis zur Spitze seine Breite behält, was diese relativ ausladend und eben eckig macht. Nach meiner Beobachtung ist die eckige Daumenspitze ein sicheres Zeichen für nimmermüde Macher, die ihre Ziele ohne Unterlaß verfolgen. Entsprechend bringen es solche Leute meistens sehr weit im Leben. Bild 335.

Das Fleisch der Hand

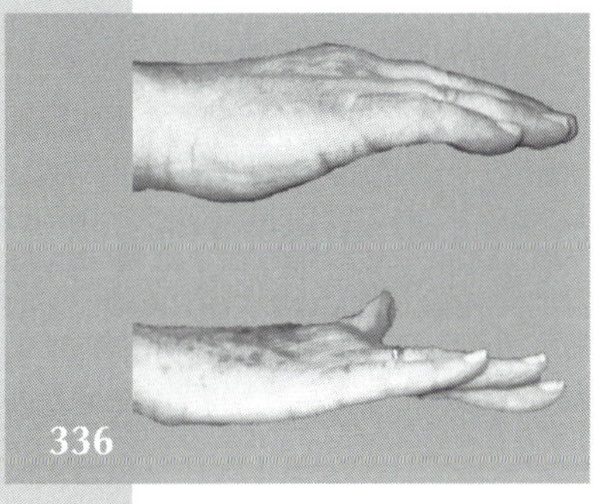

336

Hier geht es um die Fleischigkeit, die Dicke von Handfläche und Fingern. Sie erkennen dies leicht, wenn Sie Hände von der Seite, im Profil, betrachten. Bild 336.

Was die Dicke einer Hand aussagt, läßt sich leicht erraten, denn in der Fleischigkeit zeigt sich ja der Stoff selbst. Je massiver, fleischiger, dicker also die Finger oder die Hände als Ganzes sind, desto mehr ist der Mensch mit der Materie verbunden. Er will Konkretes, will sehen und anfassen können. Er will Stoff haben, interessiert sich also auch für Besitz. Wenn er arbeitet, möchte er greif- und sichtbare Resultate erzielen. Und weil er Verständnis für die Materie hat, ist er meist auch ein guter Handwerker (es sei denn, die Hände seien so massiv und schwerfällig, daß er unflexibel und schwerfällig wird). Menschen mit dicken Händen können schwere Lasten tragen, sie sind kräftig und lassen sich nicht so leicht aus der Ruhe bringen. Manche von ihnen sind allerdings jähzornig: Der Zorn wirkt bei ihnen ganz direkt, weil der Verstand als Filter, Dämpfer oder als Steuerung übergangen wird. Dies gilt vor allem im Zusammenhang mit sehr dicken Handlinien. Künstler mit dicken Händen schaffen Kunstwerke, die Sinnlichkeit ausstrahlen.

Dünne Finger und dünne Hände haben Menschen, die sich mehr im Abstrakten bewegen. Der zerstreute Professor, der nur mit einer Socke am Fuß auf die Straße geht, hat ziemlich sicher dünne Hände und eher lange Finger. Er kümmert sich nicht um die stoffliche Seite der Dinge, er ist in Gedanken bei seinen abstrakten Problemen. Er nimmt die Realität kaum wahr, sie interessiert ihn nicht, und er reagiert höchst erstaunt, wenn sie in seine Gedanken einbricht. Menschen mit dünnen Händen können es als Intellektuelle weit bringen, sofern ihre Verstandesgaben ausreichen. Ihre Lebensferne steht ihnen aber vor dem Erfolg, wenn sie von nur durchschnittlicher Intelligenz sind.

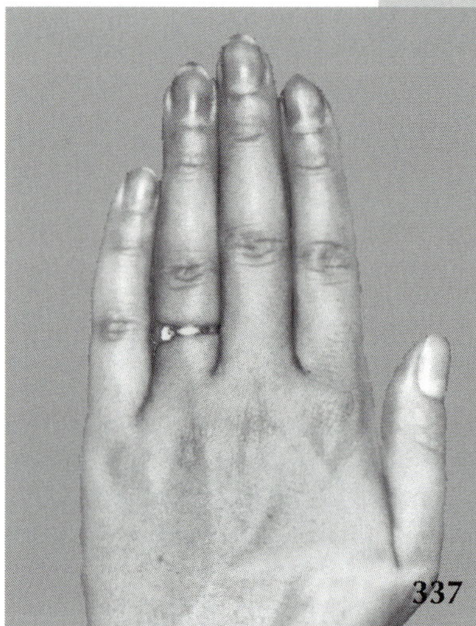

337

Glatte Finger, geknotete Finger

Hier gilt es daran zu denken, daß Finger Antennen sind, die Signale aus der Umwelt aufnehmen. Je fleischiger und gepolsterter die Finger einer Hand sind, desto mehr verschwinden die Fingergelenke. Die Finger sind glatt. Der eindringenden Information stellen sich keine Hindernisse entgegen. Hervortretende Gelenke oder Knoten hingegen wirken bremsend und filtrierend. Die einfallende Information wird für einen Moment im Knoten zurückgehalten und überprüft. Der Vorgang des Aufnehmens wird langsamer und nüchterner.

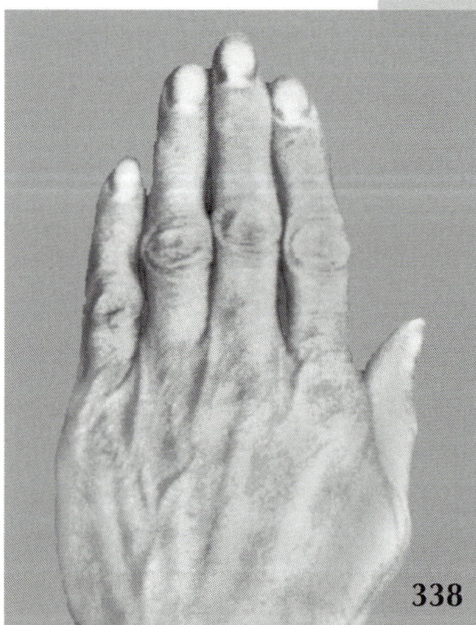

338

Glatte Finger (Bild 337) gehören Menschen, die sehr empfindsam und rasch aufnehmen und spontan reagieren. Sie lassen die Signale der Umgebung gleichsam ungefiltert in sich einfließen. Das macht sie »hellhörig« und empfindsam, aber auch beeinflußbar. Es sind eher extrovertierte Typen. Viele Künstler haben glatte Finger. Sie drücken dann in ihrer Kunst weniger innere Gesetzmäßigkeiten aus als die Anforderungen des Zeitgeists. Sie stellen sich sozusagen in dessen Dienst.

Geknotete Finger (Bild 338) haben Menschen, die prüfen,

bevor sie handeln. Sie lassen sich nicht zu vorschnellen Schlußfolgerungen oder gefühlsmäßigen Reaktionen verleiten, sondern analysieren nüchtern, was vorliegt. Sie sind eher introvertiert, von inneren Vorsätzen und Feststellungen geleitet. Es sind wenig beeinflußbare und darum ideale Kontrolleure, die sich als Buchhalter oder analytische Wissenschafter nützlich machen.

Der Ordnungsknoten (Bild 339, A) kommt relativ häufig vor. Er gehört Menschen, die systematisch denken und strukturiert vorgehen. Meistens zeigt sich diese Ordnung auch in ihren Schubladen und Schränken, daher der Name des Knotens.

Der philosophische Knoten (Bild 339, B) liegt höher, bezieht sich also noch mehr auf Abstraktes und Denkerisches. Menschen mit philosophischen Knoten nehmen rein gar nichts als gegeben hin. Sie hinterfragen alles und jedes. Manchmal wirken sie deswegen kompliziert und umständlich, aber ihre Gründlichkeit kann auch zu nie dagewesenen Erkenntnissen führen.

339

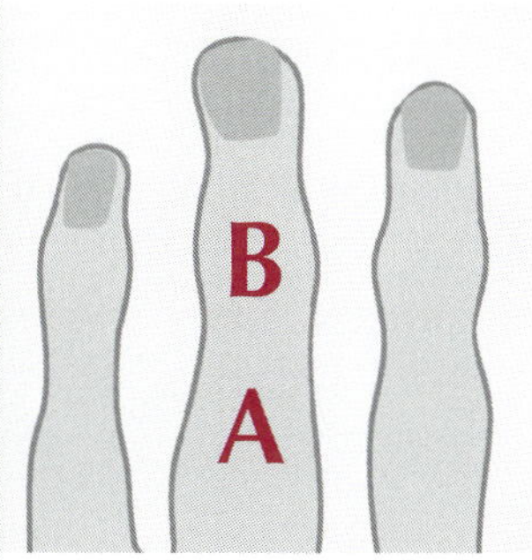

Zwischenbemerkung:

Erde – Wasser – Luft – Feuer

Die vier Elemente gelten traditionellerweise als Grundstoff allen Seins und spiegeln sich auch in der Hand: Erde und Wasser im unteren, stofflichen Teil der Hand, Luft und Feuer im oberen, geistigen Teil.

Aber auch andere Gegensatzpaare bezeichnen die elementaren Temperamente: »Dick/dünn«, (bzw. »fleischig /mager«) stehen für Erde und Luft, für die konkrete oder mehr abstrakte Orientierung einer Person. »Hart/weich« stehen für Feuer und Wasser und umschreiben die Aktivität oder Passivität des Menschen.

Konsistenz

Fleisch kann von ganz verschiedener Beschaffenheit sein: hart, elastisch oder weich bis schlaff. Betasten Sie verschiedene Hände, um die Unterschiede festzustellen und sich ein Urteil zu bilden. Am deutlichsten spüren Sie die Konsistenz einer Hand, wenn Sie den Mondberg drücken. Gewisse Hände sind so hart, daß einem dabei fast die Finger brechen, andere sind so weich, daß man tief in ihnen versinkt. Wie immer ist die Prognose bei einer mittleren Position die beste. Auf Druck soll sich die Hand elastisch und fest anfühlen.

- Sehr harte Hände gehören zwar kräftigen, aber unbeweglichen Menschen. Sie sind schwer zu begeistern, schwer in Aktion zu setzen. Wenn sie allerdings handeln, dann ohne sich bremsen oder ablenken zu lassen. Darum ist es besser, sie nicht zu reizen.
- Harte Hände sind für schwere Arbeit geeignet. Wenn es sich um Menschen mit mageren Händen handelt, kann dies auch Schreibtischarbeit sein. Jedenfalls geben sie nicht so leicht nach, wenn sie sich etwas vorgenommen haben.
- Elastische Hände bilden das gute Mittelmaß, das Aktivität verspricht, aber auch offen und aufnahmefähig ist.
- Weiche Hände gehören Personen, die dem Lustprinzip huldigen. Ihre Bequemlichkeit ist ihnen sehr viel wert. Sie machen wohl keine Karriere. Ich vergleiche sie gerne mit zufriedenen Katzen, die sich schnurrend auf der Fensterbank sonnen.
- Schlaffe Hände stehen ebenfalls für Passivität, aber nicht für lustvolle Faulheit, sondern für unglückliche Müdigkeit, für die Unfähigkeit, sein Glück in die Hände zu nehmen und sich auf irgend eine Weise selbst zu helfen.

Handgelenk

Das Handgelenk ist sozusagen die Wurzel der Handwurzel, und es ist klar, daß es damit auch eine Rolle spielt, wenn auch eine untergeordnete. Ein schmales Handgelenk gehört einem feineren und dünnhäutigeren Menschen als ein breites und dickes Handgelenk. Aber diese Kriterien zeigen sich auch im übrigen Bau der Hand und interessieren darum eigentlich nur, wenn widersprüchliche Merkmale ins Auge springen. Wenn aus einem zarten Handgelenk eine wuchtige Hand wächst oder wenn eine schmale Hand auf einem massigen Gelenk steht, dann öffnet sich ein Gegensatz zwischen Veranlagung und Persönlichkeit, dann ist mit inneren Konflikten zu rechnen. Und solche können natürlich immer auch die gelebte Realität beeinflussen, wenn sie stark sind.

Alte Handlesebücher legen sehr viel Wert auf die Raszetten, die Beugelinien am Handgelenk. Sie sollen Glück versprechen wenn sie dreifach und sehr regelmäßig ausgebildet sind. Ich weiß aber nichts darüber, denn ich habe mich bisher kaum um die Raszetten gekümmert. Mit der gleichen Begründung, die ich schon früher angab: Für die wichtigen Eigenschaften einer Person gibt es immer mehrere verschiedene Merkmale in der Hand. Es ist nicht nötig, sie alle zu berücksichtigen.

Haut

Auch die Hautstruktur auf dem Handrücken kann psychologisch gedeutet werden. Eine rauhe, eher grobporige Struktur soll auf Offenheit und Gutmütigkeit deuten, während glatte, feinporige Hände auf Egoismus und Kälte hinweisen sollen, vor allem, wenn die Haut blaß bis weiß ist. Ich gebe aber nicht besonders viel auf diese Merkmale. Denn wie gesagt, es sind ohnehin nur Ergänzungen zu den vielen Einzelheiten, die wir aus der Innenhand herauslesen können.

Nagelformen

Zu einer harmonischen Hand gehören schöne, glatte und glänzende Nägel und so reagieren wir instinktiv mit Zurückhaltung, nicht nur auf ungepflegte Nägel, sondern auch auf solche, die uns ungewöhnlich oder verkümmert erscheinen. Natürlich können Abweichungen von der Norm krankheitsbedingt sein, darum sollten wir uns eines vorschnellen Urteils enthalten. Aber es ist richtig, auffallend geformte Nägel mit besonderer Aufmerksamkeit zu betrachten.

Regel:

◆ Je länger die Nägel sind, desto introvertierter ist die Person. Bild 340.

◆ Je breiter der Nagel ist, desto größer ist ihre Selbstsicherheit. Bild 341.

◆ Flache Nägel lassen auf Zurückhaltung schließen, quer gewölbte Nägel gehören kommunikativen Menschen. Bild 342.

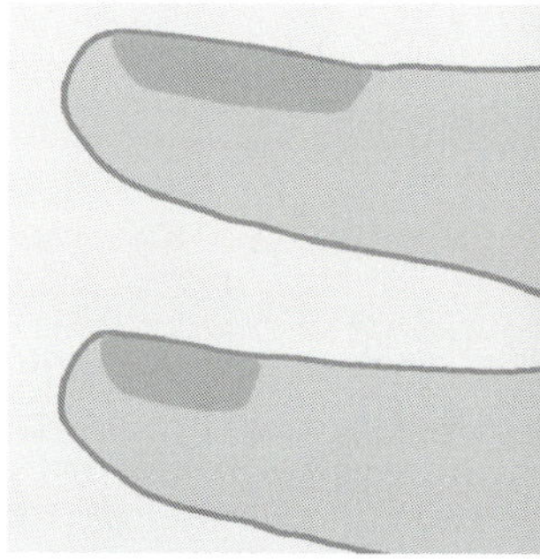
340

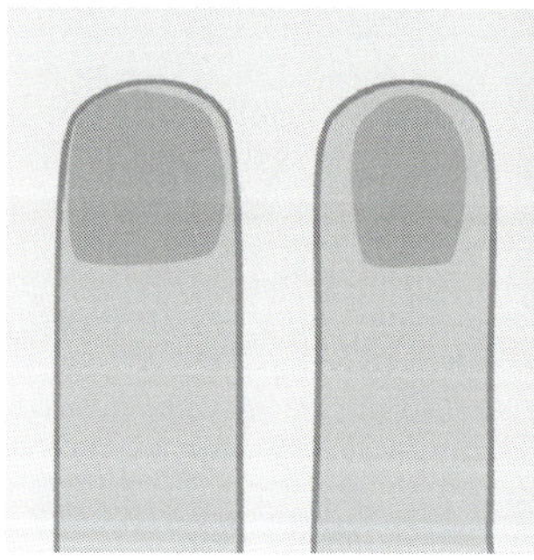
341

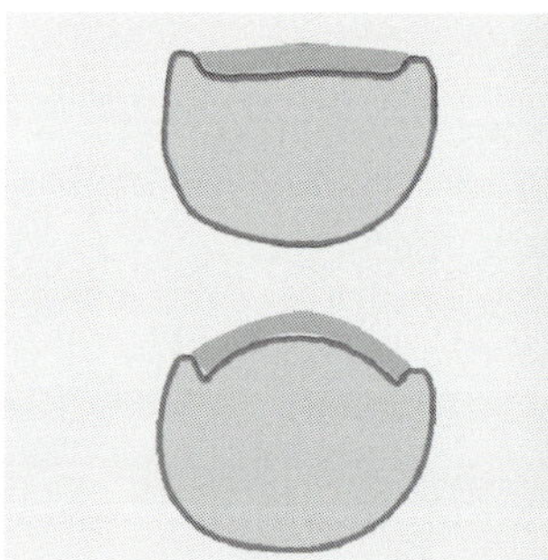
342

◆ Ein gut geformter Nagel hat, von der Seite her betrachtet, ungefähr die halbe Länge des Nagelgliedes und ist fast so breit wie das Nagelglied. Von der Spitze her sehen Sie, ob er flach oder gewölbt ist.

◆ Verlängerte Nägel gehören zurückgezogenen, vorsichtigen Menschen. Dies gilt noch verstärkt, wenn die Nägel schmal sind. Bild 343.

◆ Kurze breite Nägel haben kritische, vom eigenen Wert sehr überzeugte Menschen. Bild 344.

◆ Kurze schmale Nägel finden wir bei überempfindlichen, unsicheren Menschen. Bild 345.

Die Form des Nagels verfeinert die gemachten Aussagen:

◆ Eckige Nägel, deren Ränder parallel zu denen des Fin-

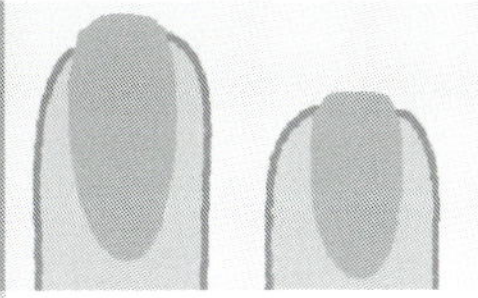

343

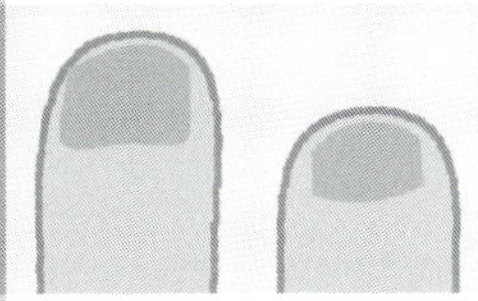

344

345

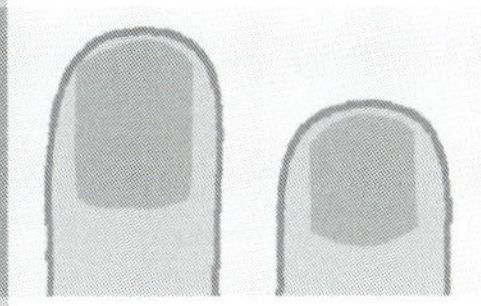

346

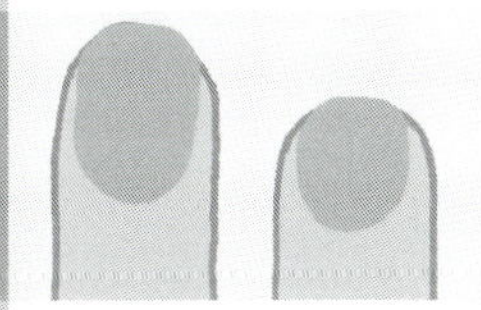

347

348

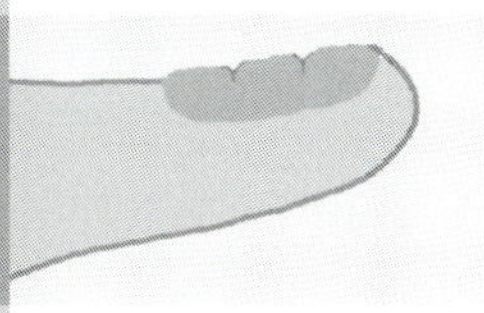

349

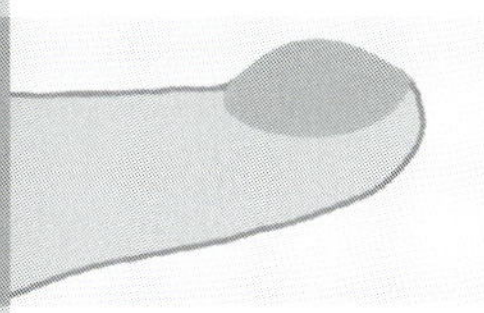

350

gergliedes laufen, gehören rationalen, analytischen Denkern. Bild 346.

◆ Runde Nägel deuten auf Rationalität, gepaart mit musischen Interessen. Bild 347.

◆ Trapez- oder spatelförmige Nägel gehören empfindlichen Menschen, die das Bedürfnis haben, sich zu schützen. Dies ist besonders dann der Fall, wenn die Nägel sehr flach sind. Bild 348.

◆ Spitze oder konische Nägel deuten darauf, daß Gefühle über das Denken herrschen. Bild 343.

Störungen

◆ Ein gesunder Nagel ist glänzend und rosa. Blasse Nägel deuten auf schlechte Blutzirkulation. Ernsthafte Verfärbungen der Nägel sind Krankheitszeichen und gehören in ärztliche Behandlung.

◆ Weiße Flecken in den Nägeln sind häufig. Sie können mit Nervosität oder Mineralienmangel zusammenhängen und sind kein Grund zur Besorgnis.

◆ Längsrillen sind mit zunehmendem Alter die Regel und haben wahrscheinlich wie Altersflecken mit der Ablagerung von Schlacken zu tun.

◆ Querrillen sind immer ernstzunehmende Zeichen einer Krankheit, vor allem wenn der Nagel an der Rille bricht. Da diese Störung im Nagelbett entsteht, liegt die Erkrankung in der Vergangenheit und ist bereits ausgebrochen, wenn die Rille sichtbar wird. Ein Daumennagel braucht ungefähr sechs Monate, um zu wachsen, entsprechend zeigt eine Querrille in der Mitte des Daumennagels eine Erkrankung, die um die drei Monate zurückliegt. Bild 349.

◆ Uhrglasförmige Nägel, die in Längsrichtung und der Breite gewölbt sind, haben ebenfalls medizinische Relevanz. Sie stehen mit Organschwächen in Zusammenhang, meistens mit einer Schwäche oder Erkrankung von Herz und Lungen. Bild 350.

Fassen wir zusammen:
Handform, Fleischigkeit der Hand und Nagelformen liefern mehr oder weniger wichtige Zusatzinformationen zu den Aussagen, die wir aufgrund der Innenhand machen können. Die drei Formen eckig, konisch und spatelförmig zeigen drei grundsätzliche Möglichkeiten, in der Welt zu sein und auf diese zu reagieren. Sie zeigen den Grundtypus an, nicht aber dessen individuelle Ausformung. Darum müssen die Aussagen über die Außenhand unbedingt durch die Merkmale der Innenhand bestätigt werden, damit sie Gültigkeit haben.

Bei den nun folgenden praktischen Beispielen werden Sie sehen: Es ist wirklich eine sehr schwierige und komplexe Materie, weil die drei Grundformen praktisch nie ungemischt auftreten. Fast jede Hand kombiniert alle drei Formen oder zeigt diese in abgeschwächter, untypischer Form. Das macht es schwierig, sich zu entscheiden, was überhaupt vorliegt. Ich will Ihnen diese Schwierigkeit nicht ersparen, sondern Sie gleichsam an meinem Entscheidungsprozeß teilnehmen lassen. Falls Sie bei den aufgeführten Beispielen andere Formen wahrnehmen als ich, ist das nicht verwunderlich. Vieles bei dieser Beurteilung ist eben Ansichtssache. Aber zum Trost sei noch einmal festgestellt: 1. Alles wirklich Wichtige finden Sie auch in der Innenhand. Und 2. Selbst wenn Ihnen die Sache mit den Handformen vorerst schleierhaft erscheint, werden Sie doch mit der Zeit einen Blick entwickeln für die Kraft, die Aktivität und die Realitätsbezogenheit, die sich bereits in der Außenhand ausdrücken.

HÄNDE UNTER DER LUPE

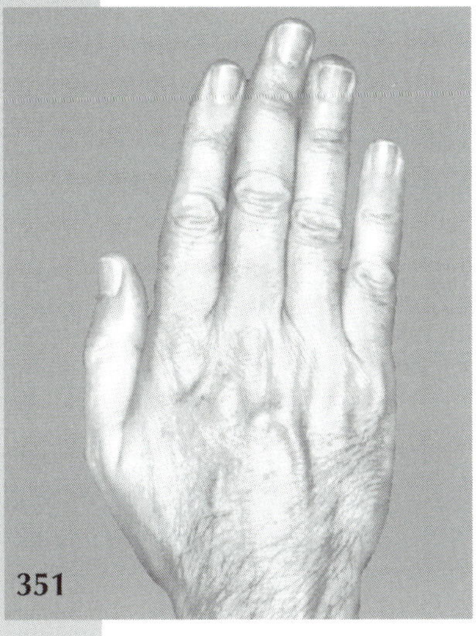

351

Eckiger Handrumpf

Die Handfläche sitzt auf einem schmalen Handgelenk mit geradem, äußeren Handrand: Sensibilität mischt sich mit praktischem Vorgehen und Sinn für Ordnung und Struktur. Die Finger sind von unten bis oben fast gleich breit: Eckige Finger stehen für folgerichtiges, strukturiertes Denken. Jupiter- und Merkurfingerspitzen sind abgerundet, was auf freundliches Auftreten und einen umgänglichen Austausch hinweist. Dafür sprechen übrigens auch die eher stark gewölbten Fingernägel. Die Spitze des Saturnfingers ist leicht spatelförmig, es handelt sich um eine ernsthafte bis schwerblütige Person. Die deutliche Spatelendung am Sonnenfinger ermöglicht Selbstausdruck und künstlerische Umsetzung. Wir haben hier eine schöne, harmonische Hand vor uns, die einen kultivierten und gut strukturierten Menschen vermuten laßt. Bild 351.

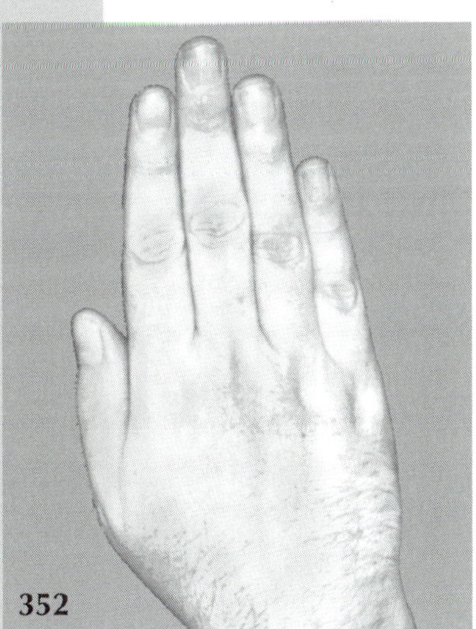

352

Konischer Handrumpf

Der Mondbereich ist betont und die Handwurzel dadurch verbreitert. Die Hand verjüngt sich in Richtung auf die Fingerwurzeln, aber auch in den Fingern selbst. Diese fallen jedoch durch ihre eckigen Spitzen aus dem eigentlichen konischen Muster. Diese Hand deutet auf einen eher passiven, verträumten Menschen mit künstlerischen Flair (glatte Finger). Die eckigen Endungen und Nägel lassen uns klares Denken vermuten. Aber karrieremäßige Durchsetzung dürfte schwierig sein, dazu wirkt die Hand zu weich und der Daumen zu kurz. Achtung: Diese letzte Aussage könnte durch eine starke Kopf- und Saturnlinie widerlegt werden! Bild 352.

Spatelförmiger Handrumpf

Der äußere Handrand springt im Merkurbereich weit nach außen. Dies ist die typische Spatelform der Menschen, die Routine hassen und immer wieder Neues in ihr Leben einführen. Die stark geknoteten Finger zeigen eine nachdenkliche Person. Sie verlaufen in parallelen Linien und deuten auf klares Denken. Der stark verbogene Sonnenfinger nimmt durch seine Neigung zu Saturn von dessen Eigenschaften an: Menschen mit solchen Fingern neigen dazu, sich Sorgen zu machen, ob sie auch alles richtig gemacht, z.B. die Türe verschlossen und das Licht ausgedreht haben. Ihre große Gewissenhaftigkeit geht manchmal auf Kosten ihrer Lebensfreude. Der sehr gut gebaute Merkurfinger läßt Kommunikationstalent vermuten. Beachten Sie auch die deutlich nach außen verlegte Daumenwurzel. Diese haben Menschen, die keine Einengung ertragen. Sie brauchen Raum, vor allem in der Partnerschaft. Der hervortretende Daumenknöchel (Pfeil) steht für ein gutes Rhythmusgefühl. Bild 353.

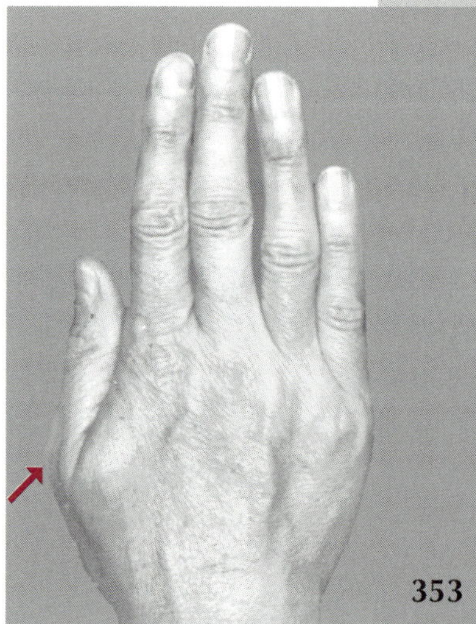

353

Eckige Fingerspitzen

Eine Hand mit grundlegend verschiedenen, widersprüchlichen Formelementen: Auf schmalem Handgelenk ein breiter Handrumpf, im unteren Teil spatelförmig, oben eckig: Fragilität, der Wunsch nach Aufbruch mit gleichzeitiger Bremsung führen zu einer Art Dynamik, die droht, sich im Kreis zu drehen und in sich selbst aufzulösen. Die Finger deuten auf strukturierte Denkfähigkeit und Rationalität. Diese wird durch die eckigen Endungen verstärkt. Wie Sie sehen können, sind Jupiter- und Merkurfinger ganz leicht konisch geformt. Dies entspricht durchaus der Norm, selbst in der eckigen Hand. Breitere Fingerspitzen würden das Ego brutal und den Austausch schwerfällig machen. Der leicht Richtung Saturn verdrehte Jupiter macht originell und humorvoll. Bild 354.

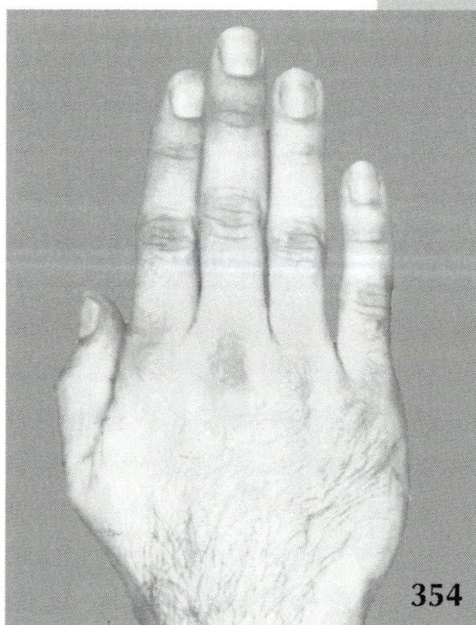

354

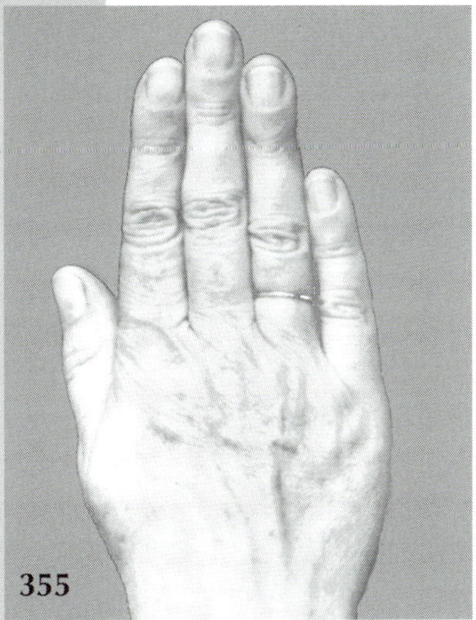

355

Runde Spitzen

Spatelförmiger Handrumpf, eckig-konische, leicht geknotete Finger, eckige Nägel und runde Fingerspitzen: Eine Dynamik, die zum Aufbruch drängt, eine Mischung von unsentimentaler Rationalität und Phantasie, Sinn für Schönes und für Kultur. Der Merkurfinger scheint sehr tief, ist aber in Wirklichkeit einfach ziemlich weit unten angesetzt. Dies macht empfindlich gegen Außenreize und Kritik. Die Endung des Sonnenfingers hat einen leicht spateligen Einschlag, was den künstlerischen Ausdruck fördert. Bild 355.

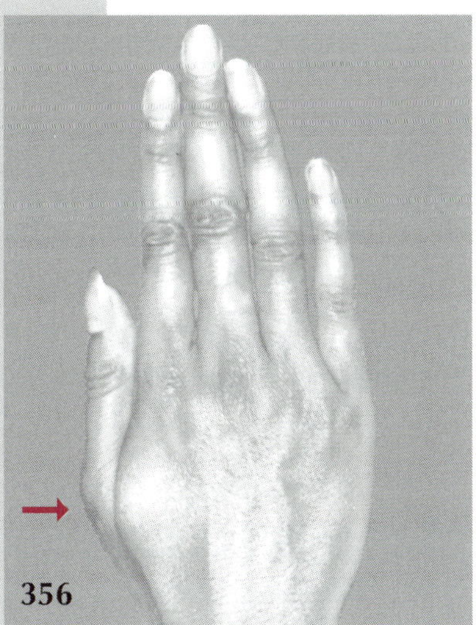

356

Konische Spitzen

Lange, schmale, konische Finger mit ebensolchen Spitzen. Diese Person orientiert sich weniger an der Wirklichkeit als an ihren Vorstellungen und Wünschen. Der starke Daumen läßt aber vermuten, daß sie diese mehr oder weniger durchsetzen kann. Er hat den stark hervortretenden Knöchel an der Wurzel, der für ein gutes Zeit- und Rhythmusgefühl spricht (Pfeil). Die leichten Fingerknoten widersprechen der abgehobenen Träumerei, die für konische Finger typisch ist, und helfen nachdenklich ordnen, was von außen einfließt. Auch die breiten Fingernägel verstärken das Selbstbewußtsein und damit die Kontrolle der Realität. Der starke Merkurfinger zeugt von kommunikativer Begabung. Bild 356.

Spatel-Spitz

Der Handrumpf ist schwierig einzuordnen. Er ist eckig mit einem spatelförmigen Einschlag. Diese Person ist dynamischer als eine mit eckigem Handrumpf, aber doch gebremster als eine starke Spatelhand. Die Finger verlaufen breit in parallelen Linien, sind also eckig und deuten auf klar strukturiertes Denken. Der Jupiterfinger endet kaum konisch gerundet, was starkes Selbstbewußtsein vermuten läßt. Der Merkurfinger hat eine breite, eckige Spitze. Dies könnte auf einen beharrlichen bis rechthaberischen Menschen deuten. Saturn endet deutlich spatelförmig: Ernsthaftigkeit und Melancholie sind typische Merkmale dafür. Auch der Sonnenfinger zeigt eine Spatelspitze, was den Selbstausdruck fördert. In dieser stark eckigen Hand wird dieser allerdings kaum die Form von künstlerischer Betätigung annehmen. Bild 357.

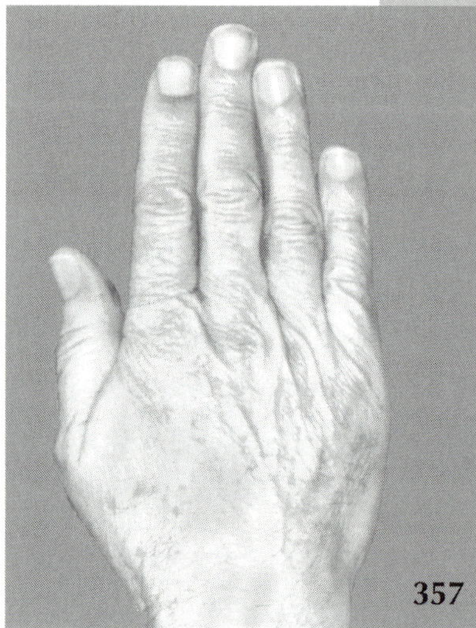

357

Eckige Nägel

Sie fallen nicht nur durch ihre Breite auf, sondern auch durch die fehlende Rundung des Nagelbettes. Das gibt ihnen eine realitätsbetonte, quadratische oder rechteckige Form. Hier liegen sie in einer fleischigen Hand mit eckigem Rumpf und glatten eckigen Fingern. Die Charakteristik der glatten Finger, das direkte Aufsaugen von Information und Umgebungsreizen, ohne daß diese hinterfragt werden, dominiert hier über die eckige Form, die Nachdenklichkeit und ordnendes Denken mit sich bringt. Zwar wird klar gedacht, aber eben nur gerade das Konkrete und Praktische, während im Abstrakten doch Visionen und Träume vorherrschend sind. Diese schwache Orientierung am Realen zeigt der kleine Daumen, der sich in der Wirklichkeit nur schlecht durchsetzen kann. Bild 358.

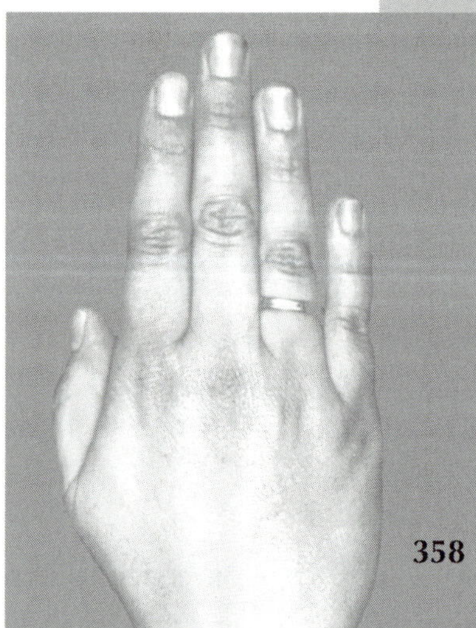

358

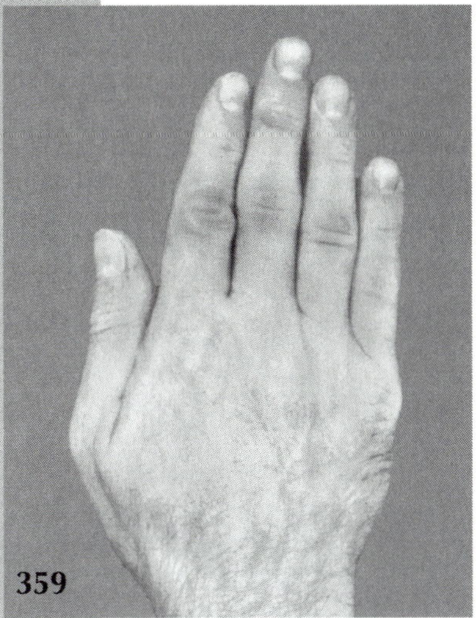

359

Runder Nagel

Das Nagelbett ist leicht verjüngt und abgerundet. Darin drückt sich weniger realitätsbezogene Nüchternheit als Subtilität und Empfindsamkeit aus. Der spatelförmige Handrumpf zeigt eine starke Dynamik, das weit herausspringende Daumengelenk den Drang nach Unabhängigkeit und Intensität. Solche Menschen müssen an die Grenzen gehen, um diese und sich zu spüren. Darum betreiben sie oft anspruchsvolle Sportarten wie Tauchen, Fallschirmspringen oder Bergsteigen. Der Zeigefinger endet konisch, wie es der Norm entspricht, während der Merkurfinger durch seine breite Endung gleichsam »materiell« erscheint und nicht nur Kommunikationsfähigkeit andeutet, sondern auch kommerzielles Talent: Austausch von Ware und Werten, nicht nur von Worten. Beachten Sie auch die Ordnungsknoten und den kräftigen, erfolgversprechenden Daumen. Bild 359.

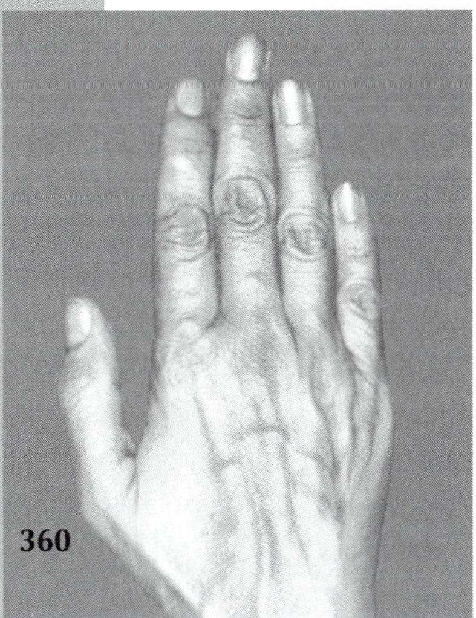

360

Schmale, gewölbte Nägel

Obwohl sie eckig sind, zeigen diese Nägel weniger Nüchternheit als sensiblen Feinsinn. Wir haben eine zurückhaltende Person vor uns, die allerdings sehr umgänglich ist, wie uns die starke Wölbung der Nägel verrät. Wiederum sehen wir im heraustretenden Daumengelenk den Wunsch nach Intensität, Freiheit und Unabhängigkeit. Der Jupiterfinger wirkt kräftig und breit und zeigt gutes Selbstbewußtsein an, der tief angesetzte und kurze Merkurfinger Empfindlichkeit und Intuition. Der Handrumpf ist spatelförmig, ebenso die Spitzen von Saturn- und Sonnenfinger. Es kombinieren sich ernsthafte Gewissenhaftigkeit und tüchtige Unternehmungslust. Dazu der Wunsch, seine Empfindlichkeit durch Rückzug zu schützen. Diese Person ist stark und selbständig. Bild 360.

Spatelförmiger Nagel

Diese kräftige, fleischige Hand besteht aus einem eckigen Handrumpf, leicht konischen, sich verjüngenden Fingern mit eckigen und spatelförmigen Spitzen und ebensolchen Nägeln. Wir sehen hier eine eher behäbige Grunddynamik, ordentlich zwar, aber durch die Dicke der Hand wahrscheinlich doch ziemlich gebremst. Die konischen Finger verstärken das Passive: Vorstellungen werden wie Aktivitäten erlebt. Die eckigen und spatelförmigen Enden verraten praktischen Geist und Ernsthaftigkeit, die Nägel eine gewisse Empfindsamkeit. Der stark verkürzte Zeigefinger steht für mangelndes Selbstwertgefühl. Auch hier haben wir ein ausladendes Daumengelenk, auf dem ein kurzer Daumen steht. Die Karriereaussichten sind damit nicht gerade gut. Immerhin zeigt der gut entwickelte Merkurfinger, daß kaufmännisches Talent vorhanden ist. Die flachen Nägel gehören einem Menschen, der eher verschlossen als aufgeschlossen wirkt. Bild 361.

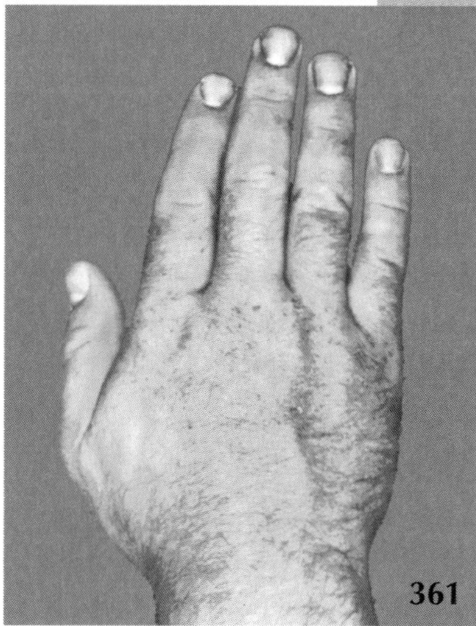
361

Eckige Formen vorherrschend

Auch das eine fleischige Hand mit einem Handrumpf, der spatelförmig und eckig zugleich erscheint. Dies ergibt eine Dynamik, die zwar aufbrechen will, jedoch steckenbleibt. Die Finger verlaufen zwar leicht konisch, gehören durch ihre Breite aber doch mehr zum eckigen Typ. Dies deutet auf strukturiertes Denken. Diese Aussage wird auch von den eckigen, realitätsbezogenen Nägeln und den eckigen Fingerspitzen gestützt. Allerdings verjüngt sich das Nagelglied eindeutig, damit kommen Phantasie und Wunschvorstellungen hinzu. Der gut gebaute Merkurfinger und der recht starke Daumen machen kommerziellen Erfolg möglich bis wahrscheinlich. Bild 362.

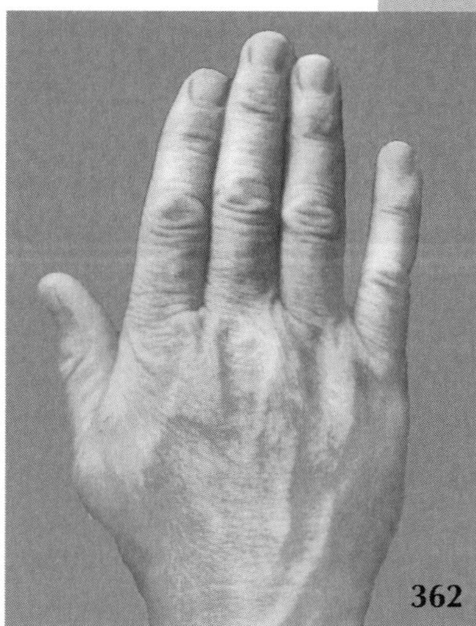
362

Was haben wir Neues gelernt?

Es gibt praktisch keine unvermischten Hände: Verschiedene Formen ergänzen sich zu einem individuell geprägten Ganzen. Dabei zeigt sich: Eine modellierte Hand mit sichtbaren Knöcheln ist immer zerebraler, d.h. abstrakter ausgerichtet als eine fleischige, glatte, rundliche Hand. Wird sie knochig und dürr, entfernt sie sich immer weiter von Sinnlichkeit und Lebensfreude. (Das Gegenteil wäre die weiche, fleischige Patschhand des Säuglings. Sie signalisiert reine Körperlichkeit, das heißt Suche nach Befriedigung und Lust.)

Rundungen in Händen, Fingerspitzen und Nägeln stehen für das Konkrete, die Freude am Stoff, an Schönem und Lustvollem. Rundungen verfeinern das Gefühl, deuten auf Umgänglichkeit, Harmonie- und Schönheitsbedürfnis. Wie immer ist der Mittelweg die goldene Lösung: Eine Hand, die für die Fähigkeit zum abstrakten Denken steht, aber auch die Anlagen, das Gute des Lebens zu genießen, zeigt. Darum sind Mischungen der Formen durchaus begrüßenswert.

Wichtig ist, sich bewußt zu sein, daß die Anlagen, die die Außenhand anzeigt, von den Merkmalen der Innenhand außer Kraft gesetzt werden können. Das Individuum kann mit seinen Fähigkeiten und seinem Willen den eigenen Typus überwinden. Trotzdem werden immer Neigungen zurückbleiben, die von den Merkmalen der Außenhand gefärbt sind.

UND NUN ZU IHREN HÄNDEN

Legen Sie Ihre Hände vor sich hin, die Finger aneinander, den Daumen an den Handrumpf herangezogen. Achtung: Drücken Sie nicht zu stark auf die Tischplatte, sonst quetschen Sie den Mondberg nach außen und verfälschen Ihre Handform! Also ganz leicht hinlegen. Und nun betrachten Sie das Ganze in Ruhe.

Wahrscheinlich sehen rechte und linke Hand ziemlich gleich aus. Wenn nicht, müssen Sie die beiden Hände gesondert bearbeiten. Suchen Sie jetzt Antworten auf folgende Fragen:

Bestandsaufnahme

Handrumpf

◆ Ist Ihr Handrumpf an der Handwurzel relativ dick und 1
verjüngt er sich in Richtung auf die Finger? Das heißt: Ist er konisch?

◆ Wirkt der Handrumpf über seine ganze Länge ungefähr 2
gleich breit? Das heißt: Ist er eckig?

◆ Strebt Ihr Handrumpf unter den Fingerwurzeln ausein- 3
ander? Das heißt: Ist er spatelförmig?

◆ Ist er nichts von alledem? 4

Finger

◆ Und nun Ihre Finger: Sind sie von oben bis unten gleich 5
breit? Das heißt: Sind sie eckig?

◆ Verjüngen Sie sich zur Spitze hin? Das heißt: Sind sie 6
konisch?

Spitzen

◆ Sind die Fingerspitzen gleich breit wie die Gelenke des 7
Nagelglieds? Das heißt: Sind sie eckig?

◆ Sind sie so breit wie das Nagelglied, aber abgerundet? 8

9 ◆ Sind sie schmaler als das Gelenk des Nagelglieds? Das heißt: Konisch?

10 ◆ Sind sie breiter als das Gelenk des Nagelglieds? Das heißt: Spatelförmig?

Nägel

11 ◆ Sind sie so lang wie die Hälfte des Nagelglieds?

12 ◆ Sind sie relativ breit?

13 ◆ Sind sie kurz und breit?

14 ◆ Sind sie lang und schmal?

15 ◆ Sind sie halbrund gewölbt?

16 ◆ Sind sie ganz flach?

17 ◆ Sind sie auffällig verformt?

18 ◆ Sind sie verfärbt?

Deutung

1 ◆ Konischer Handrumpf: Ihr Mondberg und wahrscheinlich auch Ihre Venus sind gut ausgebaut. Sie sind dem Diesseits und dem Schönen zugetan. Sie lieben es, sich in vielversprechenden Vorstellungen zu ergehen und vergessen gelegentlich, daß es zur Realisierung von Wünschen sicherer ist, Taten zu vollbringen als Wunder zu erwarten. Aber was soll ich Sie an die Realität erinnern? Sie wollen sie lieber gar nicht zur Kenntnis nehmen.

2 ◆ Sie haben einen eckigen Handrumpf. Ihre Stärke und Ihre Schwäche ist die Ordnung. Sie sind konsequent, Sie wissen, was die Realität verlangt, und sind bereit, es zu erfüllen. Das macht erfolgreich. Allerdings nur, wenn Sie sich von den vielen Anforderungen, die Sie so deutlich sehen, nicht verängstigen lassen. Es könnte nämlich sein, daß Sie Ihrer eigenen Gewissenhaftigkeit zum Opfer fallen und sich entmutigen lassen. Sie würden sich dann eingeengt und hilflos fühlen.

◆ Der spatelförmige Handrumpf macht Sie unterneh- 3
mungslustig. Sie sind nie ganz zufrieden, sondern suchen immer nach dem, was auch noch möglich ist, was hinter den Dingen liegt, was die Geschehnisse auslöst und bestimmt. Vielleicht probieren Sie immer wieder neue Hobbies aus oder wechseln öfter mal den Job: Sie brauchen Herausforderungen, um sich wohl zu fühlen.

◆ Läßt sich die Form Ihres Handrumpfes nicht klar zuord- 4
nen? Springt der Handrand irgendwo heraus oder zieht er sich irgendwo zurück? Versuchen Sie, den Handrumpf in verschiedene Bereiche aufzuteilen und diese nach unserem Schema zu interpretieren. Oder vergessen Sie die ganze Geschichte einfach, denn wie gesagt: Alles was wichtig ist, wird sich in der Innenhand ganz bestimmt wiederholen.

◆ Breite, parallel verlaufende Finger verleihen Ihnen ein 5
nüchternes, klares, sauberes Denken. Nicht daß Sie jetzt glauben, Sie hätten immer Recht: Man kann auch falsche Inhalte nüchtern, klar und sauber durchdenken. Dafür gibt es in der Geschichte viele schreckliche Beispiele. Für Manager, Ingenieure und Statistiker sind eckige Finger großartig, aber es gibt viele Probleme, die nicht mit Rationalität, sondern mit dem Gefühl gelöst werden wollen. Setzen Sie Ihre Intelligenz dafür ein, daß auch Ihr Gefühl zum Zug kommt!

◆ Konische Finger, vor allem wenn sie noch glatt sind, 6
verleiten Sie dazu, Ihre Wünsche mit der Wirklichkeit zu verwechseln. Das ist der Nachteil. Der Vorteil aber ist, daß Sie in reichem Maße mitschwingen mit dem, was um Sie herum ist, mit anderen Menschen, mit dem Zeitgeist, mit Ihrer eigenen Seele. Natürlich spielt es eine Rolle, wie stark sich Ihre Finger verjüngen. Wenn diese stark konisch sind, verlieren Sie den Kontakt zum tatsächlich Vorhandenen. Wenn feste, breite Finger, vielleicht sogar mit leichten Knoten, nur ein wenig gegen die Spitze zu zusam-

menlaufen, dann verfügen Sie über eine ideale Mischung von analytischer und emotionaler Intelligenz.

7 ◆ Eckige Fingerspitzen verstärken Ihre tatsachenbetonten, nüchternen Eigenschaften. Sie können klar und gerecht unterscheiden, was Sache ist. Aber Ihre Einfühlung in andere ist wahrscheinlich nicht gerade Ihre Stärke.

8 ◆ Mit abgerundeten Fingerspitzen gilt, was für die eckigen Spitzen gesagt wurde, nur haben Sie durch die Rundung diese Öffnung und Verfeinerung, die Sie zugänglich für Gefühle, Intuitionen und damit auch für künstlerische und seelische Bereiche macht.

9 ◆ Je spitzer Ihre Finger enden, desto mehr lassen Sie sich von Ihren Gefühlen und inneren Anschauungen leiten. Nichts gegen Ihre Gefühle und Anschauungen! Aber es besteht die Gefahr, daß sie darüber die Bedürfnisse der andern vergessen. Diese haben ja auch ihre Gefühle und Anschauungen. Sie werden sich im Leben wahrscheinlich öfter mal nüchtern um Kompromisse bemühen müssen. Wenn Ihre Fingerspitzen aber eher rund sind, dann lesen Sie den Abschnitt weiter oben.

10 ◆ Mit spatelförmigen Fingerspitzen wollen Sie etwas konkret umsetzen. Was das ist, hängt von der übrigen Handform und natürlich auch von der Innenhand ab. Wenn Sie ein stofflicher Bewegungstyp sind, dann sind Sie vielleicht Gärtner oder ein begnadeter Automechaniker, der mit der Seele von Motoren umzugehen weiß. Mit einer mehr geistig orientierten Hand sind Sie vielleicht Erfinder, Chirurg oder Künstler. Vielleicht auch nichts so Spektakuläres, aber sicher haben Sie immer irgendwo einen Plan, der seiner Realisierung harrt. Und den Sie auch gelegentlich realisieren werden.

11 ◆ Das ist die Normlänge des Nagels. Es sagt nichts anderes aus, als daß es in diesem Fall nichts Besonderes zu berücksichtigen gilt. Wie immer: Harmonie und Regelmäßigkeit sind ein gutes Omen.

◆ Ein breiter, das heißt ungefähr quadratischer Nagel 12
zeigt eine gewisse Stärke Ihrer Persönlichkeit, die sich aus Selbstbewußtsein und günstigen Anlagen ergibt. Mit einem eckigen Nagelbett versehen, zeigt ein solcher Nagel Nüchternheit und Rationalität. Ein abgerundetes Nagelbett hingegen ist, wie bei den Fingerspitzen, ein Zeichen für Gefühl und Harmoniebedürfnis, für Umgänglichkeit und Schönheitssinn.

◆ Mit kurzen und breiten Nägeln sind Sie wahrscheinlich 13
nicht einverstanden mit dem, was Sie hier lesen. Die sogenannten Kritikernägel gehören Menschen, die stets auf der Suche nach dem sind, was an irgend einer Sache falsch sein könnte. Ihre kritische Einstellung ist sicher in vielen Bereichen außerordentlich nützlich, aber denken Sie daran, daß es für andere manchmal anstrengend ist, immer höchsten Ansprüchen genügen zu müssen. Für kleine Kinder ist es sogar geradezu schädlich.

◆ Mit langen und schmalen Nägeln sind Sie froh, daß Sie 14
sich allein im stillen Kämmerlein analysieren können und sich nicht der Beurteilung von jemand anderem aussetzen müssen. Sie sind sehr empfindsam und entsprechend empfindlich. Alles Laute, Aufgesetzte, Grobe ist Ihnen ein Greuel oder erschreckt Sie zutiefst. Darauf sollten Sie unbedingt Rücksicht nehmen und sich, so gut wie Sie können, schützen.

◆ Gewölbte Nägel (wie römische Dachziegel) zeigen, 15
daß Sie Kontakt und Anschluß suchen. Selbst wenn Sie eigentlich scheu sind, so ist Ihr Auftreten doch offen und liebenswürdig. Sie machen es anderen leicht, ins Gespräch zu kommen.

◆ Sie verstecken sich. Selbst wenn Sie offen plaudern, 16
dann ist dies nur eine Maske, um sich dahinter sicher zu fühlen. Wahrscheinlich ist es Ihre große Empfindsamkeit, die Sie so vorsichtig macht. Dies ist besonders dann der Fall, wenn Ihre Nägel relativ klein und trapezförmig sind.

17 ◆ Sehr kleine, fast verkümmerte oder sehr stark verbogene Nägel sind immer ein Zeichen für eine besondere, wahrscheinlich schwächende Veranlagung, die wir aber nicht genauer umschreiben können. Sicher ist mit einer
18 großen Empfindlichkeit zu rechnen. Wie sich diese auswirkt, müssen wir aber an anderen Merkmalen der Hand herauszufinden versuchen.

◆ Verfärbte Nägel sind, wenn die Farbe nicht vom Nagellack kommt und wenn Sie nicht gerade einen Finger in der Autotür eingeklemmt haben, medizinisch relevant. Es kann sich um einen Nagelpilz oder sogar eine organische Erkrankung handeln. Wenn Sie irgendwelche auffallenden Verfärbungen auf Ihren Nägeln finden, sollten Sie diese zur Sicherheit einem Arzt zeigen.

Was wissen Sie mehr über sich?

Wahrscheinlich sind Sie verwirrt. Wahrscheinlich ist mit diesem Kapitel die Gewißheit in Ihnen gewachsen, daß Sie den Einstieg in die Chirologie nie schaffen werden. Doch: Die Komplexität der Handformen soll Sie nicht entmutigen und Ihnen das Handlesen nicht verleiden. Sie demonstriert aber einmal mehr eindrücklich, aus wie vielen und wie widersprüchlichen Merkmalen sich unsere Persönlichkeit zusammensetzt. Natürlich erschwert das jede Art von Analyse. Aber es macht uns als Wesen doch auch sehr interessant und kostbar. So leicht läßt sich eben nichts und niemand durchschauen. Und das ist gut so. Sich selbst ohne wenn und aber zu sehen, ist ohnehin das Schwierigste. Auch wenn Sie es bisher nur in Ansätzen schaffen: Mit der Übung wird alles besser. Und schließlich werden auch Sie zum Meister!

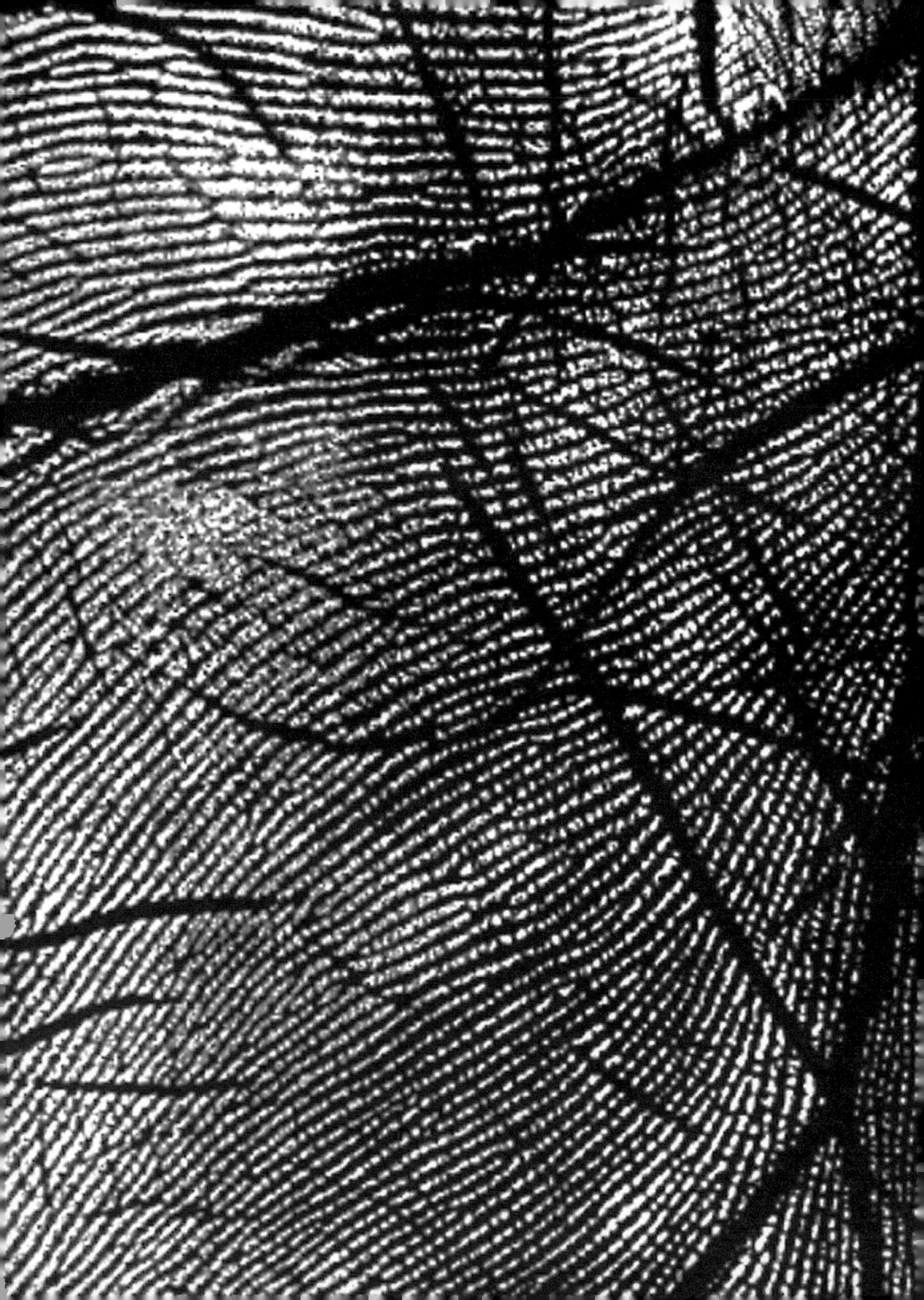

SCHRITT 12

ANALYSE – DIE HÄNDE VON FRAU X.Y.

Jetzt wird es konkret. Wir analysieren eine Hand und versuchen, eine uns unbekannte Person in ihrem Wesen, so weit dies möglich ist, zu erfassen.

ANALYSE – DIE HÄNDE VON FRAU X.Y.

Auf Frau X.Y. (52,Rechtshänderin) stieß ich in meinem geschäftlichen Umfeld. Ich hatte mehrmals mit ihr telefoniert und sie ein einziges Mal getroffen. Beim zweiten Treffen bat ich sie um ihre Handabdrücke für dieses Kapitel. Selbstverständlich hatte ich damals bereits einen bestimmten Eindruck von ihrer Persönlichkeit, aber ich würde behaupten, daß ich Frau X.Y. nicht gekannt hatte, bevor ich ihre Hände interpretierte. Inzwischen haben wir uns natürlich ausgetauscht und besser kennen gelernt. Daraus ist der Dialog entstanden, der sich auch in diesem Kapitel niedergeschlagen hat.

Das Alter einer Person läßt sich ihren Handabdrücken nicht entnehmen. Genau so wenig wie ihr Geschlecht. Beides müssen wir kennen, bevor wir mit einer Analyse beginnen!

Doch zuerst drei Bemerkungen, bevor wir uns auf eine Hand und einen anderen Menschen einlassen.

◆ Der Handabdruck, von dem wir ausgehen, ist eine Momentaufnahme. Alles was wir herausfinden, gilt für die Gegenwart. Die Linien können sich verändern und damit auch die Analyse und die Zukunft.

◆ Eine Analyse darf niemals ein Korsett sein, in das man einen Menschen zwingt. Es ist ein sorgfältiges sich Herantasten an die Gegebenheiten. Darum: Insistieren Sie niemals, wenn Sie bei einer Person Widerstand spüren. Es geht bei einer Handanalyse nicht darum, Recht zu behalten! Es kann sein, daß jemand nicht bereit ist, gewisse Erkenntnisse zuzulassen. Vielleicht ist diese Weigerung eine gesunde psychische Reaktion. Respektieren Sie Ihr Gegenüber auf alle Fälle. Auch dessen Abwehr. Dazu müssen Sie sich nicht verleugnen: Sagen Sie einfach, daß Ihre Interpretation sich in anderen Fällen als zutreffend erwie-

Nehmen Sie *sich* zurück. nicht Ihre Aussage!

sen hat, daß es ja aber immer einmal sein könne, daß die Methoden versagen. Keine Regel ohne Ausnahme. Das ist erstens wahr und zweitens ein sehr geeigneter Fluchtweg für Menschen, die den Tatsachen lieber nicht ins Auge blicken wollen. Verurteilen Sie bitte solche Menschen nicht. Seien Sie dankbar, wenn Sie selbst nie in die Lage kommen, etwas verdrängen zu müssen.

◆ Wir Chirologen können auch Unrecht haben, wenn wir Recht haben. Die menschliche Psyche ist unfaßbar und grenzenlos wie das Universum selbst. Wir erreichen über die Hand nur einen winzigen Teil, ein paar Aspekte des seelischen Innenraums. Zwar zeigt die Praxis, daß das Aufzeigen einiger dieser Aspekte sinnvoll und sogar hilfreich sein kann. Aber es gibt immer noch eine weitere Ebene hinter jeder Ebene, und von dort aus betrachtet, kann falsch sein, was sich im Vordergründigen als richtig erwiesen hat. Daß wir in der Chirologie überhaupt Resultate erzielen, hängt wahrscheinlich davon ab, daß sich das Bewußtsein nicht sehr weit in die Psyche hinein erstreckt. In diesem eingegrenzten Bereich aber ist es uns möglich, Gegebenheiten festzustellen, mit denen sich die analysierte Person identifizieren kann. Aber es gilt immer, offen zu bleiben für das Unerwartete: Der Hintergrund der Seele ist ein unbeschriebenes Blatt. Dort herrscht die Freiheit der Überraschung – ja des Wunders. Und dort verfangen die Kriterien von falsch und richtig nicht mehr. Dessen müssen wir uns in Demut bewußt bleiben.

Doch nun zur Sache. Wir beginnen mit einem ersten Gesamtüberblick, einer Grob-Analyse. Ich habe Ihnen eine Check-Liste mit den Kriterien zusammengestellt, die wir hintereinander betrachten wollen. Ich empfehle Ihnen dringend, sich beim Analysieren immer auf diese Liste zu stützen. Vor allem am Anfang Ihrer chirologischen Karriere ist systematisches Vorgehen enorm wichtig. Es hilft Ihnen, glaubwürdige Resultate zu erzielen.

Linke Hand

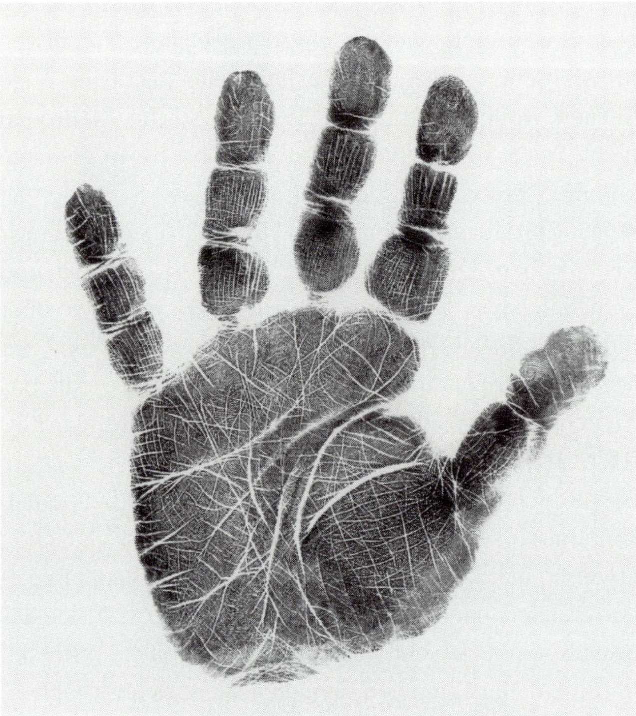

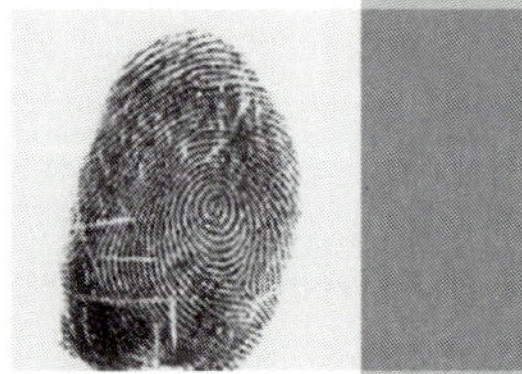

Jupiter

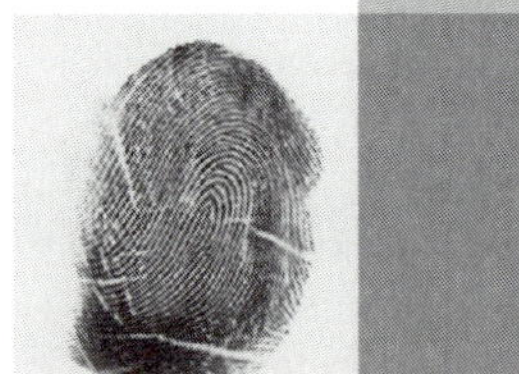

Saturn

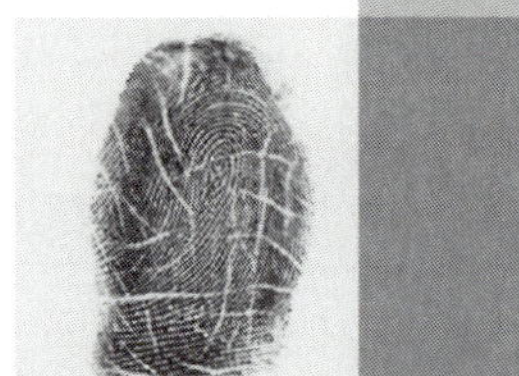

Sonne

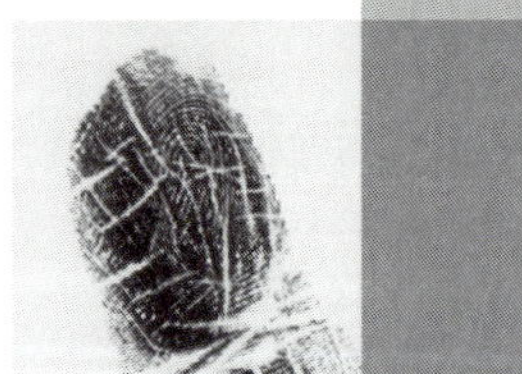

Merkur

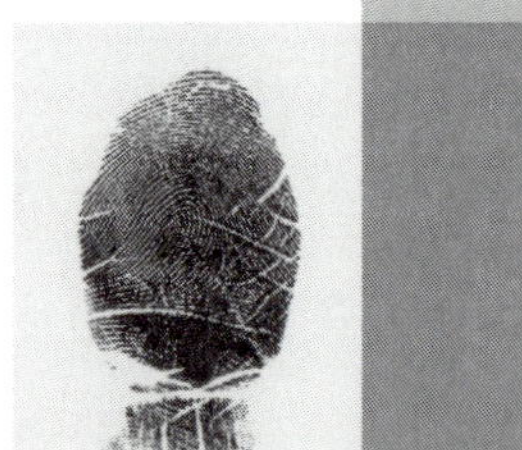

Daumen

Rechte Hand

Jupiter

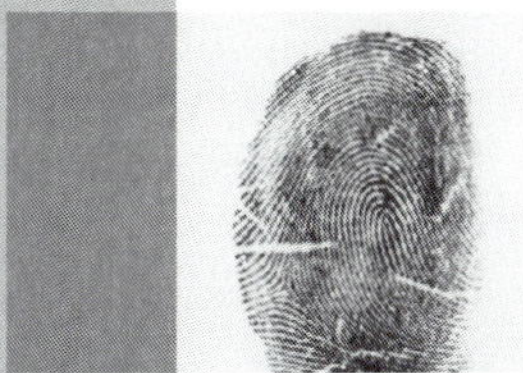

Saturn

Sonne

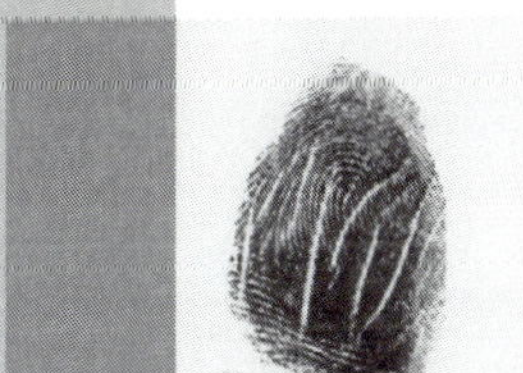

Merkur

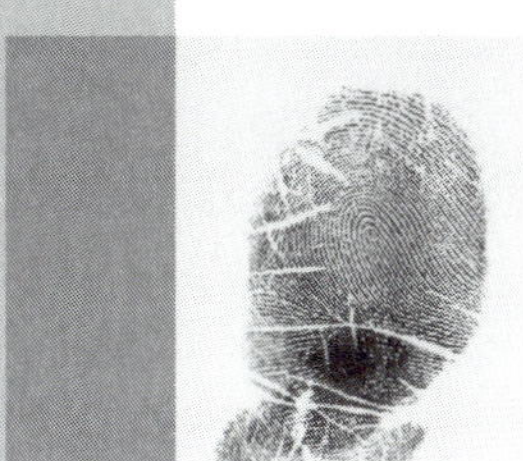

Daumen

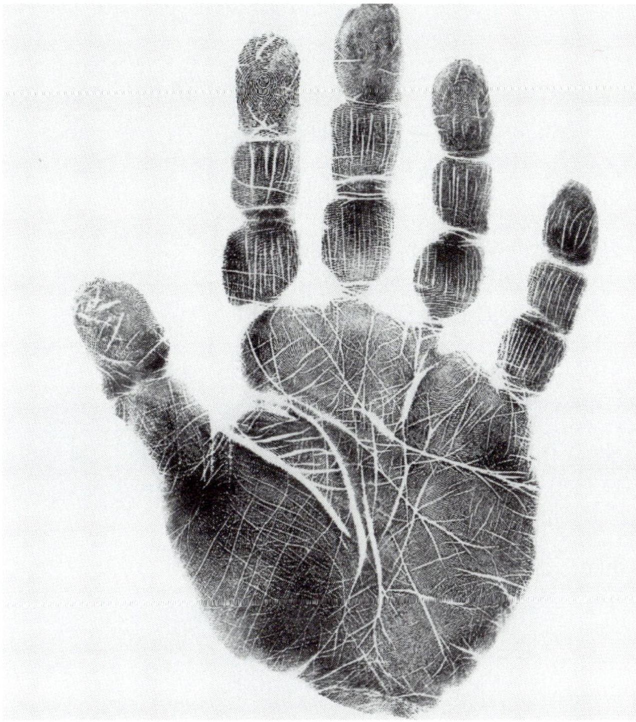

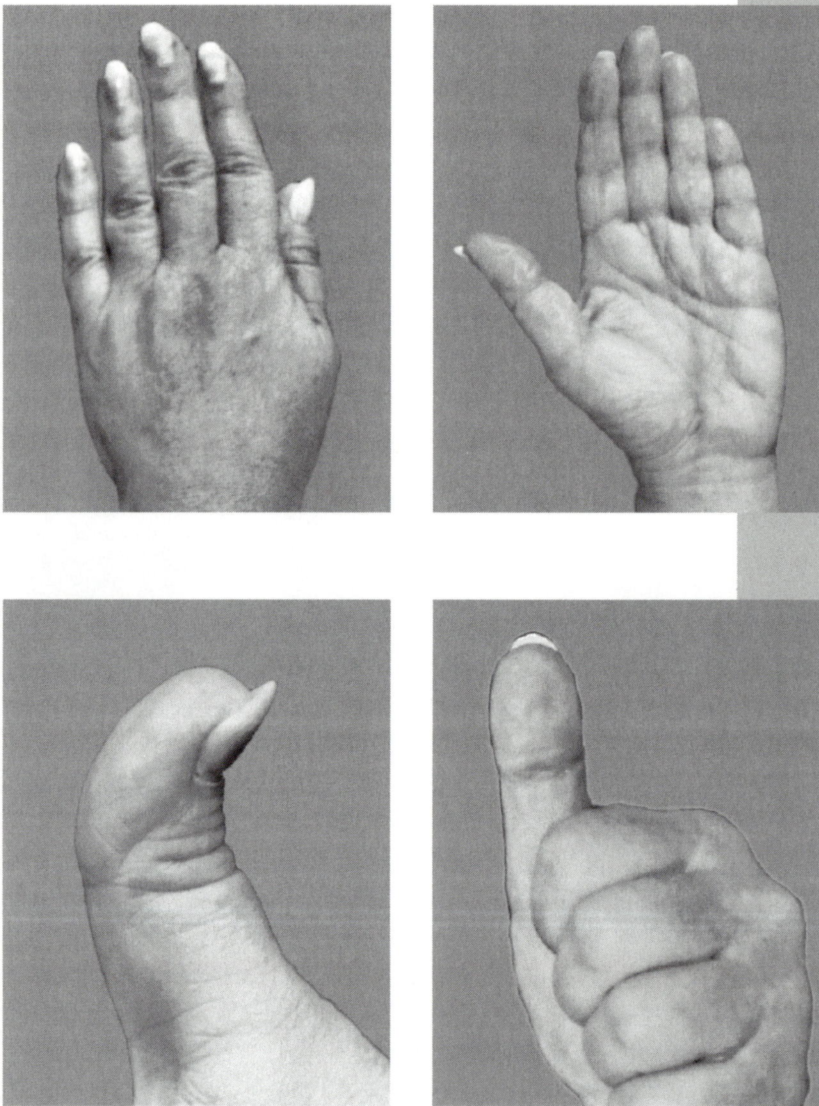

Linke Hand

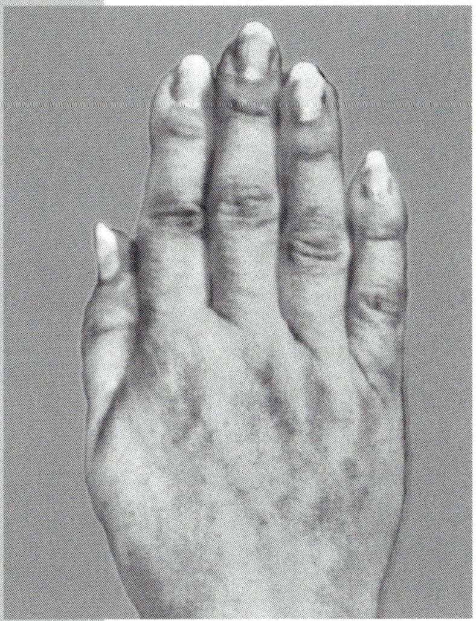

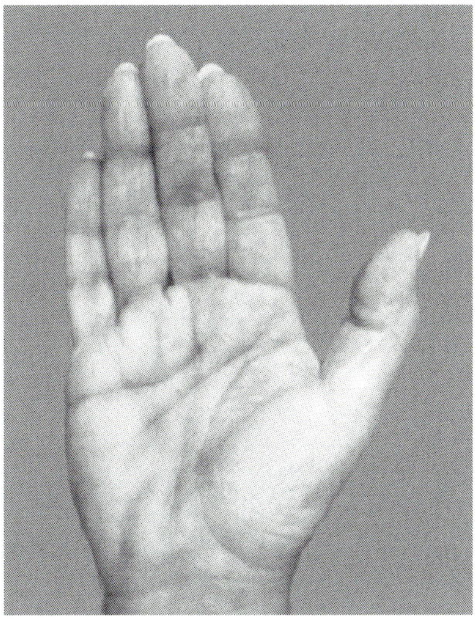

Rechte Hand

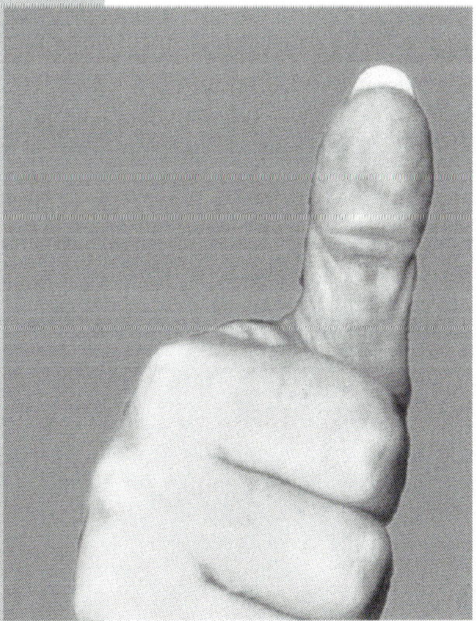

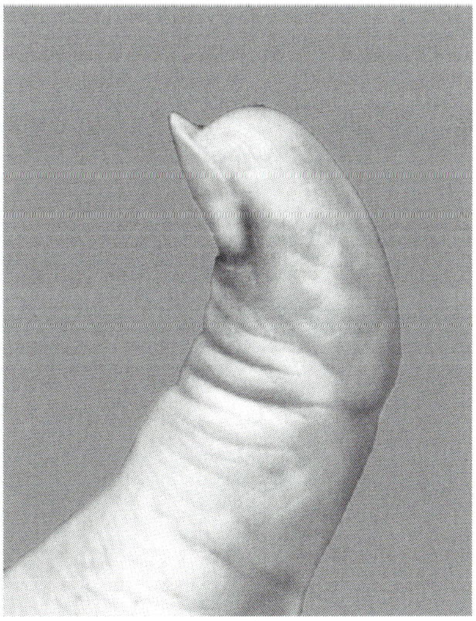

Check-List zur Grob-Analyse

Unterschiede rechts – links
Horizontale Zweierteilung
Vertikale Zweierteilung
Dreierteilung
Kopflinie
Herzlinie
Lebenslinie
Schicksalslinie

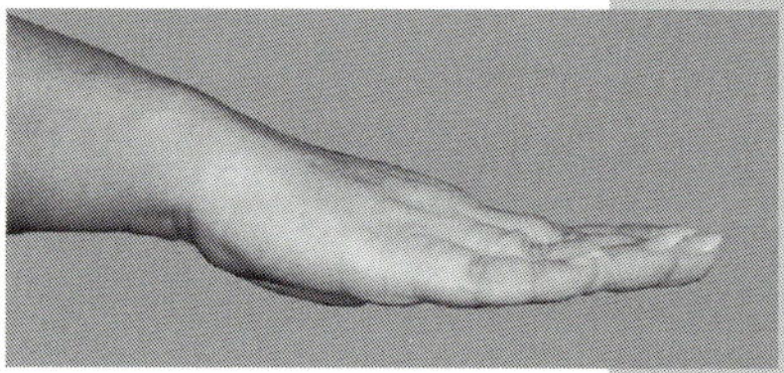

Grob-Analyse

Unterschiede rechts – links

Es gibt zwar bei einzelnen Linien kleinere Abweichungen, einige sind in der linken Hand teilweise gerader und damit strenger gezeichnet, aber die Unterschiede sind nicht sehr auffällig. Wir können also davon ausgehen, daß Frau X.Y. mehr oder weniger ihren Anlagen gemäß lebt und sich entsprechend weder besonderen Spannungen noch Konflikten ausgesetzt sieht. Darum berücksichtigen wir für die Grob-Analyse nur die rechte, die aktive Hand.

Sie werden sehen, daß es Aussagen gibt, die sich widersprechen und damit aufheben. Das ist bei der Vielzahl der verschiedenen Merkmale nicht verwunderlich. Sie werden aber auch erleben, daß sich gewisse Punkte der Persönlichkeit immer deutlicher herauskristallisieren. Langsam formt sich ein Bild, das einer psychischen Landschaft entspricht, mit der sich die analysierte Person mehr oder weniger identifizieren kann.

Horizontale Zweierteilung

Das obere, geistige Feld ist eine Spur kleiner als das untere, stoffliche Feld. Das Ungleichgewicht ist aber minimal. Entsprechend gut ausbalanciert ist Frau X.Y. zwischen abstrakten und konkreten Fähigkeiten. Sie wird also mit den Anforderungen der Welt umzugehen wissen. Trotzdem herrscht eine Neigung zum Praktischen, Sichtbaren, Konkreten vor. Dies erscheint uns um so glaubwürdiger, als die ganze Hand breite Fleischigkeit zeigt, ein Zeichen von Sinnlichkeit und Freude am Guten des Lebens.

Vertikale Zweierteilung

Hier stoßen wir zum ersten Mal auf eine konfliktträchtige Konstellation: Die Du-Seite ist sehr viel größer als die Ich-Seite. Frau X.Y. braucht entsprechend Umwelt, Mitwelt und Partnerschaft, um sich wohl zu fühlen. Sie hat das Bedürfnis, sich im Du zu spiegeln. Allerdings wird dieser Wunsch nach Zweisamkeit durch den großen Bogen der Lebenslinie beeinträchtigt, der über die Mittellinie hinausgeht: Frau X.Y. beansprucht Raum, will sich nicht einengen lassen, macht sich lieber selbst etwas breit.

Diese Art von Konflikt treffen wir häufig: Expansive Kräfte vertragen sich schlecht mit dem Bedürfnis, angenommen und umfangen zu werden.

Dreierteilung

Das Wurzelglied ist auf Kosten des Mittelteils vergrößert. Das gibt Beharrungsvermögen und Kraft, birgt aber in sich die Gefahr, schwerfällig, langsam und konservativ zu agieren. Frau X.Y. ist nicht leicht in Bewegung zu setzen, aber wenn sie in Bewegung ist, entwickelt sie Kraft und Durchhaltevermögen. Der verkleinerte Mittelteil läßt befürchten, daß sie über gewisse Dinge zu schnell hinweggeht, daß sie zu wenig genau hinschaut, wenn es darum geht, die Realitäten zu überprüfen. Alarmsignale werden nicht wahrgenommen. Darin liegt die Gefahr, von Ereignissen überrollt und überrascht zu werden.

Die Bedeutung des verkleinerten Mittelteils kann jeweils den Betroffenen nur schwer verständlich gemacht werden. Es bezeichnet ja gerade die Eigenschaft, Gegebenheiten nicht wahrnehmen zu können oder zu wollen.

Kopflinie

Die sehr klare und lange Kopflinie zeigt uns eine Person voller Tatendrang und Durchsetzungsvermögen. Ihr Aufschwung in Richtung Jupiterfinger zeigt uns, daß Frau X.Y. ein Mensch mit starkem Selbstbewußtsein und Führungsanspruch ist. Sie ist das Gegenteil einer grauen Maus und erträgt es nicht, herumkommandiert zu werden. In dieser Konstellation liegt die Gefahr von Selbstgerechtigkeit und Blindheit, aber auch die Kraft, für Ideale und Wertvorstellungen zu kämpfen. Frau X.Y. wird sich gut durchs Leben schlagen können, in welcher Position auch immer. Sie wird dies mit Festigkeit (Länge der Linie), Konsequenz (saubere Zeichnung) und einer bestimmten Nüchternheit (gerade Linie) tun. Wir wissen allerdings von der Dreierteilung her, daß Frau X.Y. Anlaufzeit braucht, um auf Touren zu kommen. Auch könnte der verkleinerte Mittelteil anzeigen, daß die grundsätzlich möglichen Erfolge durch zu wenig genaue Kontrolle der Umstände gefährdet sind.

Herzlinie

Die Herzlinie ist lang und endet am Fuß des Jupiterfingers. Sie zeigt eine gutmütige und idealistische, grundsätzlich freundlich gestimmte Persönlichkeit. Die frühe Kindheit (Anfang der Linie mit Insel belegt) scheint belastet zu sein, doch mit dem zehnten Lebensjahr erhellt sich das Bild (ährenförmige Ästchen). Nach dem zwanzigsten Lebensjahr beginnt die Linie abzusinken. Sie steigt erst nach Vierzig wieder an. Damit ist eine Zeit des Wartens angedeutet, der Wunsch, emotional vom anderen erlöst zu werden. Natürlich ist dies ein Widerspruch zur aktiven, fordernden Kopflinie. Wir haben also eine Person vor uns, bei der sich Herz und Verstand unterscheiden: Das äußere Vorgehen ist kräftig und selbstbestimmt, die Gefühle sind passiv fordernd und vom Du abhängig. Verschiedene herabfallende Linien stehen für Enttäuschungen, die sich aus dieser widersprüchlichen Situation ergeben.

Die abgesenkte Herzlinie finden wir sehr häufig. Der Wunsch vom andern, vom Du, erlöst zu werden ist wohl archetypisch. Entsprechend weit verbreitet ist die Unzufriedenheit, daß die andere Hälfte der Partnerschaft diese Erlösungsarbeit nicht leisten kann oder will.

Lebenslinie

Der Bogen der Lebenslinie ist kräftig und schön geschwungen. Dies übrigens ist ein deutlicher Unterschied zur linken Hand, wo die Linie von der Lebensmitte an dünner wird. Wir können also davon ausgehen, daß der Lebensstil von Frau X.Y. ihrer Gesundheit und Vitalität förderlich ist. Die Störungen am Anfang der Linie deuten auf gesundheitliche Schwierigkeiten in der Kindheit, es könnte sich aber auch einfach um Aufregungen handeln – dies ist nicht immer zu unterscheiden und in dieser Hand ist letzteres vielleicht sogar wahrscheinlicher. Da wir von der Dreierteilung her das kräftige Wurzelglied kennen, dürfen wir, zusammen mit dieser Lebenslinie, davon ausgehen, daß Frau X.Y. über eine kräftige Vitalität und gute Regenerationsfähigkeit verfügt.

Schicksalslinie

Die Saturnlinie steigt aus einem ganzen Bündel von wurzelförmigen Ästen klar ausgebildet herauf. Sie ist kräftig und gut gezeichnet. Frau X.Y. hat Verantwortungsgefühl und Leistungsbewußtsein. Die Nähe der Linie zur Lebenslinie läßt vermuten, daß unbewußte Familienmuster das Verhalten von Frau X.Y. stark prägen. Erst mit etwa 27 endet diese Linie und läßt mehr Freiheit zu. 21 ist ein wichtiges »Umsteige«-Datum: Es beginnt ein Lebensabschnitt, der siebzehn Jahre dauert. Sehr wichtige Jahre sind aber auch 19 und 18. Ab 18 läuft eine zweite Saturnlinie, die sich bis 54 durchzieht. Da sie »außen« steht, Richtung Du-Seite verschoben, könnte es sich um die Berufstätigkeit oder Auslandaufenthalte handeln. Weitere Lebensabschnitte, die sich durch Linien zeigen, die sich gegen den Saturnfinger hochschrauben, dauern von circa 45 bis ins hohe Alter, und von 49 bis 59. Die klare Linie ab 45, die bis zum Mittelfinger hochführt, zeigt, daß Frau X.Y. ihren Weg findet und die selbstgesteckten Ziele schließlich mit Zufriedenheit erreicht.

Zusammenfassung

Es handelt sich um eine Hand, die Kraft und Lebenstüchtigkeit anzeigt. Sie gehört einer Person, die im Leben gut zurechtkommt. Aber »wie's da drin aussieht« ist natürlich eine andere Sache. Emotional besteht eine gewisse Niedergeschlagenheit, die allerdings mit der Zeit an Schärfe verliert. Trotzdem ist Unzufriedenheit zu befürchten. Sie ist ausgelöst durch familienbedingte, emotionale Muster, die wahrscheinlich noch nicht durchschaut und entsprechend nicht bearbeitet worden sind. Auch ist sich Frau X.Y. vielleicht zu wenig ihrer Stärke bewußt und damit des Drucks, den sie auf ihr nahestehende Menschen ausübt. Diese weichen zurück, was zu neuem Leiden führt, weil Frau X.Y. ja Nähe und Partnerschaft liebt und sucht. Es ist dies ein klassischer Widerspruch zwischen Selbstbehauptung und Hingabe.

Sehen Sie jetzt Frau X.Y. vor sich? Haben Sie bereits eine Vorstellung von ihrer Person? Dann sehen Sie, daß bereits eine Grob-Analyse interessante Hinweise bietet. Ich würde Ihnen empfehlen, mindestens zwanzig Hände auf diese Weise durchzuarbeiten, bevor Sie sich an verfeinerte Analysen wagen. Denn dort gilt es sehr viel mehr und zum Teil schwierigere Merkmale zu beurteilen.

Nun kommen wir zur Fein-Analyse. Sie sehen schon an der Check-Liste, daß dazu sehr viel mehr Kriterien berücksichtigt und miteinander in Beziehung gesetzt werden müssen. Was ich Ihnen hier unterbreite, ist ein Vorschlag, ist *meine Art,* Hände zu untersuchen. Wenn Sie einmal so weit sind, daß Sie sich um so viele chirologische Einzelheiten kümmern können und wollen, dann haben Sie sehr wahrscheinlich Ihre eigene Art der Handdeutung entwickelt, die von meinem Vorgehen abweicht. Vielleicht gewichten Sie dann anders, interessieren sich für Zusammenhänge, die ich hier kaum erwähne, arbeiten weitere Charaktereigenschaften heraus. Dies ist nicht nur so, weil jede Persönlichkeit viele verschiedene Facetten hat. Es ist auch normal und schön, daß jeder Chirologe und jede Chirologin sich letzten Endes durch ihre Arbeit selbst ausdrücken.

Die hier folgende Analyse und Charakterinterpretation habe ich Frau X.Y. zur Begutachtung vorgelegt. Mit gewissen Abschnitten bin ich auf ihre volle Zustimmung gestossen, an anderen Orten schlugen mir Unverständnis und Irritation entgegen. Sie werden es selbst sehen. Ich habe die Anmerkungen von Frau X.Y. möglichst ungekürzt in das Buch aufgenommen. Und ich habe versucht, die kontroversen Punkte zusammen mit Frau X.Y. zu klären. Sie können dabei gleich sehen, wie auch Ablehnung und Widerstände fruchtbar gemacht werden können, indem sie zur Verdeutlichung der Aussagen zwingen. Viele Schwierigkeiten ergeben sich nämlich aus terminologischen Mißverständnissen. Der Sprachgebrauch ist ja von Mensch zu Mensch verschieden. Und besonders, wenn kritische Punkte angesprochen werden, sind Verständigungsschwierigkeiten vorprogrammiert. Im direkten Gespräch macht ein fragender oder ablehnender Blick sofort deutlich, daß klare Begriffsdefinitionen gefordert sind. Bei einer schriftlichen Interpretation bleiben die Mißverständnisse ungeklärt. Achten Sie übrigens bei den Einwänden von Frau X.Y. nicht nur auf die Inhalte, sondern prüfen Sie, ob Art und Form ihrer Reaktion zu dem aus der Hand abgelesenen Charakterbild passen oder nicht. Werden die Einwände scheu oder selbstsicher, pedantisch oder phantasievoll vorgebracht? Manchmal erfahren wir Chirologen nur aus solchen indirekten Hinweisen und dem Verhalten unserer Klienten, ob wir mit unseren Aussagen richtig oder falsch liegen.

Check-List für Fein-Analyse

Erster Eindruck
Unterschiede rechts – links

Verhältnis Handfläche:Finger
Horizontale Zweierteilung
Vertikale Zweierteilung
Dreierteilung

Fingerlänge
Fingerglieder
Papillarmuster Fingerspitzen
Papillarmuster Handfläche

Kopflinie
Herzlinie
Lebenslinie
Schicksalslinie

Sonnenlinie
Merkurlinie
Nebenlinien
Zeichen
Leere Flächen

Handform
Profil
Daumen
Nägel

Fein-Analyse

Erster Eindruck

Es handelt sich um ein Handpaar mit starken Linien und ausgeprägter Fleischigkeit. Die Linienqualität läßt Aktivität vermuten, die ausgeprägt rundlichen Formen zeigen Sinnenlust und Bequemlichkeit. Die gepolsterten, eher kurzen Finger bestätigen die Genußfreude und zeigen die »irdische« Ausrichtung der Persönlichkeit: Sie bewegt sich in Bereichen des Konkreten, des Stoffes.

Frau X.Y.: *Ich bin sehr überrascht, wie deutlich schon in den ersten Sätzen meine »Zerrissenheit« erkennbar wird: Aktivität und Bequemlichkeit. Die Aktivität rührt von einer inneren Unruhe und Neugier – solange, bis die Bequemlichkeit, sprich Faulheit, zutage tritt: In dem Moment, in dem ich erkennen kann, daß ich mein gestecktes Ziel erreichen kann, die zwingende Notwendigkeit aber nicht aufgetreten ist. Geht es um mein »nacktes Überleben«, so weiß ich, werde ich es schaffen. Zur ausgeprägten Sinnenlust – sinnlichen Phantasien – stehe ich voll und ganz. Es begeistert mich auch, daß sie so deutlich und unverkrampft sichtbar ist.*

Unterschiede rechts – links

Wie in der Grob-Analyse festgestellt, sind die Unterschiede nicht bedeutend. Die Handstellung der linken Hand ist etwas offener.

Verhältnis Handfläche: Finger

Die Handflächen dominieren, das verstärkt wiederum die praktische, konkrete Ausrichtung der Persönlichkeit. Aber die Finger wirken in ihrer Massigkeit doch auch sehr stark: Die denkerischen Fähigkeiten sind keineswegs unterentwickelt. Aber auch das Denken verfolgt eher Konkretes. Sicher ist Frau X.Y. weder an Versicherungsmathematik noch an dem Verfassen eines Lexikons über Musiknoten interessiert, das heißt, sie will sich nicht mit abstrakten Zahlen und Systematik herumschlagen.

Frau X.Y.: *Beim praktisch-konkreten Denken geht es meist um organisatorische Aufgaben, die mich immer sehr reizen. Zu meiner Verwunderung allerdings finde ich die Lösung nicht durch langes Nachdenken und Abwägen, sondern ganz spontan weiß ich um die Umsetzung in die Praxis. Manchmal habe ich das Gefühl, ich denke nicht – ich werde gedacht – oder irgend etwas denkt.*
Abstrakte Zahlen interessieren mich wahrlich nicht sehr, aber Systematik schon. Beispiel: Ich hasse schlampig gemachte Register, die keine Systematik erkennen lassen. Das ist eine Aufgabe, der ich mich gern und auch ausdauernd stellen kann.
Kommentar: *Daneben mit der Systematik? Ich würde meinen, ein klassischer Fall von Definitionsbedarf. Als ich den Begriff »Systematik« verwendete, meinte ich so etwas Abstraktes wie z.B. mathematische Grundlagenforschung. Was Frau X.Y. versteht, ist, was ich unter den Begriff »Ordnungsliebe« fassen würde. Ordentliche Register gehören für mich in den Bereich des Konkreten, Praktischen.*

Horizontale Zweierteilung

Von der Grob-Analyse her wissen wir, daß diese Teilung dem oben Gesagten entspricht.

Vertikale Zweierteilung

Die große Du-Seite (→ *Grob-Analyse*) steht nicht nur für Partnerschaften, sondern auch für Dinge. Da wir bei Frau X.Y. eine betonte Vorliebe für Konkretes festgestellt haben, können wir nun davon ausgehen, daß ihr nicht nur Menschen, sondern auch Dinge wichtig sind. Wahrscheinlich pflegt sie sehr bewußt ihren Wohnstil, vielleicht sammelt sie schöne Sachen. Sicher hat sie alles im Küchenschrank, was eine Genießerin wie sie benötigt. (Ob sie tatsächlich regelmäßig kocht, scheint aber fraglich. Die zwar vorhandene Lust könnte an der Bequemlichkeit scheitern.)

Frau X.Y.: *Wahrhaftig: Auch Dinge sind mir wichtig. Allerdings müssen diese Dinge meine Phantasie beflügeln. Es geht mir meist nicht um modische, schöne Designerstücke, sondern um Gegenstände mit beseelter Vergangenheit. (Beispiel: mein alter kurdischer Kinderwiegenteppich, ein Nomadenzeltband, alte englische Gläser und Korkenzieher, Maori-Jagdpfeile, indische Spiegelteppiche, Messingtürbeschläge, afrikanische Kämme, jemenitischer Schmuck, die winzige, abgebrochene Porzellanhand, die ich im weißen Sand einer zauberhaften Bucht auf einer traumverlorenen Insel im indischen Ozean gefunden habe... und leider wieder verloren habe). – Da kommen wir wieder zu dem gefüllten Küchenschrank der Genießerin – stimmt alles. Ich koche nur regelmäßig, wenn auch regelmäßig Besuch kommt, aber dann stelle ich aus diver-*

sen duftenden Gewürzen meine ganz persönliche Curry-Mischung zusammen, setze raffinierte Gewürzessigmischungen an, verteile exotische Kochrezepte an Freunde und Kollegen.

Kommentar: *Diese lange Aufzählung habe ich ungekürzt gelassen. Sie demonstriert sehr schön die Sinnenfreude und Stoffbezogenheit von Frau X.Y., aber auch die angesprochene Mischung aus Passivität und Aktivität: Es wird nur gelegentlich gekocht, aber dann aufwendig. Eigentlich liebt man Bequemlichkeit, aber wenn man beschlossen hat, etwas in Angriff zu nehmen, scheut man keine Mühe.*

Dreierteilung

Was wir in der Grob-Analyse gesehen haben, paßt ins bisherige Bild: Das große Wurzelfeld macht behäbig und verlangsamt Aktionen. Wichtig ist, daß wir für die weitere Analyse das verkleinerte Mittelfeld im Hinterkopf behalten und seine Auswirkungen auf die weiteren Aussagen berücksichtigen. Wir können zum Beispiel vermuten, daß das ungenaue Hinschauen, für das dieses Mittelfeld steht, es auch schwierig macht, sich selbst objektiv zu betrachten. Wir müssen also damit rechnen, daß Frau X.Y. unsere Analyse nicht einfach hinnimmt, weil es sehr wohl möglich ist, daß sie zu weit von ihrem Selbstbild abweicht. Es liegt an uns, in einem solchen Fall geduldig Beispiele aus verschiedenen Bereichen anzuführen, bis unser Gegenüber verstehen und akzeptieren kann, daß die Aussage gültig sein könnte. Eine gute Art, Objektives herauszufinden, ist zum Beispiel zu fragen: »Haben Sie in Ihrem Leben schon einmal den Vorwurf gehört, Sie seien ...?« »Ist Ihnen schon passiert, daß Sie unangenehm überrascht wurden durch ...?« Durch die Ergebnisse der Analyse müßten wir in der Lage sein, passende Fragen zu stellen. Im Fall von Frau X.Y. und dem großen Wurzelfeld zum Beispiel: »Kommt es vor, daß Sie sich Dinge vornehmen, die Sie danach doch nicht durchführen, weil Ihnen Lust und Antrieb fehlen?«

Achtung: Es wäre falsch, unhöflich und unliebenswürdig, in einem solchen Fall zu sagen: »Daß Sie mir nicht Recht geben, bestätigt meine Diagnose!« Auch wenn Sie noch so Recht haben: Sie haben niemals das Recht, darauf zu bestehen.

Frau X.Y.: *Behäbigkeit und verlangsamte Aktionen? – Das überrascht. Dazu kann ich nur anführen, daß ich häufig vor sog. »Hemmschwellen« stehe, die einerseits Ängste voraussetzen: Angst, etwas zu schnell zu machen, ohne vorher wirklich auch alles bedacht zu haben, und Angst vor einer verpaßten Chance, weil zu übereilt gehandelt. Ich traue mir häufig einiges nicht zu – habe ich dann aber die Sicherheit gefunden, kann mich nichts mehr aufhalten. Ein anderer wichtiger Aspekt ist: Schon als Kind habe ich mir angewöhnt, mich schnell und geschickt zu bewegen, damit ich einen Ausgleich zu meinem stets übergewichtigen Körper schaffe. Ich wollte deutlich demonstrieren, daß ich nicht so bin, wie ich aussehe. Ich wollte nicht unterschätzt werden – es ist auch gelungen. Also: Liege ich mit meinem Selbstbild sehr daneben?*

Kommentar: *Nein, nicht so sehr. Auch hier haben wir eigentlich ein terminologisches Problem. Ich wollte nicht allzu penetrant von Bequemlichkeit und Faulheit reden, obwohl sich im nachhinein gezeigt hat, daß Frau X.Y. keine Berührungsängste vor diesen Begriffen hegt. Ich glaube ihr sofort, daß sie enorm tätig werden kann – wenn sie es sich vornimmt! Ihre Aktivität ist aber, wie ihr Einwand deutlich zeigt, immer willensbetont und entspringt nicht einem spontanen, körperlichen Bewegungstrieb, der sie zur Tätigkeit anspornt und zwingt.*

Finger

Wir haben bereits weiter oben gesehen, daß es sich um massive, eher kurze Finger handelt, daß also Frau X.Y. keine abstrakte Denkerin, sondern eine konkrete Genießerin ist. Der abgespreizte Merkurfinger in der linken Hand deutet auf eine neugierige und weltoffene Haltung, die rechte Hand wirkt etwas reservierter. Der Appetit auf Leben scheint rechts etwas weniger groß. Das kann aber auch ein zeitlich begrenztes Merkmal sein und würde auf eine momentane Ermüdung schließen lassen.

Frau X.Y.: *Neugier: ja! Weltoffen: dreimal ja! Appetit auf Leben: ja!!! Allerdings zur Zeit etwas gestreßt und erschöpft.*

Fingerglieder

Am auffälligsten sind die runden Pölsterchen an den Wurzelgliedern. Sie haben bewirkt, daß ich schon weiter oben die Genuß- und Sinnenfreudigkeit der Frau X.Y. so sehr betonte. Die Dreierteilung der Finger ist mehr oder weniger ausbalanciert, wobei die Nagelglieder sehr gut entwickelt sind. Dies zeigt ausgewogene Intelligenz und daß im Bereich der Ideen vieles los und möglich ist. Der Sonnenfinger scheint in beiden Händen minim verkürzt: Frau X.Y. hat Mühe, Selbstausdruck und Selbstverwirklichung zu finden. Das erschwert Glücksgefühle. Querlinien in den beiden unteren Gliedern des rechten Jupiterfingers stehen für Frustrationen: Frau X.Y. ist nicht zufrieden mit dem, was sie für sich erreicht hat (Wurzelglied), und ist sich auch nicht im klaren, was sie eigentlich für sich wünschen oder anpeilen soll (Mittelglied). Die Unzufriedenheit, die wir in der Grob-Analyse aus ihrer Herzlinie gelesen haben, bestätigt sich also auch im Zeigefinger.

Frau X.Y.: *Zur Grundaussage des Absatzes meine Zustimmung, nur würde ich für »Unzufriedenheit« eher Zerrissenheit – das »Zwillingshafte« – einfügen.*

Papillarmuster Fingerspitzen

	links	rechts
Jupiterfinger	Oval	Oval
Saturnfinger	Schleife	Schleife
Sonnenfinger	Schleife mit kleiner Spirale	Oval
Merkurfinger	Schleife	Schleife
Daumen	Schleife	Schleife

Die Muster sind symmetrisch angeordnet, was Harmonie und Konfliktlosigkeit zwischen Anlage und Realisierung verspricht. Die Ovale auf den Jupiterfingern erhöhen die Ego-Kraft und Durchsetzungsfähigkeit. Sie können im Extremfall eigensinnig machen. Schleifen auf dem Saturnfinger sind ein günstiges Zeichen, alles andere macht ja bekanntlich schwermütig, und die Saturnfinger sind lang und vermitteln dadurch genügend Ernsthaftigkeit. Das Oval auf dem rechten Sonnenfinger zeugt von Schönheitssinn, Stilbewußtsein und Kreativität. Daß die Linke ein anderes Muster hat, zeigt, daß in diesem Bereich Entwicklungsmöglichkeiten liegen und ausgeschöpft werden.

Die winzige Spirale in der Schleife deutet aber die Kreativität bereits an. Auch über die Schleifen auf den Merkurfingern freuen wir uns, weil ja alle anderen Muster rechthaberisch machen.

Der Daumen zeigt, was bei all dem herauskommt: Die Schleifen zeigen Verbindlichkeit und Anpassungsbereitschaft der Person, das heißt, daß Frau X.Y., trotz der Ovale auf den Zeigefingern und ihrer starken Kopflinie, sich in Auseinandersetzungen eher zurücknehmen wird, daß sie sich diplomatisch und angepaßt verhält

Frau X.Y.: *Zustimmung total.*

Papillarmuster Handfläche

Das Muster ist deutlich gezeichnet und klar sichtbar. Wir dürfen auf eine gute körperliche Verfassung von Frau X.Y. schließen. Die Papillaren sind von mittlerer Feinheit, was auf eine einigermaßen robuste Psyche schließen läßt. Die Deltas unter den Fingern sind in keiner Weise auffällig. Ein Schleife zwischen Sonnen- und Merkurfinger rechts deutet auf Wortwitz. Da auch die Kopflinie eher spitz endet, können wir davon ausgehen, daß Frau X.Y. gerne scharfzüngige und nicht immer nur liebenswürdige Sprüche von sich gibt. Im Mondbereich finden wir zwei Deltas. Dies deutet auf eine belebte Phantasie, auf eine bestimmte Begabung, die sich vielleicht auch als innere Unruhe äußert. Genau können wir nicht wissen, um was es sich handelt. Sicher ist aber der Bereich der inneren Bilder besonders angesprochen.

Frau X.Y.: *Verbale Schlagfertigkeit stimmt auch. (Frage: Ist das eine bestimmte Begabung?)*
Kommentar: *Ja, die Schleife zwischen Sonnen- und Merkurfinger läßt auf ein besonderes Talent zu treffsicheren Formulierungen schließen. Daß diese manchmal etwas undiplomatisch sind, hängt allerdings von der ungebremsten Marskraft der Kopflinie ab.*

Kopflinie

Wir haben bereits in der Grob-Analyse festgestellt, daß Frau X.Y. über eine starke, erfolgversprechende Kopflinie verfügt. Bitte lesen Sie dort noch einmal nach, was diese gute Prognose unter Umständen relativieren könnte. Bei der genaueren Betrachtung durch die Lupe zeigt sich, daß wir den Anfang der Kopflinie auf zwei Arten lesen können, denn eigentlich gibt es zwei mögliche Anfänge:

◆ den bisher besprochenen, stark Jupiter-geprägten Aufschwung in Richtung Zeigefinger, Bild A.

◆ eine Linie, die zögernd beginnt, das heißt nicht am Ich-Punkt anfängt, sondern sich erst so ungefähr ab dem zehnten Lebensjahr entwickelt, Bild B.

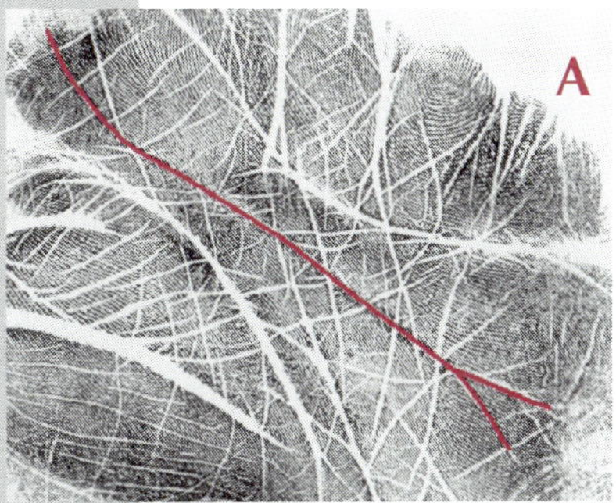

Die Fein-Analyse muß beide Anfänge berücksichtigen. Linie A zeigt die starke, führungswillige Persönlichkeit, wie wir das bereits angesprochen haben. Linie B zeigt uns dagegen eine Person, die Schwierigkeiten hatte, ihren Weg und ihre Form zu finden, ein Kind, das lange nicht wußte, was die Welt von ihm erwartet. Diese Aussage paßt zur emotionalen Belastung, die wir auf der Herzlinie für die frühe Jugend festgestellt haben. Wir können nun also den Schluß ziehen, daß die Stärke, die Frau X.Y. heute zeigt, auch kompensatorische Züge hat. Zwar ist die Jupiterbetonung in der linken Hand angelegt, sie ist aber in besonders starker Form entwickelt worden, weil das Kind einem Gefühl von Ohnmacht und Nichtigkeit entgegentreten mußte. Irgendwo, in den tiefsten Tiefen von Frau X.Y., steckt noch immer ein Stück Angst vor dieser Ohnmacht. Mit vierzehn wird diese Kopflinie mehrfach überkreuzt, von diesem Datum an findet auch der Jupiter-Aufschwung statt. In diesem Lebensalter (plus/minus ein oder zwei Jahre!) ist eine wichtige Weiche gestellt worden. Von diesem Moment an war Frau X.Y. so sehr bei sich, daß sie sich auf die Welt wirklich einlassen konnte.

Frau X.Y.: *Mit 16 fand der »Durchbruch« statt, aber anfänglich gesteuert, geschoben bzw. geholfen von außen – eine Richtungsweisung für die berufliche Entwicklung. Talente wurden erkannt, kreative Kräfte, und glücklicherweise war die Richtung o.k. Aus Zurückhaltung, Ängstlichkeit und auch Verweigerung hätte ich es allein in diesem Alter nicht geschafft.*
Kommentar: *Darf ich in diesem Zusammenhang noch einmal auf die gebremste Aktivität hinweisen, die wir im Abschnitt Dreierteilung diskutiert haben: So lange kein Willensentscheid gefallen ist, muß der Antrieb notwendigerweise von außen kommen.*

Andere Daten: Im Alter von etwa 34 Jahren fällt eine Linie von der Herzlinie auf die Kopflinie herunter, eine zweite etwa zwei Jahre später. Diese deuten Auswirkungen einer emotionalen Krise an, die ihren Anfang bereits mit etwa 28 Jahren nahm (dort beginnt die Linie nämlich auf der Herzlinie). Die Kopflinie und damit das Vorwärtskommen wird aber nicht beeinträchtigt. Vielleicht weil Vierecke über der Linie liegen, die Stärke und Schutz versprechen.

Frau X.Y.: *Die richtigen Daten sind 27 und 33. Ziemlich exakt die Deutung der Linien. Frage: Ist erkennbar, daß diese beiden Linien bzw. Ereignisse in Verbindung stehen? Es geht um eine beendete sehr starke Liebesbeziehung mit 27 und die unfreiwillige Fortsetzung dieser Beziehung mit den schwersten Folgen (ein Unfall und eine Schwangerschaft).*
Kommentar: *Eindeutig ja. Die Ereignisse hängen zusammen. Man könnte sogar sagen, daß das frühere Geschehen in einem tieferen Sinn der Auslöser des späteren war.*

Zwischen 48 und 57 liegt ein schönes Dreieck auf der Linie, offensichtlich findet eine positive Entwicklung statt, die neue Fähigkeiten für Frau X.Y. mit sich bringt. Allerdings gibt es in dieser Periode einen schmerzhaften Einschnitt mit 55 und danach noch einmal, weniger belastend, mit 59. Mit 65 gabelt sich die Linie, Frau X.Y. sucht nach neuen Möglichkeiten. (Eine Gabel an dieser Stelle steht oft für schriftstellerisches Talent. Diese hier ist allerdings ein wenig hart gezeichnet, so daß ich sie eher als Wunsch, sich ein schönes Stück vom Leben herauszubeißen, interpretiere.)

Frau X.Y.: *Die positive Entwicklung setzt bereits ab 45 ein. Betrifft die Kündigung meines Postens um jeden Preis, egal wie es weitergehen würde. Allerdings mit dem sicheren Gefühl, daß es der richtige Weg sein wird. (Intuition? Rechthaberei? Oder einfach nur Trotz?) Zu den Voraussagen für die Zukunft kann ich nichts sagen, dazu habe ich auch keine »Ahnungen«.*
Kommentar: *Vermutlich herrschte zwischen 45 und 48 eine gewisse Unsicherheit in Bezug auf den Ausgang der Dinge, deshalb zeigt sich die positive Entwicklung erst mit Verspätung in der Hand.*

Die Kopflinie der linken Hand ist unruhiger, sie wird von vielen kleinen Linien überkreuzt und zeigt weder Dreiecke noch Vierecke. Das bedeutet, daß Haltung und Entwicklung von Frau X.Y. es ihr ermöglichten, vielen eigentlich vorgezeichneten Schwierigkeiten auszuweichen. Ihr Lebensstil erweist sich in diesem Bereich als günstig.

Herzlinie

Die Herzlinie ist wie die Kopflinie sehr klar und kräftig gezeichnet. Trotz der Schwächen, die wir auf ihr bei der Grob-Analyse feststellten, zeigt sich eine durchgehende, feste Haltung auch in Gefühlsfragen. Durchschneidungen gibt es mit 16, 18, 23, 48, schwerwiegendere Belastungen mit 28 und 41. Diese letztere Krise wirkt mehrere Jahre nach. Mit 52 steigt eine Linie auf, die Raum und Erleichterung bringt. Von nun an wird das Leben leichter.
Wenn wir diese Aussagen mit denen der Grob-Analyse in Verbindung bringen, zeigt sich, daß die lange Phase des passiven Abwartens durch den Schock um 41 ihr Ende findet. Die Krise stellt eine Art von Erwachen dar, das sehr erschreckend, aber letzten Endes heilsam gewesen ist.

Frau X.Y.:Frage: *Schwerwiegende Belastung 28 und 41 – bedeutet das Trennung vom Liebespartner? Dann stimmt's exakt sogar. (Tiefste Enttäuschung.) Einspruch gegen das passive Abwarten!*
Kommentar: *Die abfallende Herzlinie steht für Warten, für die Erwartungshaltung, daß die Problemlösung und Erlösung vom anderen, vom Du, kommt. Woher die abwartende Haltung kommt, ob aus Resignation oder aus einer verwöhnten Anspruchshaltung, kann an dieser Stelle nicht erkannt werden. Natürlich ist es schwierig, sich einzugestehen, daß Probleme in ei-*

ner Beziehung nicht nur am andern liegen. Genau das aber sagt die eingesunkene Herzlinie. Sie fragt: Bist Du wirklich auf den anderen zugegangen? Oder hast Du zu viele Bedingungen gestellt?

Antwort von Frau X.Y.: *Es gibt aus meiner Sicht zweierlei »Abwarten«. Ich trenne die berufliche Ebene (hier beharre ich auf meinem Einspruch) und die gefühlsmäßige, partnerschaftliche Ebene. Ich habe in der Therapie erfahren, daß es sich da um eine frühkindliche, über 50 Jahre eingegrabene Lebensspur handelt. Ich habe mich darauf eingestellt und gelernt, abzuwarten und zu hoffen. Ich warte ab, gesehen zu werden und wahrgenommen zu werden. Ich gebe mich mit dem Rest an Liebe und Zärtlichkeit zufrieden, der für mich übrigbleibt. Nie habe ich gelernt, für mich einzufordern und zu kämpfen.*

Kommentar: *Kein Problem mit dem Einspruch. Es geht hier ja um den emotionalen Bereich, wir sind auf der Herzlinie.*

Ein Blick auf die Herzlinie der linken Hand zeigt, daß diese unruhiger gezeichnet ist als die rechte Herzlinie. Wieder können wir also konstatieren, daß Frau X.Y. eine günstige Entwicklung durchgemacht hat. Die linke Herzlinie ist etwas kürzer und nähert sich mit einem Ast deutlich dem Saturnfinger. Hier zeigt sich die Tendenz, sich zurückzuhalten, sich nicht wirklich in Beziehungen einlassen zu wollen. Diese Haltung ist nicht ganz überwunden worden, zeigt sich aber rechts nur noch in der bereits besprochenen Senkung der Linie, die für passives Abwarten in Beziehungsfragen steht.

Frau X.Y.: *Heftiger Einspruch zu der Aussage, daß sich Frau X.Y. nicht wirklich in Beziehungen einläßt. Im Gegenteil – in ihrer Naivität läßt sie sich eher zu schnell in neue Beziehungen ein, voll und ganz und offen. Gibt es hier noch eine andere Deutungsmöglichkeit?*

Kommentar: *Ein heikler Punkt! Keiner will sich gerne der Beziehungsunfähigkeit bezichtigen lassen! Wie definiere ich »Beziehungsfähigkeit«? Wenn ich vom Fluß der Herzlinie ausgehe, dann hat es sehr viel mit Geschehenlassen zu tun, mit zuversichtlichem und bedingungslosem Annehmen von Situationen und Menschen. Dazu braucht es nicht nur Hingabe, sondern auch eine enorme Kompromißfähigkeit. Jede und jeder, der lange in einer festen Beziehung gelebt hat, weiß davon zu berichten. Nun wissen wir schon aus der Grob-Analyse, daß es bei Frau X.Y. einen starken Widerspruch zwischen Hingabe und Selbstbehauptung gibt. Ich will auch den Begriff »Selbstbehauptung« erläutern: Gemeint ist damit keineswegs die peitschen-*

schwingende Domina oder der bellende Diktator: Der eigene Machtanspruch zeigt sich auch in Haltungen und Werten, in der Bestimmtheit, mit der man den eigenen Lebensstil als den einzig möglichen darstellt und lebt. Beziehungsfähigkeit ist da gegeben, wo man flexibel mit gegebenen Bedingungen umgehen kann, mit den eigenen und mit denen des oder der anderen. Man muß Kompromisse schließen. Selbstverständlich beidseitig. Denn die Anpassung darf nicht auf Kosten der eigenen Bedürfnisse gehen. Vernünftigerweise bindet man sich deshalb ja auch an Personen, mit denen man mehr oder weniger übereinstimmt. (Wenn die Neigungen von zwei Personen übereinstimmen, werden Kompromisse überflüssig.) Eine Persönlichkeit mit starker Selbstbehauptung hat klare, eigene Vorstellungen und verteidigt diese mehr oder weniger heftig. Sie braucht für eine Partnerschaft Menschen, die ihre Vorstellungen teilen oder aber bereit sind, sich diesen anzupassen. Solche Personen sind wahrscheinlich nicht leicht zu finden, für eine Frau zudem schwerer als für einen Mann. Im Fall von Frau X.Y. sprachen wir übrigens weniger von Beziehungsunfähigkeit, als von Zurückhaltung und abwartender Haltung. Wir sagten aber auch, daß sie zwischen Hingabe und Selbstbehauptung schwankt. Dies bedeutet, daß sie sich einerseits Erlösung durch Partnerschaft erhofft, diese aber andererseits durch eine ziemlich fordernde, kompromißlose Erwartungshaltung und fixierte und fixierende Vorstellungen erschwert. Unter Trennungen leidet sie dann enorm, weil es ja auch die Bereitschaft zur Hingabe gibt. Können Sie den harten Brocken so schlucken, liebe Frau X.Y.?

Antwort von Frau X.Y.: *Ich würde den »harten Brocken« ja schlucken, wenn ich meine Beziehungsproblematik durchschauen könnte! Ich hatte noch nie im Leben die Gelegenheit, mich beweisen zu können, da ich noch nie mit einem Mann einen gemeinsamen Haushalt hatte. Ich hatte noch nie die Chance zu einem normalen Miteinander, aus welchem Grund auch immer – meine Männer waren verheiratet oder frisch geschieden und innerlich immer noch gebunden.*

Lebenslinie

Wie bereits gesagt, scheint die Vitalität und Gesundheit bis zum Alter von ungefähr zwanzig schwankend, was bei dieser kräftigen Person doch sehr überraschend ist. Ich vermute, daß es sich entweder um Nervosität oder aber psychosomatische Störungen gehandelt hat. (Ob es solche in leichter Form noch immer gibt? Der verkleinerte Mittelteil ist ja oft mit solchen verbunden. Der Körper oder vielmehr das Gesamtsystem, das sich nicht zur Geltung bringen kann, meldet seine Betroffenheit über physische Störungen an.) Gewisse harte Durchschneidungen könnten aber auch für Unfälle oder Operationen stehen. Es ist schwierig, in diesem Bereich klare Aussagen zu machen. Im Moment, wo sich die Lebenslinie beruhigt, liegt ein Dreieck auf ihr. Wahrscheinlich hat Frau X.Y. gelernt, was sie sich zumuten kann und darf. Eine Durchschneidung mit etwa 40, die eine Bewegungstendenz bis zur Herzlinie hat, könnte darauf deuten, daß die Krise, von der wir im Abschnitt *Herzlinie* gesprochen haben, eine körperliche Dimension hätte haben können.

Frau X.Y.: *Vitalität und Gesundheit bis zum 20. Lebensjahr bestens! Auch darüber hinaus. Was könnte es noch bedeuten? Die Krise ist eine permanent verdeckte psychische Belastung seit dem tragischen Unfall.*
Kommentar: *Die Lebenslinie bezieht sich immer auf Körperliches. Wenn es sich nicht um physische oder psychosomatische Störungen handelt, dann könnten es auch Ortswechsel sein, häufiges Umziehen zum Beispiel. Manchmal geht es auch um die Auseinandersetzung zwischen Privatem und der Öffentlichkeit, also z.B. jemand, der Lampenfieber überwinden muß.*

Mit zunehmendem Alter wird die Linie feiner. Die fast übermäßige Energie, die Frau X.Y. Zeit ihres Lebens zur Verfügung stand, wird kleiner. Die Linie macht Schnörkel in Richtung Mond: Wir müßten befürchten, daß Frau X.Y. ein bißchen seltsam werden könnte im Alter, wenn nicht die wunderbar gezeichnete Saturnlinie einen Schutz gegen dieses Ausweichen in die Phantasie darstellen würde. Auch auf der Lebenslinie sehen wir eine Verbesserung und Stärkung zwischen linker und rechter Hand; wir haben dies bereits in der Grob-Analyse festgehalten.

Schicksalslinie

Die Saturnlinie der rechten Hand wirkt bestimmter als die der linken. Es ist also mehr Zielstrebigkeit und Bewußtsein entwickelt worden, als eigentlich angelegt war. Die Linie links fängt zwar sehr kräftig an, versickert aber schon vor dem dreißigsten Lebensjahr. Ein Ast führt zwar weiter, auch beginnt eine neue Linie, aber alles ist fein gezeichnet und geschweift und wirkt damit etwas unverbindlich.

Dies wird aber rechts nicht bestätigt. Die mehrfachen, stark gezeichneten Linien drücken bewußte Strebsamkeit aus. Dies gilt vor allem für die Linie, die ab 45 beginnt. Von diesem Alter an sind keine markerschütternden Umstellungen mehr zu befürchten. Eine feine Linie kreuzt nach 61. Sie hat den Charakter einer Einflußlinie und könnte für eine Beziehung stehen.

Frau X.Y.: *Zielstrebigkeit ab 45 stimmt: Kündigung, um eine neue Freiheit zu genießen – um jeden Preis, allerdings mit dem sicheren Gefühl im Hintergrund: Es geht, fang an!*

Sonnenlinie

Frau X.Y. ist eine talentierte Frau, ihre Sonnenlinien sind sehr gut ausgeprägt. In der linken Hand steigt die Talentlinie von der Saturnlinie auf, ein Zeichen für die aktive Durchsetzung einer Begabung. Es ist also ein großes Potential vorhanden. In der rechten Hand allerdings zerfällt die Linie in Stücke, ist mit ihrem Anfang nach außen verlagert und nur durch Linienfragmente mit dem Saturn verbunden. Das heißt, daß die Begabung nicht oder nur mit Unterbrechungen eingesetzt wird.

Frau X.Y.: *Zustimmung auf der ganzen Linie. Es gibt halt für Frau X.Y. noch so viele Verlockungen, daß sie im Vertrauen auf ihre Talente und Fähigkeiten diese »sichere« Begabung erst einmal hintanstellen kann, um der Neugier nachzugeben. Experimentierfreudigkeit ist angesagt.*

Merkurlinie

Auch bei der Merkurlinie sind die Anlagen der linken Hand stärker und werden rechts nicht ganz ausgelebt. Zwar ist Frau X.Y. sicher eine sehr intuitive Person, die auf ihre Gefühle hört, aber ihre Verbindung zum Unbewußten könnte noch ausgebaut werden. Wahrscheinlich hat Frau X.Y. zu wenig Vertrauen in ihre Begabung, intuitiv Zusammenhänge zu erfassen. Gegen diese Aussage spricht allerdings das sehr schön gezeichnete Dreieck im oberen

Mondbereich. Dieses zeigt mediale Fähigkeiten an, aber offensichtlich wagt Frau X.Y. nicht, sich diesem Bereich wirklich zu öffnen.

Frau X.Y.: *Ein Absatz, der mich sehr interessiert – Merkur. Frau X.Y. hat eine Art von Begabung wohl schon erkannt und kann die Zusammenhänge erfassen, nur ihre engere Umwelt versucht ihr das, ohne Erfolg, auszureden. Sie äußert sich nicht mehr öffentlich dazu. Frage: Wie könnte Frau X.Y. sich öffnen, einen Einstieg in diese Dinge finden?*

Kommentar: *Intuition, Medialität, aber auch außersinnliche Wahrnehmung sind etwas ganz Natürliches und kommen auch bei Tieren vor. In Wien wurde z.B. beobachtet, daß Tauben ein Gebäude verliessen, drei Tage bevor ein Großbrand ausbrach. Man soll sich diesen Dingen also nicht zu ehrfürchtig, sondern einfach mit gesunder Neugier nähern. Dann gilt es, Vertrauen in die eigenen Wahrnehmungen aufzubauen. Dies erreicht man durch Übungen, wie sie heute in vielen Büchern beschrieben werden. Beispiel: Gehen Sie an einen unbekannten Ort? Versuchen Sie sich im voraus vorzustellen, wie es dort aussieht. Schreiben Sie ein paar Merkmale auf. Je mehr Treffer Sie erzielen, desto mehr Spaß macht dieses Spiel. Mit der Zeit werden sich Ahnungen, eine Art Wissen, einstellen. Versuchen Sie zu prüfen, ob diese diffusen Informationen richtig sind. So lernen Sie langsam unterscheiden zwischen Einbildung und den Mitteilungen, die Ihnen aus Ihrem Unbewußten zufliessen. Wichtig: Wenn Sie eine dieser Mitteilungen als ernsthafte Eingebung einschätzen, dann sollten Sie sie ernst nehmen und sich konsequent danach richten, andernfalls desavouieren Sie Ihre Informationsquelle. Selbstverständlich gilt dies aber nur, wenn es sich um Dinge handelt, die auch einer Überprüfung Ihres Verstandes standhalten. Falls Ihnen Ihr Unbewußtes schädliches Verhalten empfiehlt, müssen Sie untersuchen, welche verdrängten Schattenfunktionen am Werk sind. Sie bleiben stets der Meister und tragen die volle Verantwortung für alles, was Sie tun, gleichgültig woher Ihnen die Eingebungen kommen!*

Nebenlinien und Zeichen

Da es sich um eine Hand mit vielen, starken Linien handelt, gibt es einige Nebenlinien, die Beachtung verdienen.

◆ Im Jupiterbereich wird die Jupiter-betonte Kopflinie durch eine weitere aufsteigende Linie verstärkt, die zusätzlich Kraft, Selbstbewußtsein und Stolz bringt.

◆ Von der Ich-Seite her aufsteigende Salomonlinien zeugen aber von der Weisheit, diese Jupiter-Kraft nicht egoistisch einzusetzen.

◆ Unter dem Merkurfinger liegen einige aufsteigende Linien: Samariterlinien, die für Hilfsbereitschaft stehen.

◆ Neben diesen Samariterlinien liegt, in Richtung Sonnenfinger, ein deutliches Kreuz über der Herzlinie, Zeichen für einen herben Verlust zwischen zwanzig und dreissig.

◆ Zwei Bindungslinien lassen zwei wichtige Beziehungen vermuten.

Frau X.Y.: *Alles zutreffend – auch in der Art der Formulierung.*

◆ Querlinien im äußeren Mars- und oberen Mondbereich deuten auf Schwierigkeiten. Während eine kleine die Kopflinie kreuzt und vermuten läßt, daß es nach siebzig irgendwelchen größeren Ärger geben könnte (die Linie hat also noch lange Zeit zu verschwinden und deutet jetzt mehr auf Befürchtungen als auf ein tatsächliches Geschehen hin), so zeigt eine starke Linie, die vom Handrand kommt, daß Frau X.Y. durch die Umwelt unter Druck gesetzt ist. Solche Linien stehen manchmal auch für juristische Auseinandersetzungen und Prozesse.

Frau X.Y.: *Nix verstanden.*
Kommentar: *Da es sich um kleine Nebenlinien handelt, ist es auch nicht so wichtig. Und da es um Zukunftsprognosen geht, wissen wir eh nichts Genaues darüber. Sicher ist, daß solche Linien im Zusammenhang stehen mit einem Druck von außen, mit dem Gefühl, angegriffen zu werden.*

◆ Die Querlinie im Mondberg ist Basis des bereits erwähnten Dreiecks. Sie könnte als kleine Neptunlinie gelesen werden und ist entsprechend schwer zu interpretieren. Wahrscheinlich muß sich Frau X.Y., wie viele phantasiebegabte Menschen, stark mit ihrer Psyche und deren Schattenseiten auseinandersetzen, sie muß sich ihrem Schatten stellen. Allerdings ist dieser Vorgang dann auch die Basis für ein besonderes Talent (Dreieck) und die angesprochene mediale Begabung.

Frau X.Y.: *Wer will schon an seine Schatten? Will oder kann man sie nicht erkennen? In meinem geliebten Gegenüber erkenne ich sie – und nehme mich so an. Sicher habe ich deshalb so viel Verständnis für ihn – wer verzeiht sich nicht gern selbst.*
Kommentar: *Will oder kann man sie nicht erkennen? Beides wahrscheinlich. Der Schatten ist ja nach Jung als das nicht direkt Erkennbare definiert. Nun wissen wir von der Dreierteilung, daß Frau X.Y. in Sachen Schattenbearbeitung sich wahrscheinlich etwas mehr anstrengen muß als andere Menschen. Ihre Anmerkung zeigt, daß sie bewußt an der Arbeit ist. Allerdings überzeugt mich nicht ganz, wie sie ihre Bearbeitung der Schattenprojektion darstellt. Dies erscheint mir mehr als raffinierter Schachzug, den Schatten auszusiedeln und zu entschärfen.*

◆ Eine Einflußlinie aus dem tiefsten Mond bildet einen weiteren Schenkel des Dreiecks. Sie deutet auf eine sehr frühe, wichtige Beziehung. Diese kommt allerdings nicht zum Tragen, weil sie die Schicksalslinie nicht berührt.

Frau X.Y.: *Keine Ahnung, welche Beziehung kann gemeint sein?*
Kommentar: *Ja, da habe ich auch keine Ahnung. Es dürfte sich aber lohnen, darüber nachzudenken, ob es jemanden gab: einen Schulkameraden, den man als den einen erwählte, einen Lehrer, den man anschwärmte, einen Onkel, der einen prägte. Eine solche frühe Beziehung kann nämlich auch die spätere Partnerwahl beeinflussen.*
Antwort von Frau X.Y.: *Diese frühe, wichtige Beziehung, die nicht zum Tragen kam, ist eindeutig mein leiblicher Vater (der bei meiner Geburt dabei war und der sich, wie ich in einem alten Brief meiner Mutter an meine Großmutter gelesen habe, über die Ähnlichkeit meiner Augen mit seinen gefreut hat). Ich habe ihn nie kennengelernt, aber er hat meine Phantasie und Träume lange beschäftigt. Ich hoffte immer, er würde eines Tages unvermittelt doch noch auftauchen.*

◆ Eine Parzivallinie zeugt von innerer Suche, von dem Wunsch, sich zu entwickeln.

◆ Antriebslinien fließen vom inneren Marsberg aus mit Kraft in Richtung Saturn, Sonne und Merkur: Frau X.Y. setzt sich mit allen Bereichen des Lebens auseinander, sucht nach Ganzheit.

Frau X.Y.: *Wiederum totale Zustimmung.*

Leere Flächen

Es gibt keine Leere in dieser Hand. Alle Bereiche sind belebt. Dies ist natürlich ein positives Zeichen und zeigt, daß alle Kräfte fließen und sich gegenseitig befruchten.

Frau X.Y.: *Ja – und noch mal ja.*

Form der Handfläche

In dieser Hand herrschen die parallelen Linien vor, es ist also eine mehr oder weniger eckige Hand, die allerdings durch ihren kräftigen Mond-Mars-Bereich auch einen konischen Einschlag hat. Dies bestätigt, was wir schon andernorts gesehen haben: Klare Orientierung auf das Vorhandene, dazu die Fähigkeit, sich in vorgegebene Strukturen einzufügen und – durch das Konische – ein Hang zu ausgiebigem und trägem Träumen.

Frau X.Y.: *Träges Träumen – eine schöne Phantasiereise!*

Profil

Die Hand ist von kräftiger Fleischigkeit, wie wir das bereits aus dem Handabdruck schließen konnten. Diese gute Verankerung im Stofflichen und im Sinnlichen macht aber nicht schwer und stumpf: Die leicht zurückgebogenen Finger zeigen geistige Beweglichkeit und die Fähigkeit, mitzuschwingen.

Frau X.Y.: *Hier schwingt wirklich alles und erzeugt meine Schwingungen.*

Form der Finger

Die geraden, knotigen Finger zeigen klares, strukturiertes Denken, die breiten, fast spatelförmigen Nagelglieder praktische Veranlagung und Aktivität. Dies ist ein Widerspruch zu dem, was wir zur Handform gesagt haben, und muß so gedeutet werden, daß Aktivität nicht aus einem körperlichen Bedürfnis zustande kommt, sondern weil man sich etwas in den Kopf setzt, weil Ideen verwirklicht werden wollen.

Frau X.Y.: *Zustimmung.*
Kommentar: *Da haben wir ihn wieder, diesen Punkt, den ich früher als gebremste Aktivität umschrieben habe. Aktivität bei Frau X.Y. ist marsisch, willensbetont, vom Kopf verfügt. Der Körper selbst liebt die Ruhe.*

Die Finger der Ich-Seite sind betont kräftig, was uns bei dieser Jupiter-Betonung nicht wundert. Der Sonnenfinger ist verlängert, daraus lesen wir erneut die künstlerische Begabung von Frau X.Y. Achtung! Bitte erinnern Sie sich: Unter dem Abschnitt Fingerglieder sprachen wir von einer leichten Verkürzung der Sonnenfinger. Von der Außenseite her gesehen, stellen wir hingegen eine Verlängerung fest. Was heißt das? Es bedeutet, daß eine künstlerische Begabung tatsächlich angelegt ist, daß sie aber nicht ausgelebt wird. Dies führt zu einer gewissen Frustration, weil der Sonnenfinger ja auch der Ort des Selbstausdrucks und des Glücks ist. Frau X.Y. wird also wohl darunter leiden, daß sie dem inneren Wunsch nach künstlerischem Ausdruck nicht nachkommen kann. Vielleicht ist dies der Grund für die Frustration, die wir im Zeigefinger gesehen haben. Ich würde meinen, Frau X.Y. ist eine der vielen verkappten Künstler und Künstlerinnen, die ihrer Berufung nicht nachleben können.

Frau X.Y.: *Frustration gibt es eigentlich nicht, da Frau X.Y. der Meinung ist, noch genügend Zeit für kreative, künstlerische Arbeiten zu haben – irgendwann in der Zukunft. Frage: Woher könnte die Frustration rühren? Meiner Meinung nach mehr aus dem Gefühlsbereich, den mißglückten Beziehungen – oder ?*
Kommentar: *Nein, ich glaube nicht, daß es hier noch einmal um die Beziehungsfrage geht. Es geht um etwas Inneres, das sich ausdrücken möchte.*

Nägel

Die Nägel sind stark gewölbt, was die Person zugänglich und offen macht. Für die mächtigen Nagelglieder wirken die Nägel aber fast schmal, was Sensibilität und ein gewisses Schutzbedürfnis andeutet.

Frau X.Y.: *Sensibel ja – mächtig schutzbedürftig.*

Daumen

Der Daumen ist eher lang, enorm massiv und gleichzeitig sehr flexibel. Hier zeigt sich einmal mehr, was wir schon wissen: Frau X.Y. ist eine äußerst durchsetzungsfähige, leistungsfähige Persönlichkeit, die in ihrem Auftreten aber eher weich und nachgiebig wirkt.

***Frau X.Y.:** Ja, ja.*

Nun gilt es die verschiedenen Einzelheiten zu einem Gesamtbild zusammenzufassen. Das könnte zum Beispiel so aussehen:

Zusammenfassung

Frau X.Y. ist eine Person mit enorm viel Kraft und Beharrlichkeit, mit künstlerischer und intuitiver Begabung, die allerdings nicht richtig ausgelebt werden, und mit einem Lebensstil, der Schwächen auszugleichen vermag. Eigentlich können wir Frau X.Y. nur gratulieren. Sie ist beneidenswert: kraftvoll, klar, selbstbestimmt und durchsetzungsfähig. Allerdings ist sie nicht zufrieden. Wir wissen nun, daß es eigentlich wenig objektiven Grund für diese Unzufriedenheit gibt, aber wir wissen auch, daß Frau X.Y. Mühe hat, die Dinge objektiv zu betrachten (kleines Mittelteil). Dazu kommt, daß sie sehr hohe Ansprüche an sich stellt: Der starke Jupiter will nicht nur über die Welt, sondern auch über sich selbst herrschen und zwar optimal, gerecht und perfekt. Das ist der Fluch der Stärke, daß sie einen selbst zu Höchstleistungen antreibt und jedes normale Versagen als Katastrophe empfindet. Wir können Frau X.Y. nur raten, andere Menschen zu beobachten und zu sehen, wieviel sich andere verzeihen müssen und wie wenig andere zustande bringen. Das könnte ihr helfen.

***Frau X.Y.:** Vielen Dank für die Blumen.*

Ein zweiter Problemkreis ist die emotionale Bedürftigkeit, die sich in der großen Du-Seite zeigt. Ein Mensch mit der Stärke von Frau X.Y. wird auf wenig Verständnis stoßen, wenn er sich schwach gibt. Man glaubt es ihm einfach nicht. In dieser Konstellation liegt Tragik. Vielleicht ist es aber der Preis, den das Schicksal für die Stärke fordert. Könige sind einsam, Königinnen noch mehr. Und es ist ebenso schicksalhaft, daß sie nicht von ihrem Thron herunterkönnen. Was sie allerdings wahrscheinlich auch nicht wollen.

Frau X.Y.: *Das ist ja starker Tobak! So fühlt sich die simple Frau X.Y. aber überhaupt nicht.*
Kommentar: *Ja, ja, es gehört sich nicht, sich stark und königlich zu fühlen. Schon als Kleinkinder lernen wir Bescheidenheit. Ich treffe sehr viele Menschen, die sich ihrer Kraft nicht bewußt sind und erschreckt abwehren, wenn ich sie auf ihre Qualitäten aufmerksam mache. Selbstverständlich ist Frau X.Y. keine Königin, die Zeiten sind ja glücklicherweise vorbei, aber sie verfügt über sehr viel Kraft, sie regiert das Reich, das ihr Leben ist, autonom und ohne sich einem Druck von außen zu beugen. Sie kann sich gar nicht vorstellen, was sich andere Leute bieten lassen oder bieten lassen müssen. Im Vergleich dazu ist sie eine Königin, auch wenn sie sich nicht so nennen lassen will.*

So viel zu Frau X.Y. Ein guter Trick, um das Bild einer Persönlichkeit auszumalen, zu verfeinern und weitere Einzelheiten herauszuarbeiten, ist die Verwendung von gezielten Fragen. Darum finden Sie hier jetzt noch ein Stichwort-Verzeichnis. Es kann helfen, nebulöse Einsichten, die unbeachtet im Innern des Chirologen schlummern, zu erfassen und herauszuholen. Diese Liste ist eine Möglichkeit und ist nicht der Weisheit letzter Schluß. Sie werden Sie wahrscheinlich im Lauf der Zeit durch andere Stichworte und eigene Fragen ergänzen und erweitern.
Nun wollen wir also versuchen, unter Verwendung dieser Stichwortliste weitere Einzelheiten der Persönlichkeit von Frau X.Y. herauszuarbeiten:

Das Spiel mit Stichworten und Fragen können Sie unendlich ausdehnen. Sie können zum Beispiel Aussagen machen zum Thema Wohnungseinrichtung, Kleiderstil, Arbeit und zu Reisevorlieben. Dies macht allerdings nur Spaß, wenn Sie jeweils zurückfragen können.

Stichwort-Verzeichnis

Körper

Aggressivität
Aktivität/Passivität
Bewegungsdrang
Gesundheit
Konstitution
Körpergefühl
Körperliche Verfassung
Nerven
Regenerationsfähigkeit
Selbstgefühl
Sexualität
Vitalität

Geist

Begabung (manuell/intellektuell/organisatorisch/diplomatisch/kreativ)
Intelligenz
Kreativität
Ordnungsliebe
Phantasie
realistisch/idealistisch/materialistisch/praktisch
Selbstdisziplin
Willenskraft

Gefühl

Ästhet
Altruismus
erregbar/stumpf
Extrovertiert/introvertiert
gefühlvoll
gelassen/aufbrausend
gesellig
gehemmt
konfliktreich
Kunstliebe
Machtlust/Aggressivität
optimistisch/depressiv
Perversion
Stabilität
Über-Ich
Unruhe

Resultate

Anpassungsfähigkeit
Art der Wahrnehmung
Art des Ausdrucks
Art des Vorgehens
Durchsetzungsvermögen
Entwicklungsfähigkeit
Erfolg
Geld
Gesundheit
Glück
Intelligenz
Karriere
Kontaktfähigkeit
Krisen und Ereignis
Partnerschaft
Realisierungsmöglichkeit
Religiosität
Selbsteinschätzung

Stichworte zum Körper

Ist sie aggressiv? Kaum. Das hat sie nicht nötig. Sie verteidigt sich mit Festigkeit und Überzeugungskraft und neigt ja auch zu umgänglicher Anpassung. Auch kommt sie nicht leicht auf Touren. Sie ist eher passiv, so lange sie sich nicht irgend einen Plan in den Kopf setzt. Der Bewegungsdrang ist mäßig, sie treibt kaum Sport. Die Gesundheit ist gut, die Konstitution kräftig, die Person belastbar. Das Körpergefühl ist sicher ausgeprägt, weil Lust gesucht wird. Körperliche Verfassung, Nerven und Regenerationsfähigkeit lassen nichts zu wünschen übrig. Das Selbstwertgefühl ist gut, wenn auch die Stärke aus dem Mentalen und nicht vom Körper kommt. Sexualität wird sicher vital gelebt.

Frau X.Y.: *Bewegungsdrang – freiwillig – ist mächtig. Sport regelmäßig, Badminton, Yoga, Tanz in jeglicher Form. Der Rest ist auffallend zutreffend. Sexualität und Liebe sehr vital.*

Kommentar: *Unter Sport in diesem Zusammenhang verstehe ich hartes, athletisches Tun: Tägliches Jogging, regelmäßiges Tennis, wilde Skiabfahrten, kilometerweises Schwimmen etc. Yoga und Tanz wären in diesem Kontext eher Entspannungsübungen.*

Stichworte zum Geist

Die Begabung ist künstlerisch, manuell und diplomatisch, also sehr breit, die Intelligenz sehr gut, Kreativität stark, wenn auch wahrscheinlich nicht voll gelebt. Die Ordnungsliebe könnte unter der Trägheit leiden, dafür wuchert die Phantasie. Realistisch, idealistisch, was ein Widerspruch ist, aber eben auch eine gute Lebensbalance anzeigt. Selbstdisziplin hat Frau X.Y. nur, wenn es ihr um etwas ganz Bestimmtes geht, dann entwickelt sie große Willenskraft. Im Alter liegt etwas Spleen drin.

Frau X.Y.: *Mit allem einverstanden. Der Altersspleen beunruhigt gar nicht – das Reich der Phantasie und Phantasien war und ist immer nahe.*

Stichworte zum Gefühl

Schönheit ist enorm wichtig und große Gutmütigkeit ist vorhanden. Weder erregbar noch stumpf, sondern gut dazwischen, eher extravertiert, aber mit Schutzbedürfnis. Sehr gefühlvoll. Gelassen, nicht aufbrausend, aber sehr insistierend. Sehr gesellig und ungehemmt genußfreudig. Konflikte wie besprochen. Frau X.Y. ist nicht machtgierig, aber sie hat Macht und lebt diese auch aus. Das Gefühl ist stabil, aber eher gedrückt. Abweichendes Verhalten ist nicht zu vermuten. Das Ich ist so stark, daß das Über-Ich nicht sehr plagt. Eine gewisse innere Unruhe durch die besprochenen Konflikte und Frustrationen.

Frau X.Y.: *Das Gefühl ist stabil und gedrückt und enorm euphorisch (die Zerrissenheit läßt grüßen).*

Resultate

Umgängliche, gescheite Person, die stark über die Sinne lebt, Form und Farbe sind wichtig, Zahlen unwichtig. Der Ausdruck ist bestimmt und kann auch mal scharf und spöttisch sein, das Vorgehen gezielt und umsichtig. Gutes Durchsetzungsvermögen in jedem Lebensbereich. Der künstlerische Ausdruck und die Intuition könnten noch weiter entwickelt werden. Erfolg ist wahrscheinlich, wird höchstens durch zu große Selbstsicherheit gefährdet. Geld wird großzügig ausgegeben. Gesundheit o.k. Das große Glück verweigert sich, wir wissen von Unzufriedenheit. Für ein erfolgreiches Leben ist genügend praktische, konkrete Intelligenz vorhanden. Karriere ist sicher möglich, könnte aber durch die Stärke der Persönlichkeit, welche Teamarbeit erschwert, in Frage gestellt werden. Sehr gute Kontaktfähigkeit. Die Krisen, die sich auf den verschiedenen Linien abzeichnen, bringen das Leben nicht aus der Bahn. Wahrscheinlich ist diejenige um 40 herum die einschneidenste. Partnerschaft ist sehr erwünscht, leidet aber unter der Stärke der Persönlichkeit und der Ansprüche.

Die Realisierungsmöglichkeiten sind ausgezeichnet, weil so viel Energie und ein so großes Begabungspotential vorhanden sind. Allerdings ist die Voraussetzung, etwas zu erzielen, daß Frau X.Y. sich entscheidet, es überhaupt zu wollen. Die Religion ist kein wichtiger Aspekt ihres Lebens und wenn, dann wird das Jenseitige als in die Welt der Sinne integriert erlebt. Die Selbsteinschätzung ist nicht unbedingt klar. Das liegt einerseits am verkleinerten Mittelteil, andererseits an der großen Stärke und Selbstsicherheit, die etwaiger Selbstkritik nicht förderlich sind.

Frau X.Y.: *Zu große Selbstsicherheit (Übermut?) ist eigentlich nicht vorhanden – Selbstkritik gibt es schon, aber nicht allzu öffentlich.*

Kommentar: *Dieser Einwand führt uns zur Thematik der Selbstbehauptung und des Königtums zurück. Meine These ist, daß Frau X.Y. sich in ihrer Stärke verschätzt, daß sie gar nicht spürt, wie sicher und unbeirrbar sie ihre Haltung verteidigt und ihre Ziele verfolgt. Sie wendet ihre Macht unbewußt und unhinterfragt an und fühlt sich dabei weder stark noch selbstsicher. Ob meine These zutrifft, kann mir Frau X.Y. nicht bestätigen, weil es sich um nicht erkannte Kräfte handelt. Nur die äußeren Umstände können Auskunft geben, wie es mit der Stärke und dem Selbstbewußtsein und der Selbstsicherheit von Frau X.Y. steht. Ich frage sie darum: Liebe Frau X.Y., mussten Sie in Ihrem Leben schon anders als gefühlsmässig »unten durch«? Haben Sie sich schon an irgend einer Arbeitsstelle schlecht behandeln lassen (müssen)? Kommt man Ihnen öfters mal dumm vorbei? Ich bin fast sicher, daß dies nicht der Fall ist. Ich bin fast sicher, daß man Ihnen im allgemeinen mit Respekt, schwache Personen vielleicht sogar mit einer Art von Scheu, begegnen. Ich bin sicher, daß Sie augenblicklich davonlaufen, wenn Sie schlecht behandelt werden. Und zwar wahrscheinlich mit einer Bemerkung, die den andern entweder rot oder bleich zurückläßt. Mit anderen Worten: Sie lassen sich nichts gefallen und wehren sich wenn nötig. Und zwar jeweils mit Erfolg. Bitte beachten Sie, daß ich hier nicht vom Gefühlsbereich, von Beziehungsfragen spreche, sondern von der Begegnung mit der Außenwelt, vom Arbeitsleben, vom sozialen Kontext.*

Antwort von Frau X.Y.: *An einigen Arbeitsstellen hatte ich schon Probleme mit Vorgesetzten (nur mit denen, die, wie ich herausfand, bis zur Unfähigkeit weiterbefördert wurden.) Man hat häufig meine Toleranz mit Schwäche verwechselt. Ganz recht – ich habe mich mit meiner verbalen Schlagfertigkeit wehren können – mit Erfolg.*

Schlußkommentar von Frau X.Y.:

Ich habe mich auf dieses spannende Experiment eingelassen, um noch mehr über mich herausfinden zu können. Auf der Suche nach Klarheit, Identitätssicherheit, nach Kontakt mit meinem eigenen Kern, auf der Suche nach seit Jahren verschütteten Ängsten. Als losgelöster Schatten mit dem Gespür für die eigenen Unvollkommenheit. Abhängig von Beziehungen jedweder Art. Ob es nun im Konkreten geschieht oder geistige Inhalte berührt werden, Impulse zur Entwicklung kommen von außen. Im Inneren der Seele sind mir alle Möglichkeiten bekannt, diese Situation aufzugeben. Tausendmal durchdacht, doch die Frage bleibt: »Warum tue ich es nicht?«

Die Anregungen und Hinweise, die ich bekommen habe, sind aufregend und vielschichtig. Neue Pfade werden sichtbar... Das war doch sehr überraschend. Ich habe nicht geahnt, wie deutlich in den filigranen Handlinien das »Innen« der Seele sich im »Außen« zeigt, bzw. wie sicher auch biographische Daten mit realen Ereignissen in Verbindung gebracht werden konnten. Ich bin irritiert und begeistert.

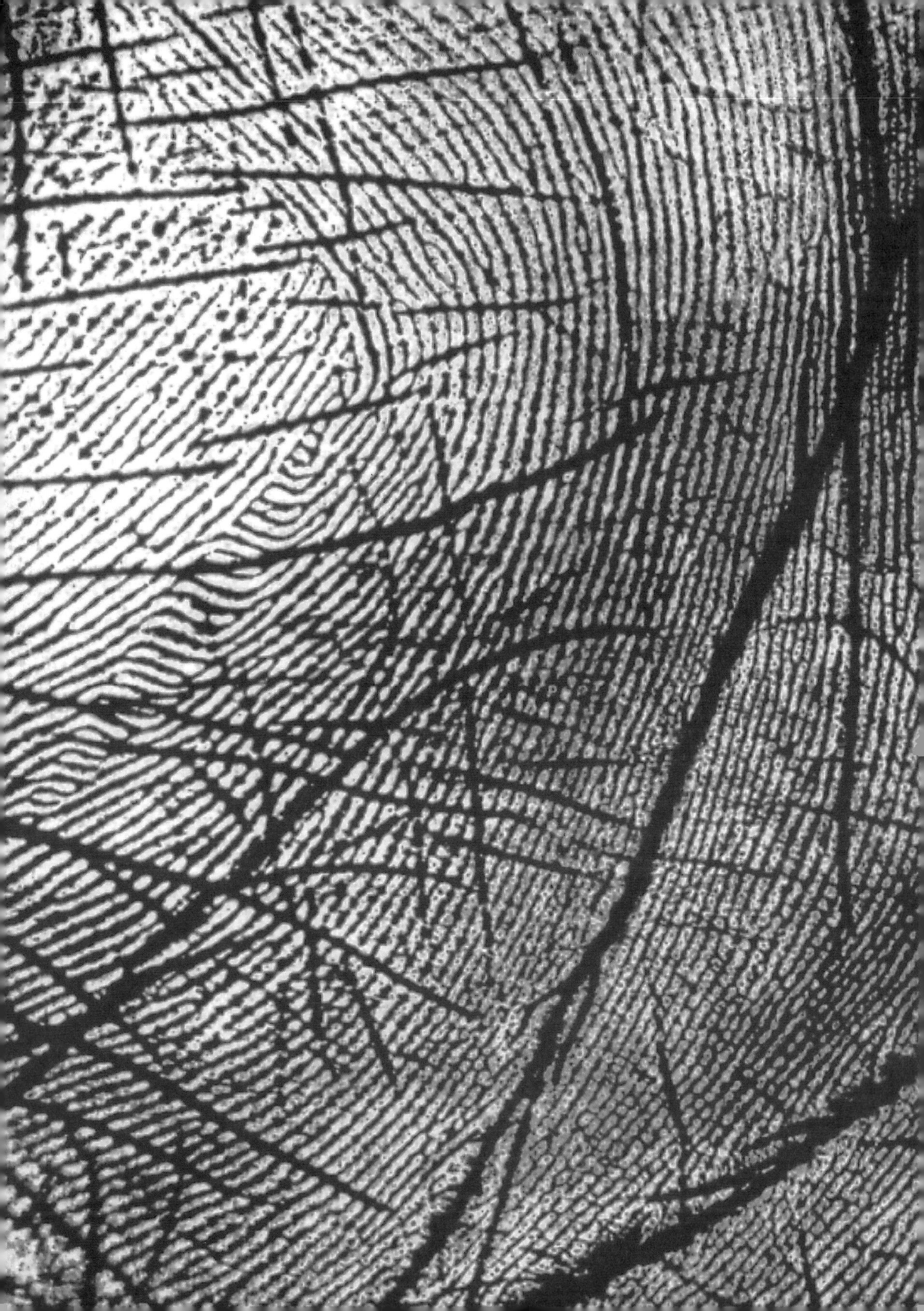

ANHANG

Glossar
Literaturhinweise
Index

GLOSSAR

Achsen
vorgestellte Linien, die in die Handfläche gelegt werden, um diese einzuteilen. Die horizontale Achse verläuft entlang der Kopflinie und teilt die Handfläche in *oben/unten* oder in *Geist/Materie.* Die vertikale Achse liegt senkrecht unter der Mitte des Saturnfingers und teilt die Hand in *innen /außen* oder *Ich-Seite/Du-Seite.* → Dreierteilung.

aufwärts, abwärts
Traditionellerweise wird die Hand in *oben* und *unten* eingeteilt, wobei mit unten die Handwurzel gemeint ist, mit oben der unter den Finger liegende Teil. Abwärts in Richtung auf den Arm zu fließende Linien gelten als ungünstig, aufwärts in Richtung Finger fließende Linien hingegen als → günstig.

Analyse → Handanalyse

Archetypen
Nach → *C.G. Jung* gibt es ein kollektives Unbewußtes, das Urbilder und Vorstellungen enthält, die außerhalb vom jeweiligen kulturellen Kontext für die ganze Menschheit Bedeutung und Gültigkeit haben. Diese Archetypen (Beispiel: der weise Alte, das heilige Kind, das Mandala) tauchen in der Individualpsyche auf und werden dort wirksam.

Astrologie
Die Lehre von den Planetenstellungen und den Bedeutungen und Einflüssen, die sich aus diesen ergeben, ist eine nach wie vor umstrittene Erfahrungswissenschaft, die wohl aus den gleichen Quellen wie die Chirologie stammt. Jedenfalls arbeitet die klassische Chirologie mit gleichen Begriffen und den gleichen Qualitäten, die den Planeten zugeschrieben werden. Dabei gilt, daß die Sterne, d.h. die Planeten, nichts direkt bewirken, «nicht zwingen», sondern Tendenzen aufzeigen. Das Prinzip der Gleichzeitigkeit bewirkt, daß ihre Stellung sich in Übereinstimmung mit Ereignissen befindet. Man braucht nicht astrologiegläubig zu sein, um die chirologische Methode anzuwenden. Die Planeteneigenschaften werden in der Chirologie als eine Art Typenlehre benutzt. Diese hat den Vorteil, differenzierter zu sein als die Modelle, die die moderne Psychologie aus der antiken Temperamenten-Lehre entwickelt hat.
→ Typus

Außenseite → Du-Seite

Bereiche
Gemeint sind Orte (oder Räume, Felder, auch Berge genannt) die bestimmten Kategorien oder Planeten und damit bestimmten Eigenschaften zugeordnet sind. Es kann sich um größere Partien handeln, wie sie bei den verschiedenen Handteilungen anfallen, oder um kleinere, einem einzelnen Planeten zugehörige Felder. Die alte Bezeichnung Berge ist irreführend, da es sich nur in gewissen Fällen um Erhebungen handelt.

Berge → Bereiche

Beugefalten → Linien

Chirologie
Die Lehre von der Hand. In der Medizin wird damit der physiologische Aufbau der Hand bezeichnet, in unserem Zusammenhang ist aber die Methode zur Deutung der Hand gemeint. Dabei wird die Hand als Träger von Informationen verstanden, die mit der notwendigen Vorsicht gelesen und gedeutet werden können.

Delta
Der Zusammenfluß von verschiedenen Papillarströmen in der Hand, jeweils unter den Fingern und in der äußeren Handwurzel gelegen. → Papillarmuster. Die Lage dieser Muster ist auch für die Medizin von Bedeutung.

Dreierteilung
Äußerst wichtige Grundlage der Analyse: Die horizontale Aufteilung der Hand in drei Bereiche: Wurzel-, Mittel- und geistiges Feld. Es handelt sich dabei um den Ausdruck der grundlegenden, vitalen Energie, die sich a) körperlich manifestiert, b) in ihrer Auseinandersetzung mit der objektiven Welt und c) im Innenleben, wo es um Wert- und Sinnfragen geht.

Du
Damit ist alles gemeint, was nicht Ich ist: Das Objekt, die Außenwelt, der Mitmensch, das Transzendentale. Im Extremfall auch Inhalte der Psyche, die nicht als eigen empfunden werden.

Du-Seite
Die Außenseite der Hand, Richtung Handkante. Sie erlaubt Aussagen über alles, was mit dem Du in Beziehung steht: Durchsetzung und Widerstand, Sehnsucht und Hingabe, Austausch von Ideen und Waren.

Ego
Synonym für → Ich

Energie
Hier verstanden als die grundsätzliche Kraft, die das psychische und körperliche System

zum Funktionieren und Handeln antreibt, also eigentlich das Leben selbst. Diese Grundenergie ist den Chinesen als Chi bekannt, in der Psychoanalyse wurde sie als Libido umschrieben, der Philosoph Bergson nannte sie „Elan vital". Diese offensichtlich vorhandene aber schwer zu deutende Lebenskraft drückt sich im Menschen in verschiedenen körperlichen und psychischen Formen und Eigenschaften aus und es sind diese, die wir in der Handanalyse zu umschreiben versuchen.

Esoterik
Das Wissen, das aus dem Innern der Psyche stammt, wird oft auch als Geheimwissen definiert. Es handelt sich um ein breites und sehr umstrittenes Gebiet, zu dem streng genommen aber alles gezählt werden kann, was sich nicht mit direkter Beobachtung oder mit naturwissenschaftlichen Methoden erfassen läßt. Es handelt sich um eine Ansammlung von Erfahrungen und Deutungen, die sich aus uralten Traditionen, aus Beobachtungen und aus archetypisch psychischen Konstellationen ergeben. Da es sich dabei immer um Unbeweisbares handelt, bietet die Esoterik auch Raum für krause Behauptungen und übermäßig Phantastisches.

Falten → *Linien*

Familienmuster
Muster des Verhaltens, die sich über mehr als eine Generation wiederholen. Es ist umstritten, ob es sich um Nachahmung oder Anpassungszwang handelt oder um eine genetisch vorgegebene Konstellation.

Feld → Bereich

Freud
Sigmund Freud (1856 – 1939), Begründer der Psychoanalyse.

Furche → Linien

Geist
Ein weites Feld und am besten durch seine Gegensätze zu definieren: In der Chirologie verstehen wir unter Geist a) das Gegenteil von Stoff, also das, was keinen Körper besitzt. Dann steht Geist b) für das Bewußte, Wertende und Steuernde, das im Gegensatz zum ebenfalls nicht körperlichen Trieb oder den nicht körperlichen Emotionen steht, die zwar beide nicht unbewußt sein müssen, aber sehr oft diffus unter der Oberfläche des Wahrnehmens bleiben.

Gunas
Die drei Gunas (Tamas, Rajas, Sattva) sind nach hinduistischer Vorstellung, die Grundeigenschaften des Seins. Ihr Ungleichgewicht bringt die Erscheinungen der Schöpfung hervor. Tamas steht für das Schwere, Dunkle, Träge: das Yin. Sattva für das Feine, Helle: das Yang, Rajas für Aktivität und Bewegung. Die drei Kategorien finden sich in der → Dreierteilung der Hand, die sich ebenfalls auf drei Formen der Energie bezieht, die das psychophysische System des Menschen hervorbringen.

günstig
Was ist gut, was schlecht? Wir haben zwar die Vorschriften der Gesetzbücher, aber schon die gesellschaftlichen Konventionen sind nur Meinungen, die sich im individuellen Fall als falsch und schädlich erweisen können. Was also ist in der Hand als günstig zu bezeichnen? Es sind jeweils die Merkmale, die den Fluß der → Energie fördern, wobei es keine Rolle spielt, in welcher Form sich diese Energie im Individuum jeweils äußert. Dahinter steckt der Glaube, daß Veränderung möglich ist, solange genügend Energie existiert, und daß der Mensch sein ganzes Potential dann erreicht, wenn er die ihm gegebenen Kräfte voll ausschöpft.

Handanalyse
Bei einer Handanalyse werden die verschiedenen Merkmale der Hand gedeutet und miteinander in Beziehung gesetzt. Das Ergebnis ist eine Art Psychogramm einer Person. Es zeigt ihre Stärken und Schwächen, ihre Veranlagungen und Ressourcen. Wichtige Ereignisse können zeitlich festgelegt werden, dabei werden sich wiederholende Lebensmuster sichtbar.

Hauptlinien
Es sind dies Lebens-, Kopf- und Herzlinie. Sie gehören in jede Hand und finden sich auch in jeder Hand, manchmal allerdings verkümmert oder miteinander verschmolzen. Die Hauptlinien zeigen die Grundausrüstung eines Menschen: Er besteht aus Körper, Verstand und Gemüt.

Ich
Nach → Freud ist das Ich oder Ego zuständig für die Kontrolle des triebhaften Es und des normativen Über-Ich. Hier wird es verstanden als das »kleinere« Ich, der bewußte Teilbereich der Psyche, der sich mit der Detailorganisation des Lebens befaßt, der Ziele und Wünsche hat, der sich in der Auseinandersetzung mit dem Du behaupten will und muß.

Ich-Punkt
Der Punkt am Handrand der Daumenseite, wo Lebens- und Kopflinie entspringen. Dies ist der Ort der Geburt, hier finden Körper und Lebenswille ihren Anfang.

Ich-Seite
Die durch die vertikale Achse definierte Hälfte der Hand, aus der der Daumen wächst. In dieser Seite zeigt sich das Individuum als Einzelwesen, bevor es in Berührung mit der Außenwelt

kommt. Hier sammelt es seine Kraft, sein Wissen, sein Wollen.

Ideale
Die innersten und tiefsten Werte eines Menschen, die er sich vielleicht nicht einmal selbst eingesteht, sind seine Ideale. Es sind die Vorstellungen und Ziele, die über ihn als Ego hinausgehen, die sein Ganzes umfassen. Entsprechend haben sie eine soziale Komponente und liegen im Bereich der Sonne, auf der Du-Seite der Hand. Oft drängen Ideale nach Ausdruck und bilden dadurch die Grundlage für kreative Tätigkeiten. Manchmal bleiben sie unbewußt und begegnen der Person nur im eigenen künstlerischen Werk.

Innenseite → Ich-Seite

Intuition
Eine Art der Wahrnehmung, die spontane Eingebungen ermöglicht und über mehr oder weniger dunkle Ahnungen zu Wissen und Erkenntnissen führt, welche nicht verstandesmäßig konstruiert oder abgeleitet worden sind. C.G. Jung unterscheidet vier seelische Grundfunktionen: Denken, Empfinden, Fühlen und Intuieren und leitet davon vier Persönlichkeitstypen ab.
→ Typus

Jung
Carl Gustav Jung (1875 – 1961), Psychiater und Begründer der Analytischen Psychologie, die im Gegensatz zur Freudschen Psychoanalyse ein kollektives Unbewußtes postuliert und auch Wertfragen und spirituellen Dimensionen der Psyche in ihre Untersuchungen mit einbezieht. Nach Jung strebt die Seele nach Ganzwerdung (genannt Individuation), nach der Entwicklung ihres → Selbst.

Jupiter
Der Göttervater, der griechische Zeus, galt als Oberhaupt der Götterfamilie, die die Namen für das irdische Planetensystem hergab. Das Jupiter-Prinzip steht für Kraft und Selbstbewußtsein, für Expansion, Gerechtigkeit, Sinn und Ordnung. In der Astrologie gilt es als glücksbringend, in der Chirologie repräsentiert es das Ego, den Wunsch, da zu sein und sich als Person zur Geltung zu bringen. Das Jupiter-Element liegt im Zeigefinger und seiner Wurzel.

Koordinaten
Der Begriff stammt aus der Geometrie und steht für ein System, das es erlaubt, die Lage von Punkten in Ebene oder Raum zu umschreiben und festzulegen. So ermöglichen zum Beispiel die Längen- und Breitengrade des Globus genaue Angaben über Orte. In der Chirologie ergibt sich ein Koordinatensystem aus der Einteilung der Hand in oben und unten, in innen und außen, sowie aus der Zuordnung bestimmter Bereiche und Linien zu den Planetenprinzipien.

Kraft → Energie

Kreativität
Das schöpferische Prinzip umfaßt alles, was Vorstellungen und Ideen in wahrnehmbare Form verwandelt. Der Begriff wird im allgemeinen für künstlerische Betätigung verwendet, aber auch Fortpflanzung oder ungewohnte Problemlösungen in Alltagsfragen sind kreativ.

Krise
Höhepunkt einer Entwicklung, die als bedrohlich empfunden wird. Wenn man, C.G. Jung folgend davon ausgeht, daß die Psyche im Laufe des Lebens einen dynamischen Prozeß in Richtung auf Ganz- und Selbstwerdung durchmacht, sind Krisen unumgängliche Zustände, die jeweils am Anfang einer Veränderung stehen. In der Chirologie werden darum Krisen nicht grundsätzlich negativ gewertet, sondern als Möglichkeiten zur Belebung und Korrektur des psychischen Prozesses aufgefaßt.

Kronos → Saturn

Lebensmuster
Sich wiederholende Verhaltensweisen, die meistens auf unbewußten Einstellungen beruhen (in Alfred Adlers Individualpsychologie »Lebensplan« genannt). Die Chirologie kann helfen, solche Muster bewußt zu machen, was eine Person zu größerer Wahlfreiheit führen kann.

Linien
auch Beugefalten, Falten, Furchen genannt. Während die Begriffe »Falten und Beugefalten« unterstellen, daß Handlinien durch Bewegung entstehen, sind die Begriffe »Furchen und Linien« neutral. Es ist nämlich die Nervenkraft und nicht körperliche Tätigkeit, die Hände markiert und Linien entstehen und verschwinden läßt. Der Beweis dafür ist, daß die Hände von Intellektuellen fast immer mehr Linien aufweisen als die Hände von manuellen Arbeitern. Linien sind stets Ausdruck von Energie und das im wörtlichen Sinne: Die gesammelte Kraft drückt nach außen, strömt von innen, von der Psyche her in die Welt der Erscheinungen. (Goethe wußte: »Des Menschen Seele gleicht dem Wasser...«.

Mars
Der römische Kriegsgott, griechisch Ares geheißen, ist Symbol des Antriebs, der Kraft, der Lebensenergie. Sein Prinzip ist nicht die Zerstörung, sondern die Bewegung, das triebhafte Vorwärtsdrängen, das allerdings in übertriebener Form gefährlich

und zerstörerisch wirkt. In der Chirologie ist Mars ein zentraler Faktor, denn ohne seine Kraft ist Leben und Entwicklung eines Individuums unmöglich. Er steht für Wille, Lebensappetit, Durchsetzungskraft. Das Marsfeld in der Mitte der Hand ist Ort der Begegnung von Ich und Du, von Himmel und Erde, also der Bereich, in dem das menschliche Leben sich bewegt.

Mensa
Der Tisch, der Handtisch. Mensa heißt auch die Platte des katholischen Altars oder die rituelle Auslegung von sakralen Gegenständen im schamanistischen Ritual. Der Handtisch liegt zwischen Kopf- und Herzlinie und entspricht ungefähr dem Marsfeld, das als der Bereich der Auseinandersetzung mit Welt und Umwelt gilt. Der gleiche Ort ist aber auch das Beziehungsfeld zwischen Himmel und Erde, in das sich der Mensch gestellt sieht.

Merkur
Der römische Merkur und griechische Hermes war der Bote der Götter, der große Kommunikator, der Schaffer von Beziehung zwischen Himmel und Erde. In der Chirologie ist sein Prinzip das des Austauschs und der Verbindung, modern ausgedrückt: der Verkabelung. Das Merkur-Prinzip schafft die Beziehung zum Unbewußten und zum Überbewußten, zum Mitmenschen und zu Gott, zu Ideen und zu Waren. Das Merkur-Prinzip treibt uns auf Reisen und in neue Bereiche. Wir surfen im Internet oder in ferngelegenen Teilen der Psyche. Alles ist möglich, damit aber auch Täuschung und Betrug. Das Merkur-Prinzip liegt im kleinen Finger und dessen Wurzel.

Mikrokosmos
Die kleine Welt des Menschen als Abbild des großen Kosmos. Traditionell besteht die Vorstellung, daß diese kleine Welt in ihrem Aufbau den großen Kosmos spiegelt, und entsprechend macht es Sinn, die Prinzipien, die Göttern und Planeten zugeschrieben werden, im Menschen aufzuspüren. Selbstverständlich handelt es sich dabei nicht um nachweisbare Wahrheiten, sondern um ein Modell, das gegenüber den heutigen Modellen der Welt- und Menschenbeschreibung den Vorteil hat, über mehrere Jahrhunderte hinweg verwendet und eingeübt worden zu sein. Es ist entsprechend differenziert und brauchbar.

Mond
Luna oder griechisch Artemis, die bleiche Göttin der Schönheit, Jungfrau und Mutter, gehört als weibliche Kraft zur Materie, der Erde, der großen Göttin. In ihrer Dunkelheit verbergen sich Bilder und Vorstellungen, einfach alles, was möglicherweise Form annehmen könnte. Wer Zugang zu diesen Tiefen hat, findet und erfindet Neues. Darum steht der Mondbereich in der Hand für Phantasie, für Bilderdenken, aber auch für Mütterlichkeit und Naturverbundenheit. Wer sich allerdings in den Bildern des Mondes verirrt, kann den Verstand verlieren. In der Hand liegt die Mondkraft ganz unten an der Handkante.

Neptun
Der Gott des Meeres ist, wie sein Element, nicht in den Griff zu kriegen und nicht zu durchschauen. Neptun wurde erst 1846 entdeckt und gehört darum nicht zur chirologischen Tradition. Trotzdem spricht man vom Neptun-Prinzip in der Hand. Es steht für das Unfaßbare schlechthin, für Medialität, für Vorauswissen, für besondere Begabungen, die nicht klar umschrieben werden können. Diese bieten Zugang zu höchster Wahrheit, zu Erleuchtung und Einswerdung mit dem Göttlichen, aber auch zu extremer Vernebelung und erbärmlichster Täuschung. Und es ist typisch neptunisch, daß es keine Kriterien gibt, um die beiden Extreme mit Sicherheit voneinander zu unterscheiden. Bei Neptun ist man immer erst hinterher klug! Wie alles nicht genau Faßbare befindet sich auch das Neptunische in der Hand weit unten, im Mond-Bereich.

Papillarlinien
Nervenleisten, die die gesamte Handfläche und Fußsohle überziehen und beides deutlich von der übrigen Haut trennen. Sie bilden Muster, die sich nicht verändern und die für jedes Individuum typisch sind. Darum kann die Polizei Fingerabdrücke zur Identifizierung von Personen benützen.

Paracelsus
Der Arzt Theophrast Bombast von Hohenheim (1493 – 1541) gilt als erster moderner Naturwissenschafter und Reformator der Medizin. Er stellte die Beobachtung von Mensch, Natur und Wirkung über das hergebrachte Bücherwissen, was ihm zwar eine Professur, aber auch Anfeindungen des wissenschaftlichen Establishments seiner Zeit eintrug. Er sah den Menschen als Teil eines größeren Ganzen, als Mikrokosmos, der in gegenseitiger, harmonischer Abhängigkeit vom Makrokosmos lebt.

Paradox
Der Widersinn, eine Aussage, die ihren eigenen Widerspruch in sich enthält. In Mystik, Alchemie und Tiefenpsychologie ist das Paradox die gebräuchliche Art, dunkle, unfaßbare und ganzheitliche Zusammenhänge auszudrücken: »Der Stein ist nicht der Stein«, »Alles ist eins«, »Ich bin Du«.

Persona
Der auf das gesellschaftliche Umfeld eingestellte Teil eines Individuums. Persona hieß in Griechenland die Maske, durch die der Schauspieler sprach, und so steckt in dem Begriff noch immer die Vorstellung, von etwas zur Schau getragenem, hinter dem sich → Ich und Selbst verbergen.

Pluto
Ein Planet, der erst 1930 entdeckt wurde und nach dem Gott der Unterwelt und der Vulkane genannt ist. Sein Charakter ist explosiv geballte Kraft, die als Folge vorhergehender Hemmung unbremsbar ausbricht. Er löst gewaltige Umwälzungen aus und wird entsprechend gefürchtet. Allerdings ist er auch der Gott des Reichtums und weltlichen Besitzes. Als erst kürzlich entdeckter Planet hat er noch keinen Bereich in der Hand, der ihm mit guten Gründen zugeschrieben werden kann.

Polarität
Die zwei entgegengesetzten Enden eines Ganzen, der Weltkugel oder einer Taschenlampenbatterie. Die Ur-Pole sind → Yin und Yang, die positive und negative, die helle und dunkle, die männliche oder weibliche Seite der Erscheinungen. Wichtig ist die Betonung der Gleichwertigkeit der beiden Pole: Das Ganze enthält immer beides.

Prognose
Vorhersage einer zukünftigen Entwicklung. Daran sind zwei Dinge problematisch: a) Prognosen bewegen sich, auch in der Chirologie, immer nur im Bereich der Wahrscheinlichkeit und nie im Bereich der Gewißheit (weil sich Handlinien verändern). b) Die Einschätzung eines Tatbestands ist subjektiv und schwierig. Etwas Krisenhaftes kann sich im Nachhinein als Segen erweisen, etwas Günstiges kann sich ungünstig auswirken. → günstig

Psi-Kräfte
Erscheinungen, die zu Wahrnehmungen und Wirkungen außerhalb der Sinne und der anerkannten physikalischen Gesetze führen. Andere Bezeichnung für ASW (außersinnliche Wahrnehmung) und Psychokinese. Obwohl immer noch als seltsam und unglaubwürdig beargwöhnt, handelt es sich, wie die Hände zeigen, um weit verbreitete Fähigkeiten, nachgewiesenermaßen auch bei erfolgreichen Managern. Am häufigsten zeigen sich die Talente für Vorausahnen und Vorauswissen, vielleicht waren diese Fähigkeiten in der Urzeit zum Überleben wichtig.

Räume → Bereiche

Relativität
Der Begriff meint die Bezogenheit oder Bedingtheit aller Begriffe und Erscheinungen und damit ihre Uneindeutigkeit. Je nach Gesichtspunkt, je nach Gesichtswinkel ergibt sich ein anderes Bild. Einstein hat bewiesen, daß dies auch für Raum und Zeit gilt. Diese verändern sich mit der Bewegung ihres Beobachters. Für den Chirologen heißt dies: Vorsicht in der Beurteilung von Merkmalen. Er ist in seinem persönlichen System gefangen und dieses muß für den Analysierten nicht gleichermaßen gültig sein.

Saturn
Der Gott der Ernte und der Saat wandelte sich im Lauf der Jahrhunderte zum gefürchteten Stern des Schicksals und des Gesetzes. Sein Prinzip ist die Konzentration, die Verfestigung. Damit macht er sichtbar, was ist. Im alten Griechenland hieß er Kronos und galt als Herrscher der Zeit. Er verschluckte seine Kinder, das heißt, er vernichtete, was er geschaffen hatte. Vor der Entdeckung der transsaturnischen Planeten Uranus, Neptun und Pluto bildete er die äußerste Hülle des irdischen Planetensystems. Er war der Hüter der Schwelle, der Übergang in das Transzendente. In der Hand gehört ihm der Bereich des Mittelfingers, dem längsten Finger der Hand.

Schicksal
Je nach Glaube das, was die höheren Mächte veranlassen oder was sich durch unsere Veranlagung, unsere Einstellung und unser Verhalten ergibt. Das Wort kommt von »schicken«, das einstmals bedeutete, etwas geschehen lassen, etwas in Gang setzen. Die Chirologie zeigt niemals das Schicksal, sondern die Veranlagung und die Einstellung eines Menschen auf. Manchmal lassen sich aber Auswirkungen auf ein Schicksal vermuten und andeuten.

Schwierigkeit → Krise

Selbst
Das Selbst ist nach C.G. Jung die übergeordnete Einheit einer Persönlichkeit. Es umfaßt neben dem → Ich, dem bewußten Teil der Psyche, auch das Unbewußte, das Unterbewußte, das Überbewußte und das Nichtwissbare, also die Totalität der menschlichen Seele.

Selbstausdruck
Ego und Selbst haben Bedürfnisse und Ziele, die nach Verwirklichung und Ausdruck drängen. Während Ego-Ziele bewußt und dadurch nachvollziehbar sind, ist das Drängen des Selbst oft diffus, unerklärlich und beunruhigend. Wenn es blockiert wird, sind Unglück- und Vernichtungsgefühle die Folge, wenn ein adäquater Ausdruck gefunden werden kann, empfindet der Mensch Glück. Oft findet der Drang seinen Ausdruck in krea-

tivem Tun, darum liegen in der Hand Glück und Kunst am gleichen Ort, im Bereich der Sonne.

Sonne
Das Licht der Welt, das helle, strahlende Prinzip der Ausbreitung und damit der Gegensatz zum dunklen Saturn, der Konzentration und Schwere bewirkt. Sonne und Saturn verkörpern in der Chirologie die übergeordnet herrschende → Yin-Yang-Polarität und stehen als Ring-(Sonnen-) und Mittel-(Saturn-)Finger im Zentrum des geistigen Bereichs. Psychologisch steht Saturn für das Gesetz, unter dem ein Mensch sein Leben antritt, die Sonne für das Selbst, die psychische Totalität, während sich sein kleineres, bewußtes Ich im Jupiterbereich spiegelt.

Spiritualität
Alles, was im Gegensatz zur reinen Materialität steht, was in den Bereich von Philosophie und Religion gehört. Die Chirologie geht, wie die → Dreierteilung zeigt, davon aus, daß der Mensch ein spirituell angelegtes Wesen ist. In seinem geistigen Bereich zeigen sich spirituelle Fähigkeiten, Kräfte und Bedürfnisse, mit denen sich das Individuum auf irgend eine Weise auseinandersetzen muß.

Stoff
Materie, der wäg-, sicht- und meßbare Anteil der Wirklichkeit. Das → Yin-Prinzip in der Hand. Der Stoff-Bereich ist die Handwurzel mit den Eigenschaften von Mond und Venus.

Taoismus
Chinesische Philosophie oder Religion, die auf Laotse zurückgeht. Das Tao ist das Urprinzip, aus dem alles hervorgeht, das in allem wirkt und in das alles zurückkehrt, das man aber nicht näher umschreiben kann. »Das Tao, das man benennen kann, ist nicht das Tao.« Durch Meditation, Sich-Leeren und absichtsloses Handeln nähert man sich dem Tao und seinem Wirken an. Nach der Legende soll Laotse nach Indien gegangen und Lehrer des historischen Buddha gewesen sein.

Transpersonal
Das über die Person Hinausgehende. Eine moderne Richtung der Psychologie, die sich unter anderem auf C.G. Jung beruft und die davon ausgeht, daß die Psyche größer ist als das Individuum. Der Mensch ist über das kollektive Unbewußte und weitere, noch nicht genau erfaßte Konstellationen mit anderen Menschen und der Welt, vielleicht auch mit höheren Mächten verbunden. Die transpersonale Psychologie zeigt sich, im Gegensatz zur älteren Psychologie, offen für parapsychologische Erscheinungen, Mystik, Religion und Sinnfragen.

Transsaturnische Planeten
→ Uranus, Neptun und Pluto wurden erst in der Neuzeit entdeckt, vorher galt das kosmische System der Erde als geschlossen. Um die Erde als Mittelpunkt kreisten Mond, Merkur, Venus, Mars, Sonne, Jupiter und Saturn. Dies ergab die Zahl von sieben leitenden Gestirnen. Die Transsaturnier gelten als Oktaven, die höher gestimmte Ausgaben, der vorhandenen Planeten: Saturn-Uranus, Jupiter-Neptun und Mars-Pluto gelten als jeweils verwandte Prinzipien. Während sich die innersaturnischen Planetenkräfte mehr auf das Individuelle beziehen, richten sich die transsaturnischen Charakteristiken auf mehr Kollektives, Transpersonales und Transzendentes. In der Chirologie verwendet man die Namen im Zusammenhang mit parapsychologischen Erscheinungen und Medialität.

Transzendent
Alles, was die Grenzen der diesseitigen, sinnlich erfahrbaren Welt überschreitet. Damit sind in unserem Zusammenhang vor allem seelische Inhalte gemeint, die sich nicht auf die Person, sondern auf seinen Platz im Kosmos beziehen.

Typus
Muster, Grundform, die beim Versuch entsteht, Menschen nach gleichartigen Charaktereigenschaften einzuteilen. Es gibt verschiedene Typologien, die bekannteste ist die antike Temperamenten-Lehre, die in Phlegmatiker, Melancholiker, Choleriker und Sanguiniker einteilt. In der chirologischen Praxis zeigt sich, daß Typologien nicht wirklich brauchbar sind, weil jeder Mensch aus einer Ansammlung von individuellen Abweichungen besteht und damit nur sehr oberflächlich einem Typus entspricht.

Uranus
Einer der Planeten, der außerhalb Saturns liegt. Er wurde 1781 entdeckt, hat in der Chirologie noch kaum Tradition. Man nennt die gebogene Merkurlinie Uranuslinie. Ihr schreibt man die Fähigkeit zu plötzlichem Wissen und Hellsehen zu.

Venus
Die Göttin der Lebenskraft, der Liebe, der Schönheit und des Glücks, als griechische Aphrodite, die aus dem Meeresschaum Geborene. Sie symbolisiert die Lust der Formwerdung und ist damit die Mutter aller Künste und alles Gewachsenen und Geborenen. Die Chirologie ortet ihre Eigenschaften im Daumenballen, der damit für Sinnenfreude und Farb- und Formkraft steht. Aus ihm wächst der Daumen, die Synthese der Persönlichkeit, die chirologische Zusammenfassung des Individuums.

Yin und Yang
Nach altchinesischer Auffassung besteht eine grundlegende Urkraft (Taichi oder Tao) die sich durch zwei dynamische, polare Energien, Yin und Yang, manifestiert. Yang entspricht dem Himmel, dem Hellen, Yin der Erde, dem Schatten. Aus ihrer Vermischung gehen die fünf chinesischen Elemente hervor, die den Grundstoff für alles Existierende bilden. Zur Charakteristik von Yin und Yang gehört Bewegung und Wandlung, denn im Moment, wo Yin seinen Höhepunkt erreicht, schlägt es um in Yang, und wenn Yang seinen Spitzenwert erreicht, ist bereits Yin geboren. So halten die beiden Pole das Tao in Bewegung.

Zukunft
Das im Zeitkontinuum vor uns Liegende und entsprechend noch nicht Manifestierte. Es ist unerklärlich, warum Wahrsager trotzdem manchmal die Zukunft genau vorhersagen können und wieso sich manchmal auch in der Hand Hinweise auf Zukünftiges ergeben, das sich im nachhinein als zutreffend erweist. Wichtig in diesem Zusammenhang ist, daß sich Handlinien verändern und daß entsprechend die Chirologie in keinem Fall beanspruchen kann, sichere Aussagen über die Zukunft zu machen.

LITERATURHINWEISE

Vielleicht erinnern Sie sich: Ich habe das Handlesen aus Büchern gelernt. Hier einige der Werke, die meine Lehrmeister waren. Aber nicht vergessen: Handlesen lernen Sie, indem Sie Hände lesen und nicht Bücher!

Alta, Elie: Traité complet de chiromancie pratique

Altmann, Nathaniel: Handlinien der Liebe, Praxis des Handlesens

Anderson, Mary: Handlesen

Benham, William G.: Laws of Scientific Hand Reading

Brandon-Jones and Bennet, Veronica: Your Palm – Barometer of Health

Butler, René: Les lignes de la main en s'amusant, Erfolg liegt auf der Hand

Carus, Carl Gustav: Zeichensprache der Hand

Cheiro: Book of Fate and Fortune, Language of the Hand,Palmistry for all

Chékérian, Grégoire: Lire les lignes de la main

Chi An Kuei: Chinesische Handdeutung

Desbarolles, Adolphe: Les mystères de la main

Dujarric, Jeanne: Les lignes de la main

Gardini, Maria: Il libro della mano

Gramm, Dieter: Deine Hand – Dein Charakter

Hipskind, Judith: Palmistry – the Whole View

Hürlimann, Gertrud I.: Handlesen ist lernbar,

Hutchinson, Beryl B.: La Main – Reflet du destin

Iohannis ab Indagine: Entsprechung von Hand und Planeten

d'Iseneuve, Jacques: Le passé et l'avenir par les lignes de la main

Karmadharaya: La chiromancie

Katakkar, M.: Ready Reckoner of Palmistry

King, Francis: Palmistry – Your Fate and Fortune in the Hand

Kwok Man Ho, Palmer, Martin, O'Brien, Joanna: Lines of Destiny

Lawrance, Myrah: Handanalyse

Lomer, Georg: Die Sprache der Hand

Mangin, Henri: Wie die Hand, so der Mensch, Die Hand – Sinnbild des Menschen, Les Lignes de votre Main

von Mangoldt, Ursula: Zeichen des Schicksals im Bild der Hand, Die Innenhand, Schicksal in der Hand, Erkenne dich selbst in deiner Hand, Wer bin ich?, Was sagt unsere Hand?, Was steckt in meinem Kind?

von Mangoldt, Ursula und Graf Dürckheim: Der Mensch im Spiegel der Hand

Mertz, Bernd A.: Handdeutung

Mir Bashir: La chiromancie

Mistri, Charles: La chiromancie

Muchery, Georges: Chiromancie déductive et experimentale

Naval, Margret: Die Hand als Charakterspiegel

Papus: Comment on lit la main

Poinsot, M.: Dictionnaire élémentaire de chiromancie

Psychos: The Complete Guide to Palmistry

Rignac, Jean: Les lignes de la main

Sagne, Cécile: Handlesen

Soulié de Morant, Georges: Chinesische Lehre der Hand

Starace, Maryse: La main notre miroir fidèle

Weissbrodt, Raymond: Les lignes de votre main parlent

Wolff, Charlotte: Die Hand des Menschen

Zoss, Adolf: Die Hand als Charakterspiegel und Schicksalslenker

INDEX

Begriffe mit Punkt sind im Glossar näher definiert